Stundenblätter
Fabeln

S. 143

Rosemarie Lutz/Udo Müller

Stundenblätter
Fabeln

**Grund- und Aufbauprogramme
für die Klassen 5–10**

72 Seiten Beilage

Ernst Klett Verlag für Wissen und Bildung
Stuttgart · Dresden

Reihe: Stundenblätter Deutsch
Herausgeber dieses Heftes: Jürgen Wolff

Die vorliegende Unterrichtseinheit basiert im wesentlichen auf folgendem Lektüreheft:

Verschlüsselte Wahrheit: Fabeln für Sekundarstufe I,
zusammengestellt von Rosemarie Lutz und Udo Müller
Klettbuch 26154

Weitere Fabelbeispiele finden sich in:
Fabel und Parabel. Mit Materialien,
ausgewählt von Hans Georg Müller und Jürgen Wolff
Klettbuch 35141

CIP-Titelaufnahme der Deutschen Bibliothek
Lutz, Rosemarie:
Stundenblätter Fabeln:
Grund- und Aufbauprogramme für die Klassen 5–10 / Rosemarie Lutz; Udo Müller. –
4. Aufl. – Stuttgart; Dresden: Klett, Verlag für Wissen und Bildung, 1992
  (Reihe: Stundenblätter Deutsch)
  ISBN 3-12-927483-9

NE: Müller, Udo:

4. Auflage 1992
Alle Rechte vorbehalten
Fotomechanische Wiedergabe nur mit Genehmigung des Verlages
© Ernst Klett Verlag für Wissen und Bildung GmbH, Stuttgart 1986
Satz: G. Müller, Heilbronn; Wilhelm Röck, Weinsberg
Druck: Wilhelm Röck, Weinsberg
Einbandgestaltung: Zembsch' Werkstatt, München
ISBN 3-12-927483-9

Inhalt

Einleitung 9

Literaturwissenschaftlicher Teil 11
1   Aktualität der Fabel? 11
2   Die Fabel als Gattung 13
2.1   Normative und deskriptive Gattungsbestimmung 13
2.2   Die Pointe als Kriterium 17
2.3   Wirklichkeitsausschnitt, Erzähler, poetische Welt, fiktiver Leser 22
2.4   Zwei Traditionen: Episierende und dramatisierende Fabel 28
2.5   Die Fabel im Kontext der epischen Kurzformen – Fabel und Märchen . . 31
3   Die Fabel in ihren Bezügen 33
3.1   Fabel und Tier 35
3.1.1 Beseelte Unschuld gegen unselige Bosheit (La Fontaine) 36
3.1.2 Das Tier als Vorstufe zum Menschen (Herder) 37
3.1.3 Vitalität contra Philistertum (Busch) 38
3.2   Fabel und Leser 40
3.2.1 Fabel und Sünder (Abraham a Sancta Clara) 40
3.2.2 Fabel und Vernunftwesen (Lessing) 43
3.2.3 Fabel und Kind (Pädagogisierung im 18./19. Jahrhundert) 44
3.3   Fabel und Geschichte 46
3.3.1 18. Jahrhundert (Gellert, Lessing, Pfeffel) 47
3.3.2 19. Jahrhundert (Krylow, Heine) 48
3.3.3 20. Jahrhundert (Hoernle, Weinert, Arntzen, Schnurre, Anders) 52

Didaktischer Teil 56
1   Didaktische Positionen 56
2   Übersicht über die Unterrichtsprogramme 61
3   Zur Methodik 66

Unterrichtsmodelle

Grundprogramm I: Fabeltiere, Märchentiere – zwischen Zauber und
                      Wirklichkeit (Klasse 5/6) 68
1./2. Stunde: Müssen alle Menschen ‚Hirsche' sein? – Einführung
                    (Gleim: Der Hirsch. Der Hase. Der Esel) 68
3./4. Stunde: Besuch im Fabeltheater – Die Rolle der Tiere in der Fabel
                    (Fabeln nach freier Wahl) 73
5. Stunde: Szenen aus dem Fabeltheater – Fabeln illustrieren 76

6./7. Stunde	Was nützen Fabeln und Märchen im Alltag? – Problemlösungsangebote der Fabel im Unterschied zum Märchen I (Plauen: Die gute Gelegenheit / Die Peanuts: Das Gemälde / Grimm: Vom Dummling)	77
8./9. Stunde:	Was nützen Fabeln und Märchen im Alltag? – Problemlösungsangebote der Fabel im Unterschied zum Märchen II (Krylow: Die Katze und die Nachtigall / Grimm: Vom süßen Brei / Abraham a Sancta Clara: Der Fuchs und die Maus)	83
10. Stunde:	Was nützen Fabeln und Märchen im Alltag? – Problemlösungsangebote der Fabel im Unterschied zum Märchen III (Richter: Titelvignette ‚Märchen' / Folkema: Titelvignette ‚Fabel' / Äsop: Die törichten Schafe; Die Maus und der Frosch)	86
11./12. Stunde:	Magisch ist das Märchen, doch wie ist die Fabel? – Die Rolle der Tiere und die Handlungsstruktur der Fabel im Unterschied zum Märchen (Grimm: Jorinde und Joringel; Die drei Raben / Phädrus: Der Fuchs und der Rabe)	91
13./14. Stunde:	Wir ‚ver- und entzaubern' Fabeln – Fabeln in Märchen umschreiben, verfremdende Collagen zu Fabeln erfinden (Grimm: Der Fuchs und das Pferd)	96

Grundprogramm II: Rangstreitigkeiten – Variieren und Erfinden von Fabeln (Klasse 5/6) 100

1./2. Stunde:	Wie kurz kann eine Fabel sein? – Reduzieren einer aufgeblähten Variante (Lessing: Das Roß und der Stier / La Fontaine: Die Grille und die Ameise)	100
3./4. Stunde:	Wie muß ich eine Fabel ändern, damit sie mit dem Leben übereinstimmt? – Variieren einer bekannten Fabel (Maugham: Die Ameise und die Grille)	103
5./6. Stunde:	Wie macht man aus einer Alltagsgeschichte eine Fabel? – Erfinden einer Fabel (Übungstext: Daniel und Tanja / Äsop: Eines schickt sich nicht für alle)	107
7. Stunde:	Wir machen ein Fabelbuch	110

Aufbauprogramm I: Nachtigallentöne – Fabel und Vertonung (Klasse 6/7/8) ... 112

1./2. Stunde:	Warum entscheidet sich der Esel für den Kuckuck? – Wie man mit Musik ein Rätsel lösen kann (Herder: Fabellied/Mahler: Lob des hohen Verstandes)	112
3./4. Stunde:	Aufforderung zu gegenseitiger Hilfe – Der Klang der Freundschaft in Wort und Ton (Gellert: Der Blinde und der Lahme / Vertonung durch die Gruppe ‚Ougenweide')	117

Aufbauprogramm II: Tierbilder im Wandel (Klasse 7/8) 122

1./2. Stunde: Was interessiert den Fabelautor an den Tieren? – Vergleich einer dramatisierenden und einer episierenden Fabel (Lessing: Der Rabe / Busch: Fink und Frosch) 122

3./4. Stunde: Was hat die Fabel mit dem wirklichen Tier zu tun? – Vergleich zwischen einem neuen und einem alten Lexikonartikel („Der Rabe" in Kosmos-Tierwelt und in Zedlers Universal-Lexikon von 1741) 129

5./6. Stunde: Wie ändert sich das Tierbild in der Fabel im Verlauf der Geschichte? – Vergleich einer Fabel nach Darwin mit einer vor Darwin (Busch: Sie stritten sich ... / Waldis: Von der Sau und einem Stauber) 132

Aufbauprogramm III: Lessing contra La Fontaine – Fabel und Leser (Klasse 9) 139

1./2. Stunde: Welches ist die beste Fabel? – Lessings Bestimmung der Gattung (Lessing: Der Besitzer des Bogens; Die Sperlinge / Gleim: Spatzenklage) 139

3./4. Stunde: Was hat die Fabel mit ihrer Leserschaft zu tun? La Fontaines Publikum: Spekulation und Wirklichkeit (Quellen zum Hof Ludwigs XIV. / La Fontaine: Der Hof des Löwen) 142

Aufbauprogramm IV: Spiel mit der Tradition – Fabel und Geschichte (Klasse 10) 151

1./2. Stunde: Das Material, aus dem man Waffen schmieden kann – I. Wolf und Lamm im Zweiten Weltkrieg und nach den Bauernkriegen (Daily Herald: Karikatur / Luther: Vom Wolff und Lemlin; Die Teilung der Beute) 151

3. Stunde: Das Material, aus dem man Waffen schmieden kann – II. Löwe und Schafe nach dem Wiener Kongreß (Krylow: Die bunten Schafe) 158

4./5. Stunde: Das Material, aus dem man Waffen schmieden kann – III. Fuchs und Schafe im deutschen Kaiserreich (Ewers: Die Hammelherde; Der alte Fuchs) 161

6./7. Stunde: Vorschläge zum Spiel mit der Tradition – Lessings Variationstechniken (Lessing: Von einem besonderen Nutzen der Fabeln in den Schulen) 165

Kommentierte Auswahlbibliographie 171

Einleitung

Fabeln gehören zu den traditionellen Themen des Deutschunterrichts. Kaum eine andere Textart bietet auf so engem Raum so vielfältige Anreize zur spielerischen Gestaltung und Umgestaltung, zur sprachlichen Analyse und zum Vergleich, zum Herauslösen von Begriffen und zum Erörtern von Streitfragen.
Dabei hat sich die literaturwissenschaftliche Forschung bisher eher zurückhaltend um die Fabel gekümmert. Um einiges intensiver wird die didaktische Diskussion geführt. Seit Robert Ulshöfer und bis hin zu Klaus Gerth in seinem Basisartikel von 1984 ist man sich ziemlich einig darüber, was eine gute Fabel ausmacht. Das Kriterium „Kürze" bildet den Kern des Konsens, der sich herausgebildet hat.
Nach Ansicht der Verfasser ist damit die Vielfalt der poetischen Formen, die die mehrtausendjährige Geschichte der Gattung hervorgebracht hat, ist aber auch die reiche und sehr kontroverse theoretische Selbstbesinnung der Fabelautoren unzulässig beschränkt.
Es ist eine *deutsche* Beschränkung; sie wurzelt in der Polemik Gottscheds, vor allem aber Lessings gegen La Fontaine und seine Nachahmer. Indem sich die Didaktiker, von der Germanistik so ziemlich alleingelassen, bei ihrer Bestimmung des Gattungsideals weithin auf die große Autorität Lessing berufen, verfiel eine ganze Traditionsströmung pauschaler Abwertung oder gar Mißachtung. Lessings knapper und karger ‚dramatisierender' Fabel, die mit strenger Nüchternheit und Rationalität die Pflicht der Lehrhaftigkeit erfüllt, entspricht als leichtlebige Schwester die erzählfreudige ‚episierende' Fabel, die dem Moment des Vergnügens mehr Raum gibt, mit den Tieren spielt und sie nicht nur als seelenlose Attrappe für spezifisch menschliches Verhalten nimmt. Gerade dieser zweite, historisch gleichberechtigte Traditionsstrang prägt Formenfülle und Wandlungsfähigkeit der Gattung reich aus – und ist im übrigen zumindest dem Unterstufen-Unterricht gemäßer als die Verstandeskälte des Gegentypus. Die ‚episierende' verhält sich zur ‚dramatisierenden' Fabel – um es in der Sprache dieser Gattung zu sagen – etwa wie die Grille zur Ameise.
Die Unterrichtsmodelle, die in diesem Band vorgestellt werden, bauen auf den beiden hier skizzierten (und im literaturwissenschaftlichen Teil genauer charakterisierten) Gattungsvarianten auf. Sie ergänzen diese *typologische Erweiterung* durch eine *stoffliche Erweiterung*, insofern bisher vernachlässigte (Krylow) oder gar nicht erst wahrgenommene Autoren (Ewers) mit einbezogen werden. Durch das Sichtbarmachen der verschiedenen *Leserrollen*, die in den Texten implizit vorgezeichnet sind, wird die Aufmerksamkeit auf den Aspekt der *Rezeption* gelenkt; dies stößt nach Erfahrung der Verfasser im Unterricht auf besonderes Interesse und ist geeignet, ein *historisches Verständnis* der Fabel und der Literatur schlechthin zu wecken. Schließlich soll einer *fächerübergreifenden Perspektive* dadurch vorgearbeitet werden, daß ästhetische Transformationen der Fabel wie *Illustration* und *Vertonung* mitbetrachtet werden.
Da die Beschäftigung mit Fabeln sich nicht auf eine bestimmte Klassenstufe eingrenzen läßt, wird hier keine geschlossene Unterrichtseinheit vorgeschlagen. Statt

dessen wird ein *Grundprogramm* für die Unterstufe erweitert durch ein *Aufbauprogramm*, das Vorschläge für Unterrichtssequenzen mit aufsteigendem Schwierigkeitsgrad enthält. Auf eine genaue Klassenzuordnung der einzelnen Sequenzen wurde deshalb verzichtet, weil gerade Fabeltexte sich je nach Fragestellung auf verschiedenen Abstraktionsebenen verstehen und daher in verschiedenen Klassenstufen untersuchen lassen. Lessings „Besitzer des Bogens" etwa läßt sich vordergründig als Darstellung eines pragmatischen Fehlverhaltens auffassen, ist jedoch nachweislich (vgl. S. 13f.) darüber hinaus als literaturkritische Meta-Fabel gemeint und läßt sich schließlich in letzter Instanz als tiefsinnige Kulturkritik deuten. Der Einschätzung und dem pädagogischen Takt des Lehrers muß überlassen bleiben, bis zu welcher Verständnisstufe er seine Schüler jeweils führen will; Vorgriffe und Rückgriffe innerhalb des hier gebotenen Materials bei veränderter Fragestellung sind jedenfalls möglich und legitim. Nicht zufällig endet die letzte hier vorgeschlagene Unterrichtssequenz mit der Aufforderung, sich auf ein ‚Spiel mit der Tradition' einzulassen. Auch Schüler können Fabeln schreiben und dabei innerhalb der Reichweite dieser Gattung zu erstaunlich perfekten und originellen Lösungen gelangen – wobei ihnen der historische Bestand Anstoß und nicht Hemmnis bedeutet. Gerade hier läßt sich für Lehrer und Schüler erfahren, wie im Zusammentreffen von Präzision und Vergnügen *kreativer Literaturunterricht* möglich ist.

Literaturwissenschaftlicher Teil

1 Aktualität der Fabel?

Hans-Gerd Schücker: Distanz

Sechs Beine Zwei durchsichtige Flügel Ein schwarzer Leib
So krabbeln sie auf der Fensterscheibe entlang: Fliegen: Meister der Luft

Sie sind gefallene Engel! Es verrät sie ihre Vorliebe für Kehricht und Aas Sie sind die Nähe des Menschen
gewohnt aber nicht zähmbar

Ihren Facettenaugen entgeht keine Bewegung der Esser
Doch es ist nicht Ehrfurcht es ist die Hand
deren Zugriff sie rechtzeitig entkommen wollen

Gewarnt durch jahrtausendealtes Mißtrauen
daß nicht jede Hand bloß streicheln will

Leichtgläubige sollten von ihnen
die alte Kunst der Skepsis lernen

(DIE ZEIT Nr. 46 / 12. 11. 82)

Bedrückende Zuständlichkeit, starres Mißtrauen, in dem böse, jahrhundertealte Erfahrungen geronnen zu sein scheinen – kein frischer dramatischer Konflikt tierischer Antagonisten lockert den beklemmenden Eindruck dieses Gedichts von Hans-Gerd Schücker auf. Dennoch: Unzweideutige wie unnötige Lehrhaftigkeit der Schlußverse; Tiere, die als „Meister der Luft" und „gefallene Engel" eher Menschen sind – der Gedanke an eine Fabel liegt nahe. Beim Blick auf das Datum der Veröffentlichung des Gedichts wird einem die Frage kommen, worin der Wert eines Tiergleichnisses zur Erkundung einer Welt liegen mag, in der sich die Erfahrung der Natur bei vielen auf die grobe Unterscheidung von grün und nichtgrün bei den Pflanzen beschränkt und in der die meisten Tiere nur dem Namen nach noch bekannt sind. Es herrscht die Meinung vor, so Günter Kunert in seinem Kommentar zu diesem Gedicht, „seit Lafontaine und Krylow, um nur die bekanntesten zu nennen, sei die dichterische Fabel ausgestorben, der den Menschen reflektierende zoologische Zerrspiegel zerbrochen." (Die Zeit, a. a. O.) Kunerts eigene Ansicht, diese Gattung sei „keineswegs ausgestorben", sie lebe „verändert fort, selbst in Kafkas ‚Verwandlung' oder in César Vallejos ‚Wegfahrerin'", setzt ihn in Gegensatz zu Literaturwissenschaftlern wie Wilke[1] und Leibfried[2].

Die Auffassung, es gebe keine ‚echten' modernen Fabeln mehr, wird unterschiedlich begründet. Bis zur „politischen und industriellen Revolution" habe dieses „Produkt einer Reflexion über gesellschaftliche Zustände" durchaus die Kraft besessen, „Hebel der Erkenntnis" zu sein; der unüberschaubaren modernen Welt gegenüber jedoch, in der die Mächtigen „selber nur noch zufällige, äußere Ausdrucksformen der Macht seien, beliebig zu ersetzen", versage sie[3]. Ruth Koch, die noch 1973 geradezu von einer „Renaissance" der klassischen Fabel in der Bundesrepublik sprach[4] und dabei die Produktion der Autoren Schnurre, Arntzen und Anders meinte, sieht sich 1982 genötigt, ihre Einschätzung zu revidieren: Die „Erneuerung" der Fabelproduktion habe sich als „sporadisch gebliebene [...] Aktualisierungsphase", als „Episode" herausgestellt[5].

Andere Stimmen verkünden das Leben der Gattung. So stellt Gerth 1984 fest: „Man schreibt jetzt wieder Fabeln"[6]. Hierbei bezieht er sich jedoch auf die Autoren, deren Fabelproduktion zwei Jahre zuvor Ruth Koch als „Episode" gewertet hatte. Auch Dithmar tritt energisch allen Niedergangshypothesen entgegen mit einem – sehr allgemein gehaltenen – Neuansatz zur Definition der Gattung selbst. Fabeln sind nach ihm als Spezialfall der „parabolischen Rede" neben Gleichnis und Parabel zu stellen.[7] Indem er so die enge Genrebestimmung verläßt, trifft er sich mit Hasubek, der die neuesten Untersuchungen zur Geschichte der Gattung gesammelt hat und sich klar für die „These vor der Uneinheitlichkeit des Genre ‚Fabel'" ausspricht.

Seine Begründung:

„Die Fabel ist eine ‚antiautonome literarische Gattung' (Leibfried), ihre Gattungsgrenzen sind in einer Weise ‚offen', ja verschwimmen nach benachbarten Genres hin, daß es, steht man vor der Fülle der vorhandenen und möglichen Gattungsbestimmungen, kaum möglich erscheint, diese auf einen gemeinsamen Nenner zu bringen. Ihre erstaunliche Widerstandsfähigkeit in einem mehr als zweitausendjährigen literarischen Zerreibungs-, Auflösungs- und Umgestaltungsprozeß verdankt die Fabel dem Umstand, daß gerade ihre Gattungsgrenzen nicht starr, sondern von einer bewundernswerten Elastizität und Wandlungsfreudigkeit waren und noch sind"[8].

Gestritten um Fortleben oder Tod wurde auch in der Diskussion um andere literarische Gattungen. Zu schlichten ist der Streit auch hier – und dies deutet sich in dem Zitat Hasubeks an –, indem man die Definition einer Gattung in die Beschreibung ihrer Entwicklungsgeschichte auflöst und sich auf ihren Gestaltwandel einläßt. Gerade bei der Fabel würde sich schnell der Verdacht ihres Ablebens verflüchtigen. Der Frage liegt auch ein allzu enges, letztlich normatives Gattungsverständnis zugrunde. So stellt z. B. Leibfried ein nur noch „museales Dasein" der Fabel fest und begründet dies mit der angeblichen Rolle der Fabelmoral, die er jedoch im aufklärerischen Sinne (miß-)versteht: „Die Fabel hat ausgedient, ihre typische Rolle als Vermittlerin von moralischen Lehren oder Lebensweisheit ist vorbei"[9]. Die Auffassungen von Kreis enthüllen einen ähnlich fragwürdigen Begriff von der Lehre der Fabel. Kafkas „Kleine Fabel" (Editionenheft „Fabel und Parabel", II 11) zählt er nicht mehr zur Gattung, weil ihrer Lehre Eindeutigkeit fehle. Die Fabel setze nämlich einen „‚überschaubaren', ‚gestalteten' Welt-Hintergrund" voraus, den Kafkas ganzes Werk nicht mehr habe.[10]

---

1 Wilke, Christian Hartwig, Fabel als Instrument der Aufklärung [...], in: Basis. Jahrbuch für Gegenwartsliteratur II (1971), 71
2 Leibfried (1976), 95
3 Kreis, Deutschunterricht (1971), 116
4 Koch, Ruth, Theoriebildung und Lernzielentwicklung in der Literaturdidaktik – ein Entwurf gegenstandsorientierter Lernzielentwicklung am Beispiel der Fabel, Weinheim u. Basel: Beltz 1973
5 Dies., Erneuerung der Fabel in der 2. Hälfte des 20. Jahrhunderts? in: Hasubek (1982), 269
6 Gerth (1984), 15
7 Dithmar (1974), 9f.
8 Hasubek (1982), 7
9 Leibfried (1976), 95

---

10 Kreis, Deutschunterricht (1971), 117

Beide Autoren gehen davon aus, daß die Gattung Fabel ein geschlossenes Weltbild voraussetze, das allein die Gewißheit der Aussagen ermögliche und damit die ‚Lehre'. Fast unmerklich reduzieren sie damit den Vorgang des ‚Lehrens' auf eine seiner Nebenbedeutungen, auf einen autoritären Akt, in dem der Fabulist ex cathedra unumstößliche ‚Wahrheit' verkündet. Daß er in Wirklichkeit sehr unterschiedliche Einsichten (vom allgemeinen Lebensgesetz bis zur subjektiven Kommentierung zeitgenössischer Vorgänge) darbietet und daß er das auf sehr verschiedene Weise tun kann (andeutend, ironisch oder selbstironisch, anklagend oder resignativ) – das wird so dem Blickfeld entzogen. Autoren wie La Fontaine oder Krylow werden damit an einem didaktischen Anspruch gemessen, den sie nie hatten und daher nur unvollkommen erfüllen. Ihre Abwertung im Gefolge einer an Lessing orientierten, einseitigen Gattungsauffassung war die bis heute fortwirkende Folge. Es ist an der Zeit, diese Verengung zu überwinden.

2 Die Fabel als Gattung

2.1 Normative und deskriptive Gattungsbestimmung

Eine anerkannte Definition der Fabel nennt folgende typische Merkmale:

„Es agieren redende Tiere anstelle von Menschen, die sich konträr gegenüberstehen und so die dialektische Struktur mitbedingen; die Form ist kurz und pointiert, episch und dialogisch zugleich; Moral, Gleichnischarakter und Kritik sind offenkundig. [...] Außer den bekannten Fabeltieren wie Löwe, Bär, Wolf, Fuchs oder Hase agieren in einer nicht unbeträchtlichen Anzahl von Texten auch Pflanzen, Gegenstände, Menschen oder deren Körperteile."[11]

Stellvertretend für die Fachdidaktik sei hier die vor kurzem gegebene Fabeldefinition von Gerth angeführt:

„Eine Fabel ist ein erzählender (narrativer) Text. [...] Der Aufbau folgt meist dem Schema: Situation [...] actio [...] reactio [...] Ergebnis [...].
Charakteristisch ist die Kürze – Lessing nennt sie ‚die Seele der Fabel'. [...]
Fabeln sind antirealistisch. [...] Die Welt der Fabel stimmt nicht mit der uns vertrauten Empirie überein. [...]
Die Fabel ist eine Gleichniserzählung [...], auf unterschiedliche Situationen anzuwenden oder unterschiedlich auszulegen"[12].

Diese Definitionen sind grundlegend und insgesamt richtig, und doch engen sie den Blick ein.

Das Postulat der Kürze und der Pointierung weist in beiden Bestimmungen auf den Einfluß eines Aufklärers hin: auf Gotthold Ephraim Lessing. Seine Gattungsbestimmung geriet in Deutschland in den Rang einer gültigen Norm, den sie ungebrochen bis in die siebziger Jahre behielt.

Die berühmte Fabel „Der Besitzer des Bogens" ist ihrem Wesen nach eine Meta-Fabel, eine Reflexion über die Gattung in Form einer Fabel, und enthält in gedrängtester Form Programm und Gegnerschaft Lessings:

Ein Mann hatte einen trefflichen Bogen von Ebenholz, mit dem er sehr weit und sehr sicher schoß, und den er ungemein werth hielt. Einst aber, als er ihn aufmerksam betrachtete, sprach er: Ein wenig zu plump bist du doch! Alle deine Zierde ist die Glätte. Schade! – Doch dem ist abzuhelfen; fiel ihm ein. Ich will hingehen und den besten Künstler Bilder in den Bogen schnitzen lassen. – Er ging hin;

---
11 Formen der Literatur in Einzeldarstellungen, hg. v. Otto Knörrich, Stuttgart: Kröner 1981 (Kröners Taschenausgabe. 478), 99f.
12 Gerth (1984), 15f.

und der Künstler schnitzte eine ganze Jagd auf den Bogen; und was hätte sich besser auf einen Bogen geschickt, als eine Jagd?
Der Mann war voller Freude. ‚Du verdienest diese Zierrathen, mein lieber Bogen!' – Indem will er ihn versuchen; er spannt, und der Bogen – zerbricht.

Programm ist Kürze ohne „Zierrathen", Schärfe der Formulierung, die den „Pfeil" der Erkenntnis moralischer Sachverhalte ermöglicht. Die Lessingschen Fabeln sind denn auch von lakonischer, kühler, ‚mitleidloser' Rationalität. Tiere werden aus Gründen der Ökonomie eingesetzt, da ihre „Bestandheit der Charaktere" (Lessing) umständlichere Beschreibungen erspart[13]. Überdies beeinträchtigen sie den Erkenntnisvorgang nicht, da sie nicht das Gefühl ansprechen.

Die Lessingsche Fabeltheorie ist die prägnanteste ihrer Art und – aufgrund der Autorität ihres Urhebers – in Deutschland die einflußreichste. Dennoch: sie kann und konnte niemals eine angemessene Beschreibung und Bewertung der Fabelpraxis liefern, da sie doch gerade aus der polemischen Abgrenzung Lessings von der Masse der zeitgenössischen und vergangenen Fabelliteratur gewonnen wurde. „Zierrathen" spielt nämlich auf die Fabeln La Fontaines und seiner ungezählten französischen und deutschen Nachahmer an. La Fontaines Fabelkunstwerke mit den Kategorien seines Gegners interpretieren heißt, sie abzuwerten. Mit der Lessingschen Definition verfehlt man nicht nur die Mehrzahl der Fabeln seiner Zeit, sondern auch die – bisher bezeichnenderweise kaum bekannten und untersuchten – Fabeln des 19. und 20. Jahrhunderts im deutschen Sprachgebiet und im Ausland.

Woher und warum diese einzigartige Autorität Lessings auf einem Gebiet, in dem auch andere Autoren und Theoretiker Bedeutendes geleistet haben? – Ein kurzer Blick auf Haupttendenzen der Rezeption der Fabel durch die Germanistik mag hier Klärung schaffen.

Bis Ende des 18. Jahrhunderts herrschten ‚normative' Poetiken vor. In der Romantik, mit dem Beginn der wissenschaftlichen Philologie und Germanistik, setzen die deskriptiven Versuche ein, die Gattung zu bestimmen. Ganz allgemein läßt sich für die Gattungstheorien des 19. Jahrhunderts sagen, daß sie die typischen Merkmale der Fabel nur selten im Rahmen historischen Wandels sehen, sondern sie als ahistorische Konstanten auffassen. So z. B. behauptet Jacob Grimm (1834) – in polemischer Abgrenzung zu Lessing –, die Kürze sei der „Tod der Fabel" und vernichte ihren „sinnlichen Gehalt". Eine Fabel lebe von der erzählerischen, ausschmückenden Vergegenwärtigung, „Nachahmung" der Tierfiguren. Indem er die Fabel dem Bereich der Tierdichtung allgemein zuordnet, gelangt er zu der Auffassung, daß die Gattung im Gemüt des deutschen Volkes verwurzelt sei[14].

Dieser ‚folkloristischen' Fabeltheorie widersprachen die ‚äsopistischen' Theoretiker, allen voran Gervinus. Sie glaubten an die individuelle Verfasserschaft Äsops und betrachteten die Fabel als Anfang aller Tierdichtung. Lessing wird verteidigt, die epische Verbreiterung der Fabel, wie sie Phädrus, La Fontaine, Gellert vorgenommen hatten, als Verirrung betrachtet.

Gemeinsam ist beiden Positionen eine folgenreiche nationale Blickverengung auf die deutschsprachige Fabelliteratur und eine direkte oder indirekte Inthronisation Lessings zum maßgeblichen Fabelautor

---

13 Vgl. 3.2.2 und Aufbauprogramm III, 1./2. Stunde

14 vgl. Grimm, Jacob, Wesen der Thierfabel, in: Hasubek (1983), 29ff.

und -theoretiker, indem man entweder sich auf ihn beruft oder sich scharf gegen ihn abgrenzt[15].

Erst im 20. Jahrhundert setzt die historische und soziologische Erforschung der Fabel ein. Nachdem die älteren Theoretiker fast ausschließlich von der allgemeinen Lebensweisheit oder der Erkenntnis allgemein-menschlicher Sachverhalte ausgegangen waren, die die Gattung angeblich vermittle, fängt man nun an, ihren Zweck im Rahmen einer von sozialen Spannungen erschütterten gesellschaftlichen Wirklichkeit zu bestimmen. Crusius[16] definiert die Fabel als ein Genre, in dem sich das soziale Engagement unterprivilegierter Schichten artikuliere. Oder Spoerri, nun ganz pointiert: Der „Aufstand der Fabel" sei ein „Feuerbrand, der aus den Kellergewölben der Paläste aufsteigt und verheerend zu den hohen Prunksälen hinaufzüngelt"[17]. In den sechziger Jahren nimmt diese soziologische Bestimmung der Gattung vor allem materialistische Inhalte auf. Im Fahrwasser der Kritischen Theorie der Frankfurter Schule gilt die Fabel fast ausschließlich als Instrument der Gesellschaftskritik. Andere Momente wie Unterhaltung, Vergnügen oder auch nur allgemein-moralische Belehrung werden vernachlässigt. Vor allem aber sieht diese Richtung keinen Anlaß, die Vorrangstellung der Lessingschen Theorie anzuzweifeln, ist diese ihr doch in ihrer intellektuell-kritischen Ausrichtung verwandt[18].

Repräsentativ für diese reduzierende Tendenz der Gattungsinterpretation ist in der Fabeldidaktik die Auffassung von Rudolf Kreis. Kreis geht davon aus, daß die Form der Fabel durch die Jahrtausende ihrer Geschichte unveränderlich geblieben sei. Seine Erklärung für diese merkwürdige Feststellung: Die „Urmuster" der Gattung seien die Fabeln Aesops, die „als unüberbietbar vollkommen anzusehen sind". Diese

„zeichnen sich aus durch einen nüchternen, streng rationalen Aufbau. Sie wollen belehren, wollen ‚Hebel der Erkenntnis' sein – oder, wie Helmers sagt: ‚Weltbereiche' deuten. Konkret heißt das: Sie sind das Produkt einer Reflexion über gesellschaftliche Zustände, wie sie vor Jahrtausenden einmal bestanden, aber auch noch – im Prinzip – zur Zeit Luthers und selbst Lessings. Denn – und diese historische Tatsache gilt es im Bewußtsein zu behalten – die Welt blieb von Aesop bis Lessing im wesentlichen stabil, genauer gesagt, sie blieb es von der jüngeren Steinzeit bis zur französischen und industriellen Revolution."[19]

Deutlich zeigt diese Bestimmung der Fabel, auch wenn sie ihren sozialkritischen und historischen Gehalt betont, wie die formalästhetische Grundannahme beibehalten ist. Das „Urmuster" lag also nach Kreis schon im 6. Jahrhundert v. Chr., zur Zeit Aesops, fest und brauchte auch bis zur französischen Revoluituon nicht wesentlich abgewandelt zu werden. „Reflexion über gesellschaftliche Zustände" konnte sich – so Kreis – durchaus mit einer nur inhaltlich zu variierenden Form begnügen, da diese geeignet war, die „im wesentlichen stabil[en]" Verhältnisse kritisch zu durchleuchten.

Über diese sehr pointierte Auffassung vom Verlauf der Menschheitsgeschichte mag man debattieren; entscheidend für unseren Zusammenhang ist die These,

---

15 vgl. Nickisch, Reinhard M. G., Über die Fabeltheorien des 19. Jahrhunderts, in: Hasubek (1982), 206–209

16 vgl. Crusius, Otto, Einleitung zu: Das Buch der Fablen, hg. v. Christian Heinrich Kleukens, Leipzig: Insel 1913, IX

17 Spoerri, Theophil, Der Aufstand der Fabel, in: Trivium I (1942/43), 39

18 vgl. Hasubek (1983), 11

19 Kreis, Deutschunterricht (1971), 115

daß die Fabel bis zum 18. Jahrhundert gleichbleiben konnte und mußte, wollte sie ihrer Aufgabe der Erziehung zu kritischem Bewußtsein dienen, und daß sie ihre Rolle mit Beginn der ‚modernen' ‚unüberschaubaren', ‚anonymen', ‚bürokratischen' Welt ausgespielt hatte. Die Folgen einer solchen Annahme sind: Die Komplexität historisch-sozialer Erfahrung, zu der die Fabel gerade einen Zugang zu eröffnen versprach, wird im nächsten Atemzug von Kreis auf eine einzige Gesetzmäßigkeit nivelliert: auf die des Antagonismus der jeweiligen gesellschaftlichen Klassen. Um diesen widerzuspiegeln, genügt tatsächlich eine streng geschlossene Erzählstruktur, die ihn ins dramatische Handeln zweier tierischer Gegner übersetzt und nach einer harten Zuspitzung endet. Kreis warnt denn auch, die Fabel als eine „epische Miniaturform" zu betrachten. Denn derjenige „übersieht ihre Denkstruktur, die den epischen Ablauf in der Pointe rücksichtslos unterbricht"[20]. Die Schärfe der Pointe wird für ihn, wird auch für Doderer geradezu zum Gütezeichen, mit dessen Hilfe die guten Fabeln ins Töpfchen, die schlechten ins Kröpfchen gesteckt werden können:

„Die Pointe ist Kriterium für die Güte einer Fabel. Je grundlegender der Widerspruch ist, der sie befördert, desto schärfer kommt sie hervor und zündet den Blitz der Gegenansicht; weshalb überall da, wo ein Fabelschreiber die Dialektik aufgab, Texte von saft- und kraftloser Sentimentalität oder Trivialität herauskamen, also Trivialliteratur, die mit der echten Fabel nichts gemein hat"[21].

Definitionen wie diese, die agonale Struktur, Kürze und Pointierung der Darstellung als wesentliche Merkmale der Gattung herausstellen, haben ihren Platz als Hilfsmittel zur Untersuchung von Struktur und Wirkung einzelner Fabeln. Als Hilfsmittel, jedoch nicht als unfehlbares Kriterium! Vor allem bedürfen sie der Ergänzung durch weitere Hilfsmittel. Denn nur so sichert man sich die „Vieldimensionalität" (Doderer) der Aspekte der Fabel und damit zugleich die vielen motivierenden Möglichkeiten ihres Einsatzes im Unterricht.

Die Anerkennung der Tatsache, daß die Fabel eine inhaltlich und formalästhetisch viel reichere Gattung ist, als man sie sich zunächst vorstellt, daß sie in vergleichbarer Intensität und Deutlichkeit auch geschichtliche Wirklichkeit und Wandel widerzuspiegeln vermag wie die ‚anspruchsvolleren' epischen Gattungen Novelle oder Roman, erschließt bisher wenig genutzte Einsatzmöglichkeiten in der Schule.

Was da alles – je nach Altersstufe, Interessenlage, Unterrichtszusammenhang, Schultyp usw. – schwerpunktmäßig behandelt werden kann, läßt sich in einem Beziehungsdreieck systematisch erfassen (vgl. hier S. 34). Die Komponenten dieses Beziehungsdreiecks bilden – nach Bühlers Organon für die Sprache – Autor, Leser und Welt. In der Mitte steht als poetischer Spiegel dieser drei Größen die Fabel. Über ihn läßt sich das, was nicht mehr unmittelbar greifbar ist, eine vergangene Wirklichkeit, vergangene Erfahrung erschließen. Da sich von Fabel zu Fabel auch Autor, Leser und Welt ändern, ändert sich auch ihr Ausdrucksmittel. Die Fabel ist eine von den drei Bezugsgrößen abhängige Größe.

Wenn hier Aspekte der Gattung im Unterricht fruchtbar gemacht werden sollen, die bislang weithin unter den Tisch gefallen sind, so werden damit nur die didaktischen und methodischen Konsequenzen aus Überlegungen gezogen, die sich bei der Bestandsaufnahme der Fabelforschung ergaben. Peter Hasubek, der in

---

20 ders., Tiergleichnis (1971), 59
21 ebda, 63; vgl. auch Doderer (1970), 14

zwei Sammelbänden (1982/83 erschienen) in repräsentativen Aufsätzen die Entwicklungen der Fabelforschung aufzeigte, spricht von einer „Wende", die sich seit etwa Mitte der siebziger Jahre vollziehe[22]. Er stützt sich auf die Beobachtung, daß das Interesse an den vielen bislang nur unzureichend untersuchten ästhetischen Fragen zunimmt. Gleichzeitig stellt er jedoch die vielen weißen Flecken auf der Landkarte bisheriger Forschungen fest. So sind die Fabeln des 17. und 19. Jahrhunderts allgemein kaum untersucht. Wirklich differenzierende Arbeiten zur poetischen Gestaltung der Fabeln sogar wichtiger Autoren wie La Fontaine, Lessing, vor allem des Russen I. Krylow fehlen noch; ebenso solche zum Leserbild, das die Fabelautoren jeweils hatten und das vielleicht ihr Schreiben in viel stärkerem Maße beeinflußte, als manche Forscher bis heute meinen. Überhaupt: Rezeptionsgeschichtliche Betrachtungsweisen, die in den siebziger Jahren stark zugenommen haben, trifft man in der Fabelforschung eigenartigerweise bislang noch wenig an[23].

Aus Interpretationsansätzen, die die Rolle des Erzählers, des fiktiven und realen Lesers untersuchen, lassen sich jedoch gerade interessante Perspektiven für den Unterricht ableiten, die wiederum die Schüler vom Reiz und Nutzen formaler Untersuchungen zu überzeugen vermögen. Denn sie knüpfen ein feinmaschiges Netz zwischen Erzählweise und geschichtlichem Hintergrund. Nicht zufällig neigen sie eher dazu, neben den epigrammhaft kurzen Formen des von Lessing proklamierten Typus die detailfreudigeren Fabeln als gleichwertige Genrevertreter anzuerkennen.

---

22 Hasubek (1983), 17
23 vgl. ebda, 16f.

Diese können sich ebenfalls durch einen prominenten, allerdings nicht deutschsprachigen Vertreter ausweisen: durch Jean de La Fontaine. Man darf ihn als Modellautor für eine rezeptionsästhetische Betrachtungsweise in Anspruch nehmen. Er hätte vermutlich keine Einwände gegen ein Vorgehen gehabt, das die Form einer Fabel nicht normativ bewertet, sondern von der Frage nach den historisch sich verändernden Interessen und Zielsetzungen der Autoren ausgeht.

2.2 Die Pointe als Kriterium

In seiner Vorrede zu seinen Fabeln legt La Fontaine Rechenschaft über die Gesinnung seines Werkes ab:

„In Frankreich handelt es sich nur darum, daß etwas gefalle; das ist die große, um es geradeheraus zu sagen, die einzige Regel. Ich habe es daher nicht gerade für ein Verbrechen gehalten, mich über das Althergebrachte hinwegzusetzen, wo dasselbe nur dadurch, daß – man ihm Gewalt antat, aufrechtzuerhalten gewesen wäre."
(Leseheft „Verschlüsselte Wahrheit", S. 36)

Die aesopische Fabel als strenger, aussparender Formtypus entspricht demnach nicht jedem Autor und jedem Publikum. Sie ist gar nicht zu jeder Zeit durchführbar, will ein Autor sein Publikum erreichen. La Fontaine, dem Lessing und die Aufklärung die Wiedergeburt der Fabel Aesops verdankten, führte diese ganz überlegt im Geiste seines preziösen Zeitalters und mit Blick auf seine spezielle Leserschaft herbei.

Was nützt die schärfste Pointe, die straffe Funktionalisierung aller Einzelteile, wie sie mit Lessing noch heute Kreis, Ulshöfer, Doderer u. a. anstreben, wenn sie nahezu die Garantie bietet, nicht gehört zu werden, ganz einfach, weil sie nicht

„gefällt"? Man wird La Fontaine glauben müssen; in seiner Epoche hat niemand den Gegenbeweis erbracht. Hundert Jahre später benennt Pestalozzi das rezeptionsästhetische Problem der äsopischen Fabel. Diese setzt eine ganz bestimmte Lesereinstellung voraus. Der Leser muß die Bereitschaft zu hermeneutischen Anstrengungen mitbringen. Denn: „Wenn du nichts zu ihnen hinzudenkst, Leser, wirst du ihre Einfalt unerträglich finden."[24] Nicht jedes Publikum wird die karge, strenge Aesop-Fabel so unmittelbar zum ‚Hinzudenken' verlocken können. Zum Nachdenken kann auch anders als mit einer scharfen Pointe verlockt werden, vielleicht gerade durch Variieren der Formen, wie jeder Lehrer für sich an seinem eigenen ‚Publikum' feststellen kann.

Zwei Beispiele sollen illustrieren, wie Reiz und Nachwirkung einer Fabel von ganz anderen Elementen herrühren als von der straffen Ausrichtung aller Teile auf eine möglichst harte Pointe – zwei Fabeln voll überflüssiger „Zierrathen", wie Lessing sie kritisieren würde. Zuerst wieder La Fontaine:

Der Hof des Löwen

Des Leuen Majestät wollt gern die Völker kennen,
Zu deren Herrscher ihn der Himmel mocht ernennen;
    Drum lud durch Abgesandte er
    Von jeder Gattung die Vasallen,
    Und ein Rundschreiben schickt' umher
    Mit seinem Siegel er zu allen.
    Die Schrift sagt': „Einen Monat lang
    Wird der Monarch mit Sang und Klang
    Hof halten in des Schlosses Hallen.
    Den Anfang macht ein groß Gelag,
    Dem ein Hanswurstspiel folgen mag." –
Der Fürst meint, solche Prachtentfaltung
Sei für den Untertan zugleich 'ne Machtenfaltung.
    Er nötigt sie zum Schloß hinein.
Welch Schloß! Ein Fleischhaus nur! Allen durch Mark und Bein
Drang der Geruch. Der Bär hielt sich, um sich zu fassen.
Die Nase zu; er hätt's wohl besser bleiben lassen.
Der König hat's bemerkt und schickt, in Wut versetzt,
Zur Unterwelt ihn: dort spiel er den Eklen jetzt!
Der Affe billigte die Streng und lobt zuletzt –
Ein Schmeichler, wie er war – des Fürsten Zorn und Kralle;
Er lobt die Höhle auch: denn gegen diese Luft
    Wären Ambra und Blumenduft
Nur Knoblauch an Geruch! – Die Schmeichelreden alle
Halfen ihm wenig, und auch er kam bald zu Falle.
    Majestät Löwe schienen nah
    Verwandt wohl mit Caligula.
Der Fuchs stand dicht dabei. „Nun?" – fragt ihn wohlgewogen
Der Fürst – „Was riechst denn du? Sag's mir nur frank und frei." –
Doch der entschuldigt sich: er sei
Heftig verschnupft, und nichts röch er, nichts, ungelogen!
    Er hat sich gut herausgezogen.
    Lernt hieraus, wenn gescheit ihr seid:
Wollt ihr bei Hof euch Gunst erwerben – das ist wichtig –
Nicht fade Schmeichler seid, noch sprecht gar zu aufrichtig;
Gebt meist ausweichend und zweideutig nur Bescheid.
La Fontaine (1982), 260f.

Ein einfaches Grundmuster wird dreifach variiert: Der König, der seine Macht vor seinen Vasallen repräsentieren will, stößt auf Kritik und Abscheu; einer zeigt diesen zu deutlich und wird getötet; zwei andere versuchen, ihre Haut zu retten, der eine ohne, der andere mit Erfolg. Der Reiz der Fabel liegt in den ironischen Wendungen und komischen Elementen, die gerade das Formprinzip der Variation ermöglicht.

---

[24] Pestalozzi, Heinrich, Figuren zu meinem ABC-Buch [...], in: Werke in acht Bänden, Gedenkausg. zu s. 200. Geburtstage, hg. v. Paul Baumgartner, Zürich: Rotapfel 1946, Bd. 5, 81

Narzißtisches Herrscherideal des Löwenkönigs, der sich machiavellistische Machtraffinesse einbildet (gnädig huldvoll erweist er seinen Vasallen die Wohltat eines einmonatigen Festes, spricht „wohlgewogen" zum Fuchs, inszeniert das Fest bewußt als Staatstheater zur Demonstration von Macht), und sein Verhalten werden ironisch kontrastiert. Der vom Himmel ernannte Herrscher ist nichts als ein plumpes, gieriges, unbeherrschtes, leicht zu durchschauendes ‚Raubtier'. Die Reaktionen der Vasallen sind denn auch nichts weniger als respektvoll; naiv direkt und zugleich selbstbewußt der Bär: statt insgeheim allenfalls die Nase zu rümpfen, hält er sie sich gleich ganz zu. Die Situationskomik wird weitergeführt mit der übertriebenen Schmeichelei, die der Affe vergeblich riskiert, und dem vorgeschobenen Schnupfen des Fuchses, der sich damit eines simplen, aber wirksamen Tricks bedient: sich aus einer Situation winden, indem Schwäche, ‚Unpäßlichkeit' vorgeschützt wird.

La Fontaine greift hier das äsopische Thema der nackten Gewalt auf und paßt es dem Stil seiner Zeit an: Äsops Prototypen Despot (Wolf) und wehrloser oder listiger Untertan (Lamm, Fuchs) sind zu deutlichen Sozialcharakteren des absolutistischen Frankreich geworden. Die Psychologie absolutistischer Herrschaft tritt dicht und differenziert hervor; zugleich damit die Gefahren, denen ein Höfling ausgesetzt war, und die Gewandtheit, über die er im eigenen Interesse verfügen mußte. So zeichnet der Autor auf kurzem Raum einen wesentlichen Ausschnitt seiner Epoche in verhüllter, uneigentlicher Darstellung: das Zentrum der Macht und des politischen und kulturellen und gesellschaftlichen Lebens, ganz konkret den Hof von Versailles. Seinem Publikum werden die Anspielungen verständlich gewesen sein – etwa jene auf das mit Blut, Opfern und Tränen erbaute Prachtschloß Versailles, für das Tausende von Arbeitern mit ihrem Leben, das Volk erdrückende Steuern und Abgaben zahlen mußte; auf den Blutzoll, den es für die nicht endenwollenden Kriege Ludwigs und die Befestigung seiner absoluten Macht zu entrichten hatte; Aufstände, später der Hagel von Steinen beim Leichenbegängnis Ludwigs XIV. sind beredtes Zeugnis vom wachsenden Widerstand gegen das absolutistische System. Die Kritik ist jedoch goutierbar; sie gibt sich heiter komisch und paßt sich zeitgenössischem Konversationsgeschmack an.

Auch in der bekannten Fabel „Fink und Frosch" von Busch ist keineswegs die Pointe „Kriterium für die Güte einer Fabel". Reiz, Niveau, aber auch Erkenntnis beruhen durchaus auf anderen Momenten:

Fink und Frosch

Im Apfelbaume pfeift der Fink
sein: pinkepink!
Ein Laubfrosch klettert mühsam nach
bis auf des Baumes Blätterdach
und bläht sich auf und quakt: „Ja, ja!
Herr Nachbar, ik bin och noch da!"

Und wie der Vogel frisch und süß
sein Frühlingslied erklingen ließ,
gleich muß der Frosch in rauhen Tönen
den Schusterbaß dazwischendröhnen.

„Juchheija, heija!" spricht der Fink.
„Fort flieg' ich flink!"
Und schwingt sich in die Lüfte hoch.

„Wat!" ruft der Frosch. „Dat kann ik och!"
Macht einen ungeschickten Satz,
fällt auf den harten Gartenplatz,
ist platt, wie man die Kuchen backt,
und hat für ewig ausgequakt.

Wenn einer, der mit Mühe kaum
geklettert ist auf einen Baum,
schon meint, daß er ein Vogel wär',
so irrt sich der.

Busch, Wilhelm, Gesamtausgabe in 4 Bänden, hg. v. Friedrich Bohne, Wiesbaden: Vollmer 1971, Bd. 4, 515

Den Schlüssel zu dieser durch und durch ironisch gemeinten Versfabel bietet unmittelbar die Lehre. Diese ist so platt wie der Frosch am Ende. So mühsam wie der Frosch den Fink zu erreichen versucht, strebt die Lehre die Höhen der Abstraktion an, schafft aber nur eine öde Paraphrase des Geschehens. „So irrt sich der" ist lächerliche Quintessenz nach dem umständlichen, gestelzten Konditionalsatz. Der zweihebige Vers nach regelmäßigen vierhebigen Jamben unterstreicht die Armseligkeit dieses verunglückten Versuchs, geistig ‚abzuheben'. Die Wirkung ist auch deswegen komisch, weil jeder längst die vordergründige „Lehre" erfaßt hat: „Hochmut kommt vor dem Fall" würde spätestens nach dem „ausgequakt" jedes Kind rufen. Warum also noch dieses eher verunstaltende sprachliche Anhängsel? Die Antwort auf diese Frage läßt sich allerdings nicht in einer fünften Klasse finden, in deren Lesebüchern vielfach die Fabel abgedruckt ist. Dennoch spricht die Fabel gefühlsmäßig auch junge Leser an. Die Frische und Heiterkeit der Tierdarstellung, lautmalerisch etwa beim Frosch durch die Verwendung des niederdeutschen Dialekts bewirkt, ist nicht zu überbieten. Die Frage nach dem Sinn der „Lehre" läßt sich nun gerade an diese Beobachtung anschließen: Warum diese merkwürdige Verbindung von öder Lehre und „Frühlingslied"?

Am schnellsten findet sich eine Antwort durch vergleichendes Vorgehen. Busch parodiert öfter Erziehungssituationen (wie z. B. in: Die Affen, Leseheft „Verschlüsselte Wahrheit", III 8). Erziehung scheint ein bedeutendes Thema bei ihm zu sein, denkt man an die schlimme Entwicklung der „Frommen Helene", an die argen Streiche der bösen Buben „Max und Moritz", die ihre gerechte Strafe zuletzt finden. Vor allem ist es Thema auch des 19. Jahrhunderts, das zusammen mit den pädagogisierenden Fabeln[25] auch Neuauflagen der alten Fabel hervorbrachte. Eine Ausgabe Gellertscher Fabeln von 1838 erhielt eine eigenartige Titelvignette von dem zeitgenössischen Zeichner Georg Osterwald (s. S. 21).

„In dem vielfach mit architektonischem Schmuck und Blumengirlanden aufgelockerten Rahmen sind oben Putten zu erkennen, von denen die mittlere die Maske der Komödie und der Tragödie hochhält. Der Tanzbär und der in den Spiegel schauende Affe sind rechts und links in den Ecken über dem unteren Bildteil zu sehen. In der unteren Muschel scharen sich Kinder um einen sitzenden Mann (Aesop, Gellert?), der ein aufgeschlagenes Buch mit dem deutlich sichtbaren Text hält: ‚Haec fabula docet.' Tod und Enttäuschung flankieren die Szene."[26]

Die pseudo-barocke Aufmachung der Titelvignette entspricht der historisierenden Einstellung des 19. Jahrhunderts. Die Zeichnung vermittelt sowohl die Erziehungseinstellung der Zeit als auch den Stellenwert, den die Fabel in der Erziehung hatte. Die ernst-drohende Haltung des Fabellehrers entspricht den Mienen der beiden die Gruppppe flankierenden Buben: Beide schauen angstvoll hinter sich, der eine zur Figur des Todes, der andere zur ‚Enttäuschung'. Hier wird die Fabel als ernste Warnung vor den bösen Folgen von Fehlern, Lastern, Sünde in unernst komödiantischer Maske verstanden. Damit wandelt sie die Tugenderziehung Gellertscher Fabeln[27] ab in eine schwarze Pädagogik, die bedenkenlos Kinder im zartesten Alter mit Werken wie „Struwwelpeter" traktierte und sie vor allem das Fürchten lehrte.

---

25 vgl. 3.2.3
26 Doderer (1970), 122
27 vgl. 3.3.1 und Aufbauprogramm I, 3./4. Stunde

Die Erwachsenen in „Max und Moritz" sind Karikaturen von Erziehern: Beschränktheit und tristes Reglement bestimmen ihr Verhalten. Hinter der Strenge und Phantasielosigkeit der Erwachsenen schaut, schlecht verhüllt, die Abgestumpftheit ihres Gefühls heraus, das seine Befriedigung nur noch in sadistischen Strafaktionen gegen Kinder findet. Gemessen an dem Schaden, den Buschs Erzieher anrichten, wiegen die Streiche der Buben leicht.

Von hier aus enthüllt sich der Hintersinn von „Fink und Frosch": Die Fabel ist nichts anderes als eine Parodie auf die zeitgenössischen pädagogischen Fabeln und moralischen Geschichten, in denen ein mißratener Bub (der ‚eitle' Frosch) sein schlimmes, aber wohlverdientes Ende findet. Die Genugtuung über diesen ordnungsgemäßen Verlauf der Dinge, die der Spießer empfinden mag, drückt Busch sprachlich in der scheinbar fehlerhaften Wahl der Stilebene aus: „[...] platt, wie man die Kuchen backt" verdeutlicht einerseits durchaus die Endgültigkeit des grausigen Todes, doch verharmlost sie den Vorgang zugleich in dem hausbackenanheimelnden Vergleich, der den versteckten Sadismus der Erzieher verrät. Dieser meldet sich dann selbst in der „Lehre" zu Wort. In der Gestelztheit der Sprache und der Ödheit des Gedankens entstehen die Umrisse des Biedermanns mit erhobenem knöchernem Zeigefinger. Alles ist da, was die Fabel nach engen Definitionen vorzuweisen hat: Zwei tierische Antagonisten, ein dramatischer Handlungsverlauf, eine sehr spitze Pointe, eine Lehre; doch damit hat man Buschs Fabel nicht in ihrem Hintersinn erfaßt. Hinter dem planen Fabelschema, das das Sprichwort „Hochmut kommt vor dem Fall" neu zu inszenieren scheint, werden über die poetischen Eigenschaften der Sprache klare Bezüge zu Buschs Lebenswelt deutlich: Umrisse, Konturen, Gesten zeittypischer Erziehungssituationen, Erziehungsmuster, die sowohl nachgeahmt als lächerlich gemacht werden. Damit ironisiert die Fabel sich selbst und die pädagogische Funktion, die man ihr fälschlicherweise zu Buschs Zeiten auferlegte. Die Fabel ist nicht einfach abstraktes Denkmodell, Denkschema wie bei Äsop, Lessing; sie ist es *auch*, sie ist aber zugleich *mehr*, nämlich angereichert mit historischer Erfahrung. Die strengen holzschnittartigen Striche sind mit feinen Schraffuren versehen und bieten beides: verallgemeinerndes Modell und parodiertes geschichtliches Leben.

Bei La Fontaine läßt sich etwas grundsätzlich Ähnliches feststellen. Hinter dem Schema der Demonstration von Gewalt, Widerstand und Anpassung erscheinen Sozialcharaktere des absolutistischen Frankreich. Der Begriff „episches Miniaturstück", den Herder gebraucht und den Kreis ablehnt, trifft diesen in sich feinziseliert gearbeiteten Fabeltyp; ‚dramatischer Holzschnitt' wäre etwa die korrespondierende Benennung für den straffen, aussparenden Typus.

2.3 Wirklichkeitsausschnitt, Erzähler, poetische Welt, fiktiver Leser

Versuchen wir nun eine verallgemeinernde systematisierende Bestimmung der Fabel, die von den Instanzen Autor, Publikum und Welt ausgeht. Diese sollen die Kategorien der Gattungsbeschreibung bilden und dadurch ein Untersuchungsfeld eröffnen, das auch im Unterricht den Aspektreichtum der Fabel erschließen kann. Die Merkmalsbeschreibung gibt – dies ist nochmals zu betonen – nur durchschnittliche Tendenzen wieder, keine Normen. Sie sind Hilfsmittel bei der Interpretation der einzelnen Fabel, keine

Gebote, die sie zu erfüllen oder vor denen sie versagt hat. Die Beurteilung einer Fabel hinsichtlich ihrer poetischen Qualität ist nur je individuell möglich.

Die Fabel gibt dem Leser Ausschnitte der Wirklichkeit. Nicht einen Totalentwurf, wie die großen epischen Gattungen, sondern einen Mosaikstein, der aber, mit anderen Mosaiksteinen desselben Autors zusammengesetzt, das Bild einer Lebenswelt hervorbringt, wie sie ein einzelner, der Autor, sah. Mag dies die Welt der Glaubenskriege sein, des heraufkommenden Maschinenzeitalters und staatlichen Zentralismus in Frankreich, der deutschen Duodezfürstentümer am Vorabend der Französischen Revolution, des Bürgertums der Kaiserzeit oder der bundesdeutschen Wohlstandsgesellschaft der sechziger Jahre des 20. Jahrhunderts – die Fabel lenkt die Erkenntnis auf die entscheidenden Momente, in denen latente Spannungen, Konflikte, Gegensätze dieser Wirklichkeit an die Oberfläche treten. Sie beleuchtet die „Brüche, Risse und Händel dieser Welt"[28]. Sie stellt einen ungerechten, unmenschlichen, kranken Zustand fest. Mit literarischen Mitteln stellt sie eine Diagnose. Sie enthält sich jedoch eines konkreten Entwurfs einer besseren Zuständlichkeit und eines Wegs dorthin, eines ‚Therapievorschlags'. Das Veränderungswürdige, Schlechte wird festgehalten, und dadurch wird an den Leser appelliert. Konkrete Schlüsse aus dem schlechten Befund hat jeder Leser für sich zu ziehen. Fehlt der Fabel somit der Entwurf einer besseren Welt, die konkrete Utopie, so schimmert dieser dennoch zwischen den Zeilen durch und ist, zieht man mehrere Fabeln eines Autors heran und stellt sie denen anderer gegenüber, in Umrissen bestimmbar. Die Utopie kann in einer göttlichen Ständeordnung bestehen, die von jedem getreu an seinem Platz eingehalten wird[29]. Sie kann der durch Dreißigjährigen Krieg und Pestepidemien zerrütteten Welt in der Form einer Erneuerung katholischer Frömmigkeit angeboten werden[30]. Sie nimmt die Züge der Natur an, als Welt unschuldiger Tiere verstanden, die ein La Fontaine seinem rationalistischen, galanten wie gewalttätigen Zeitalter sanft ironisch entgegenhält[31]. Hinter den Fabelwesen Gellerts zeichnen sich die Konturen des aufklärerischen Wegs der Menschheit zur allgemeinen Glückseligkeit ab[32]; bei Lessing und Pfeffel werden die Schöpfer dieser Ideen, die Bürger, sie mit wachsendem kämpferischem Selbstbewußtsein der feudalen Ordnung entgegensetzen und aus ihnen sogar den Umsturz des Bestehenden ableiten[33].

Das 19. Jahrhundert gibt in seinen satirischen Parodien auf die bürgerlichen Werte zu erkennen, daß es diese nicht mehr ohne die Unfähigkeit ihrer Träger sehen kann, sie mit humanem Sinn zu erfüllen. Je nach Ursachen, die sie, die Fabel, annimmt, spiegelt sie indirekte Bilder von psychisch autonomen Menschen[34] oder von Menschen, die ihre natürlichen Triebe ausleben[35]. Bei Kafka wird gar das Fehlen von gültigen Utopien fabulös in der Angst und Ausweglosigkeit der Maus („Kleine Fabel") ausgedrückt[36]. Erst die Vorstellung von Gesundheit ermöglicht die Feststellung von Krankheit, erst die Vorstellung von Alternativen zu der bestehenden Welt ermöglicht klare Kritik – und damit die Fabel.

---

28 Doderer (1970), 5
29 bei Luther und Waldis, vgl. Aufbauprogramm II, 5./6. Stunde; III, 1./2. Stunde
30 bei Abraham a Sancta Clara, vgl. 3.2.1
31 vgl. 3.1.1
32 vgl. 3.3.1
33 vgl. 3.2.2
34 bei Heine, vgl. 3.3.2
35 bei Busch und Ewers, vgl. 3.1.3; Aufbauprogramm IV, 4./5. Stunde
36 vgl. unten

Der Erzähler und über ihn der Autor selbst wird greifbar in der Wahl der Wirklichkeitsausschnitte und Probleme und in der Utopie, die seine produktive Stellungnahme zur Welt ist und in jeder Fabel zumindest spurenhaft durchschimmert. Weltausschnitt und utopischem Gegenentwurf entspricht die Rolle, die er als Erzähler der Fabel einnimmt: Reformator, Prediger, Tugendlehrer, Philosoph, Revolutionär, Kabarettist – diese Möglichkeiten verdeutlichen hier die enorme Bandbreite. Gemeinsam ist den Erzählerrollen jedoch – und dies macht die Besonderheit der Fabel gegenüber anderen Gattungen aus –, daß der Erzähler zur Welt ironisch auf Distanz geht. Dies ermöglicht ihm Erkennen und Entlarven von Ungereimtheiten, Widersprüchen, falschen Ansprüchen. Dabei nimmt er den Standpunkt der von diesen Diskrepanzen und Ungerechtigkeiten Betroffenen, Geschädigten ein. Der Standpunkt ist bewußt ein einseitiger; die Perspektive, unter der die Probleme gesehen werden, ist eine partikulare. Sie ändert sich von Fabel zu Fabel, ohne daß das Prinzip selbst aufgegeben wird: die Dinge aus der Sicht des Opfers zu sehen. Die ironische Entlarvung des Löwenkönigs bei La Fontaine geschieht, indem man ihn durch die Brille seiner respektlosen, klügeren Vasallen sieht. Bei Busch ist es, wenn auch schwieriger zu erkennen, der Standpunkt des Vitalen, Lebendigen (Frosch, Kind), das nicht etwa an den Folgen eigenen Fehlverhaltens stirbt wie in der traditionellen Fabel, sondern von der verknöcherten Moral der Philister erschlagen wird. Lessings kleine Fabel von den Sperlingen kann das Prinzip der partikularen Perspektive, die die Erzählhaltung der Fabel bestimmt, exemplarisch erhellen.

Die Sperlinge

Eine alte Kirche, welche den Sperlingen unzählige Nester gab, ward ausgebessert. Als sie nun in ihrem neuen Glanze da stand, kamen die Sperlinge wieder, ihre alten Wohnungen zu suchen. Allein sie fanden sie alle vermauert. Zu was, schrieen sie, taugt denn nun das grosse Gebäude? Kommt, verlaßt den unbrauchbaren Steinhaufen!

Die Interessen der Sperlinge und der Menschen, die die Kirche renovieren ließen, sind offensichtlich verschieden. ‚Glänzende' Ideen (Kirche renovieren) verwirklichen kann für viele den Verlust der Heimat bedeuten. Ob Lessing bei dieser Fabel an die absolutistischen Planer und Erneuerer dachte, deren Prachtbauten, aber auch Wirtschaftsprojekte (Straßen-, Kanal-, Manufakturbau) der kleine Mann teuer zu zahlen hatte? Heutiger Leseart kommt sofort ein ökologischer Hintersinn: Fortschritt, der steril macht, sich gegen das Leben wendet, der Natur den Lebensraum nimmt. Fortschritt aus der Sicht der Betroffenen! Diese ist immer, geht es um die Problemseite einer Sache, die treffende, selbst wenn es ‚nur' die von Sperlingen ist.

Die Fabel ist nicht imstande, die „komplizierten Prozesse" irgendeiner historischen Epoche „adäquat abzubilden" – wie sollte sie auch mit ihren wenigen Mitteln? Dennoch attestiert Kreis ihr bedenkenlos die Fähigkeit hierzu für die Zeit bis zur Französischen Revolution[37]. Sie beansprucht es aber gar nicht. Sie will lediglich über einen kleinen Teil der Wirklichkeit aussagen. Dennoch: Indirekt ist diese als ein Ganzes getroffen – vorausgesetzt, der Leser versucht, den Zusammenhang von Ausschnitt und Ganzem herzustellen. Die Fabel ist der Mücke vergleichbar, die nur an einer einzigen Stelle sticht – wütend wird jedoch der ganze Stier:

---

37 Kreis, Tiergleichnis (1971), 67

Die Macht der Winzigkeit

„Mach, daß du wegkommst!" schnaubte der Stier die Mücke an, die ihm im Ohr saß. „Du vergißt, daß ich kein Stier bin", sagte die; und stach ihn gemächlich.[38]

Mit dieser partikularen Perspektive des Erzählers hängt, wie auch dieses Beispiel verdeutlicht, der unheroische Charakter der Fabel zusammen: Sperlinge, Mücken, Frösche sind wahre Antihelden, deren Leiden, deren Geschädigtsein oder aber deren kluge, trickhafte Bewältigung einer Zwangslage nur komische oder tragikomische Wirkungen erzielt. Tragik setzt den Aufbau majestätischer Größe zumindest einer Einzelfigur voraus und wird bereits durch die Tiermetapher verhindert.

Hier kommen wir nun zur Eigenart dieser poetischen Welt, in die der Autor den Wirklichkeitsausschnitt transponiert. Von ihr geht die Wirkung des Irrealen, ja Surrealen, zum Teil Grell-Bizarren, zum Teil Märchenhaft-Abenteuerlichen aus. Die Fabel versetzt den Leser scheinbar in eine unernste, oft heiter naiv wirkende Welt, auf eine Art Spielwiese, auf der ihm erst am Ende der ernste Hintersinn aufgeht. Für diese Atmosphäre des Unwirklichen wird man eine Erklärung in den Baugesetzen suchen müssen, nach denen der Autor aus der wirklichen Welt die künstliche seiner Fabel produziert.

Der Fabelautor zeichnet ein vereinfachendes „Denkmodell" (Dithmar) der ihm problematisch gewordenen Verhältnisse. Dabei ist im wesentlichen nur deren Grundstruktur mit der Fabelwelt identisch. Die Fülle des gemeinten Wirklichkeitsausschnittes wird auf wenige Elemente reduziert. Die Kulissen bleiben fast leer; vielleicht hier ein Baum, dort ein Bach, ein Schloß, oft gar nichts Greifbares. Vor diesem „Bühnenhintergrund" (Doderer) heben sich die Figuren um so konturenschärfer, bisweilen grell ab. Der Mangel an Orts- und Zeitangaben oder die Verlegung des Geschehens in zeitliche und geographische Ferne rufen anfänglich die Wirkung des Entrücktseins in ein utopisches Nirgends hervor. So führt z. B. La Fontaine seinen Leser in „Die Ratte, die sich von der Welt zurückgezogen" folgendermaßen in die Fabelwelt ein:

„Das Morgenland kennt eine Sage
Von einer Ratte, die, von Sorgen abgespannt,
Entfernt von aller Erdenplage,
Zuflucht in einem Käse fand"[39] ...

Die Akteure der Fabel, die Tiere (auch Pflanzen, Götter und selbst unbelebte Gegenstände), sind nicht von dieser Welt. Bereits ihr Sprechen verrät ihre Fabelnatur. Ihr Tun ist auf wenige Gesten und Aussagen beschränkt. Sie sind wie die Requisiten nicht „in sich differenziert gezeichnet, im Gegenteil, sie sind auf eine Idealtypik hingearbeitet." „Jede Differenzierung" dient „nur der Prononcierung des Typischen, nicht aber der Individualisierung des Geschehens und der Szene"[40]. Die betonte Verschiedenartigkeit der Akteure schafft scharfe Kontraste, eigentümliche Schwarz-Weiß-Effekte. Diese antirealistische Bühnenwelt ermöglicht jenen „fremden Blick"[41], der das Alltägliche, Vertraute distanziert, neugierig auf seine Bedingtheit und Veränderbarkeit hin anzuschauen beginnt.

Die mit gegensätzlichen Eigenschaften ausgestatteten Tierfiguren sind von vorneherein auf Konflikte und Konfliktaustrag hin angelegt. So vermögen sie Proble-

---

38 Schnurre, Wolfdietrich, Der Spatz in der Hand, 2. Aufl. München: Langen-Müller 1973, 12

39 La Fontaine (1982), 252
40 Doderer (1970), 59
41 Brecht, Bertolt, Kleines Organon für das Theater, in: Gesammelte Werke, Bd. 16, Frankfurt a. M.: Suhrkamp 1967 u. ö., 681
42 Doderer (1970), 85

me der Wirklichkeit poetisch durchzuspielen. Themen sind vor allem „Situationen des Lebenskampfes, bei denen Unrecht und Absurdität als Gegebenheiten gezeigt werden können", Situationen, in denen „der Kleinere oder Dümmere oder Schwächere über den Größeren oder Klügeren oder Mächtigeren triumphiert" oder aber unterliegt[42]. Der dramatischen Handlungsstruktur entspricht folgender Aufbau: Nach einer knappen Exposition, die dem Leser kurz Situation und Spieler vorstellt, folgen *actio* und *reactio* der gegnerischen Figuren. Der in der Gegensätzlichkeit der Figuren angelegte Konflikt führt zu einem unerwarteten und prägnanten Ergebnis in der Pointe. Dabei wird eine der beiden Fabelfiguren (oder gegensätzlichen Figurengruppen) in seiner Erwartung getäuscht, „weil die Welt und die Gesellschaft eben nicht so ist, wie er sie sich denkt. Sie tritt ihm also entgegen, von einer anderen Seite, von einem anderen Pol"[43]. In der Fabelhandlung stößt eine Haltung mit einer anderen zusammen und wird so auf ihre Realitätsangemessenheit geprüft. Sie verliert oder sie wendet die drohende Niederlage in Rettung oder Sieg um. Die Wendung erfolgt am Schluß und ergibt dadurch die Pointe.

Wie die Figur überrascht wird und sich im Falle des glücklichen Ausgangs blitzschnell neu besinnen muß, ist auch der Leser überrascht. Die Erklärung für den Ausgang zu finden, ist ihm nun überlassen. Selbst wenn sie in einer expliziten Lehre gegeben wird, bleibt ihm die Aufgabe, diese auf die für ihn bedeutsamen Lebensbereiche zu konkretisieren, Lebensbereiche, auf die ihn die Fabel verwies, ohne sie jedoch genau beschrieben zu haben. Die überraschende „Verdrehung von Denkerwartungen"[44] hinterläßt eine produktive Unruhe ähnlich der Wirkung eines Rätsels, das man nur mit einem Gefühl des Unbefriedigtseins ungelöst sein läßt. Insofern sich Haltungen und an diese geknüpfte Erwartungen als falsch erwiesen haben, läßt sich vom „antiillusionistischen" Charakter der Fabel sprechen. Die Entlarvung des illusionären Charakters von Erwartungen kann auf komische bis schockierende Weise erfolgen. Komisch wirkt der Zorn der Sperlinge auf den Glanz, in dem die Kirche nach ihrer Ausbesserung dasteht, und der respektlose Pragmatismus des Schlusses, den sie aus dieser schönen Bescherung ziehen („verlaßt den unbrauchbaren Steinhaufen!"). Schockierend ist die Pointe in Kafkas „Kleiner Fabel":

„Ach", sagte die Maus, „die Welt wird enger mit jedem Tag. Zuerst war sie so breit, daß ich Angst hatte, ich lief weiter und war glücklich, daß ich endlich rechts und links in der Ferne Mauern sah, aber diese langen Mauern eilen so schnell aufeinander zu, daß ich schon im letzten Zimmer bin, und dort im Winkel steht die Falle, in die ich laufe." – „Du mußt nur die Laufrichtung ändern", sagte die Katze und fraß sie.[45]

Halb betroffen, halb neugierig ist der Leser auf die Bahn der existentiellen Überlegungen der Maus eingeschwenkt – der ihr erteilte Rat kommt ihm nur einen Moment lang merkwürdig vor, scheint er doch die Ebene des Philosophierens einzuhalten. Erst die Tat der Katze weist ihn jählings auf eine Sphäre hin, mit der er nicht gerechnet hat und die hier sogar noch den Sieg davonträgt: die Sphäre des vitalen Interessenkampfes. Diese nützt Philosophieren, Nachdenken über Lebensfragen als vorübergehende Handlungsschwäche aus, um Vorteil zu gewinnen. Hier wird die Hoffnung desillusioniert, mittels Re-

---

43 ebda, 158
44 ebda, 159

45 Kafka, Franz, Die Erzählungen, Frankfurt: Fischer 1961, 326

flexion und Selbstreflexion sein Leben in den Griff zu bekommen, die eigenen Bedürfnisse und Neigungen (hier nach Orientierung in der Welt) befriedigen zu können.

In beiden Fabeln ist die Lösung sehr prägnant – jedoch unannehmbar für den Leser. Weder das Denken aufzugeben, noch von Egoisten (Katze) ausgenützt zu werden, wird er sich zumuten wollen. Große Ideen, Reformen, Fortschritt zu verwirklichen, wird er wegen der Nebenwirkungen (Sperlinge) nicht aufgeben; die Sperlinge dahinziehen zu lassen, fällt auf der Bildebene nicht schwer, doch kann der Leser nicht ausschließen, daß analoge Vorgänge in seinem Leben (oder dem seiner Freunde, Verwandten) ihm die Sperlingsrolle zuweisen könnten. Die Lösung einer Fabel ist somit nicht einfach vom Leser direkt anzuwenden. Der Grund: Sie ergab sich auf der Ebene der Fabelwirklichkeit und gibt entweder ein generelles Lösungsmuster (Schläue des Fuchses) oder eine generelle Warnung (Fall der Maus, des Frosches), die jedoch auf eine ganz andere Ebene zu übertragen ist: nämlich auf die Lebenswelt des Lesers. Seine Probleme, seine Bedrohungen sind andere als die von Sperlingen und von Mäusen, da er weder in einer Kirche nistet noch befürchten muß, von einer Katze verschlungen zu werden. Was durchaus Lösung auf der Ebene der Fabelhandlung bedeutet, ist es noch nicht im Leben des Lesers. Die Fabel ist ihm lediglich allgemeinstes Muster mit vagen Hinweisen für die Anwendbarkeit. Sie entläßt damit aber den Leser mit dem Auftrag, sowohl Fälle als auch Lösungen zu suchen, auf die das Fabelmuster paßt. Es ergeht an ihn eine Aufforderung zu intensivem Nachdenken. Was für das Epische Theater gilt, gilt auch für die Fabel, die mit ihm bereits die Verfremdungstechnik gemein hat: Der Vorhang fällt, und alle Fragen sind offen.

Die Fabel ist Lehre und Unterhaltung zugleich. Sie unterhält, indem sie den Leser in eine phantastische Welt entführt, seine Neugierde, seine Lust, Rätsel zu lösen, anspricht und ihn zuletzt zum Denken provoziert. Aktivierung seines Denkvermögens, seines Realitätssinns ist – auch wieder nach Brecht – die beste Form von Unterhaltung, die literarische Fiktionen dem Rezipienten des 20. Jahrhunderts bieten können. Denn: Produktivität, die Denken organisiert und damit Leben erhält, ‚unterhält'.

Die Fabel lehrt. Ihre Lehre ist „Anpassung und Widerstand" (Doderer) zugleich. Anpassung als Lebensklugheit und Realitätssinn; Widerstand nicht im Sinne eines starren Ankämpfens, sondern eines wachen Durchschauens und einer Suche nach besseren Lösungen. Die Lehre macht den Leser aber nicht zum passiven Empfänger. Sie mit Bedeutung zu füllen, setzt seine Eigenaktivität voraus. Indem sie ihm lediglich eine Denkfigur, ein Denkmodell gibt, entspricht die Fabel der menschlichen Suche nach geeigneten Schemata, Konstrukten, intellektuellen Hilfsmitteln, um die Komplexität der geschichtlich-sozialen Wirklichkeit zu ordnen, sich zu orientieren und darüber zu realitätsgerechterem Verhalten befähigt zu werden.

‚Lehre', ‚Unterhaltung' kann sehr Verschiedenes heißen. Beides entspricht der Vielfalt der Rollen, die der Erzähler der Fabel in den verschiedenen historischen Epochen einnimmt und in denen er sich wiederum an gedachte Leser wendet, die er belehren und unterhalten will. Protestanten und Katholiken des 16./17. Jahrhunderts wollen anders unterhalten und belehrt sein als Leser der „Moralischen Wochenschriften"; die Gewohnheiten und Ansprüche eines amerikanischen Publikums der dreißiger und vierziger Jahre sind andere als die eines deutschen in der

Gegenwart. Lehre kann Information, Bildung vermitteln (Waldis, Abraham), wodurch zugleich der Anwendungshorizont des Fabelmusters stärker konkretisiert ist, sie kann auf einen Denkimpuls reduziert sein (bundesdeutsche Autoren, Lessing). Sie kann die Ethik eines philosophischen Denkgebäudes popularisieren helfen (Gellert), sie kann die falsche Popularisierung dieser Ethik satirisch entlarven (Busch, Ewers). Dadurch ist jeweils ein anderes Publikum angesprochen, knüpft sie an anderen Denkvoraussetzungen und Zielen, Wünschen an, sieht sie den Leser in ganz verschiedenen Rollen. Der Reformator denkt beim Verfassen seiner Fabeln an die Massen der unzufriedenen Bauern und Städter; der Prediger an sein durch Krieg und Pest moralisch zerrüttetes, von überstürzter Lebensgier und Fatalismus innerlich zerrissenes, für ‚Sünde und Laster' anfälliges Publikum von Kirchenbesuchern; der Kabarettist an das Vergnügungsbedürfnis seiner großstädtischen, von zeitgenössischem Pessimismus, Nihilismus und antibürgerlichen Affekten befallenen Besucher (Ewers). Der Spielraum für denkerische Eigenaktivität verengt oder weitet sich, je nachdem, welche Meinung der Autor von seinem Publikum hat, welchen Grad der Mündigkeit er voraussetzt. Dennoch: Trotz der beachtlichen Variationsbreite der fiktiven Leserrollen läßt sich an dem Grundsatz festhalten, daß eine durchschnittliche Fabel *einen Denkvorgang anstößt, der mit Abbruch des Erzählens erst richtig in Gang kommt.* Während der Witz sich in der Pointe verbraucht, bietet diese im Falle der Fabel erst das Sprungbrett für die Denkbewegung des Lesers. Auch bei Gellert, dessen Fabeln ausdrücklich an die Adresse bescheidener Geister gehen, ist die ‚Übersetzungsleistung' des Lesers größer als die Lektüreleistung, sind produktive Rezeptionshandlungen erforderlich.

2.4 Zwei Traditionen: Episierende und dramatisierende Fabel

Der Lesertyp, den sich die jeweiligen Autoren vorgestellt haben, ist am leichtesten in den erzählfreudigen, episierenden Fabeln zu ermitteln. Denn diese verarbeiten in verhältnismäßig großer Dichte Elemente der historischen Wirklichkeit und lassen damit den Adressatenbezug leichter erkennen.

Die typologische Unterscheidung wurde bewußt von La Fontaine und Lessing getroffen, ist also keine Erfindung späterer Germanisten; von La Fontaine, der dem Geschmack seines Publikums Rechnung trug und die Form, die sein Vorbild Äsop geschaffen hatte, entsprechend abwandelte (vgl. S. 142 ff.); von Lessing, der sich kritisch von der elegant-variationsreichen Erzählkunst La Fontaines und seiner Nachahmer absetzt und die herbe ernste Prosaform zur Norm erhebt. Beide haben damit nur auf die Ebene des Bewußtseins gehoben, was in der Geschichte der Gattung längst – wenn auch erst jetzt angefochtene – Tatsache war: Aus einer gemeinsamen Wurzel (Äsop) entwickelte sich ein vielgestaltiges Erzählen, das Themen und Grundmuster Äsops erstaunlich konstant beibehielt. Spielerischer Umgang mit der Tradition, der die Baugesetze der Vorlage respektierte, sie aber recht frei behandelte, ist charakteristisch für die Geschichte der Fabel. La Fontaine und Lessing schaffen insofern hier eine Zäsur, als nach ihnen kein Fabelautor mehr naiv fabulieren konnte; über das einmal begonnene Nachdenken, welche Form angemessen sei, setzte man sich nicht mehr so leicht hinweg.

Deutlich ist auch, wie sich die Autoren an einem von beiden Prototypen der Fabel orientieren, ohne ihn natürlich einfach zu kopieren. Krylow hält sich an La Fontaine; Herder neigt zuerst La Fontaine, spä-

Zwei Traditionsstränge: die dramatisierende und die episierende Fabel

	dramatisierende Fabel	*episierende Fabel*
1. Erzähler	Erzähler tritt stark zurück (hoher Anteil der wörtlichen Rede)	deutliches Hervortreten des Erzählers (Erzählerkommentare)
2. Leser	gedachter (impliziter) Leser nur indirekt zu ermitteln	gedachter Leser gut faßbar
3. Weltausschnitt	stark abstrahierendes Modell von Wirklichkeitsbereichen allgemein, überhistorisch gemeinter Weltausschnitt schwierig zu ermitteln	Konturen des gemeinten Weltausschnittes im Modell erkennbar allgemein und historisch konkretisiert (Anspielungen!)
4. Darstellung	Fabelwelt verweist nur auf Wirklichkeit, ist Symbol, Allegorie Tierfiguren sind stark schematisiert (marionettenhaft) Dominanz von direkter Rede und Aktion strenge Funktionalität der Einzelheiten die ratio wird angesprochen „Holzschnitt"	Fabelwelt parodiert Wirklichkeit, oft mit satirischem Charakter Tierfiguren sind sinnenhafter, körperlicher: a) indem ihre Tiernatur betont wird (z. B. Herder, Busch) b) indem sie Masken für konkretisierte Sozialtypen sind (z. B. Heine) Dominanz des Erzählerischen liebevolle Entfaltung der Einzelheiten ratio und Gefühl werden angesprochen „episches Miniaturstück"

ter zunehmend Lessing zu[46], die Autoren der Bundesrepublik – ein besonders geeignetes Beispiel für diese kritisch-parteiliche Auseinandersetzung mit der Überlieferung – halten es mit Lessing[47]. Wenn hier die Unterschiede beschrieben werden, so ist zu betonen – und dies ergibt sich auch aus der Skizze der Geschichte der beiden Gattungsvarianten –, daß ihnen grundsätzlich die gleichen poetischen Baugesetze gemeinsam sind, wie oben dargelegt.

Die episierende, erzählfreudige Variante der Fabelgattung spiegelt in viel stärkerem Maße als die dramatisierende Variante die geschichtliche und soziale Wirklichkeit, in der der Autor seine Kritik der Leserschaft mitteilt. Der größere poetische Raum bietet mehr Möglichkeiten für den Erzähler, als Dramaturg, Regisseur und Kommentator des Geschehens hervorzutreten. Damit aber wird sowohl die Rolle, die er beim Erzählen, Unterhalten und Belehren einnimmt, deutlicher als auch die Vorstellung, die er von seinem Leser hat. Bei der episierenden Fabel läßt sich somit genauer das Beziehungsfeld mit den Komponenten Autor – Leser – Welt erschließen, innerhalb dessen sie ja entstand und das sie poetisch dem heutigen Leser zurückspiegelt.

Die strenge Form der dramatisierenden Fabel setzt die Bereitschaft zu detektivischer Spurensuche und vergleichendem Vorgehen voraus. Starkes Zurücktreten des Erzählers, des gedachten Lesers und der historisch-sozialen Bezüge machen die Fabel abstrakter, verstärken ihren Anspruch, allgemeine Lehre und Denkmodell zu sein. Dieses verweist auf Wirklichkeit, ohne daß sie in dem Schema der Tierhandlung konkretisiert würde. Der episierende Typus hingegen verbindet allgemeine Lehre und parodistische, oft satirische Darstellung von Wirklichkeit. Neben der häufigen Aufteilung in Bildteil und Lehre tritt das Baugesetz der Fabel, Beispiel und Verallgemeinerung zu sein, ein weiteres Mal poetisch in Erscheinung. Die Situationen der Erfahrungswelt, aus denen der Autor verallgemeinert, sind in der Fabelwelt ‚aufgehoben'. Die Fabelerzählung ist so die verfremdende Verallgemeinerung der Fälle, die noch in ihr greifbar sind. Auf den episierenden Typus trifft Herders Bezeichnung „episches Miniaturstück" zu, indem es wie dieses dicht und differenziert gearbeitet ist. Der dramatisierende Typus ist holzschnittartig; ihm entspricht der Typ von Fabelillustrationen, wie er im Ulmer Aesop geschaffen wurde (vgl. Tabelle).

Für die Zeichnung des Tierpersonals gilt entsprechendes. Die Tiere sind Schemen, Puppen, gefühllose innerlich leere Schachfiguren in dem Denkspiel der dramatisierenden Fabel. Bei der episierenden Variante erhalten sie mehr Eigenleben, Körperlichkeit, gar eine Psyche. Zwei Richtungen der ‚Versinnlichung' fallen auf: Die eine betont die Tiernatur und denkt über Gemeinsamkeiten und Unterschiede zwischen Tier und Mensch nach (La Fontaine, Herder, Busch). Die andere nimmt das Tier nur als Maske für im übrigen deutlich gezeichnete Menschen, die Sozialcharaktere darstellen (Heine). Dies entspricht den Richtungen der Illustrationen: schemenhaft gezeichnete Tiere, biologisch differenzierte Tierzeichnungen, Tiere in Menschenkleidung, Menschen in Tiermasken (vgl. Illustrationen im Leseheft).

Beide Fabeltypen sprechen den Verstand des Lesers an. Während die dramatisierende Fabel jedoch bewußt ‚kalt' ist und Gefühle als klarem Erkennen abhold be-

---

46 vgl. besonders Hasubek, Peter, Erkenntnis und Vergnügen – Fabeldefinitionen, in: Fabula docet (1983), 9–19

47 vgl. 3.1.2

trachtet, scheinen die Autoren des episierenden Fabeltypus die starre Trennung von Gefühl und Verstand abzulehnen. Herders Auffassung, die Gefühl und Verstand lediglich als zwei Seiten eines Vorgangs des anschauenden Nachvollzugs und Begreifens der Welt betrachtet, ist hier symptomisch, wenn auch die meisten Autoren sich dazu nicht so prägnant wie Herder geäußert haben.

2.5 Die Fabel im Kontext der epischen Kurzformen – Fabel und Märchen

Angesichts des Variationsreichtums allein der Fabel als Gattung, ferner der Tatsache, daß es Mischformen und gleitende Übergänge zu anderen epischen Kurzformen jeder erdenklichen Art gibt, scheint es schwierig, klare Abgrenzungen zwischen den Gattungen zu ziehen. Die Entscheidung, ob ein vorliegender Text zur Gattung Fabel gehört oder aber eine Tiergeschichte, eine Kurzgeschichte, Anekdote, Parabel, Gleichnis, Allegorie sein könnte, ist jedoch bei vergleichendem Vorgehen für Schüler nicht nur sehr anregend, sondern sogar einfacher, als man zunächst meinen könnte.

„Der Bereich kurzer Tiergeschichten und auch der Kurzgeschichten und Anekdoten" rückt kaum „in die engere Nachbarschaft" der Fabel, „weil diese Formen im Leser von vornherein den Anspruch erwecken wollen, die Realität in der Darstellung der handelnden Gestalten zu treffen. In Kurzgeschichten und Anekdoten gibt es im allgemeinen keine ‚Fabelwesen', hier werden historische Größen, Menschen oder Tiere in realen Lebenssituationen gezeigt. Natürlich arbeitet auch die Anekdote mit dem Bauelement Pointe, und in diesem Zusammenhang braucht sie die Polarisation, natürlich wollen auch Kurzgeschichten auf ihre Weise die Welt deuten, und selbstverständlich verfremdet auch die Tiergeschichte das Tier – auch wenn sie mit allen erzählerischen Mitteln dagegen angeht – und nimmt es in die fiktive Welt hinein. Aber das vielfältige Abstraktionssystem, das die Fabel ausmacht, ist weder in der Anekdote noch in der Kurz- und Tiergeschichte zu finden"[48].

Schwieriger erscheint zunächst die Abgrenzung von Gleichnis, Parabel, Beispiel und Allegorie, da die Definitionen sich, je nach Wörterbuch, mit denen der Fabel teilweise decken, teilweise nicht, sich jedenfalls auf widersprüchliche Weise überschneiden. Lösen läßt sich das Knäuel von Bestimmungen, indem man mit Doderer feststellt,

„aus welchem Kategoriendenken die einzelnen Begriffe beziehungsweise Benennungen genommen sind. Dann ergibt sich doch sehr schnell, daß sowohl ‚Beispiele', als auch ‚Gleichnis', ‚Parabel' und auch ‚Allegorie' nach der Methode des Erklärens fragen, nicht aber nach der poetologischen Form. Denn Allegorie meint ‚sinnbildliche Darstellung', ist im übrigen gar nicht auf die Darstellung durch Sprache beschränkt und bedeutet – wörtlich genommen – einfach das ‚Anderssagen'. Parabel heißt wörtlich ‚danebenwerfen', vergleichen. Durch das Beispielgeben soll der Vergleich herausgefordert werden. Dasselbe aber beabsichtigt auch das Gleichnis. Alle diese Begriffe bezeichnen die methodisch-didaktische Intention sprachlicher beziehungsweise künstlerischer Verfahren, sie bezeichnen meines Erachtens aber noch nicht eine literarische Gattung. [...] Die Fabel aber als sprachliche Konstruktionseinheit [...] wird sich nun aufgrund ihrer Bauform besonders eignen, die Gleichnis-, Beispiel- und Parabelintention in sich aufzunehmen. Sie stellt gleichsam ihr Gehäuse den parabolischen Belangen zur Verfügung. Damit aber möchte ich zugleich meinen, daß im Sinne der ästhetischen Form die genannten Einheiten wie Beispiel, Allegorie, Parabel usw. keine genuinen literarischen Gattungen sind, vielmehr formal mit dem, was die Fabel kennzeichnet, zusammenfallen können oder als die rhetorischen Figuren zu gelten haben, für die einstmals Aristoteles die Fabel hielt"[49].

---

48 Doderer (1970), 178
49 ebda, 179

Fabel und Märchen weisen die meisten Gemeinsamkeiten auf und wurden auch immer wieder in Sammlungen zusammengebracht. In dem Typensystem des Märchens, von Antti Aarne und Stith Thompson erarbeitet und auch für Max Lüthi verbindlich, werden Fabeln sogar der ersten Hauptgruppe der ‚Tiermärchen' zugeordnet. Die zweite Hauptgruppe bilden die ‚eigentlichen Märchen': Zaubermärchen, legenden- und novellenartige Märchen[50].

Wieso zählt man die Fabel zum Tiermärchen? – Da ist zunächst das Personal, das in beiden Gattungen aus sprechenden und handelnden Dingen, Pflanzen und Tieren besteht. Es ist hier wie dort nicht individualisierend, sondern typisierend gezeichnet und teilt sich in zwei gegnerische Lager[51]. Die Figuren wirken flächig; ihr Innenleben bleibt im Dunkel: Gedanken, Gefühle, Beziehungen werden auf die eine Fläche der Handlung projiziert, treten hier jedoch scharf und genau hervor[52]. Die Handlung bleibt außerhalb jeder konkreten Zeit oder jedes geographisch definierten Raums; sie spielt in einem utopischen Irgendwo. Polarität der Figuren und Abstraktheit des Geschehens verbinden so beide Gattungen miteinander. Die Begriffe des ‚Fabulosen' und des ‚Märchenhaften' werden dadurch zu Synonymen einer Poesie des Unwirklichen.

Neben diesen klaren erzähltechnischen Parallelen fallen jedoch die ebenso klaren Unterschiede auf. Diese wurzeln – trotz der gemeinsamen Atmosphäre des Unwirklichen – in einem sehr unterschiedlichen Realitätsbezug:

„Das Märchen eröffnet dem Hörer oder Leser eine Welt der Illusionen und Wünsche, die durch ‚Wunder' auch jederzeit und überall erfüllbar sind." Die Fabel hingegen benutzt Illusionen, „um – durch sie verfremdet – die Welthändel um so drastischer zu zeigen. [...] Wer Fabeln liest, will etwas über die Gesetze unserer Welthändel erfahren, wer Märchen liest, will die [...] Wirklichkeit vergessen und ein Gebiet betreten, in dem Illusionen erlaubt und Wünsche erfüllt werden können"[53].

An einem Beispiel aus Grimms Kinder- und Hausmärchen verdeutlicht Doderer diesen Illusionismus des Märchens. In „Der Fuchs und das Pferd" (Leseheft „Verschlüsselte Wahrheit" I 8) ist das alte Fabelmotiv vom alten Pferd und seinem undankbaren, hartherzigen Herrn abgewandelt. Die Fuchsfigur tritt auf, das Pferd befolgt seinen Rat und erhält für den Rest seines Lebens das Gnadenbrot; was Wunsch war, geht in Erfüllung.

Dieses Beispiel verdeutlicht aber noch etwas, was Doderer unverständlicherweise übergeht: Der illusionistische Schluß genügt nämlich noch nicht, um aus einer Fabel ein Märchen im engeren Sinne zu machen. Es fehlt die ganze Sphäre des Zauberisch-Magischen. „Der Fuchs und das Pferd" ist deshalb kein ‚eigentliches Märchen'. Englischer (fairy tales) wie auch französischer Gattungsname (contes de fée) weisen auf die konstitutive Rolle des Magischen hin. Darin drückt sich eine andere Denkhaltung aus: „Im Märchen dominiert das Phantastische, Zauberhafte, die magische Bewältigung der Welt. In der Fabel geht alles natürlich zu, es werden keine Zauberkräfte zu Hilfe gerufen, Magie fehlt"[54]. Das Magische konkretisiert sich im Personal – den Riesen, Feen, Zauberern, Hexen, den verzauberten Menschen – wie auch in der Erzählstruktur. Magisch ist nicht nur die Drei- oder

---

50 vgl. Lüthi, Max, Märchen, 6., durchges. u. erg. Aufl., Stuttgart: Metzler 1976 (Slg. Metzler; M 16: Abt. E, Poetik), 18f.
51 vgl. ebda, 31
52 vgl. ebda, 32ff.

53 Doderer (1970), 184
54 Leibfried (1976), 18

Siebenzahl der Rabenbrüder, der Zwerge in „Schneewittchen", der gefangenen Vögel in „Jorinde und Joringel" (7000); magisch ist die ganze Kompositionstechnik des Märchens, denn es neigt „zur Darstellung des Geschehens in drei Zügen: drei Brüder ziehen nacheinander aus, um die Aufgabe zu lösen, oder der Held (die Heldin) selber muß nacheinander drei Arbeiten vollbringen, drei Ungetüme überwältigen, drei Zauberdinge holen[55].

Das gänzliche Fehlen dieses Bereichs in der Fabel weist am unmißverständlichsten auf die – trotz unwirklicher Elemente – weitgehende Bindung der Gattung an die Wirklichkeit hin. In ihr werden nur natürliche Kräfte zur Bewältigung menschlicher Konflikte, wie sie das Bild der Fabelhandlung zeigt, mobilisiert. Die Fabel verlangt von ihrem Leser oder Hörer eine andere Rezeptionshaltung als das Märchen. Er ist aufgerufen, nur mit Hilfe natürlicher – eigener oder fremder – Kräfte den Situationen des Lebens zu begegnen. Die Fabel verlangt den Verzicht auf die scheinbar notwendige, beruhigende Allmacht der guten Zauberkräfte. Mehr als das Märchen fordert sie dafür durch ihren ‚realistischen' Konfliktverlauf den intellektuellen Mut des Lesers heraus.

3 Die Fabel in ihren Bezügen

Der Zusammenhang zwischen poetischer Gestaltung und gestalteter Wirklichkeit in der Fabel soll unter drei Aspekten vertiefend betrachtet werden. Es geht dabei um das Verhältnis der Fabel zum *Tier*, zum *Leser* und zur *Geschichte*. Alle drei gehören notwendigerweise zu jeder Fabel, da mit ihrem Begriff bereits ein spezifischer Leser- sowie Lebensbezug („Sitz im Leben"!) zusammenfallen, wie auch die hauptsächlichen Handlungsträger, die Tiere, notwendige Komponenten der poetischen Form sind, an denen und durch die sich die Aussageabsicht des Autors verwirklicht.

Hier werden diese drei Gesichtspunkte aus Gründen der Übersichtlichkeit – um eine Parallelität zu den Gegenständen der Aufbauprogramme zu erreichen – in an sich künstlicher Trennung untersucht. In den exemplarischen Darstellungen der drei Schwerpunktkapitel wurden solche Autoren und Texte ausgewählt, die Anregungen für den Lehrer und geeignete Unterrichtsmaterialien bieten, diese Aufbauprogramme zu erweitern. Zu Aufbauprogramm I (Fabel und Vertonung) mußte aus folgenden Gründen auf ein eigenes Schwerpunktkapitel verzichtet werden:

– Systematisierende Überlegungen zum Verhältnis von Fabel und Vertonung sowie exemplarische Interpretationen fehlen eigenartigerweise gänzlich. Die umfangreiche Literatur zu Volks- und Kunstlied unterscheidet nach musikwissenschaftlichen und nicht nach literaturwissenschaftlichen Gesichtspunkten.

– Zwar gibt es unzählige Fabelvertonungen – allein zu La Fontaine finden sich dazu seitenweise Angaben in musikwissenschaftlichen Bibliographien – doch ist an sie nicht über Verzeichnisse der im Handel erhältlichen Schallplatten heranzukommen. Im Rahmen des Deutschunterrichts interessiert an dem Verhältnis zwischen Fabel und Vertonung vorrangig nur die poetische Gestaltung der Fabel (Rhythmus, Metrum, Klangbilder usw.), die durch die Vertonung interpretierend herausgearbeitet wird – wenn auch in eigenständiger Weise. Dieser Aspekt ist neben dem Abschnitt über die Fabel als Gattung in allen drei Schwerpunktkapiteln wesentlicher Gegenstand der Darlegungen.

---
55 Lüthi a.a.O., 29

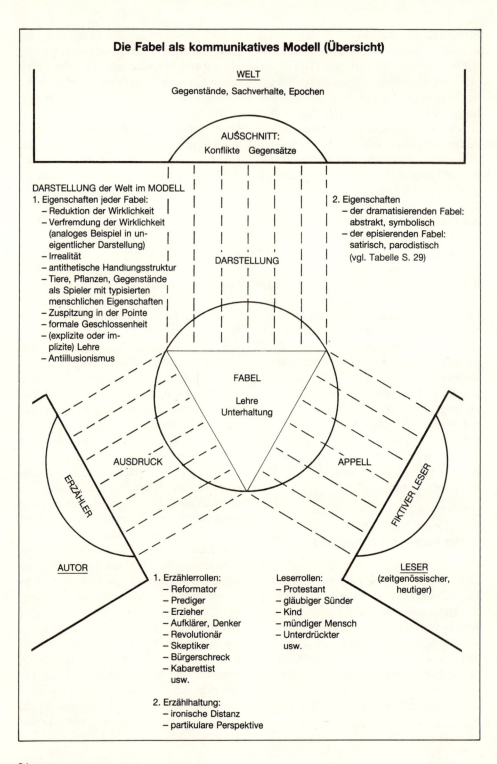

3.1 Fabel und Tier

„Ich komme vielmehr sogleich auf die wahre Ursache, – die ich wenigstens für die wahre halte, – warum der Fabulist die Thiere oft zu seiner Absicht bequemer findet, als die Menschen. – Ich setze sie in die *allgemein bekannte Bestandtheit der Charaktere.*" [...]
„Die Fabel hat unsere klare und lebendige Erkenntniß eines moralischen Satzes zur Absicht. Nichts verdunkelt unsere Erkenntniß mehr als die Leidenschaften. Folglich muß der Fabulist die Erregung der Leidenschaften so viel als möglich vermeiden. Wie kann er aber anders z. E. die Erregung des Mitleids vermeiden, als wenn er die Gegenstände desselben unvollkommener macht, und anstatt der Menschen Thiere, oder noch geringere Geschöpfe annimmt?"[56]

„Dieser Bestimmung zufolge ist die ächte äsopische Fabel die Darstellung irgend eines Zustandes der leblosen und belebten Natur, oder eines Vorfalls der Thierwelt, der nicht etwa willkührlich ersonnen, sondern nach seinem wirklichen Vorhandenseyn, nach treuer Beobachtung aufgenommen und dann so wiedererzählt wird, daß sich daraus in Beziehung auf das menschliche Daseyn und näher auf die praktische Seite desselben, auf die Klugheit und Sittlichkeit des Handelns eine allgemeine Lehre entnehmen läßt."[57]

„Thiere handeln in der Fabel, *weil dem sinnlichen Menschen alles Wirkende in der Natur zu handeln scheinet;* und welche wirkende Wesen wären uns näher als die Thiere? Ein Kind zweifelt niemals, daß die lebendigen Geschöpfe, mit denen es umgeht, gewissermaße seines Gleichen sind. [...]
In ihrem ganzen *Habitus des Lebens* sind Thiere Organisationen, wie es der Mensch ist; es fehlt ihnen nur die menschliche Organisation, und das große Werkzeug unsrer abstrahirten, symbolischen Erinnerung, die Sprache. [...]

---

56 Lessing (1979), 150, 155
57 Georg Wilhelm Friedrich Hegel's Werke. Vollständige Ausgabe [...], Bd. 10: Vorlesungen über die Ästhetik, hg. v. H. G. Hotho, 1. Teil, 2. Aufl. Berlin: Duncker & Humblot 1842, 481 f.

Je genauer der Esel so spricht, daß, wenn ihm wie Bileams Esel der Mund aufgethan würde, er nicht anders, als also sprechen könnte: desto wahrer und anmuthiger ist die Fabel."[58]

In diesen Definitionen wird der Zusammenhang zwischen der Lehrabsicht der Gattung und ihren Mitteln reflektiert. Tiere und Tierverhalten sind Medium der Erkenntnis. Soweit sind sich die Autoren und Theoretiker einig. Gestritten wird über die Frage, inwieweit das Fabelgeschehen natürliche Vorgänge abbilden muß und wieweit man sich von der Natur der genannten Tiere entfernen darf.
Sowohl Lessing als auch Herder und Hegel weisen in zwei Richtungen innerhalb der Geschichte der Fabeltheorie, und, da diese von der Praxis ausgeht und auf sie zurückwirkt, auch der Geschichte der Fabel selbst. Tiere werden einerseits als Symbol oder gar Maske für menschliches Verhalten, vorrangig aus Gründen der Sprachökonomie (sie ersparen ausführliche Charakterisierungen) und der Denkökonomie (sie ersparen Gefühle, die klarem Denken hinderlich seien) eingesetzt; andererseits erscheinen sie als Natur selbst, deren Beschaffenheit als Voraussetzung für verallgemeinernde Aussagen im Hinblick auf menschliche Sachverhalte gilt. Fluchtpunkt der letzteren Auffassung ist die Verhaltensbiologie. Herders Erklärung des anthropomorphen Auftretens der Tiere (Sprechen!) nimmt gar Erkenntnisse neuerer Entwicklungspsychologie vorweg[59].
Daß die Evolution naturwissenschaftlichen, insbesondere biologischen Wissens auf die Darstellung des Tiers in der Fabel rückwirkt, belegen die nachfolgenden Ausführungen, ebenso die Tatsache, daß

---

58 Herders Sämmtliche Werke, hg. v. Bernhard Suphan, Berlin: Weidmannsche Buchhandlung 1888, Bd. 15, 540, 543
59 vgl. 3.1.2 und „Didaktische Positionen"

das Tierbild eines Autors notwendig auch Ausdruck seines Menschenbildes ist und das eine über das andere erschlossen werden kann[60].

3.1.1 Beseelte Unschuld gegen unselige Bosheit (La Fontaine)

Gerade bei La Fontaine läßt sich beobachten, wie Kritik an den vielfältigen Facetten des sozialen Lebens seiner Epoche mit der ganz eigenartigen Gestaltung seiner Fabeltiere zusammenfällt. Wenn Lessing die Fabeltiere vermenschlicht, führt dies zu einer gewissen Abstraktheit, ‚Blutlosigkeit' (Kayser) des Stils. Bei La Fontaine bewirkt die Vermenschlichung gerade das Gegenteil. Seine Tierdarstellung ist mit Lebendigem in einer Intensität gefüllt, die in der Geschichte der Fabelliteratur neuartig war. Hugo Friedrich spricht geradezu von einer „dichterischen Entdeckung des Tiers". Sie wurzelt in La Fontaines Natur- und Menschenbild. Dieses unterscheidet sich sowohl von den zeitgenössischen rationalistischen Philosophie eines Descartes – das Tier ist bei diesem nur eine „Maschine" und wesensgemäß vom Menschen getrennt – als auch von der orthodox-christlichen Anthropologie, nach der nur dem Menschen als einzigem Lebewesen eine Seele zukommt. La Fontaine wendet sich gegen beide Ansichten. Denn:

„Das Tier fühlt ganz unzweifelhaft
Regungen, die das Volk sonst Liebe,
Lust, Freude, Traurigkeit, grausame Schmerzenstriebe
nennt, oder ähnlich andres noch"[61].

Gleicht sein Inneres somit durchaus dem menschlichen ‚Seelenleben', so kommt ihm darüber hinaus sogar das Attribut ‚Verstand' zu, zumindest wenn es um die Selbsterhaltungsfunktion geht. Als Beispiel nennt La Fontaine hier die kunstvolle Bauweise und komplizierte Gesellschaftsordnung der nordischen Biber sowie die Raffinesse der Ratten und folgert aus diesen Beispielen in einer lapidaren Wendung:

„Und nun soll einer mir noch kommen, der beweist,
Die Tiere hätten keinen Geist!"[62]

Mit dieser Auffassung vom Tier knüpft La Fontaine an die französische Renaissance, vor allem an die auf Rousseau vorausweisende Naturphilosophie Montaignes an. Die Welt der Tiere als Welt der Unschuld ist seine Grundidee, die die poetische Gestaltung der Fabeln durchzieht und sich in „Der Mensch und die Natter" in der Anklage der Natur gegen den undankbaren, ausbeuterischen Menschen verdichtet. Deutlich ist hier die Spitze gegen die rationalistische Euphorie des Zeitalters, das den Traum von der Herrschaft des Menschen über die Natur in Taten umzusetzen begann, an deren Folgen heute die Menschheit möglicherweise zugrunde gehen wird. Nach La Fontaine steht der Mensch gar nicht so viel höher als das Tier, wie sich das seine Zeitgenossen dachten, der einzige Unterschied besteht in seiner von ihm meist absichtsvoll vergessenen Fähigkeit zur Selbstreflexion und zu verantwortlichem Handeln. Diese Anschauung verschafft La Fontaine vielfältige Möglichkeiten zu einer ironisch gebrochenen Übertragung der am Tierverhalten gewonnenen Lehre auf die Menschenwelt[63].

La Fontaine begründete eine breite literarische Tradition. Erst im Gefolge seines Werks schrieb ‚man' französischer- und

---

60 vgl. 3.1.1–3
61 La Fontaine (1982), 392

62 ebda, 397
63 vgl. Aufbauprogramm III, 3./4. Stunde

deutscherseits Fabeln und ahmte ihn dabei nach. Jedoch – wie neuerdings Ott konstatiert – in der poetischen Gestaltung der Tiere, deren Kern die Nachahmer nicht begriffen, „zeigen sich die wahren Gründe, die uns erklären, warum der so oft nachgeahmte La Fontaine unnachahmlich blieb"[64].

3.1.2 Das Tier als Vorstufe zum Menschen (Herder)

Herder treibt auf philosophischem Gebiet den Erziehungs- und Entwicklungsgedanken voran und schreibt nicht von ungefähr literarisch beachtliche Fabeln – neben einer Reihe bedeutender fabeltheoretischer Äußerungen. Sowohl die Absicht seiner Fabeln als auch ihre Poetizität leiten sich aus seiner einflußreichen Philosophie ab. Der Mensch ist nach Herder eingebunden in den Zusammenhang der Natur. Vom Tier trennt ihn kein wie auch immer geartetes metaphysisches Prinzip – etwa durch eine als übernatürlich vorgestellte Seele. Die Tiere sind des Menschen „ältere Brüder", von denen er sich lediglich durch seinen aufrechten Gang unterscheidet. Verstand und Empfinden lassen sich physiologisch herleiten als Folge eben dieses aufrechten Ganges und seines Mangels an festen Wirk- und Reaktionsmechanismen. Diese muß er durch Lernen kompensieren. Voraussetzung und Mittel seines Lernens ist seine Sprache, die ihn zum Gesellschaftswesen macht. Mittels der Sprache erwirbt er seine Begriffe von der Welt, entwickelt sich sein Bewußtsein, sein Empfinden. *Ratio* und *emotio* bilden wesensgemäß eine Einheit, sind nur zwei Aspekte ein und desselben Vorgangs des Welterfassens.

In dem Wettstreit zwischen Kuckuck und Nachtigall in Herders „Fabellied" fällt dem Esel die Rolle des Schiedsrichters zu. Das virtuose Konzert der Nachtigall macht den Langohr nur konfus, während das „Kuckuck" seine spontane Begeisterung findet. Die Vertonung Mahlers fast hundert Jahre später akzentuiert die auch bei Herder poetisch herausgearbeitete Rhythmik der „Sprache" des Esels und des Kuckucks und macht auf diese Weise den Ursprung der geheimen ‚Seelenverwandtschaft', die der Esel dem Kuckuck gegenüber empfindet, sinnfällig. Auch dem Esel liefert die Sprache die Paradigmen seines Weltbegreifens, hier also seiner Fähigkeit, die Gesangsqualität artfremder Tiere zu beurteilen. Die Lehren aus dieser Fabel muß der Leser (Hörer!) schon selbst ziehen. Sie sind weitreichend. Humorvoll-augenzwinkernd streift Herder hier die ganze Problematik unbewußter Wahrnehmungs-, Geschmacks- und Wertvoraussetzungen, die Problematik des Vorurteils. Der Leser hat die Lehre im Analogieschluß aus der Beobachtung der Eigenschaften und Verhaltensweisen der Tiere zu ziehen und auf den doch gar nicht so weit vom Tier entfernten Menschen zu übertragen. Die poetische Gestaltung der Fabeltiere muß daher ihre natürliche Beschaffenheit unmittelbar sinnlich vergegenwärtigen, weil hier der Erkenntnisvorgang des Lesers ansetzt. Dies erklärt den Stil der Fabel Herders: die Dominanz des Dialogs, die sich aus der wichtigen Rolle der Sprache herleitet, Rhythmisierung, freier Vers, relative Erzählfreudigkeit (Episierung), die den nötigen poetischen Raum zur Entfaltung sinnhafter Unmittelbarkeit schafft. Entsprechend betont Herders Definition der Fabel das Moment der Anschauung[65].

---

64 Ott, Karl August, La Fontaine als Vorbild, in: Hasubek (1982), 105

65 vgl. 2.4

Muß man sich eigentlich hier „fragen" – wie dies zuletzt stellvertretend für andere Interpreten Kaiser tut – „ob seine [Herders] Auffassung der Tierfiguren den Sinn der Gattung nicht grundsätzlich verfehlt, denn die Fabel zeichnet keine Tier-Naturen als Elemente der natürlich-göttlichen Weltordnung, sondern stellt eine Topik gesellschaftlicher Moral dar"[66]? Hat ein Autor den „Sinn" einer Gattung zu treffen? Hat nicht eher der Interpret sich zu fragen, ob sein Begriffsinstrumentarium, also hier sein Fabelbegriff, geeignet ist, die Eigenart eines Textes, dessen poetischer Rang im Falle Herders deutlich ist, zu erschließen?

Herders Geschichtsphilosophie wurzelt in seiner Anthropologie. Menschengeschichte ist für ihn eine Naturgeschichte „lebender Menschenkräfte". Sinnlichkeit, Einbildungskraft und Verstand des Menschen bilden sich unter dem Einfluß der besonderen geographischen Verhältnisse, der Zeitumstände und des Charakters des Volkes aus, in dem der einzelne aufwächst. Unter Volkscharakter versteht Herder die historisch gewordene Sozialindividualität, die bestimmte Entwicklungsstufen (Kindheit – Goldenes Zeitalter) durchläuft. Mit Herder „begann die Geschichtsphilosophie in Deutschland. Die von Rousseau entdeckte Kluft zwischen Natur und Geschichte wurde hier überbrückt durch den aus Natur und Geschichte seine Antriebe beziehenden Prozeß der Humanisierung."[67] Sein Entwurf einer organischen Entwicklung der Geschichte der Völker, in dem er die bisherige Transzendenz durch die Immanenz geschichtlicher Kräfte ersetzte, regte die Romantik an und – was weniger bekannt ist – die Identitätsfindung der slawischen Völker. Damit aber wirkte sie zumindest mittelbar auf den bedeutendsten russischen Fabeldichter Krylow ein[68].

3.1.3 Vitalität contra Philistertum (Busch)

Die Aussagekraft der Eselsfigur hat es noch anderen Fabeldichtern angetan. Wilhelm Busch nutzt sie zu einer kaschiertlässigen Form von Publikumsbeschimpfung. Bei ihm sind nicht die Richter Esel, sondern die Esel weise Kenner der Welt. Mit philosophischer Nachdenklichkeit „sein Bündel Heu käuend" betrachtet einer von ihnen das freche Treiben „der naseweisen Buben zween", die ihm gegenüber „verhaßte Redensarten machen". Der Esel begnügt sich mit einem wortlosen Kommentar:

„Doch dieser hocherfahrene Greis,
Beschrieb nur einen halben Kreis,
Verhielt sich stumm und zeigte itzt
Die Seite, wo der Wedel sitzt"[69].

Woher die plötzliche Überlegenheit dieses vielgelästerten Fabeltiers über den Menschen?
Busch wird in anderen Fabeln deutlicher. In „Die Affen" malt ein Bauer seinem Jungen aus, was er alles in der Stadt sehen könne; z. B. eben die Affen,

„[...] um sich schiefzulachen,
Was die für Streiche machen
Und für Gesichter,
Wie rechte Bösewichter. [...]."

(Leseheft „Verschlüsselte Wahrheit", III 8)

Naiv folgert der Junge daraus, daß dies wohl eine Art Mensch sein müsse. Hier ist eine Erziehungssituation fingiert. In

---

66 Kaiser, Herbert, Die Pädagogisierung der Fabel im 18./19. Jahrhundert, in: Hasubek (1982), 178
67 Flemmer, Walter zu: Ideen zur Philosophie der Geschichte der Menschheit, in: Kindlers Literaturlexikon (a.a.O.) Bd. 11, 4729

68 vgl. 3.3.2
69 Busch, (Es stand vor eines Hauses Tor...) a.a.O., 506

scheinbar kindlichem Ton, der von der rhythmisch klappernden Monotonie der jambisch paarreimenden Verse gestützt wird, parodiert Busch die Unmasse der pädagogisierenden Fabelliteratur seiner Zeit. Diese hätte sich allerdings gehütet, Kindern die Information zu vermitteln, die Busch hier macht und die die Zeitgenossen – für uns kaum mehr nachzuvollziehen – tief beunruhigte: Der Mensch stammt vom Affen ab, eigentlich ist er nicht viel mehr als ein Affe! Der Mensch als Krone der göttlichen Schöpfungsordnung schien mit der Bekanntwerdung der Darwinschen Untersuchungen entthront, auf eine Stufe mit den Tieren gestellt. Noch schlimmer – die Göttlichkeit der Schöpfung und die Wahrheit der Bibel standen auf dem Spiel. Man zog weitreichende soziale Schlußfolgerungen, die der wissenschaftlichen Grundlage im Werk Darwins gänzlich entbehrten. Die sozialdarwinistischen Theoreme überschwemmten förmlich die verschiedenen Sparten des geistigen Lebens. Busch, dessen Fabeln den „Höhepunkt" der Fabeldichtung des 19. Jahrhunderts (Dithmar) bildeten, ist von dieser Zeiterscheinung ebenfalls tief gepackt. Sein Werk wurde verkannt, als humorvoll-behagliches Amüsement, gar als Kinderlektüre konsumiert. Weit davon entfernt, wurzelt sein Lachen tiefer. Seiner Natur- und Weltsicht standen Darwin und Schopenhauer Pate: Die Darwinsche Selektion bestimmt bei ihm den Prozeß der Natur sowie das Verhältnis der Menschen untereinander; der einzelne wird durch den Willen (Schopenhauer) immer aufs neue in den Daseinskampf geschleudert. Dieses Lebensgesetz macht alle gleich: die Menschen, die Affen, die Esel, auch die Schweine! Von der neuen Gleichheitsidee ist keine Art ausgenommen.

Denn ausgerechnet diejenigen, die beim Wein lautstark die Überlegenheit des Menschen über das Tier proklamieren, spielen ihrem Weltanschauungsgegner schlagende Argumente in die Hände durch ihr eigenes Verhalten:

„Sie grunzten vernehmlich und kamen zu Haus
Gekrochen auf allen vieren."[70]

Bei Busch sind die Tiere nicht einfach maskierte Menschen wie bei Heine und anderen Fabeldichtern; sie stehen nicht für menschliche Schwächen. Ähnlich wie bei La Fontaine oder Herder – allerdings unter ganz anderen geistigen Voraussetzungen – wird über die Eigenart von Tier und Mensch nachgedacht. Nicht die symbolische Gleichsetzung wie bei Lessing, sondern der Vergleich wird Grundlage menschlicher Selbsterkenntnis. Nur der Fuchs stiehlt Gänse; nur der Mensch nimmt den Besen, um auf das Tier wütend einzuschlagen. Die Artverschiedenheit von Mensch und Tier ist bewußt vorausgesetzt, doch die Gesetze, die das Verhalten der Arten bestimmen, sind auf einer höheren Ebene gleich:

„Ein jeder kriegt, ein jeder nimmt
In dieser Welt, was ihm bestimmt."

Der Fuchs kommt ins „Armesündergrab", die Frau bekommt zur Erkältung noch die Gicht, ihr Mann den Pelz des Fuchses. Selbsterhaltung und Selbstsucht sind die Triebfedern alles menschlich-tierischen Verhaltens. Nicht nur der Fuchs ist „von flüchtiger Moral"; alle sind so. Das einzige Beständige ist in der Welt die Macht des Selbsterhaltungstriebs.[71] Als entscheidender Unterschied zwischen Tier und Mensch bleibt: Letzterer verbirgt eben diesen Selbsterhaltungstrieb hinter der

---

70 Ders., (Sie stritten sich beim Wein herum...), Gesamtausgabe in 4 Bden, hg. v. Friedrich Bohne, Wiesbaden 1971, Bd. 2, 513
71 Ders., Bestimmung (a.a.O.) Bd. 2, 290

philiströsen Maske christlicher Demut und eines klassisch-bildungsbürgerlichen Humanismus. Diese Maske schadenfroh-boshaft den Spießern seiner Zeit vom Gesicht zu reißen, „daß sie vor Ärger fast die Kränke kriegen",[72] bestimmt Themen und Darstellungsweise von Buschs Fabeln.

Egozentrik ist nur zu ertragen, wenn sie sich unkonventionell und vital gibt. Von diesem Gedanken ist kein großer Schritt nötig, die Kritik an den Vertretern bürgerlicher Moral weiterzutreiben zum Spott über die traditionsgeheiligten Wertsetzungen selbst und vergnügt-provokativ aller Welt aus Tiermund eine Anti-Moral zu verkünden. Daß die Fabel auch dazu fähig ist, zeigen einschlägige Texte von Hanns-Heinz Ewers, einem jüngeren Zeitgenossen von Busch[73].

3.2 Fabel und Leser

„Nicht allein aber die Kinder, sondern auch die grossen Fürsten und Herrn, kan man nicht bas betriegen, zur Warheit, vnd zu jrem nutz, denn das man jnen lasse die Narren die Warheit sagen, dieselbigen können sie leiden vnd hören, sonst wöllen oder können sie, von keinem Weisen die Warheit leiden, Ja alle Welt hasset die Warheit, wenn sie einen trifft"[74].

„Die Fabel ist in ihrem Wesen und Ursprung betrachtet nichts anders, als ein lehrreiches Wunderbares. Dieselbe ist erfunden worden, moralische Lehren und Erinnerungen auf eine verdeckte und angenehmergetzende Weise in die Gemüther der Menschen einzuspielen, und diesen sonst trockenen und bittern Wahrheiten, durch die künstliche Verkleidung in eine reizende Maße, einen so gewissen Eingang in das menschliche Hertz zu verschaffen, daß es sich nicht erwehren kan, ihren heilsamen Nachdruck zu fühlen"[75].

„Als Menenius Agrippa dem versammelten Römervolk seine Fabel vom Magen und den Gliedern vortrug, dachte er gewiß nicht daran, ob auch Zuhörer seyn würden, die philosophische Skrupel darüber faßten, daß weder Magen, noch Hand und Fuß sprechende Wesen oder Römische Bürger wären. Er trug seine Fabel vor und sie gelang: denn der Sinn derselben war dem aufgebrachten Volk anschaulich und überzeugend."[76]

„[...] daß die Seele nicht etwa nur überredet: sondern Kraft der vorgestellten Wahrheit selbst sinnlich überzeugt werde."[77]

Die Definitionen verdeutlichen die Spannweite der Vorstellungen, die der Autor von seinem Leser haben kann: Sie reicht vom unvernünftigen Kind, das man nur mit Taschenspielertricks zum Guten führen kann, bis zum mündigen Menschen, der durch Beobachtung und Erfahrung seine Einstellungen erwirbt und den man auf dem Weg der Überzeugung zu einer Korrektur seiner Auffassungen bewegen kann. Der Leser, so wie ihn sich der einzelne Autor beim Schreiben denkt, ist Spiegel seines Menschenbildes allgemein und spielt überdies eine entscheidende Rolle für die spezifische poetische Gestaltung der Fabel.

3.2.1 Fabel und Sünder (Abraham a Sancta Clara)

Die in viele Predigten eingestreuten Fabeln des Wiener Hofpredigers und Barfüßermönchs Abraham a Sancta Clara wer-

---

72 Ders., An Helene (a.a.O.), Bd. 2, 543
73 vgl. Aufbauprogramm IV, 4./5. Stunde
74 Luthers Fabeln nach seiner wiedergefundenen Handschrift, hg. u. eingel. v. Ernst Thiele, mit e. Facsimile, Halle: Niemeyer 1888, 2f.
75 Breitinger, Johann Jacob, Critische Dichtkunst, Facsimiledr. nach d. Ausg. von 1740, mit e. Nachw. v. Wolfgang Bender, Bd. 1, Stuttgart: Metzler (Dt. Neudrucke. R. Texte des 18. Jahrhunderts) 166
76 Herder (a.a.O.), 545
77 ebda, 561

fen ein bezeichnendes Licht auf die enge Wechselwirkung von Autor und Publikum. Merkwürdigerweise wird in der Forschungsliteratur sein Werk als Beispiel für den „Niedergang der Gattung" seit dem Ende des 16. Jahrhunderts zitiert und „seine Manier der Fabelwiedergabe von der beiläufigen Erwähnung bis zur weit ausgestalteten, oft mehrere Fabelmotive kontaminierenden Erzählung" als „nicht gattungsadäquat" kritisiert[78]. Eines läßt sich jedenfalls feststellen: Publikumsadäquat war Abrahams Werk und erreichte dadurch zumindest einen wichtigen gattungsimmanenten Zweck.

Der beleibte, volkstümliche Hofprediger bildet mit seiner umfangreichen Predigtproduktion keinen Sonderfall. Diese repräsentiert den Auftrieb, den die Predigt gerade im süddeutschen Raum vor und nach 1700 erhielt. Die Entwicklung der Predigt war ein Teil der umfassenden sozialen, wirtschaftlichen und kulturellen Aktivitäten, die im katholischen Bereich durch die Gegenreformation ausgelöst wurden und – nach der Unterbrechung durch den Dreißigjährigen Krieg – nun erst in vollem Umfang Früchte trugen. Das kritische Erkenntnisinstrument Fabel nun im Dienste einer von Jesuiten geleiteten Bewegung? – Interessant ist, daß die Fabel in den Jahrzehnten der Reformation auf katholischer Seite nicht gepflegt wurde. Als Medium der Kritik an den herrschenden Zuständen stand sie naturgemäß im Dienst des Protestantismus. Die psychologischen Grundlagen einer katholischen Fabeldichtung fehlten – war die Römische Kirche doch gezwungen, Verantwortung für eben diese herrschenden Zustände zu tragen! Die Bewegung zur Erneuerung katholischer Frömmigkeit brachte neue Impulse. Eines ihrer wichtigsten Ziele war die Unterweisung des Volks in den Grundlagen der Glaubenslehre der Kirche. Dies geschah denn auch anfänglich unter dem Zugzwang, in den die Kirche durch das Aufblühen des protestantischen Schulwesens geraten war. Schreibunterricht und Bibellektüre galten hier als Voraussetzung des theologisch begründeten unmittelbaren Verhältnisses der Gläubigen zu Gott, das nicht mehr durch den Priester, sondern nur noch durch die individuelle Begegnung mit Gottes Wort im Evangelium vermittelt ist. Wichtigstes Instrument der Volksbildung wurde auf katholischer Seite die Predigt, die nun zu wahrhaft barocken Ausmaßen anschwoll; zwei Stunden und auch länger war die Regel. Dem Reichtum an Einfällen, Inhalten, Vergleichen waren keine Grenzen gesetzt.

„In diesen Predigten treten antike und mittelalterliche Kaiser und Könige, Helden und Heerführer, Denker und Dichter auf. Da werden Geschichts- und Geographiebücher, Naturwissenschaftler und Mediziner um Beiträge angehalten. Da werden Legenden, Fabeln und Sagen angeführt"[79].

Vergnüglich, bunt und volkstümlich mußten die Predigten sein. Die Konzentrationsbereitschaft der Kirchengänger ließ jedoch zu wünschen übrig. Klagen über den „Kirchenschlaf" wurden laut. Der Buchmarkt beeilte sich, die Kläger mit mannigfaltigen Rezepten zu trösten, die ihnen den gewünschten Publikumserfolg sichern sollten. Einige Priester schienen in ihrem ehrbaren didaktischen Bemühen übers Ziel geschossen zu sein. Ihre „lächerlichen und lahmen Zoten und Narrentheiung", mit denen sie sich „ein stattliches Audito-

---

78 Moser-Rath, Elfriede, Die Fabel als rhetorisches Element in der katholischen Predigt der Barockzeit, in: Hasubek (1982), 60

79 Schneyer, Johann B., Geschichte der katholischen Predigt, Freiburg: Seelsorge-Verlag 1969, 171

rium" machen wollten, wurden von seriöseren Amtskollegen gerügt.[80]

Der Rahmen, in dem die Fabel Verwendung fand und der ihre äußere Gestalt bestimmte, ist damit umrissen. Das Unterhaltungsmoment ist hier mindestens gleichgewichtig gegenüber dem Moment der Lehrhaftigkeit. Denn, wie Abraham a Sancta Clara klagt:

„So lange ein Prediger ein schöne, zierliche, wolberedte, ein aufgebutzte, mit Fabeln und sinnreichen Sprüchen underspickte Predigt macht, da ist jedermann gut Freund. Vivat der Pater Prediger! ein wackerer Mann, ich hör ihm mit Lust zu. Wann er aber ein scharpffen Ernst anfanget zu zaigen [...], so verfaindt er sich allenthalben. Sein Auditorium wird bald die Schwindsucht leiden, die Kirchen still werden, bald lauter Quartier der alten Weiber werden"[81].

Rhetorische Effizienz war so das wichtigste Argument für den Einsatz der Fabel. Inwieweit sich die gewonnene Aufmerksamkeit der Zuhörer auch auf den eigentlichen Zweck religiöser und moraltheologischer Unterweisung lenken ließ, war dennoch unsicher. Um den Vorgang der Übertragung des Fabelinhalts auf ihren „Sitz im (religiösen) Leben" zusätzlich zu motivieren, pflegten die Priester folgende Anekdote aus dem Leben des berühmtesten Redners der Antike, Demosthenes, zu erzählen:

Als einsmahl der berühmtiste Wol-Redner Demosthenes auf offenem Stadt-Platz zu Athen ein zierliche Oration hielte und ihme die Burger nicht fleissig zuhörten, etliche darunter entschlieffen, andere viel schwätzeten und herum gaffeten, bricht er gählingen seine Red ab und führet an statt dessen ein lustige Fabel ein. Hört (sprach er) ihr Bürger von Athen: Es kauffete einer dem Eseltreiber seinen Esel ab, beede reiseten von Athen nach Megara hin. Unterwegs, weilen die Sonne sehr heiß scheinete, setzten sie sich bey dem Esel nieder und wollten sich bey dessen Schatten was abkühlen, das wollte aber der Kauffer dem Eseltreiber nicht zugeben, und sich allein des Schattens bedienen. Gegentheils protestierte der Eseltreiber mit allem Ernst, vorgebend, der Esel-Schatten seye sein eigen, er hab ihme allein den Esel und nicht den Schatten verkaufft, er wolle weiters hierum sein Recht ausführen. Als die Bürger das hörten, spitzten sie ihre Ohren, wie die Hefftlmacher und schwiegen Mausstil, verlangten mit Lust den weiteren Ausgang zu vernehmen, wer aus beeden den Handel gewonnen habe. Hierauf wendet sich Demosthenes mit ernsthafftem Angesicht zu seinen Bürgern, diese Verweiß-Worte sprechend: [...] Was ist das, ihr Burger! von des Esels schatten wollt ihr mich gern anhören, wann ich aber von dem gemeinen Wesen des Vaterlands rede, werd ich von euch verachtet und nach der Seiten angesehen?[82]

Mit der Fabel trieb man den Zuhörern den „Schlaff auß den Augen" und ließ ihnen gezielt das Wasser im Munde zusammenlaufen, wenn detailliert und behaglich alle Einzelheiten eines Gastmahls ausgemalt wurden[83].

Gezierte Höflichkeitsfloskeln im Dialog der Fabeltiere dienten zur allgemeinen Erheiterung. Derb-drastisches Schimpfen wiederum rüttelte die Versammlung der Sünder auf, die es wohl nicht weiter übelnahm, kam der Angriff doch von einem Fuchs und richtete er sich gegen einen garstigen Raben (vgl. Abraham a Sancta Clara, Fuchs-schwäntzender Narr, Leseheft „Verschlüsselte Wahrheit" VI 15).

Die Rezeptionssituation der barocken Fabel, der Kreis ihrer hauptsächlichen Rezipienten, nämlich städtisches und ländliches

---

80 zit. n. Brischar, Johann N., Die katholischen Kanzlerredner Deutschlands seit den drei letzten Jahrhunderten [...], Schaffhausen: Hurt'sche Buchhandlung 1867–71, Bd. 2, 3ff.
81 Abraham a Sancta Clara, Judas der Ertz-Schelm, für ehrliche Leuth [...], Bd. 1, Saltzburg: Haan 1686, 136

82 zit. n. Moser-Rath (a.a.O.), 65
83 vgl. ebda, 72

Kirchenvolk, bestimmen damit aber in allen Einzelheiten ihre äußere Gestalt. Wie das Beispiel des „Fuchs-schwäntzenden Narren" zeigt, einer Predigt aus „Hundert ausbündige Narren", die die bekannte Fabel vom Fuchs und Raben zuerst zitiert, dann erzählt, weist diese Gestalt „alle Merkmale oraler Tradition" auf: Wiederholungen („ipsi te decipiunt"), parallele Satzkonstruktionen („Sie erzeigen sich zwar [...], aber [...] betrügen dich; sie vergleichen dich [...], die mackln aber [...]"), Wechsel von Erörterung (allgemeine Verhaltensweisen des Schmeichlers) zur Beispielserzählung (hier die Fabel), von indirekter Rede zu direkter Rede bzw. Imperfekt zum historischen Präsens an pointierten Passagen[84].

3.2.2 Fabel und Vernunftwesen (Lessing)

Die Bekanntschaft mit La Fontaines Werk fällt in Deutschland in die Zeit der frühen Aufklärung. Für Autoren wie Hagedorn, Gellert, Lichtwer, Gleim bot sich die Fabel vor allen anderen Gattungen dazu an, die Ideen der Aufklärung dichterisch zu gestalten. Ziel aufklärerischen Denkens ist die Glückseligkeit der Menschheit. Der Weg zur Glückseligkeit führt über die Verwirklichung der allgemeinen Sittlichkeit; denn: „Die unglückseligen Zeiten sind eine Frucht des Lasters, die glückseligen eine Frucht der Tugend"[85]. Nun setzt tugendhaftes Handeln aber den Willen dazu voraus. Dieser läßt sich durch die jedem Menschen gegebene Vernunft beeinflussen. Die Vernunft ist das jedem verfügbare Instrument, um das allgemeine Sittengesetz zu erkennen, mittels der Erkenntnis den Willen zu beeinflussen und dadurch das eigene Streben auf die Verwirklichung des Sittengesetzes zu richten. „Vernünftige Gedanken über ..." ist der immer wiederkehrende Buchtitel. Er signalisiert das Vertrauen in die Allgewalt der Vernunft, das zur Quelle eines ungeheuren erzieherischen Optimismus wird. Im erzieherischen Programm der Aufklärer hat die Fabel ihren festen Platz. Die gleichnishafte Handlung gilt als Einkleidung eines allgemeingültigen moralischen Satzes. Je klarer und einprägsamer das fiktive Geschehen, desto höher seine Überzeugungskraft. Die episierende Form vieler Fabeln dieser Epoche schafft Raum für anschauliches und behagliches Erzählen. Der moralische Satz wird deutlich vom Bildteil der Fabel abgesetzt und häufig sogar mehrfach erläutert. Die innere Struktur dieser Fabeln impliziert einen letztlich unmündigen Leser, der sich eine zu schwierige philosophische Auffassung in einem Bild erklären lassen muß, bevor er sie auch in der abstrakten Fassung verstehen kann. Kritischer Umgang mit der Fabellehre ist nicht beabsichtigt; sie wird als allgemeingültig und unumstößlich präsentiert[86].

Lessings brillant formulierte und in eigenen Musterfabeln umgesetzte Theorie wendet sich explizit zwar gegen die Darstellungsweise La Fontainescher Fabeln, doch meint er auch und vor allem das Fabelschaffen seiner Schriftstellerkollegen. Unmittelbar deutlich wird seine Leistung in der Fabel „Die Erscheinung" (Leseheft „Verschlüsselte Wahrheit", IV 5). Wie in „Der Besitzer des Bogens" (a.a.O. IV 6) handelt es sich um eine Meta-Fabel, eine ‚fabelhafte' Selbstäußerung des Fabulisten über das Wesen der Fabel selbst. Die Fabelfiktion besteht darin, daß der Erzähler vorgibt, sein Fabelkonzept von einer

---

84 vgl. Moser-Rath (a.a.O.), 75
85 Wolff, Christian, Vorrede zur: Vernünftige Gedanken von dem gesellschaftlichen Leben [...], Halle: Rengerische Buchhandlung 1756

---

86 vgl. Leibfried, Erwin, Autorposition, Leserbild, in: Hasubek (1982), 13–25

Muse, einer göttlichen „Erscheinung" zu empfangen. Die nicht gattungsgemäße Ich-Erzählung verstärkt den Schein des Authentischen. Interessant ist die Auflösung der Fiktion: Sie wird dem fiktiven Leser als Vorwurf in den Mund gelegt, den der Fabulist aber geschickt ins Positive wendet: er lobt den Leser für sein kritisches Mitdenken und klärt ihn auf, daß er in der Entlarvung der Fiktion das Wesen der Fabel erkannt habe. Erkenntnis also als Frucht eines kritischen Rezeptionsprozesses, der im bewußten Aufdecken des wahren Kerns einer erfundenen Geschichte besteht.

Dies ist neu gegenüber den Fabeln seiner Zeitgenossen. Der Begriff der „anschauenden Erkenntnis", von der Philosophie Christian Wolffs übernommen, erweist hier seine präzise Bedeutung und ist gefüllt mit einem neuen Leserverständnis. Dieses entspricht Lessings Auffassung von Aufklärung, die „gemäß seiner bekannten ‚Duplik' dem Leser in seinem Streben nach Wahrheit ein möglichst großes geistiges Betätigungsfeld sichern möchte [...]. Lessing will den Leser nicht bevormunden, sondern ihn zur geistigen Mündigkeit motivieren [...]"[87]. Die Aktivität des Lesers ist herausgefordert, der Erkenntnisvorgang verläuft induktiv im Sammeln und Entlarven der einzelnen Fabelmomente. Der Spielraum für die Interpretation bleibt relativ weit. Bei Gellert hingegen rezipiert der Leser nur passiv die in ein Bild gekleidete allgemeingültige Wahrheit. In den unterschiedlichen Leserrollen, die die Fabeln Gellerts und Lessings implizieren, liegt auch der Grund, warum die Fabeln Lessings zu seiner Zeit nicht den Erfolg wie andere zeitgenössische Fabeldichtungen hatten; seine Fabeln *fordern* oder *überfordern* den Leser. Ihr Leserbild weist bereits auf Kants Auffassung von Aufklärung als „Ausgang des Menschen aus seiner selbstverschuldeten Unmündigkeit" voraus.

Die intellektuelle Funktion der Fabel hat nun Konsequenzen für die Form. Da Sinnestätigkeit streng funktional auf die Ermöglichung von Erkenntnisprozessen ausgerichtet werden soll, werden Anschaulichkeit im Sinne Gellerts, Sinnlichkeit, Identifikation mit den Tieren und Vergnügen im Sinne La Fontaines als falsche Rücksichtnahme entweder auf die Trägheit des Verstandes oder auf das Unterhaltungsbedürfnis des Publikums verstanden; falsch deshalb, weil die Rücksichtnahme dem klaren Erkennen abträglich ist. Lessingsche Fabeln zeichnen sich deshalb durch epigrammatische Kürze aus. Der Erzähler ist nur noch als „Spurenelement" vorhanden. Die Handlung wird ganz in Situationen aufgelöst: *actio* und *reactio* in Dialogform beherrschen den Text, der damit zum Kurzdrama wird[88]. Einem beträchtlichen Teil von Lessings Fabeln fehlt sogar die explizit formulierte Lehre. Auch dadurch hält sich der Erzähler zurück; der Leser ist sich selbst überlassen.

3.3.3 Fabel und Kind (Pädagogisierung im 18./19. Jahrhundert)

Rückblickend wundert sich Goethe in reifem Alter über die Hochschätzung, die die Fabel in seiner Jugend genoß. Diese stellt er als Ergebnis einer Beratung bedeutender Philosophen und Ästhetiker der Aufklärung dar:

„Nach diesen sämtlichen Erfordernissen wollte man nun die verschiedenen Dichtungsarten prüfen, und diejenige, welche die Natur nachahmte, sodann wunderbar und zugleich auch

---

87 Hasubek, Peter, Der Erzähler in den Fabeln Lessings, in: Ders. (1983), 374f.

88 Ganz im Sinne Lessings definiert Ulshöfer die Fabel als „ein Kurzdrama in Berichtform". Ders., Methodik, Unterstufe (1978), 231.

von sittlichem Zweck und Nützen sei, sollte für die erste und oberste gelten. Und nach vieler Überlegung ward endlich dieser große Vorrang, mit höchster Überzeugung, der Äsopischen Fabel zugeschrieben.
So wunderlich uns jetzt eine solche Ableitung vorkommen mag, so hatte sie doch auf die besten Köpfe den entschiedensten Einfluß. Daß Gellert und nachher Lichtwer sich diesem Fache widmeten, daß selbst Lessing darin zu arbeiten versuchte, daß so viele andere ihr Talent dahin wendeten, spricht für das Zutrauen, welches sich diese Gattung erworben hatte."[89]

Das ist ein literarischer Reflex von Entwicklungen die seit der Jahrhundertmitte vehement auf die Fabel einwirkten. Vor allem durch die Moralischen Wochenschriften waren neue Leserschichten erschlossen worden: Ungelehrte und Frauen. 1770 erschienen gar die ersten Wochenschriften für Kinder. Die Erziehungseuphorie der Aufklärung führte zu einer Entdeckung des Kindes und brachte dem Buchmarkt eine rasche Produktion von Fibeln, Lesebüchern und Anthologien. Auf einmal gab es auch Lyrik, Schauspiele, Erzählungen, Romane für Kinder. Ihrer moralischen Tendenz nach waren sie alle gleich und in ihrem Ton vom vorherrschenden zeitgenössischen Lektüreverständnis geprägt: „Lesen war für Gellert sittliche Pflicht, ging es doch darum, im Lesen weiser und besser zu werden, das Herz zu veredeln und das Gelesene auf das eigene Leben anzuwenden."[90]

Nichts erschien für diese Herzensbildung der Jugend geeigneter als die Fabel. Mit ihrer allseitigen pädagogischen Verwendung ging aber zugleich eine formalästhetische Veränderung einher: Die Fabel wurde in der Regel nicht in der Originalfassung den jugendlichen Lesern angeboten. Freie Bearbeitungen, Wahl von ‚kindgemäßen' Versformen herrschten vor.[91] Der Pädagogisierung der Fabel folgt die sprachliche Trivialisierung.

Dieser Vorgang treibt im 19. Jahrhundert für uns kaum zu ertragene Blüten. Einige Verfasser scheuten sich nicht, die dichterischen Vorlagen in die Pseudokindlichkeit einer von Diminutiven („Vögelein", „Täubelein", „Fabelchen") durchsetzten Sprache zu bringen[92]. Die sprachliche Entmündigung geht mit einer inhaltlichen einher. Der ehemals hochangesehenen Vernunft wird nun längst nicht mehr so viel zugetraut wie in der Aufklärung. Löhrs „Fabelbuch für Kindheit und Jugend" mag hier stellvertretend für andere stehen. Der Verfasser läßt den Leser nicht einmal mit dem *fabula docet* allein, sondern gibt ihm „predigtähnliche, überflüssige Ermahnungen" bei; „er degradiert die Lektüre zum moralischen Nachhilfeunterricht"[93]. Dieser ist, gelinde gesagt, affirmativ und liest sich z. B. folgendermaßen: „Sei nur sanft und leide und dulde, mein liebes Kind! Kommst schon eben so wohl durch, und wohl noch besser als mit Trotz und Ungestüm"[94].

Das Ergebnis dieser Vorgänge: „Die Fabel wird so auch im Bewußtsein der Heranwachsenden zu einer Kleinkinderangelegenheit"[95]. Sie prägen in ganz entscheidendem Maße das Bild von einer ästhetisch anspruchslosen und eigentlich uninteressanten Gattung. Gestützt wurde die-

---

89 Goethe, Johann Wolfgang, Dichtung und Wahrheit, 2. Teil, 7. Buch, in: Hamburger Ausgabe in 14 Bden, hg. v. Erich Trunz, 9., neubearb. Aufl., München: Beck 1981, Bd. 9, 263
90 Martens, Wolfgang, Die Botschaft der Tugend. Die Aufklärung im Spiegel der deutschen Moralischen Wochenschriften, Stuttgart: Metzler 1971, 145

91 Kaiser, Herbert (a.a.O.), 169
92 Ebda, 173
93 Ebda, 171
94 Löhr, Johann Andreas Christian, Das Fabelbuch für Kindheit und Jugend, 3. Aufl., Leipzig: Cnobloch 1816, 19.
95 Ebda, 175

ses durch die besondere Weise, in der die Germanistik die Gattung interpretierte[96]. Der Vorgang, den La Fontaine im 17. Jahrhundert in Gang gebracht hatte, kehrt sich nun um. Dem glänzenden Aufstieg der Fabel in den Rang der Poesie folgt nun ihr Abstieg in die Niederungen des Halb- und Subliterarischen. Diese Wertung spiegelt sich noch darin, daß die Germanistik der fünfziger Jahre, also der werkimmanenten Phase, sie keiner Beachtung würdigte.

3.3 Fabel und Geschichte

„Dis Buch von den Fabeln oder Merlin, ist ein hochberúmbt Buch gewesen, bey den allergelertesten auff Erden, sonderlich vnter den Heiden. Wiewol auch noch jzund die Warheit zu sagen, von eusserlichen Leben in der Welt, zu reden, wússte ich ausser der heiligen Schrifft, nicht viel Búcher, die diesem vberlegen sein solten, so man Nutz, Kunst und Weisheit, vnd nicht hohbedechtig Geschrey wolt ansehen, denn man darin vnter schlechten Worten, vnd einfeltigen Fabeln, die allerfeineste Lere, Warnung vnd Vnterricht findet (wer sie zu brauchen weis) wie man sich in Haushalten, in vnd gegen der Oberkeit vnd Vnterthanen schicken sol, auff das man klúglich vnd friedlich, vnter den bósen Leuten in der falschen argen Welt, leben múge."[97]

„sie [die Fabel] sey die Erzählung einer unter gewissen Umständen möglichen, aber nicht wirklich vorgefallenen Begebenheit, darunter eine nützliche moralische Wahrheit verborgen liegt."[98]

„Wenn wir einen allgemeinen moralischen Satz auf einen besondern Fall zurückführen, diesem besondern Fall die Wirklichkeit ertheilen, und eine Geschichte daraus dichten, in welcher man den allgemeinen Satz anschauend erkennt: so heißt diese Erdichtung eine Fabel."[99]

„[...] so wars offenbar weder eine abstrakte Wahrheit, noch ein allgemeiner moralischer Satz, auf welche der Fabeldichter arbeitete; es war ein *besondrer praktischer Satz, eine Erfahrungslehre für eine bestimmte Situation des Lebens*, die er in einer ähnlichen Situation anschaulich und für den gegenwärtigen bestimmten Vorfall anwendbar machen wollte."[100]

„Die Geschichte der Fabel beginnt mit dem Aufsteigen der niedern Volksschichten, der Bauern und Halbbürtigen [...]. Die ältesten Fabeln sprechen die ethischen und wirtschaftlichen Ideale dieser Kreise aus [...]. Die Fabeln begleiten den Bauernaufstand in der Moral"[101].

Auch hier wieder Streiflichter auf verschiedene Autoritäten der Fabeltheorie, die über das Verhältnis von Fabel und Wirklichkeit nachdenken. Beschränkt man sich auf Definitionen der Aufklärer (hier durch Gottsched und Lessing vertreten), so erscheint die Verbindung von Fabel und Geschichte fraglich. Solange es um moralische Sätze geht, die die Gattung lediglich einkleiden soll, bleibt man im Raum eines ahistorischen Nirgends und Überall. Andere Definitionen heben das Moment des tatsächlichen Lebens und der Erfahrung hervor (Luther, Herder). Das Veränderliche des Lebens ist in dem Begriff „welt lauff", in den „Fällen des menschlichen Lebens" mitgedacht, zumindest nicht ausgeschlossen. Tatsächlich „will Herder die Fabel jedoch aus dem Umkreis der Philosophie entfernen und sie dem praktischen Leben annähern"[102].

---

96 vgl. Einleitung; 2.1
97 Luther (a.a.O.), 1
98 Gottsched, Johann Christoph, Versuch einer Critischen Dichtkunst vor die Deutschen [...], 4. Aufl. Leipzig: Breitkopf 1751, 150

99 Lessing (1979), 142
100 Herder (a.a.O.), 549
101 Crusius (a.a.O.), IX
102 Hasubek, Peter, Erkenntnis und Vergnügen [...] (a.a.O.), 14

Recht besehen, schließen auch die aufklärerischen Formulierungen die Dimension des Tatsächlichen nicht aus, läßt sich ihr Moral-Begriff doch nicht vom Bereich des Politischen trennen.

Grundsätzlich kann jedoch der Interpret den theoretischen Selbstäußerungen der Fabelautoren entgegenhalten, daß sich historischer Wandel in einem jeden Sprachwerk ausdrückt, ob dies nun vom Urheber beabsichtigt ist oder nicht. Auch in der Fabel; oder gerade dort, denkt man an den gattungsimmanenten Lebensbezug, ohne den eine Fabel wesentlich an Reiz und Spannung verlieren würde.

Gegenüber den beiden vorhergehenden Schwerpunktkapiteln, die das Historische unter dem Aspekt des Wandels des Tier- und Leserbildes im Spiegel der Fabel aufzeigten, geht es nun um den Wandel historischer Gesellschaften. Es wird sich zeigen, daß die Fabel auf ihre Weise – bunt und scharf zugleich – typische Konflikte beleuchtet, die Ausdruck der umfassenden geschichtlichen Entwicklung sind. Zugleich greift sie auch – je nach Urheber und Situation recht effektvoll – in die Auseinandersetzungen der Zeit ein.

3.3.1 18. Jahrhundert (Gellert, Lessing, Pfeffel)

Abgesehen von einer starken Zunahme pädagogisierender, meist affirmativer Fabeln[103] ist die allgemeine Entwicklungslinie der Aufklärung nach Emmerich[104] durch zunehmende Politisierung und Verschärfung des Tons bis hin zum Sarkastischen gekennzeichnet. Lessing nimmt in inhaltlicher Hinsicht eine gemäßigte Mittelposition ein. Seine Kritik bleibt in den meisten Fabeln allgemeinmenschlicher Art; doch sind die im engeren Sinne sozialkritischen Fabeln zahlreicher geworden, vergleicht man ihn mit Gellert. In formaler Hinsicht bilden seine Fabeln und vor allem seine ästhetischen Überlegungen ein Extrem, gegen das in den zeitgenössischen Literaturfehden[105] heftig polemisiert wurde. Ihr „Gegner", die episierende Versfabel, verliert ihre zierlich-anakreontischen (Gleim)[106] und liedhaft-volkstümlichen Züge (Gellert)[107] und wird bei Pfeffel zur unversöhnlichen Zeitsatire. Mustergültig repräsentieren diese Entwicklung drei Versionen der Fabel vom Tanzbär.

Bei Gellert verkörpert dieser den geschmeidigen, gewandten Weltmann, der Neid und Eifersucht seiner geographisch wie sozial zurückgebliebenen plumpen Artgenossen erregt. Die Fabel erteilt den lebensklugen Rat, sich vor dem Neid anderer in acht zu nehmen:

„Sei nicht geschickt, man wird dich wenig hassen,
Weil dir dann jeder ähnlich ist;
Doch je geschickter du vor vielen andern bist,
Je mehr nimm dich in acht, dich prahlend sehn zu lassen."[108]

Lessings Tanzbär vertritt einen stärker konkretisierten Sozialtypus: den des aufsteigenden Bürgers, der an den Höfen der deutschen Duodezfürstentümern zu Rang und Würden zu kommen trachtete. Die anderen Bären und der in der Lehre gegenwärtige Erzähler verachten den höfischen Stil und die Eleganz seiner Bewegungen als „niedern Geist" und „Sklave-

---

103 vgl. 3.2.3
104 Emmerich, Karl, Gottlieb Konrad Pfeffel als Fabeldichter, in: Weimarer Beiträge, 3 (1957), 7
105 v. a. Bodmer, Johann Jacob; Lessingsche unäsopische [!] Fabeln
106 vgl. Grundprogramm I, 1./2. Stunde
107 vgl. Aufbauprogramm I, 3./4. Stunde
108 in: Fabeln. Für die Sekundarstufe [...] (1975), 24

rei"[109]. Dem in ihnen vertretenen, zu klassenmäßigem Stolz erwachte Bürger genügt eine souveräne Geste moralischer Geringschätzung gegenüber jenen selbstvergessenen Standesgenossen. Der Autor appelliert so mit seiner Fabel an das Selbstbewußtsein seiner bürgerlichen Leser. Bei Pfeffel nun ist dieses umgeschlagen in Empörung und Wut über die sklavische Unterdrückung *der* Untertanen. Sein Tanzbär verkörpert den nichtsahnenden Halbwüchsigen, der in die Hände der Soldatenwerber fällt. Leidenschaftlich und parteilich wird sein grausames Schicksal geschildert und im Ausgang der Fabel demonstriert, was allerortens mit den Despoten – nicht nur mit dem „Gauner am Weichselstrand", nämlich dem König von Brandenburg-Preußen – zu geschehen habe:

„Jetzt packt er ihn mit seinen Tatzen
Und presset ihn mit wilder Lust
So fest an seine Felsenbrust,
Daß alle Rippen ihm zerplatzen."

Die Lehre „Ihr Zwingherrn bebt!"[110] ist Drohung, kaum mehr verhüllter Aufruf zum gewaltsamen Umsturz, ist politische Agitation. Angesprochenes Publikum ist das (potentiell) revolutionäre Volk.
Pfeffel begann mit seinen Fabeln etwa zur gleichen Zeit wie Lessing (1754; Lessing: 1757). Ihre Hauptwirkung erreichten sie jedoch nach Lessings Tod, zur Zeit der Französischen Revolution. Der im französisierten katholischen Colmar lebende deutsche Schriftsteller und Leiter einer protestantischen Vorbereitungsschule für die Militärlaufbahn zählt zu ihren Wegbereitern. Der Hauptteil seiner Fabeln nimmt entschlossen politische Stellung. Der detaillierten drastischen Schilderung der sozialen Mißstände entspricht die episierende Versfabel und die satirische, sich „bis zum Brutalen"[111] steigernde Sprache, die sich weit von jener intellektualistischen Kälte seines Zeitgenossen Lessing entfernt hat.

3.3.2 19. Jahrhundert (Krylow, Heine)

Die Meinungen über Iwan Andrejewitsch Krylow gehen weit auseinander. Er gilt den einen als „Konservativer"[112], der „einige seiner giftigsten Pfeile [...] auf die modischen Fortschrittsideale seiner Zeit" abschoß[113]. Andere sehen vor allem die „aus dem Innersten kommende soziale Empörung"[114], die Krylow zum literarischen Schaffen trieb, zur Parteinahme für die Interessen der niederen sozialen Schichten des russischen Volkes gegenüber Adel und Zarentum, und ihn zum Anhänger der Dekabristenbewegung machte, die nach dem Wiener Kongreß auf die Durchsetzung liberaler Reformen drängte[115].
Die sieben Bücher seines Fabelwerks entstanden zwischen 1809 und 1843. Sie geben ein reichhaltiges Bild der sozialen Verhältnisse im damaligen Rußland. Von der Vielfalt der Themen und Kritikpunkte wird in Klasse 10 am Beispiel der Fabel „Bunte Schafe" die Kritik an der Technik spätabsolutistischer Herrschaft in der Phase der Restauration nach 1825 in Rußland herausgearbeitet. Hier nun soll ein Gesichtspunkt zur Sprache kommen, der auf

---

109 ebda, 28
110 ebda, 32 f.

111 Leibfried (1976), 90
112 Wiltschek (1950), 173
113 Mirskij, Dimitrij, S., Geschichte der russischen Literatur, aus d. Engl. v. Georg Mayer, München: Piper 1964, 71
114 Stender-Petersen, Adolf, Geschichte der russischen Literatur, 2., durchges. Aufl. in 1 Bd., München: Beck 1974, 77
115 Geschichte der klassischen russischen Literatur, hg. v. Wolf Düwel u. a., Berlin u. Weimar: Aufbau 1965, 132 f.

den Einfluß der Ideen der Romantik und des Liberalismus im Schaffen Krylows hinweist.

Ein grundsätzliches Anliegen ist ihm, die eigenständige Kultur Rußlands bewußt zu machen, die ihre historischen Gesetzmäßigkeiten besitzt. Diese soll anerkannt werden, und zwar von denjenigen gesellschaftlichen Kräften, die am grünen Tisch den Fortschritt planen. Das geht an die Adresse des Zarentums wie auch des Teils des Adels, der Rußland ‚europäisieren' wollte und dabei deutsche und französische Ideen wirklichkeitsfremd und ‚unorganisch' (Herders Geschichtsdenken!) der unter gänzlich anderen Voraussetzungen entstandenen russischen Kultur aufpfropfte.

„Die Erziehung des Löwen" behandelt wie viele von Krylows Fabeln Probleme des Verhältnisses von Staat und Gesellschaft. Der Löwensproß soll als Thronfolger eine sorgfältige Erziehung erhalten; nach langem Überlegen nimmt der Löwenkönig das ehrende Angebot des Adlers an, dies zu besorgen. Der Löwenjunge kehrt nach zwei Jahren an den Hof seines Vaters zurück und legt Rechenschaft über seine Regierungsbefähigung ab:

„Papa", sprach drauf der Prinz, „ich hab' gelernt mit Fleiß,
    was hierzulande niemand weiß.
    Vom Buntspecht bis zum Lämmergeier:
    wer Sumpf'ges und wer Trocknes liebt,
    wer stumm, wer im Gesang geübt,
    wo's Mücken und wo's Würmer gibt –
ich kenne jeden Vogels Federn, Stimme, Eier.
Wirf einen Blick auf dies mein Zeugnis hier!
    Man glaubt, es stecke wohl in mir
    der künftigen Monarchen größter;
und wird das Zepter man in meinen Händen seh'n,
soll gleich Befehl durch meine Lande geh'n:
    Baut Nester!"
O weh! stöhnt da der König samt dem Rat,
    Verlegenheit herrscht im Senat.
Zu spät begreift es leider erst der König:
    sein Sprößling, der bewährt sich wenig.
    O hätt' er früher doch bedacht,
daß vieles Wissen nicht den wahren Weisen macht,
daß rechtes Wissen erst man wahre Weisheit nennet,
und daß ein König dann erst für sein Amt bereit,
    wenn er das eigne Volk recht kennet,
    das eignen Landes Eigenheit.

Krylow (1960), 101

Ohne daß Namen genannt würden, sind die Bezüge zu den staatspolitischen Folgen der Erziehung Alexanders I. (1777–1825; Zar seit 1801) durch den Genfer Laharpe offenkundig. Die Fabel ist so ein gutes Beispiel, wie konkret die Kritik einer Fabel sein kann trotz des Allgemeinheitsanspruchs der Gattung. Die Zeitgenossen, denen sie der Autor in dieser Weise vortrug, verstanden sie wie die Römer, denen Menenius Agrippa die Fabel von dem Magen und den Gliedern – ebenfalls modellhaft-allgemein – erzählte. Indem eine Fabel so am besonderen zeitgeschichtlich relevanten Fall, den sie nicht ‚nachweislich' nennen muß, das grundsätzliche Problem herausstellt, wirft sie zweierlei Erkenntnisgewinn ab: Der konkrete Fall wird scharf beleuchtet und zugleich die Grundlage für ein weiteres Verallgemeinern auf andere Gesellschaftsbereiche oder Vorkommnisse geschaffen. Wo wird nicht nach ‚russischen' Bedürfnissen und Maßstäben – also unsachgemäß – Politik betrieben? Der historische Abstand erlaubt heutigen Lesern noch mehr Möglichkeiten, die Fabel zu aktualisieren und z. B. auf die Folgen von Kolonisation und Imperialismus zu beziehen.

Der Streit um Krylows politische Einordnung übersieht den fortschrittlichen Charakter, den das Erwachen des Nationalbewußtseins in der Romantik noch besaß, bevor es im Verlauf des 19. Jahrhunderts zum Nationalismus degenerierte; er übersieht auch die Berechtigung scharfer Angriffe gegen den überstürzten Import ausländischen Gedankenguts.

Daß Krylow nicht die Anerkennung im Ausland erlangte wie La Fontaine, liegt an der Barriere, die die russische Sprache bildet. Für die Geschichte der russischen Literatur bedeutete seine aus aufklärerisch-romantischem Geist geschaffene Volkssprache, mit der er sich kämpferisch gegen das in Rußland noch herrschende klassische Dichtungsideal absetzte, die Grundlage für die späteren Realisten. Seine Fabeln gingen in Redewendungen und Sprichwörtern ein und wurden so zum Allgemeingut. Jedoch – es erging seinen vielzitierten ‚Lehren' ähnlich wie denen eines ebenso beliebten, ‚volkstümlichen' deutschen Dichters: Wie bei Wilhelm Busch wurde die ironische Brechung aller Aussagen oft übersehen.

Nach Leibfried läßt die zahlenmäßig starke Fabelproduktion des 19. Jahrhunderts in Deutschland die Unterscheidung nach drei Haupttendenzen zu: nach der politisch-revolutionären Tendenz, der Tendenz zu satirischer Betrachtung menschlicher Schwächen und der Tendenz zur Pädagogisierung der Fabel[116]. Allgemein zeigt sich die Variabilität der Fabelform, die sehr unterschiedliche Aussageintentionen und -stile zu bewältigen vermag. Die Nachwirkung der pädagogisierenden Fabeln auf die Ausbildung eines folgenreichen Gattungsklischees wurde bereits herausgestellt[117]. Die beiden anderen Gruppen der Fabelproduktion verändern im allgemeinen gegenüber den vorausgegangenen Jahrhunderten die Funktion der ‚Lehre'. Die ‚Moral von der Geschicht' – falls überhaupt noch eine gegeben wird – kehrt sich gegen sich selbst: In ihr wird satirisch gerade die Moral des Bürgers aufgespießt, die in den Fabeln der Aufklärung Gellertscher Richtung noch in Unschuld und Optimismus verkündet werden konnte. Das Bürgertum hat eben diese Unschuld verloren. Zu deutlich zeigte die 1848er Revolution an, wie es im Ernstfall bei den Liberalen um die pathetisch propagierten Menschheitsideale der Freiheit, Gleichheit und Brüderlichkeit bestellt war, wenn es darum ging, mit den niederen sozialen Klassen, vor allem der an-

---
116 Leibfried (1976), 92f.
117 vgl. 2.1

wachsenden Arbeiterschicht, gegen den vom Adel beherrschten Obrigkeitsstaat anzugehen. Seit 1848, als die Chance eines Aktes erfolgreicher politischer Emanzipation verfehlt wurde und der bürgerliche Liberalismus sich mit dem spätabsolutistischen Staat arrangierte, ‚kreiste‘ „das Gift einer unausgetragenen, verschleppten Krise" im „Körper des deutschen Volkes"[118].

Heinrich Heine bringt seine Enttäuschung über den Verlauf der Revolution in seinen späten Eselsgedichtfabeln zum Ausdruck. Die gequälten Untertanen Pfeffelscher Fabeln sind in „Die Wahl-Esel" zu Eselsdummköpfen geworden, denen das Bedürfnis nach Befreiung abhanden gekommen ist. Statt daß sie um eine republikanische Verfassung kämpfen, sehnen sie sich nach der Monarchie. Es finden Wahlen statt. Die Esel schließen sich den Meinungen der schwarz-rot-goldenen Alt-Langohren an. Diese bestimmen kurzerhand, daß der ein „Verräter" sei, der die kleine Pferdepartei wähle (eine Anspielung auf die gegenüber den Liberalen zahlenmäßig schwächeren Demokraten):

„Du bist ein Verräter, es fließt in dir
Kein Tropfen vom Eselsblute;
Du bist kein Esel, ich glaube schier,
Dich warf eine welsche Stute.
[...]
Und wärst du kein Fremdling, so bist du doch nur
Verstandesesel, ein kalter;
Du kennst nicht die Tiefen der Eselsnatur,
Dir klingt nicht ihr mystischer Psalter"[119].

Die Fabel greift ein gängiges Motiv der politischen Karikatur der 48er Bewegung auf. Ein zeitgenössisches Flugblatt zeigt, wie namhafte deutsche Professoren einen Esel mit den alten deutschen Reichsinsignien ausstatten. Der Bild-Untertitel: „Alte Professoren der alten Geschichten wollen dem jungen democratischen Deutschland ihre verschimmelte Idee eines erblichen deutschen Kaisers aufdringen"[120]. Unschwer läßt sich die ‚Alt-Langohr'-Metapher der Fabel Heines auf diese Professoren rückbeziehen, deren deutschtümelnde, pseudomystische Positionen in der Frankfurter Nationalversammlung die Entscheidungen bestimmten.

Der Typ der hier sehr ausgedehnten episierenden Versfabel schafft den nötigen poetischen Spielraum für die mannigfachen historischen Bezüge. Das Fabeltier Esel steht nur als Synonym für die Dummheit deutscher Untertanenmentalität und hat wenig poetisches Eigenleben. Eine explizite Lehre fehlt – nicht aber die Pointe: Der die deutsche Eselei beschwörende Alt-Langohr-Redner wird beklatscht; dieser dankt mit geziemender Würde:

„Sie haben des Redners Haupt geschmückt
Mit einem Eichenkranze.
Er dankte stumm, und hochbeglückt
Wedelt er mit dem Schwanze"[121].

In der Lächerlichkeit dieser Eselsgeste konzentriert sich die Meinung des Dichters über die feierlichen Akte eines Staates, in welchem das Bürgertum seinen Geist aufgab.

---

118 Stadelmann, Rudolf: Deutschland und die westeuropäischen Revolutionen, in: Ders., Deutschland und Westeuropa, Laupheim: Steiner 1948, 31
vgl. Wehler, Hans-Ulrich, Das deutsche Kaiserreich 1871–1918, 2., durchges. u. bibliogr. erg. Aufl., Göttingen: Vandenhoeck & Ruprecht 1975 (Deutsche Geschichte. 9), 33–40
119 Dithmar (1981), 263

120 Geschichte in Karikaturen. Von 1848 bis zur Gegenwart, für die Sekundarstufe hg. v. Herbert u. Werner Krüger, Stuttgart: Reclam 1981 (Arbeitstexte für den Unterricht. 3), 46f.
121 Dithmar (1981), 264

3.3.3 20. Jahrhundert (Hoernle, Weinert, Arntzen, Schnurre, Anders)

Die beiden Richtungen der satirischen und der politisierenden Fabel ziehen sich auch durch die Geschichte der Gattung im 20. Jahrhundert hin mit den je epochentypischen Veränderungen. Bis 1925 – danach läßt sich ein Abebben der Fabelproduktion beobachten – nehmen die gesellschaftskritischen und politischen Fabeln einen weit größeren Raum in allen Sammlungen ein als die moraldidaktischen herkömmlicher Art oder neuen Gepräges. Neben Ewers, der auch nach dem Krieg weiterschreibt, muß man noch Van Oesteren und Wohlmuth nennen, „die ohne erkennbare Parteinahme für ein politisches Programm ihr Unbehagen an Auswüchsen im gesellschaftlichen Leben, an typischen Zeiterscheinungen, an Korruption und Machtmißbrauch in Staat und Gesellschaft zum Ausdruck bringen." Themen der modernen Fabelautoren nach dem Zweiten Weltkrieg klingen bereits an „wie Modernitätssucht, Effekthascherei, Konformismus und Manipulierbarkeit der Massen"[122]. Daneben greifen auch sozialistische Autoren zur Waffe der Fabel, deren eigentliches Metier Leitartikel und politische Streitschriften sind: Hoernle, Wolf und Weinert. Formal läßt sich keine einheitliche Tendenz erkennen wie in der Fabelproduktion in der zweiten Hälfte des 20. Jahrhunderts, die durchweg den dramatisierenden Fabeltypus[123] weiterentwickelt.

In „Das Chamäleon" von Edwin Hoernle (1883–1952) geht es um das Thema Opportunismus. Ein Chamäleon hält einem von Jägern verfolgten und erschöpft rastenden Panther höhnisch seine mangelnde „Anpassung an einmal gegebene Verhältnisse" vor. Das uralte Fabelthema von Herr und Knecht, von der ungesetzlichen Gewalt in einer schlechten Welt, in der es nur eine Überlebenschance für den listig sich mit den Mächten arrangierenden (Fuchs-)Menschen gibt, ist hier in einer spezifischen Weise umgewandelt: Der arme ausgebeutete Untertan von einst (Lamm, Esel, Tanzbär etc.), der auf dem Weg seiner Befreiung bald die eigentliche tiefsitzende innere Unfreiheit enthüllte (die Esel bei Heine!), hat zum ersten Mal in der Geschichte die Freiheit der Wahl unter vielen möglichen sozialen Rollen und Standorten. Denn 1918 stürzten überall in Europa die alten baufälligen Monarchien und damit die Reste einer letztlich mittelalterlich-feudalen Ordnung. Für die meisten war dies ein plötzlicher und überraschender Vorgang, denn das Theaterspektakel hybrider Grandiosität in der imperialistischen Endphase dieser Ordnungen ließ sie für die meisten nichts weniger als brüchig erscheinen. Zum erstenmal in der Geschichte konkurrierten in einem Ausmaß neue Staats- und Gesellschaftskonzeptionen nicht nur auf theoretischer Ebene, sondern in der Sphäre politischer Alltagspraxis miteinander, wie man es bisher nicht gekannt hatte. Der einzelne ist nun zum angestrengten Deuten der neuen, scheinbar chaotischen Verhältnisse gezwungen. Allein die Freiheit der Wahl zwischen vielen möglichen Standorten führt jedoch noch längst nicht aus der alten Unfreiheit heraus. Nach wie vor ist das Muster gesellschaftlicher Verhältnisse das des Verfolgers und des Verfolgten, wenn es auch schwerer zu durchschauen ist. Denn die Fronten sind nicht mehr so klar wie ehedem gezogen; die Untertanen sind selber sowohl zu Verfolgern als auch zu Verfolgten geworden. Das äsopische unschuldige Lamm hat – bildlich gesprochen – Wolfszüge angenommen. Bei Hoernle ist es zum „häßlichen" Chamäleon geworden,

---
122 Koch (a.a.O.), 256
123 z. B. in Fabeln, Parabeln [...] (1978), 271 ff.

das „die Jäger ebensooft [überlistet] wie das Wild, auf das ich laure."[124] Neben diesem als abstoßend gezeichneten Opportunisten verkörpert sich in dem kraftvollen Panther der innerlich freie Mensch, der jegliche Anpassung von sich weist und seine Unterdrücker in direktem Angriff überwindet. Der abstrakte Schematismus dieses revolutionären Aktes wirkt naiv. Die Fabel enthält zeittypische, heroisierende Züge, eine klischeehafte Schwarz-Weiß-Malerei und sprachliche Redundanz; doch gerade wegen ihrer literarischen Mittelmäßigkeit gibt sie Einblicke in die neue Epoche.

Erich Weinert (1890–1953) beleuchtet ebenfalls die vielfältigen Erscheinungsformen alter Untertanenmentalität bei den neuen Republikanern. Diese weist er paradoxerweise auch bei der Gruppe der klassenbewußten Proletarier auf. In der „Sächsischen Sperlings-Marseillaise" wird deren kämpferisch-revolutionäre Haltung als parodistische Pose entlarvt. Die Fabel nimmt die Form eines Arbeiterlieds an mit kurzen, paarreimigen, jambischen Strophen und dem Kampfruf „Oho! [...] Joho!". Eine Handlung im herkömmlichen Sinne fehlt, jedoch ist es ‚Handlung' im Verständnis dieser Sperlings-Proletarier: nämlich ‚Aktion', ‚Agitation', die zum Selbstzweck, zur machtlosen Ersatzhandlung degeneriert ist. Die Pointe entsteht durch die falsche Logik:

„Wir protestieren gegen die Parasiten
Denn das Protestieren kann uns niemand verbieten.
Wir protestieren von früh bis spät
Denn wir haben die Landtagsmajorität."[125]

Die ehemalige Unfreiheit wirkt in der Unfähigkeit zur Freiheit nach, der psychisch die „Furcht vor der Freiheit" (Fromm) korrespondiert. Die existentiell erfahrene Verunsicherung wirkt bedrohlich. Angestrengt sucht man daher nach neuen Orientierungen und wird – je nach deren Beschaffenheit – zu deren Opfer. Kafkas vielinterpretierte „Kleine Fabel"[126] ist ein eindrucksvolles Beispiel für das Lebensgefühl dieser Epoche.

In der Zeit des Dritten Reiches schweigen bezeichnenderweise die Fabeltiere. Ausnahmen bestätigen nur die Regel. An einer monströsen Fabel aus nationalsozialistischer Feder, Liselotte Fritsch-Voelkners „Der Sieger"[127] lassen sich gleich zwei grundsätzliche Sachverhalte aufweisen: die abstrusen Geschmacklosigkeiten einerseits, die Inadäquatheit von Ideologie und Gattungscharakter andererseits. Dieser zielt – bei all seiner Variabilität – auf sachlich nüchterne Einsicht, auf Rückführung komplizierter, nicht durchschauter oder falsch interpretierter Problem-Zusammenhänge auf einen wie auch immer gearteten Wesenskern; jene auf den Aufbau heroisch-größenwahnsinniger Affekte. Man braucht an dieser Stelle nur daran zu erinnern, daß die Fabel im Umfeld derjenigen antiken Schriftsteller auftaucht, die das altaristokratische Menschenbild der Heldensänge Homers mit ihrem Spott übergossen[128].

In der Zeit nach dem II. Weltkrieg suchte man auf dem Gebiet der Fabel „Zuflucht im Althergebrachten" und setzte die „Tradition der mit Realistik vorgetragenen Erkenntnisse über Menschliches-Allzumenschliches fort"[129]. Neue Anstöße kamen aus dem Ausland. James Thurbers Fabeln und satirische Kurzgeschichten begannen bekannt zu werden. Ende der

---
124 ebda, 272
125 ebda, 287

126 ebda, 295 – vgl. 2.3
127 erschienen in: Geist der Zeit. Wesen und Gestalt des Volkes. 19 (1941), 643–649
128 vgl. Einleitung zu Antike Fabeln [...] (1978), VII
129 Koch (a.a.O.), 257

50er Jahre veröffentlichte Wolfdietrich Schnurre die Fabelsammlung „Protest im Parterre", zehn Jahre später Helmut Arntzen „Kurzer Prozeß" und Günter Anders „Der Blick vom Turm – Fabeln", um nur die wichtigsten Fabelautoren zu nennen. Der Vergleich zwischen den Fabeln des Amerikaners und denjenigen der Deutschen erhellt die je besonderen Aussageabsichten und Darstellungsmittel.

In der Fabel „Die Schafe im Wolfspelz"[130] sind die naiven wehrlosen Opfer von einst dynamisch und clever geworden. Die Schafe spionieren, sie recherchieren, täuschen die Wölfe, konkurrieren gegeneinander. Ihre Schafsnatur holt sie aber doch hinterrücks wieder ein. Zwei Schafs-Journalisten verbreiten übereinstimmend dieselbe Meinung über die Harmlosigkeit der Wölfe, die sie an nur einem (Fest-)Tag ausgekundschaftet haben. Das Ergebnis ist wie eh und je ... Die Dummheit zieht immer noch die falschen Schlüsse aus den Gegebenheiten; sie ist höchstens clever, nicht aber klüger geworden. Zusammen mit den Eigenschaften eines hemmungslosen Karrierismus und sozialer Verantwortlichkeit charakterisiert sie nach Thurber vor allem die gesellschaftliche Gruppe, in deren Hände die einstmals mit Blut umkämpften Organe der Meinungs- und Bewußtseinsbildung liegen – die Journalisten. Die satirisch-parodistische Entlarvung des Fortschritts als Maske nach wie vor ungebrochener alter Strukturen bedient sich der episierenden Prosafabel. Ihr Grundton ist amüsant-unernst; das Unterhaltungsmoment tritt stark hervor. Sie behält das klassische Muster, dessen Themen sie variiert, auch formal bei: Jede Fabel hat ein Epimythion. Dieses ironisiert sich jedoch selbst. Wörtlich genommen, ist es absurd: „Don't get it right, just get it written." (Etwa: „Sag's nicht richtig, sag's schriftlich!"[131]) Im Kontext der Fabel pointiert es – in Abweichung von der konventionellen Fabellehre – die Moral der Partei, die unterliegt: der Schafe. Spiel mit der Tradition, Stillage, Wahl der Themen – sie behandeln alle in irgendeiner Weise den „American way of life" – entsprechen dem ersten Publikationsort von Thurbers Fabeln: die liberale, intellektuell anspruchsvolle, aber unernste, „sophisticated" Zeitschrift „The New Yorker".

Kaum wahrgenommen wurden in Deutschland die geistreichen Fabeln des französischen Dramatikers Jean Anouilh, die in beweglicher, spielerischer Versform die aus La Fontaines Fabeldichtung bekannten Grundmuster neu pointieren und ironisch auf die Lebensform der Gegenwart beziehen – die Grille als Nachtclubsängerin, der Fuchs als Geldverleiher, Wolf und Schaf als Vollstrecker bloßer Rollenzwänge.

Die bundesdeutsche Fabelproduktion, die sich weitgehend auf die sechziger Jahre beschränkte, fällt formal sofort durch ihre einheitliche Tendenz auf. Es sind durchweg dramatisierende Prosafabeln; Arntzen stellt bezeichnenderweise seine Fabeln neben Aphorismen. Man experimentiert wieder – in ganz anderem Maße als in den Vorkriegsfabeln und denen des 19. Jahrhunderts – mit der Tradition. Lessing ist Vorbild, vor allem sein produktiver Umgang mit den äsopischen Vorlagen. Das Epimythion ist jetzt ganz geschwunden. Die modernen Fabeldichter sind endgültig in Distanz „zur Moraldidaxe" gegangen, zum Glauben vergangener Generationen an den „Gültigkeitsanspruch von Normen und an die Realisierbarkeit ihrer Forderungen."[132] Die Fabeln wer-

---

130 Thurber (1967), 41f.

131 Jochum, Klaus Peter, Die Fabeln James Thurbers, in: Hasubek (1982), 243
132 Koch (a.a.O.), 259

den abstrakter, intellektueller, witziger. Sie setzen auf seiten des Lesers die Verfügbarkeit über die Tradition voraus und erhalten so die Qualität von ‚Meta-Fabeln'. So erkennen wir z. B. Lessings Spiel wieder, „einen als abgeschlossen geltenden Fall aufzugreifen und ihn durch eine Fortsetzung des Geschehens oder des Dialogs in ein anderes Licht zu setzen. Auch die von ihm vorgeprägte Spielart der Einführung einer neuen Figur, die den Vorgang kommentiert, finden wir bei Arntzen wieder."[133]

Ein Wolf fiel in die Schafhürde ein und tötete.
Halt, schrie ein Schaf, warum tust du das?
Bitte, sagte der Wolf, kann ich anders, ein Wolf?
Sicher, rief das Schaf rasch, das ist gerade das Zeichen der Freiheit.
Der Wolf besann sich. Gut, sagte er, ich laß es bleiben. Aber auch du sollst frei sein.
Freudig stimmte das Schaf bei: Wie kann ich dir davon einen Beweis geben?
Einfach, sagte der Wolf, bitte mich aus freien Stücken, dich zu fressen.
Warum wehrt ihr euch nicht, rief der Adler den Schafen zu, als er sah, wie der Wolf eins nach dem andern riß.
Schafe, die sich gegen Wölfe wehren, sind gegen die Natur, schrie eines zurück und ließ sich fressen.[134]

Die geschäftstüchtigen Schafe Thurbers sind hier unter die Theoretiker geraten. Das Schaf weiß inzwischen von der Möglichkeit der Befreiung des Subjekts und hält – zur Selbstverteidigung – dies dem Wolf vor. Momentan hat es Erfolg. Der Wolf lenkt scheinbar ein. Zuletzt fällt das Schaf diesem – wie eh und je – zur Beute. Nur hat er es zuvor – dies ist die eigentliche Pointe – im Netz seiner eigenen (Schein-)Logik gefangen. Die Ohnmacht des Schafes enthüllt sich als Ohnmacht der Theorie, die die Praxis nicht erreicht. Das zeittypisch Neue steckt in dem Dialog zwischen dem Wolf und dem Schaf, der in das klassische Handlungsmodell (Wolf fällt in Schafsherde ein und frißt alle) eingebaut ist. Die Fabel setzt Kenntnis des alten Rollenmusters voraus, das sie scheinbar auflöst, um es auf höherer Ebene jedoch wieder zu erneuern. Das Alte wird im Brechtschen Sinne verfremdet, um das Neue transparent werden und in diesem wieder das alte Grundmuster hervorblitzen zu lassen. Damit aber gelingt dem Spiel mit der Tradition nichts anderes als das Einfangen von Konstanz und Wandel gesellschaftlicher Strukturen im Brennglas der epischen Kurzform Fabel.

Arntzen „verkörpert mit seinen Fabeln den kritischen Intellektuellen in der Gesellschaft der Gegenwart. [...] Er greift die Phänomene der modernen Wohlstandsgesellschaft und des Kultur- und Wissenschafts-‚Betriebes' an". Wolfdietrich Schnurre hingegen bezieht Front gegen die institutionalisierten staatlichen Mächte, gegen die „Kräfte, die Frieden und Demokratie gefährden könnten"[135] und erkennt diese in Auseinandersetzung mit der deutschen Vergangenheit.

Bei Günter Anders wird „Kritik zur Anklage. Sie richtet sich gegen die Existenzbedrohung des Menschen im Atomzeitalter, angesichts derer jegliches Bemühen um ein menschlicheres Gesicht der Welt ad absurdum geführt wird"[136]. Der „abstrakt-intellektualistische" Stil dieser bundesdeutschen „Epoche" der Fabel entsprach der progressiv-kritischen Strömung in der Bundesrepublik in den sechziger Jahren und zu Beginn des folgenden Jahrzehnts. Dies dürfte auch ein Grund für das einstweilige Abebben der Fabelliteratur seitdem sein.

---

133 ebda, 263
134 z. B. in Fabeln, Parabeln [...] (1978), 323
135 Koch (a.a.O.) 258
136 ebda, 258

Didaktischer Teil

1 Didaktische Positionen

Die neuere didaktische Diskussion um die Fabel beginnt mit *Robert Ulshöfers* „Methodik des Deutschunterrichts". Ulshöfer schlägt vor, die Fabel induktiv zu erarbeiten: „Der beste Weg, Fabeln zu verstehen, ist, Fabeln zu verfassen; der beste Weg, sie verstehen zu lehren, ist, zum Verfertigen anzuleiten"[1]. Indem Schüler auf dem Weg „vom Vorfall zur Fabel" Verdichtung leisten, erfassen sie, was nach Ulshöfer die entscheidenden Kennzeichen der Textsorte sind: Antithetische Anlage, dramatische Handlung ohne Exposition, Knappheit, typischer Fall als Beispiel[2].

Dieses Grundkonzept des induktiven Zugangs ist beispielgebend für die Erarbeitung der Fabel im Unterricht geworden und gehört fraglos zu den vielen wertvollen praktischen Einfällen der „Methodik"; als eher zeitbedingt erweisen sich dann allerdings die vorgeschlagenen konkreten Wege. In der Unterstufe sollen die Schüler, von Erlebniserzählungen ausgehend, zu Fabeln „humanitär-sozialkritischer Art" kommen, in der Mittelstufe von aktuellen politischen Ereignissen aus zu „politischen Fabeln". Dabei sind die vorgeschlagenen Beispiele von Erlebniserzählungen nach einem eher antiquierten Schema pädagogischer Literatur aufgebaut: Leichtfertigkeit eines Kindes, das sich von einem ‚verdorbenen' Kind verführen läßt oder einen begangenen Fehler zu verheimlichen sucht, dann jedoch überführt und bestraft wird. Buschs vielfach parodierter drohender Zeigefinger ist hier nicht weit! – Fragwürdig sind auch die politischen Anknüpfungen in der Mittelstufe: „Suez-Konferenz, Wehrkunde-Erlaß, Verbot der Kommunistischen Partei" und ähnliches[3]. Auch wenn man aktuelle Ereignisse nachschieben wollte – hier wird dem Schüler ein neutraler, übergeordneter Standpunkt abverlangt, zu dem er kaum fähig ist. Daher wird er nicht lebendige Fabeln schreiben, sondern eher literarische Konstruktionen oder Geschichten mit unverbindlichen Lebensweisheiten.

Erika Essen setzt den Akzent auf die persönliche Betroffenheit, die die Fabel, liest man sie richtig, hervorbringt: „Die Fabel entsteht nicht aus Spaß an Unzulänglichkeiten wie der Witz, sondern aus Sorge um den menschlichen Wert, der durch menschliche Schwäche fragwürdig wird"[4]. Die Fabel biete dadurch die Gelegenheit zur Auseinandersetzung mit den eigenen Erfahrungen, Gelegenheit, Selbsterkenntnis zu üben. Die Auseinandersetzung mit der Fabel ist somit Auseinandersetzung mit sich selbst und daher eine „Denkübung"; der Versuch, diese Auseinandersetzung auch sprachlich zu gestalten, eine „Formübung". Beides „hat seinen Platz auf der Mittelstufe". Erika Essen warnt vor einer zu frühen Behandlung, da diese „die Gefahr des konventionell moralisierenden Kurzschlusses" in sich birgt[5].

Erika Essen – wie übrigens auch Ulshöfer – vernachlässigt den Unterhaltungsaspekt

---

1 Ulshöfer (1978), 229
2 ebda, 231
3 Ulshöfer (1981), 339
4 Essen (1972), 198
5 ebda

der Fabel und sieht nur die didaktische Intention. Sie beschränkt diese zudem auf die Vermittlung allgemeiner Weisheiten und abstrahiert von möglichen politischen und sozialen Bezügen.

Die Phase der „Kritischen (Fabel-)Didaktik" wird von *Hermann Helmers* eröffnet. Er stellt den gesellschaftlichen Gehalt der Gattung in den Mittelpunkt ihrer Behandlung auf der Gymnasialstufe. Fabeln können nach Helmers jedoch auch bereits im vierten Schuljahr rezipiert werden. Hierbei zeigt sich ihr „didaktisches Grundproblem": „Es handelt sich um ein poetisches Geschehen auf zwei Ebenen. Auf der unteren Ebene vollziehen sich Ereignisse in beinahe märchenhafter Form innerhalb des Tierreiches. [...] Die zweite Ebene aber zeigt an, daß das anschauliche Geschehen der ersten Ebene für etwas anderes steht, eine allgemeine Bedeutung hat"[6]. Die Fabel soll in einer frühen Phase des Literaturunterrichts die Schüler elementar auf „die poetische Kompetenz von Dichtung, von Sprache überhaupt" hinführen: „Sprache deutet Weltbereiche, indem sie diese mit anderen vergleicht"[7].
Einleuchtend ist Helmers' Begründung der Altersfrage. Sie geht implizit von dem Prinzip des analogischen Denkens aus, das vor der Stufe des begrifflichen Denkens bereits unbewußt Sprache auf Wirklichkeit überträgt: „[...] denn das Gesetz der Übertragung ist dem sprachlernenden Kind von Anfang an ohne Reflexion so vertraut, daß mit der Sprache zugleich deren Übertragungskraft unbewußt erfaßt ist". Damit wäre auch die Freude, die das Kind bereits recht früh an Fabeln empfinden kann und die für Ulshöfer Kriterium für den Zeitpunkt ihrer unterrichtlichen Behandlung ist, erklärt.

Unter dem Einfluß der ‚Kritischen Theorie' erscheint die Fabel bei *Rudolf Kreis* als die literarische Form par excellence, um die gesellschaftlichen Funktionen von Literatur im Unterricht zu untersuchen. Kreis sieht in jeder Fabel ein „Kampfmittel" der Unterdrückten. Die komplexe Wechselbeziehung zwischen Autor, Publikum und Welt reduziert er auf ein Muster, das an die Strategien der Informationsübermittlung im Untergrund erinnert: Der Autor „verrätselt bzw. kodiert" seine „Erkenntnis einer ‚Wahrheit'", die dem „Erleben oder Erleiden einer sozialen Misere" entspringe. Die Fabel kodiere damit Wahrheiten über die antagonistische, vorindustrielle Klassengesellschaft. Der Autor ist zur Verschlüsselung gezwungen, da die Herrschaftsverhältnisse ein Interesse an der Unterdrückung der Wahrheit haben. Der Schüler hat im Unterricht die gesellschaftskritische „Doppelbödigkeit" der Fabel zu erfassen. Hierzu muß er die Fabelschlüssel kennen, die Schlüsselwörter. Kreis geht von ‚der' Wahrheit, ‚der' Lösung einer Fabel aus, die man sozusagen mit mathematischer Präzision angeben könne. In den Testverfahren zur Lernerfolgskontrolle zeigt sich die Fragwürdigkeit sowohl dieser Auffassung als auch des Vorgehens: Das „Maß an Fähigkeit des Textverständnisses" erweist der Schüler, „indem er von mehreren angegebenen Lösungen die richtige anzustreichen hat"[8]. Methodisch wird auch hier wieder Ulshöfers induktiver Weg beschritten. Damit das Kind zum Begreifen der „gesellschaftlichen Machtverhältnisse" befähigt werde, soll von „Erlebnissen, die es mit Sub-Autoritäten der verschiedensten Art machen mußte", ausgegangen werden: „Aufseher, Wärter, Vermieter, kinderfeindliche Nachbarn, Polizisten" etc. Wenn Kreis z. B. Luthers „Teilung der Beute" zur

---

[6] Helmers (1979), 339f.
[7] ebda, 340

[8] Kreis, Deutschunterricht (1971), 123

Lektüre (Leseheft „Verschlüsselte Wahrheit" VI 2) vorschlägt, so kann man nur vermuten, welche – nachher schwer aufhebbaren – Identifikationen sich in den Köpfen der Schüler niederschlagen. Die Schüler werden schnell herausfinden, welche ‚Erfahrungen' der Lehrer gerne von ihnen hört!

Bei *Hans-Hagen Hildebrandt* ist noch stärker zu vermuten, daß die Schüler weniger kritisch denken lernen, als daß ihnen ein kritisches Verhältnis zur Gesellschaft verordnet wird. Der Unterricht strebt an, „den Bezug zwischen Fabel und Realität herzustellen und den Schülern die Strukturmerkmale der Gattung klarzumachen". Daneben sollen „literarische Fähigkeiten sukzessive entwickelt werden können"[9]. Vorher haben die Schüler das Formprinzip der Fabel kennengelernt und geübt, die „Moral" zu formulieren. Diese soll auf ihre Interessenbedingtheit befragt werden: „Der Lehrer achtet darauf, daß bei jeder Fabel *danach gefragt wird, wem ihre Moral nützt*". In Klasse 8 wird dann „die politische Funktion der Gattung am Beispiel der Fabeln der Aufklärung" behandelt. Die Lernziele werden zunächst auf deduktivem Wege angestrebt. Nachdem die Schüler mit der „gesellschaftlichen Situation der Aufklärungszeit" im Lehrervortrag und anhand eines Papiers vertraut gemacht worden sind, beginnt die Fabelanalyse. Die Aufgabe ist, „herauszufinden, welche Züge der Fabeln den Kampf des sich emanzipierenden Bürgertums gegen den untergehenden Feudalabsolutismus dokumentieren, wie sich in der Moral die Ideologie der Bourgeoisie ausdrückt" usw.[10]. Eine solche Überforderung läßt den Schülern eigentlich nur die Möglichkeit eines affirmativen Reproduzierens der Unterrichtsinhalte.

Die weitere Entwicklung der Fabeldidaktik akzentuiert immer mehr die ‚Subjektrolle' des Schülers den Texten gegenüber. Die Konzepte der ‚Didaktik der sprachlichen Kommunikation', der ‚Rezeptionspragmatik' bzw. der ‚Didaktik des sprachlichen Handelns' wirken sich aus. Die methodischen Vorschläge gehen letztlich auf Brechts Ideen zum epischen Theater, insbesondere auf seine Auffassung vom „Ko-Fabulieren" zurück:

„Damit auf spielerische Weise das Besondere der vom Theater hervorgebrachten Verhaltensweisen und Situationen herauskommt und kritisiert werden kann, dichtet das Publikum im Geist andere Verhaltensweisen und Situationen hinzu und hält sie, der Handlung folgend, gegen die vom Theater vorgebrachten. Somit verwandelt sich das Publikum selber in einen Erzähler"[11].

„In diesem Ko-Fabulieren wird der museale Umgang mit Literatur ersetzt durch produktive Aneignung, gegenüber der Tradition des Textes wird die Position des Rezipienten gestärkt und der Widerspruch zwischen Selbstbehauptung des Subjekts und Unterwerfung unter das untersuchte Objekt partiell aufgehoben"[12].

Der induktive Weg erscheint mit neuen Begründungen und wird auch für die Oberstufe anerkannt.

Fabeln eignen sich beispielhaft für den produktiven Umgang mit Literatur, eröffnet doch ihr Modell- und Verweisungscharakter einen weiten Spielraum. Doderer hatte bereits Anfang der siebziger Jahre gefordert, daß der richtige methodische Umgang mit der Fabel drei Aspekte zu berücksichtigen hat: erstens den „herme-

---

9 Bremer Kollektiv. Grundriß einer Didaktik und Methodik des Deutschunterrichts in der Sekundarstufe I und II, Stuttgart: Metzler 1974, 335
10 ebda, 337

11 Brecht (a.a.O.), 924
12 Müller-Michaels, Harro, Positionen der Deutschdidaktik seit 1949, Königstein/Ts.: Scriptor 1980, (Scriptor-Tb S. 126), 234f.

neutischen Aspekt" der Fabel – die Fabel kommt dem Erkennen auch des jungen Schülers entgegen, der die Wahrheit als „begrifflich artikulierte Gestalt" noch nicht begreifen könnte; zweitens den „heuristischen Aspekt" – dieser meint den Nutzen des ‚Denkmodells' Fabel für das Erkennen von Weltbereichen[13]; drittens den „kritischen Aspekt" – aufgrund ihres antiillusionistischen Charakters fordert die Fabel „den Konsumenten sogleich auch immer auf, die in ihr mitgeteilte beziehungsweise veranschaulichte Weisheit in Frage zu stellen und damit auch ihren begrenzten Wahrheitsgehalt zu erkennen"[14]. Die Berücksichtigung aller drei Aspekte erschließt das große lernpsychologische Potential dieser Gattung, die zu einem produktiven, kritischen Umgang geradezu herausfordert.

Hier setzt auch eine neuere Sammlung von Unterrichtsmodellen zur Fabel an, das Heft 64/1984 „Fabeln und Witze" der Zeitschrift „Praxis Deutsch". In „Der Löwe und die Maus" knüpft *Wolfgang Menzel* mit seinen Vorschlägen für das 3.–6. Schuljahr, die Fabel ins Zeichnerische zu übersetzen, am speziellen Bildcharakter der Fabel an. In „Die Grashalmfamilie" nutzt *Hans Landwehr* den heuristischen und den hermeneutischen Aspekt der Fabel, die zum „Medium der Auseinandersetzung des jungen Menschen mit der Welt der Erwachsenen und den Problemen des Heranwachsens" (46) wird. In dem Aufsatz „Du mußt nur die Laufrichtung ändern" arbeitet *Karl Hotz* vielfältige Aufgabenstellungen für einen produktiven Umgang mit der Gattung auf der Oberstufe aus. Schließlich faßt der Basisartikel von *Klaus Gerth* bündig zusammen, was den besonderen Wert der Fabel als Unterrichtsgegenstand ausmacht (17):

---

13 Doderer (1970), 216f.
14 ebda, 218.

– „Die Fabel trägt zu einem kritischen Wirklichkeitsverständnis bei. [...]
– Die Fabel schult die Fähigkeit zum übertragenden (symbolischen) Lesen. [...]
– Die Fabel übt das bewußte und genaue Lesen und trägt damit zur Bildung von „Sprachbewußtsein" bei. [...]
– Die Fabel veranschaulicht die historische und soziale Gebundenheit von Literatur und den Wandel des Rezeptionsverhaltens. [...]
– Die Fabel ist ein Modell für die Wirkungsabsichten von Literatur. [...]
– Die Fabel regt zum produktiven Umgang mit Literatur an."

Bedauerlich nur, daß auch diese sonst sehr informative Zusammenschau noch an der Beschränkung auf einen der beiden historisch konkurrierenden Traditionsstränge festhält, nämlich die ‚dramatisierende' Fabel Lessingscher Prägung (vgl. 2.4). Als Gegenbeispiel zitiert Gerth ausgerechnet eine aufgeschwellte Fassung der Fabel von „Rabe und Fuchs" aus einem Grundschul-Lesebuch (!) und stellt dann, bezogen auf diese triviale Vorlage natürlich mit Recht, fest: „Diese episierende Breite zerstört die Form der Fabel. Sie ist völlig funktionslos und lenkt den Leser auf alle möglichen Details [...], die mit dem Sinn der Fabel nichts zu tun haben und nur zu einer dem Text unangemessenen Leseweise einladen" (17). Eine Auseinandersetzung mit den legitimen Produkten des ‚episierenden' Fabeltyps, bei denen die Details eben sehr wohl etwas mit dem Sinn der Fabel zu tun haben, unterbleibt; ebenso der bloße Hinweis auf die Existenz einer solchen Tradition.

Wenn die im folgenden dargestellten Unterrichtsvorschläge diese Beschränkung zu überwinden versuchen, so liegen die Gründe dafür nicht nur auf literaturgeschichtlicher oder literaturwissenschaftlicher Ebene. Gerade in *didaktischer Sicht* spricht alles dafür, dem ‚episierenden' Fabeltypus gleiche Beachtung zu schenken wie dem ‚dramatisierenden'. Dies gilt ganz allgemein schon wegen der anregenden Vergleichsmöglichkeiten, die sich aus der Gegenüberstellung ‚dramatisierender' und ‚episierender' Fabeln ergeben. Eine ganz besondere Bedeutung wächst der ‚episierenden' Fabel jedoch für die Arbeit mit Schülern der Orientierungsstufe zu, wenn man vom entwicklungspsychologischen Stand dieser Schüler ausgeht.

Nach *Jean Piaget* befindet sich das Kind im Alter von zehn bis elf Jahren in einer Phase, in der „ein radikaler Wechsel in den geistigen Gewohnheiten" erfolgt, in der es sich von seiner bisherigen magischen und animistischen Denkweise ab- und ‚erwachsenen' Formen kausalen Denkens zuwendet:

„Daß das Kind die Begriffe auseinanderzuhalten beginnt, kann nur das Ergebnis der fortschreitenden Bewußtwerdung seines Ich und seines eigenen Denkens sein. Schon beim Realismus der Namen usw. haben wir darzulegen versucht, daß das Kind durch die Entdeckung des symbolischen und folglich menschlichen Charakters der Namen dazu geführt wird, das Zeichen vom bezeichneten Gegenstand zu lösen, denn zwischen dem Innen und dem Außen zu unterscheiden und schließlich das Psychische vom Physischen zu differenzieren. Die schrittweise Rückbildung des Animismus verläuft ähnlich. Im gleichen Maße, wie sich das Kind seiner Persönlichkeit klar bewußt wird, spricht es den Dingen eine derartige Persönlichkeit ab. [...] die Entdeckung des denkenden Subjekts zwingt es, diesen Animismus aufzugeben. Kurzum, das Auseinanderhalten der Begriffe ist das Ergebnis der Fortschritte des Selbstbewußtseins."

Im Verlauf dieser „Fortschritte des Selbstbewußtseins" wird dem Kind schließlich die Selbsterkenntnis möglich, die „die schwierigste aller Erkenntnisse" ist, das Wissen darum, daß man sich in der Einschätzung seiner selbst täuschen kann[15].

Bei diesem Lernprozeß kann die Fabel ein wichtiges Instrument sein. Die Gattung knüpft an kindlichen Denkformen an. Das Personal ist vertrauenerweckend animistisch dargestellt. Die sprechenden Tiere, Pflanzen, auch Dinge verlocken das Kind dazu, sich auf diese Welt einzulassen. Sie halten es jedoch nicht im Märchenhaften fest, sondern setzen es, bisweilen recht unsanft, am diesseitigen Ufer der Realität ab. Von der Spielwiese zur Welt der Konflikte, vom Zauber zur Wirklichkeit – der Zwittercharakter dieser Gattung macht sie zu einer Herausforderung für das kindliche Denken, das am Scheideweg steht. Die Zeit, in der der Glaube an Zauberkräfte wertvoll, nach *Bruno Bettelheims*[16] aufsehenerregenden Thesen sogar unerläßlich war, um einer fordernden, übermächtigen, unverständlichen, oft dämonisch wirkenden Realität mit Optimismus zu begegnen, ist in der Regel vorbei. Die intellektuellen Kräfte sind genügend entwickelt, um sich – teils sehr bewußt – realen Lösungskonzepten zuzuwenden. Diese setzen Klärung des Problems, Erhellung der konfliktträchtigen Situationen voraus. Die besondere Eignung der Fabel, im animistischen Modell reale Konfliktkonstellationen und -abläufe zu treffen, sie damit auf die Ebene der Artikulation und des bewußten Umgangs mit ihnen zu heben, macht ihre Attraktivität für diese Altersgruppe aus. Kinder brauchen – so möchte man Bettelheims These fortschreiben – jetzt *Fabeln*!

Das Urthema der Fabel, die *Geschiedenheit der Lebewesen* voneinander, artikuliert sich jedoch in den Fabeln der ‚dramatisierenden' und der ‚episierenden' Form verschieden. Der knappen, scharf alles auf die Pointe hin zuspitzenden Form entspricht inhaltlich meist ein kalter Rigoris-

---

15 Piaget, Jean, Das Weltbild des Kindes. Stuttgart: Klett-Cotta 1978, 194f.

16 Bettelheim, Bruno, Kinder brauchen Märchen. Stuttgart: dva ¹1977

mus der Konfliktaustragung, jedenfalls aber eine unversöhnliche Schärfe der kontroversen Positionen. Dieselben Gegensätze stellen sich in der erzählfreudigeren Form entspannter, gleichsam verkleidet durch gemüthafte oder komödiantische Nebentöne dar. An die Stelle des oftmals tödlichen Antagonismus tritt die *bunte Vielfalt der Lebewesen* und damit für den Leser die *Lust an der Verschiedenheit*.

Fraglos liegt hier ein besonders kindgemäßer Ansatz für die Arbeit an Fabeln. Rangkämpfe sind für Schüler der Orientierungsstufe ein Stück Lebenswirklichkeit. In ‚episierenden' Fabeln (exemplarisch etwa: Gleims „Der Hirsch. Der Hase. Der Esel") finden sie sie in einer Form wieder, die eher an augenzwinkerndes Verständnis als an bloße abstrahierende Erkenntnis appelliert. Das Selbst, dessen Erkenntnis „die schwierigste aller Erkenntnisse" (Piaget) ist, kann in einem Kaleidoskop von Fabeln mit dem Thema der Selbst- und Fremdwahrnehmung in spielerischer, gerade nicht mit ‚tierischem' Ernst belasteter Weise betrachtet werden. Späteren Stadien der Beschäftigung mit Fabeln bleibt es vorbehalten, die *beiden* Traditionsstränge auf höherer Reflexionsstufe und unter Einbezug theoretischer Äußerungen *typologisch* und *historisch* zu betrachten.

2 Übersicht über die Unterrichtsprogramme

Die vorgeschlagenen Unterrichtseinheiten gliedern sich auf in *zwei Grundprogramme* für die Klassenstufen 5/6 und *vier Aufbauprogramme* für die Klassenstufen 6–10. Das entspricht einerseits den üblichen Zuordnungen in den Lehrplänen, die die Fabel im wesentlichen der Orientierungsstufe zuweisen, andererseits aber dem auf der Hand liegenden Sachverhalt, daß die Fabel gerade auch in den höheren Klassenstufen und unter jeweils anspruchsvolleren Gesichtspunkten ein lohnendes und motivierendes Thema ist.

Themen, Texte und Lernziele der einzelnen Unterrichtsprogramme sind nach dem Prinzip der Altersgemäßheit angeordnet; sie werden im folgenden kurz skizziert und in Anschluß daran in einem Schaubild den entsprechenden Passagen des literaturwissenschaftlichen Teils gegenübergestellt, ferner nach ihrer inneren Verkettung aufgeschlüsselt. Bei den Lernzielen handelt es sich um *Groblernziele*; die Feinlernziele finden sich am Ende der Stundenbeschreibungen.

Grundprogramme I/II

Ausgehend von den oben angestellten Überlegungen (vgl. S. 59 ff.), beginnt die Unterrichtsarbeit an einer Fabel des ‚episierenden' Typs; es werden erste auffällige *Kennzeichen der Fabel* spielerisch erarbeitet. Durch den *Vergleich mit dem Märchen* als einer den Schülern dieses Alters noch vertrauten Gattung werden die Aussagen überprüft und präzisiert. – Die *Darstellungstechniken* im engeren Sinn (Pointierung – Reduktion usw.) werden dann an einer Fabel des schärfer akzentuierten ‚dramatisierenden' Typs systematisch erarbeitet und bei der *Umformung von Alltagsgeschichten* angewandt.

Aufbauprogramm I

Nachdem die Schüler sich selbst an der Fabel versucht haben, lernen sie nun an zwei Beispielen die *Vertonung* als ‚Übersetzung' in ein anderes Medium und damit als produktive Rezeptionshandlung kennen. Zugleich lernen sie bereits eine historische (aufklärerische) Deutung des Urfabelthemas ‚Verschiedenheit der Lebewesen' kennen.

Themen – Texte – Lernziele

VW = Leseheft „Verschlüsselte Wahrheit"
FP = Editionenheft „Fabel und Parabel"

	Themen	Texte (Leseheft)	Lernziele	Bezug zu litw. Teil	Bezug zu vorherigen Lernzielen
Grundprogramm I **Klasse 5/6 – 14 Stunden**	Begegnung mit der Fabel	Gleim: Der Hirsch. Der Hase. Der Esel (VW I 1) Fabeln nach Wahl (Leseheft und Editionenheft u. a.)	1 Bezüge zwischen Fabeltieren und Menschen herstellen; die Verschiedenheit der Lebewesen als Grundthema erkennen	2.4	
	Tiere in Fabel und Wirklichkeit	Liste von Redensarten Texte über Tiere	2 Fabeltiere von wirklichen Tieren unterscheiden	3.1	
	Fabel und Märchen – Wirkung – Problemlösung – Funktion – Handlungsstruktur – Rolle der Tiere – Umformungen	Plauen: Die gute Gelegenheit Das Gemälde (Die Peanuts) Grimm: Die Bienenkönigin (VW I 6)/Vom süßen Brei/ Jorinde und Joringel/Die drei Raben (VW I 7)/Der Fuchs und das Pferd (VW I 8)	3 Fabel und Märchen nach Handlungsmodellen, Rezeptionssituation und Funktion unterscheiden	2.3 2.5 3.1	

62

Grundprogramm I Klasse 5/6 – 14 Stunden		Krylow: Die Katze und die Nachtigall (VW II 14) Abraham a Sancta Clara: Der Fuchs und die Maus (VW I 5) Äsop: Die törichten Schafe/Die Maus und der Frosch (I 4) Phädrus: Die hochmütige Krähe (VW V 8) Folkema/Richter: Vignetten (s. hier S. 88; VW S. 37)	4 Möglichkeiten der Fabelillustration kennenlernen	2.4
Grundprogramm II Klasse 5/6 – 7 Stunden	Merkmale der Fabel	Das Roß und der Stier (VW II 1) La Fontaine: Die Grille und die Ameise (VW VI 8) Maugham: Die Ameise und die Grille (VW VI 6)	5 Eigenschaften der Fabel bestimmen und in einer Schreibanweisung formulieren	2.1
		Daniel und Tanja (VW II 2) Äsop: Eines schickt sich nicht für alle (VW II 3)	6 Erzählungen zu Fabeln umformen und eigene Fabeln schreiben	2.2 2.5

	Themen	Texte (Leseheft)	Lernziele	Bezug zu litw. Teil	Bezug zu vorherigen Lernzielen
Aufbauprogramm I Kl. 6/7/8 – 5 Stunden	Vertonung von Fabeln	Herder: Kuckuck und Nachtigall (VW II 12) Mahler: Lob des hohen Verstandes (VW II, 13) Gellert: Der Blinde und der Lahme	7 Vertonungen als interpretierende ‚Übersetzungen' in ein anderes Medium erkennen 8 Verschiedenheit der Lebewesen in einer exemplarischen historischen Deutung erkennen	2.4 2.4	Historische Konkretion zu 1
Aufbauprogramm II Kl. 7/8 – 6 Stunden	Verhältnis der Fabel zum Tier	Lessing: Der Rabe (VW III 5) Busch: Fink und Frosch (VW III 6) Der Rabe (Sachbuch) (VW III 1) Rabe (Zedlers Universal-Lexikon) (VW III 2)	9 ‚Dramatisierende' und ‚episierende' Fabel an exemplarischen Texten unterscheiden	2.4 3.1	Differenzierung zu 5
	Wandel des Tier- und Menschenbilds	Busch: Sie stritten … Waldis: Von der Sau … (VW III 7)	10 In Fabeln historische Wandlungen des Tier- und Menschenbilds finden	3.1 3.3	Historische Problematisierung von 2

Aufbauprogramm III **Klasse 9 – 4 Stunden**	Fabel und Leser	Lessing: Der Besitzer des Bogens (VW IV 6)/Die Sperlinge (FP II 7) Gleim: Spatzenklage	11 ‚Dramatisierende' und ‚episierende' Fabel als Formtypen begrifflich unterscheiden	2.2 2.4	Wiederaufnahme von 5 und 9 auf begrifflicher Ebene
	Fabel und Publikum	La Fontaine: Der Hof des Löwen, Vorrede (IV 1)	12 Zusammenhang der Fabel mit dem von ihr implizierten Leser herausarbeiten	3.2	Differenzierung von 3
	Gattungstheoretische Standpunkte	Lessing: Von dem Vortrage der Fabel (VW IV 2)	13 Abhängigkeit der Fabel von ihrem historischen Leser sehen 14 Äußerungen zur Theorie der Fabel historisch/typologisch einordnen	3.2 3.3 3.3	Systematische Weiterführung von 8
Aufbauprogramm IV **Klasse 10 – 7 Stunden**	Die Fabel als Waffe	(Daily Herald:) Karikatur Luther: Vom Wolff und lemlin (VW VI 1) Krylow: Die bunten Schafe (VW VI 4) Ewers: Die Hammelherde (VW V 12)/Der alte Fuchs (VW V 13)	15 Fabeln als politisch appellative Texte verstehen 16 Fabeln als produktives Spiel mit traditionellen Elementen auffassen	2.3 3.3 2.6 3.3	Differenzierung von 3
	Fabelwelt als variationsfähiges Repertoire	Lessing: Von einem besonderen Nutzen … . (VW V 2) (weitere motivgleiche oder -verwandte Fabeln, VI 1–17)	17 Eigene Fabeln durch spielerisches Variieren der Tradition verfertigen	3.3	Wiederaufnahme des ‚naiv-kreativen' Arbeitens von 6

Aufbauprogramm II

An der Untersuchung des *Verhältnisses der Fabel zum Tier* wird einer Unterscheidung der beiden Traditionsstränge weiter vorgearbeitet; die verschiedene Weise der ‚Versinnlichung' und ‚Vermenschlichung' der Tiere wird darüber hinaus mit dem *historischen Wandel des Tier- und Menschenbilds* in Verbindung gebracht.

Aufbauprogramm III

Ausgehend von Lessings Kritik an La Fontaine werden die beiden *konkurrierenden Traditionsstränge* nun auch begrifflich eingeführt und unter systematischen und historischen Gesichtspunkten auf die ihnen jeweils zugrundeliegende *Rolle des Lesers* bezogen. ‚Meta-Fabeln' (als Fabeln über die Fabel) und *theoretische Äußerungen* von Fabelautoren werden mit einbezogen.

Aufbauprogramm IV

Hier ist die konsequente Stufe der Historisierung erreicht: die Fabel wird nun sichtbar als Mittel zum *politischen Appell*, ja zum Kampf. Es wird dabei deutlich, wie der Fabelautor auf ein *traditionelles Repertoire* an Konstellationen zurückgreifen kann, das er durch *Variieren und Neupointieren* in seinem Sinn funktionalisiert. Als „Spiel mit der Tradition" steht dieses bereits von Lessing beschriebene Verfahren auch den Schülern bei *produktivem Umgang* mit der Fabel zur Verfügung.

3 Zur Methodik

Fabeln bieten im Unterricht eine Vielzahl methodischer Möglichkeiten durch
– ihre Kürze und Überschaubarkeit,
– ihren profilierten steigernden Aufbau mit gezielter Vorbereitung der Pointe,
– die Gegenüberstellung von Bild- und Bedeutungsebene,
– die betonte sprachliche Ökonomie.

Das alles macht Fabeln zu besonders zugänglichen Objekten *analytischer Vorgehensweisen*, bei denen die Schüler auf abgegrenztem Raum zu überzeugungskräftigen Ergebnissen kommen können.

Als besonders dankbar erweist sich *vergleichendes Vorgehen*, wobei sich die Vergleiche auf
– motivverwandte Fabeln,
– Fabeln und andere epische Kurztexte,
– Fabeln verschiedener stilistischer Ausprägung
beziehen können.

Die nachfolgenden Unterrichtsprogramme beziehen alle diese Möglichkeiten mit ein. Vor allem liegt ihnen die durchgehende Absicht zugrunde, *kreativen Arbeitsformen* möglichst viel Platz einzuräumen. Kreativer Umgang mit einem tradierten Repertoire prägt schon die Geschichte der Fabelliteratur mehr als die anderer Gattungen; diese Tendenz hat der Literaturunterricht fortzusetzen, und er fährt erfahrungsgemäß gut dabei.

Im einzelnen wird dies hier in folgender Weise versucht:

– Fabeltexte werden immer wieder in *problemorientierte Kontexte* und vor allem in *fingierte Rezeptionssituationen* eingefügt, damit ihre beabsichtigte *Wirkung* und ihr *Adressatenbezug* den Schülern deutlich werden, und zwar jeweils im Zusammenhang mit der formalen Gestaltung (Beispiele: Die Geschichte von Karl Braun; Daniel und Tanja; Streitgespräch über Darwin).
– Es werden häufig *Schreibanlässe* verschiedener Art geschaffen, die die Schüler immer wieder zum Erfinden, Um-

formen, Variieren, Übertragen anregen; die Schülerprodukte werden in den Unterricht (und darum auch öfters in die Stundenbeschreibungen!) einbezogen (Beispiele: Das Fabelbuch; Alltagsgeschichten als Fabel; Fabel als Märchen; Schülerfabeln als „Spiel mit der Tradition").

– An *weiterführende Phantasie* der Schüler wird ständig appelliert durch methodische Wendungen wie ‚Verzögertes Lesen', Lückentexte, Rollenspiele, Beschäftigung mit Illustrationen und Vertonungen (Beispiele: Gellerts „Der Blinde und der Lahme"; das Fabeltheater).

Beide Teile, das Grundprogramm ebenso wie das Aufbauprogramm, enden jeweils mit einer Phase, in der die Schüler *produktiv* werden – nicht im Sinn beliebigen Phantasierens, sondern im Sinn eines *spielerischen Umgehens mit Erlerntem*.

Unterrichtsmodelle

**Grundprogramm I:
Fabeltiere, Märchentiere – zwischen Zauber und Wirklichkeit (Klasse 5/6)**

**1./2. Stunde:
Müssen alle Menschen ‚Hirsche' sein? – Einführung
(Gleim: Der Hirsch. Der Hase. Der Esel)**

Stundenziele

Die Schüler sollen
- den antiillusionistischen Grundzug der Fabel erkennen;
- nach Beispielen für die in den drei Tieren symbolisierten typischen menschlichen Haltungen suchen;
- ihre Meinung über sie zur Diskussion stellen;
- ihre Überlegungen zu der Verschiedenheit der Tierfiguren in der Fabel und den Spannungen unter ihnen in eine Gestaltungsübung umsetzen.

Vorbemerkungen

Der Einstieg in die Gattung Fabel sollte auf eine ungezwungene, spielerische Weise erfolgen. Die Versfabel von Johann Wilhelm Ludwig Gleim (1719–1803): Der Hirsch. Der Hase. Der Esel. (Leseheft I 1) empfiehlt sich aus verschiedenen Gründen für diese Zwecke.
Ein Hase strengt sich an, so stattlich wie der Hirsch zu sein; ein Esel hat denselben Wunsch. Er bestätigt den Hasen in seiner Illusion. Der naive Anruf des Hasen, die dummdreiste Kumpelhaftigkeit, mit der der Esel den Hirsch in die von ihm angenommene Gleichheit aller drei einbezieht, gehen ins Leere. Der Hirsch würdigt beide keines Blickes.
Gleim variiert hier ein Urthema der Fabel: die bunte Vielfalt im Reich der Lebewesen, die zu mannigfachen Konflikten führt.
Ein Blick auf zwei andere Fabeln mit diesem Thema rückt erst die Eigenart der Gleimschen Fabel ins rechte Licht:
In „Fink und Frosch" von Wilhelm Busch (Leseheft III 6) schiebt sich neben die Verbildlichung des Sprichworts „Hochmut kommt vor dem Fall" eine andere Aussagetendenz: die Freude am Lebendigen, zu dem die Vielfalt und Verschiedenheit nun einmal gehört. Der Frosch, in der äsopischen Fabel nur gewöhnlich und aufgebläht, in der Gesamtwirkung eher abstoßend, ist hier auf seine komisch-drollige Art anziehend. Implizit wird hier die Verschiedenheit der Lebewesen anders bewertet. Dieses Thema gerät bei Wilhelm Hey in der Fabel „Knabe und Esel" sogar zur religiösen Unterweisung[1].
Ein Knabe nimmt an den langen Ohren des Esels Anstoß, wird aber von diesem auf ihren göttlichen Urheber hingewiesen. Der Knabe beginnt nun, „mit Freuden" umherzuschauen „in der Welt". Die Fabel wirkt unbefriedigend und platt: Sie deckt die ihr zugrundeliegende sozialpsychologische Problematik mit einem erbaulichen Klischee zu. Die hier auf die Tierfiguren projizierte Verschiedenheit der Menschen wird und wurde in der sozialen Wirklichkeit der Epochen weniger „mit Freude" anerkannt als in Rangstufen eingeordnet

---
[1] z. B. in: Fabeln, Parabeln [...] (1978), 254

und damit zur schmerzlichen Lebenserfahrung gesellschaftlicher Mehrheiten. Bewußtmachen dieser Tatsache, Nachdenken über ihre Fragwürdigkeit wäre die realitätsgerechtere Reaktion.
Gleim gelingt dies: Unaufdringlich regt seine Fabel zum Nachdenken an. Sie macht es auf eine heitere und leichte Weise. Die Verschiedenheit der Tiere wird – darin Busch vergleichbar – lustvoll in der Sprachgestalt vergegenwärtigt. Bereits die Auswahl der Tierfiguren bewirkt die Verschiebung des Wertakzents. Ein Hase ist – anders als ein Rabe – ein niedliches Tier und braucht, wie es jedem Kind einleuchtet, nun wirklich kein Hirsch zu sein. In zweieinhalb von insgesamt fünf Strophen wird der Charakter dieses Tiers durch den Rhythmus der Sprache herausgearbeitet: Die zwei- bis dreihebigen jambischen Verse entsprechen seinen kurzen flinken Bewegungen. Als der Hase den Hirsch erblickt, erfolgt der Umschlag in trochäischen Versfuß mit der Assoziation eines mühsamen, erfolglosen Versuchs, sich aufrecht zu halten. Das zunehmend Drängende, Appellierende seiner Bitte um Anerkennung seiner Ebenbürtigkeit verläßt den steifen Trochäus, und in wachsenden jambischen Versen wird schließlich, für einen kurzen Moment, der Langvers erreicht, der den Hirsch vergegenwärtigt. Gegenüber dem Hasen tritt der Esel etwas zurück. Auch seinem Sprechen gelingt für einen Moment der majestätische Langvers. Ihre Anstrengung wird nicht belohnt. Nur ein flüchtiges Registrieren, und in zwei statt in vier Versen wird die Szene vom Hirsch kühl beendet.
Die spielerisch-graziöse Hinführung auf diese Pointe, die heitere Anerkennung der bunten Vielfalt des Lebens ist Ausdruck aufklärerischer Diesseitsgesinnung und Glückseligkeitsreligion und entspricht in dieser Stimmungstendenz den anakreontischen Gedichten der Rokokoliteratur.

Zum Einstieg in die Gattung eignet sich die Fabel unter folgenden Gesichtspunkten:
Schüler mißverstehen Fabeln zunächst als Märchen und reagieren auf den antiillusionistischen Schluß mit Unbehagen. Das ist nicht nur eine Frage des Alters:
„Im 3. sowohl wie im 6. Schuljahr gelangten die Schüler erst bei der dritten Fabel zum richtigen Erfassen der Sprachform. Sobald die Schüler den Tierwanst, das bunte Kleid als ein Mittel erkannten und den Spiegelbildcharakter der Fabel verstanden, gewannen sie auch Freude bei der Behandlung im Unterricht".[2]

Die Wirkung der Gleimschen Fabel ist desillusionierend, doch stößt ihr Schluß nicht vor den Kopf wie eine strenge Äsop-Fabel. Fernerhin ermöglichen Figuren und Darstellungsweise die partielle Identifikation mit dem Hasen. Die Schüler können sich sowohl in die Rolle des Hirschs wie des Hasen hineinversetzen. Zudem übt die lustvoll betonte Verschiedenheit der Tiere gerade auf diese Altersgruppe einen starken Reiz aus.

Unterrichtsverlauf

Phase 1:
Vergegenwärtigung des Textes
(Gleim: Der Hirsch. Der Hase. Der Esel)

Der Lehrervertrag zu Beginn, ohne einleitende Erklärungen, spart die Schlußstrophe aus. Die Spekulierung über den möglichen Fortgang des Geschehens zeigt die Vorkenntnisse der Schüler über die Fabel. Sie bringt vor allem den Prozeß, Selbsterlebtes mit dem Text zu verbinden, in Gang. Die Projektionen der Schüler spiegeln die Erfahrungen, die sie in der Rolle des Hasen, des ‚Kleinen' machen mußten: ausgelacht, nicht ernst genom-

---
2 Dithmar (1974), 187

men zu werden. Beim Hirsch werden sie in der Regel eine drastischere Reaktion erwarten. Die hoheitsvolle Nichtbeachtung in der Haltung des Hirsches wird deutlich, wenn man die Erwartungen mit dem tatsächlichen Ende der Fabel vergleicht (Lehrer liest Schlußstrophe).

Phase 2:
Der Antiillusionismus der Fabel / Nachvollzug ihrer inneren Bewegung

Nach dem Vorlesen der letzten Strophe fordert man die Schüler auf, die Fabel weiterzuerzählen. Was werden der Hase und der Esel nun machen, da ihnen doch der Hirsch die kalte Schulter gezeigt hat? Denkbar wäre z. B., daß der Hase in sich zusammensackt, wieder auf seine Vorderpfoten fällt und gestisch damit seine Ernüchterung ausdrückt. Vielleicht tippt er sich auch an die Stirn und sagt zum Esel: „So ein Angeber. Schön dumm von uns, den nachzuäffen!" Eine derartige Überlegung zeichnet die für die Fabel charakteristische innere Bewegung nach: Illusion, Umschlag zur Desillusionierung, die durch die Pointe angestoßen wird und nach Abbruch der Fabel sich fortsetzt. Fragen nach den Motiven der Tiere für ihr jeweiliges Verhalten sowie die kritische Überlegung, ob diese Motive berechtigt sind, wären hier am Platz: Wer möchtet ihr lieber sein? Hirsch, Hase oder Esel? Warum Hirsch? – Warum nicht Hase? Handelt der Hirsch richtig, wenn er die beiden nicht beachtet? Hat er recht, wenn er sich als etwas Besseres fühlt? Hat es der Hase nötig, etwas anderes, als er ist, sein zu wollen?

Phase 3:
Der Fabel „Sitz im Leben"

Kennt Ihr solche Hirsche oder Hasen oder Esel?
Die Suche nach analogen Fällen im Leben kann auf einer breiteren Grundlage erfolgen, wenn die Schüler ansatzweise für den Hasen Partei ergriffen haben, gegen dessen falsche Selbsteinschätzung (s. Phase 2). Die Hasenrolle wird jeder Schüler gut verstehen, auch wenn er lieber Hirsch wäre: im Kindergarten, in der Familie gegenüber den Erwachsenen, den älteren Geschwistern, in der Schule gegenüber den besseren Schülern. Wie verhalten sich die älteren Geschwister den jüngeren, die besseren Schüler den schwächeren gegenüber? Welche Gründe haben sie? Mit solchen Überlegungen sind wichtige Schritte im Umgang mit der Fabel gemacht. Die Gegensätzlichkeit der Tierfiguren, der Aufbau der Handlung, die desillusionierende Wirkung des Schlusses, der Verweischarakter sind der Sache nach erfaßt, passende Lebenssituationen sind gefunden, die Wertfrage ist gestellt worden.

Phase 4:
Kalligraphisches Gestalten

In diesem Unterrichtsschritt wird die gedankliche Auseinandersetzung mit den Tierfiguren und dem in ihnen gezeichneten allgemeineren Konflikt in eine kalligraphische Gestaltungsübung umgesetzt. Mittels Variation von Größe, Breite, Stellung und Farbe der Wörter und Verse lassen sich erarbeitete Aspekte der Fabel optisch vergegenwärtigen: das unterschiedliche Aussehen der Tierfiguren; ihre Gestik (z. B. das Sich-Recken des Hasen durch Größenzuwachs der Buchstaben); die Beziehungen der Tiere zueinander (z. B. in der Überschrift: „Der Hirsch" abgekehrt, „Der Hase" bittend auf ihn ausgerichtet). Der Gewinn dieser Form von produktivem Umgang mit einem literarischen Text für die Schüler: Er weckt Lust am Vorgang des Schreibens selbst, macht Schrift als ein sehr differenzierungsfähiges Ausdrucksmittel begreiflich.

Nach einer längeren Phase der Didaktik, in der die Erziehung zum Schönschreiben mit formalistischem Drill gleichgesetzt wurde, sind nun wieder die Voraussetzungen gegeben, vorurteilsloser die Vorzüge dieser Methode zu erkennen.

Phase 5:
Vergleich und Besprechung der Schülerentwürfe

Die Schüler beurteilen die auf dem Epidiaskop vorgeführten „Schrift-Bilder" danach, ob und auf welche Weise sie die vorher erarbeiteten typischen Haltungen zur Anschauung bringen.

Phase 6:
Ausdrucksvolles Lesen

Diese Übung dient der Artikulation der Schüler und zugleich der Lernerfolgskontrolle. Das dramatisierende starke Intonieren der kunstvollen Verse macht nach den bisherigen Überlegungen besonderen Spaß. Beim (lauten) Lesen ist besonders darauf zu achten, daß sich die Schüler um Variationen des Tempos, der Lautstärke und der Tongebung bemühen, die der Charakterisierung der verschiedenen Tiere dienen (z. B. Hase: keck, flink / Esel: laut, geschwätzig / Hirsch: langsam, getragen).

Hausaufgabe:

Die Schüler sollen aus alten Büchern der Grundschule oder Bilderbüchern nach Fabeln, nach ihrer „Lieblingsfabel" suchen. Ziel ist, daß sie sich an bisherige Erfahrungen im Umgang mit der Fabel erinnern. Außerdem regt das eigenständige Auswählen zur Identifikation an und motiviert die Schüler dazu, sich mit ‚ihrer' Fabel eingehender auseinanderzusetzen, wie dies dann in der 3./4. Stunde geschieht.

Ein ausgewählter Schüler erhält zusätzlich eine Sonderaufgabe für die zweite Phase, in der es um die Kontrastierung eines Fabeltiers mit einem wirklichen Tier geht. Hierzu erhält der Schüler einen kopierten Auszug aus „Grzimeks Tierleben" (s. Vorlage unten).

Textvorlage für Sonderaufgabe

Aus Grzimeks Tierleben

Schon lange vor dem Hauspferd hat der Mensch den HAUSESEL (Equus asinus asinus; Abb. S. 573) zu einem wichtigen Gehilfen gemacht. Alle drei Unterarten des Afrikanischen Wildesels gehören zu den Ahnen unseres Hausesels, besonders aber der Nubische Wildesel. Etwa um viertausend v. Chr. hat man im unteren Niltal aus Nubischen Wildeseln zum erstenmal Hausesel gezüchtet, später auch in Arabien, Nord- und Ostafrika. Wo sich die Verbreitungsgebiete beider Unterarten überschnitten, zum Beispiel im nördlichen Äthiopien, kam es zu Kreuzungen, die auf das Wanderleben der Eingeborenen, die häufigen Uneinigkeiten und Kriegszüge zurückzuführen waren. Deshalb hat die Mehrzahl der Hausesel mehr oder weniger Merkmale des Nubischen und auch des Somali-Wildesels.
Nach Europa gelangte der Esel im zweiten Jahrtausend v. Chr., also zur Bronzezeit. Wahrscheinlich brachten ihn die Etrusker mit, die von Kleinasien aus Italien besiedelt hatten. Nach Griechenland führte man die Esel aus Syrien über das Meer ein. Im klassischen Altertum war der Hausesel in ganz Südeuropa verbreitet. Die alten Römer schätzten ihn sehr und benutzten ihn auch als Opfertier. Als die Spanier im 16. Jahrhundert Südamerika eroberten, brachten sie auch Esel dorthin, die sich besonders in den Andenländern Peru und Chile als Lasttiere bewährten.

Früher wurden Esel weit vielseitiger verwendet als heute. Man ritt auf ihnen, benutzte sie zum Ziehen von Wagen und verwendete sie zur Arbeit in den Mühlen, Tennen und an den Brunnen. Gefördert wurde die Verbreitung des Esels noch durch seine angeborene Bedürfnislosigkeit, Vorsichtigkeit und Tapferkeit. Übrigens sind Hausesel keineswegs „dumm"; sie können im Gegenteil sehr klug und – im Gegensatz zum Pferd – auch recht eigensinnig sein. Vom Mut ihrer wilden Vorfahren haben sich die Hausesel noch viel bewahrt. Werden sie angegriffen, so schließen sie sich zu einem Kreis zusammen und vermögen mit Hilfe von Hufschlägen auch die größten Raubtiere abzuwehren.

Es gibt vielleicht kein anderes Haustier, das sich – im Verhältnis zu seiner Arbeitsleistung – so bescheiden ernähren läßt wie der Esel. Gras und Heu genügen ihm. Als Abkömmling bedürfnisloser Wüstentiere benötigt er kein Kraftfutter. Gegen Krankheiten ist der Hausesel sehr widerstandsfähig; er arbeitet bis ins hohe Alter hinein – auch wenn er mehr als vierzig Jahre alt geworden ist. Früher schätzte man besonders die Eselsmilch, die mehr Zucker und Eiweiß enthält als die Kuhmilch und sich deshalb vorzüglich als Nahrung für Säuglinge und Kranke eignet. Eselfleisch wird in China und Persien gegessen, auch die bei uns in Europa beliebte Salami-Wurst besteht daraus. Aus dem Leder gerbte man einst Pergamente, Eselhaut war früher zur Herstellung von Schriftrollen begehrter als die Haut anderer Tiere. [...]

Pferd und Esel erzeugen Mischlinge. Der Nachkomme eines Pferdehengstes und einer Eselstute wird MAULESEL (Abb. S. 573) genannt, der eines Eselhengstes und einer Pferdestute heißt MAULTIER (Abb. S. 551). Solche Kreuzungen hat man schon im klassichen Altertum durchgeführt. Die alten Römer schätzten das Maultier, verwendeten es wie ein Pferd und benutzten es zum Tragen von Lasten und auch auf ihren Heerzügen. Durch die Römer wurden die Maultiere sehr bald auch in andere Länder eingeführt, so in das heutige Spanien und Frankreich. In Spanien hatte man eine Vorliebe für die Maultierzucht; dort züchtete man im Norden die schweren, im Süden die leichteren Maultiere. [...] Während die Maulesel heute nur noch in Nordafrika, Spanien und etwas öfter auf Sizilien gehalten werden, wo sie Lasttiere in Schwefelbergwerken sind, waren die Maultiere schon immer häufiger und weiter verbreitet. Man kann sie vielseitiger verwenden; sie sind außerdem nicht so furchtsam wie Pferde und reagieren nicht so heftig auf schlechte Behandlung. Da Maultiere das Feuer nicht fürchten, pflegte man einst bei der Feuerwehr Maultiergespanne zu halten, die beim Feuerlöschen vor die Spritzenwagen gespannt wurden. In den Heeren dienten sie als Zugtiere für die Gebirgsartillerie, zum Abtransport von Verwundeten und auch als Lasttiere in schwierigem Gebirgsgelände, wo man keine Pferde benutzen kann. Ohne Beeinträchtigung der Gesundheit verträgt das Maultier die größte Hitze wie die grimmigste Kälte. Als Napoleon die Alpen überquerte, saß er übrigens nicht – wie ihn der Maler David abgebildet hat – auf einem Araberhengst, sondern auf einer Maultierstute. [...]

Ursprünglich hat man wohl nur zufällig Esel und Pferd miteinander gekreuzt, und zwar in solchen Gegenden, wo Nomaden oder Kaufleute mit ihren Pferden Gebiete durchdrangen, die von eselhaltenden Völkern bewohnt waren. Erst als es sich zeigte, welchen Nutzen die Mischlinge hatten, kam es zu bewußter Kreuzungszucht. Allerdings sind Pferd und Esel als Vertreter verschiedener Untergattungen zoologisch so weit voneinander entfernt, daß ihre Nachkommen fast durchweg unfruchtbar sind. Nur ausnahmsweise sollen orientalische Maultierstuten zur Fortpflanzung gelangen. Übrigens ist es eine Sage, daß man einer Pferdestute unbedingt die Augen verbinden muß, wenn man sie zum Eselhengst führt. Den starken, temperamentvollen Eselhengsten der großen Rassen aus den Mittelmeergebieten widersteht keine Stute. Es macht dem Züchter weit größere Schwierigkeiten, eine Eselstute zur Annahme eines Pferdehengstes zu bewegen.

Grzimeks Tierleben. Enzyklopädie des Tierreichs. Bd. 3: Säugetiere 3, Zürich: Kindler 1972, S. 556–558.

3./4. Stunde:
**Besuch im Fabeltheater –
Die Rolle der Tiere in der Fabel
(Fabeln nach freier Wahl)**

Stundenziele

Die Schüler sollen
- sich an bisher kennengelernte Fabeln erinnern;
- sich mit den Gründen auseinandersetzen, warum ihnen eine bestimmte Fabel gefällt;
- ausdrucksvolles Vortragen üben;
- wichtige Fabeltiere kennen;
- das Fabeltier vom wirklichen Tier unterscheiden und es als Maske für typische menschliche Haltungen bestimmen;
- den Charakter der Fabel als ein Spiel mit ernster Aussageabsicht erfassen;
- sich die Symbolfunktion von Tiernamen nicht nur in der Fabel, sondern auch in vielen geläufigen Redensarten bewußt machen.

Vorbemerkungen

In dieser Doppelstunde soll am Modell eines Fabeltheaters deutlich werden, daß die bunte Tierwelt der Fabel nur ein Spiegel der Menschenwelt mit ihren Konflikten ist. Damit macht das ‚Fabeltheater‘ wesentliche Funktionen der Gattung sichtbar; die symbolische Verwendung der Tiere – die Tiere der Fabel sind Masken vergleichbar, hinter denen Menschen zu suchen sind –, die dramatische Handlungsbezogenheit der Fabel sowie ihren Hörer- bzw. ihren Leserbezug. Dieser wird v. a. in einer ‚Wirkung‘ des Fabeltheaters bewußt, nämlich in den Redensarten, die sich zum Teil direkt auf Fabeln beziehen.
In dem fingierten Zeitungsartikel „Fabeltheater in aller Munde" (Vorlage s. S. 75) wird der auf Jahrhunderte ausgedehnte Rezeptions- und Idiomatisierungsvorgang der Fabel dramatisiert, also übersetzt in einen kürzeren, überschaubaren, ‚ereignishaften‘ Vorgang. Der fiktionale Charakter sollte natürlich am Schluß der Phase vom Lehrer aufgelöst werden. Hierzu kann er die historische Dimension dieses Vorgangs durch skurrile Bräuche veranschaulichen, die sprachlich in Redewendungen erhalten sind: Fuchs prellen, Angsthase, Eselsohren (s. auch L. Röhrich, Lexikon der sprichwörtlichen Redensarten, Herder).
Das fiktive Tonbandprotokoll in dem Zeitungsartikel sollte mit verteilten Rollen vorgelesen und der Schlußsatz von der ganzen Klasse ausgerufen werden. Die Redewendungen des Protokolls stammen – streng genommen – nicht alle von Fabeln ab, jedoch belegen sie, was in diesem Unterrichtszusammenhang wichtig ist: den Vorgang der Verbildlichung von Tieren und ihren Eigenschaften.
Auch in dieser Stunde setzen sich die Schüler auf kreative Weise mit den Handlungsmomenten und der Aussage der Fabel auseinander: Sie zeichnen in der fünften Stunde Szenen aus dem Fabeltheater.

Unterrichtsverlauf

Phase 1:
Eine Fabel, die mir besonders gut gefällt

Die Schüler nennen zu Beginn die Tiere ‚ihrer‘ Fabeln. Diese werden in eine Reihe an die Tafel geschrieben. (Vervollständigt wird das Tafelbild 1 erst in der zweiten Phase.) Die Schüler tragen nun in freier Reihenfolge ihre Fabeln vor. Als deren Entdecker sind sie es auch, die in der Art eines Ratespiels die Mitschüler fragen, wer hinter den Tierfiguren stecken könnte. Die äußeren und inneren Merkmale der Menschentypen, auf die sich die Tierfiguren beziehen, werden in den als solchen noch nicht kenntlich gemachten ‚Zuschauerraum' des Theatermodells an der Tafel eingetragen.

Beispiele:

Der Fuchs und die Trauben
Analoges Alltagsbeispiel: Peter möchte mit Hans befreundet sein, Hans aber ist eng mit Friedrich befreundet und mag Peter nicht besonders; Peter sagt: Hans ist mir zu albern.
Verallgemeinerung: Dem Fuchs gelingt es, sich selbst zu täuschen; er ist auch hier der Schlaue, auch wenn seine Schläue ihm diesmal nur zur Beruhigung seiner Ehre nützlich ist.
(Phädrus, Leseheft V 14)

Die Nachtigall und der Pfau
Analoges Alltagsbeispiel: Stefan kann gut Fußball spielen und ist unumstrittener ‚Champion' in seinem Stadtviertel; Alex ist anerkannter ‚Computerfachmann'. Keiner hat Ehrgeiz auf dem Gebiet des anderen. Ihre Freundschaft bleibt ungetrübt von Neid und Konkurrenzgefühlen.
Verallgemeinerung: Die Nachtigall stellt den Typ der Künstlerin dar, der Pfau steht für prachtvolle Schönheit.
(Lessing, Leseheft II 16)

Phase 2:
Besuch im Fabeltheater

a) Die Fabeltiere im Modell des Fabeltheaters

Das Fabeltheater gibt man den Schülern vor (Zeichnen und Erklären an der Tafel), läßt ihnen aber Gelegenheit, durch Erraten selbst daraufzukommen: Man klärt sie schrittweise auf, „wo sie sich befinden", indem man nacheinander die Menschen (Zuschauerraum und den Ort, an dem sich das Geschehen der Fabel abspielt (Bühne) anzeichnet. Das Theater als Ganzes entsteht. Man läßt nun die Bedeutung einzelner Elemente erklären und fängt bei den Tierfiguren an. Die bisherigen Überlegungen, die eigentlich schon von ihrer bildlichen Funktion ausgingen, wären nun explizit zu machen. Hier hilft gerade die Theatermetapher, die die Unterscheidung zwischen Rolle (= Tier) und Schauspieler (= Mensch) impliziert. Die Fabeltiere sind also keine wirklichen Tiere! Dieser Sachverhalt leuchtet den Schülern ein, wenn man an ihr merkwürdiges Verhalten erinnert, ihr Sprechen und Denken. Außerdem stimmen auch die speziellen Merkmale einzelner Fabeltiere längst nicht immer mit denen wirklicher Tiere überein. Der Bericht des Schülers, der die Sonderaufgabe übernommen hat, verdeutlicht dies exemplarisch für den Esel. Seine natürlichen Merkmale, die die Fabeltiereigenschaften und den Schimpfnamen Lügen strafen, werden in Stichworten an einer Seitentafel festgehalten. Es ist eine reizvolle Aufgabe, den Vergleich an weiteren Beispielen durchzuführen. Aus zeitökonomischen Gründen beläßt man es beim Esel und schlägt den Schülern lediglich vor, sich zu Hause noch über andere Tiere zu informieren und gegebenenfalls ihren Mitschülern kurz zu berichten.

b) Die Textsorte Fabel im Modell des Fabeltheaters – Zusammenstellen eines ‚Theaterprogramms'

Wenn die Tierfiguren nur Rollen darstellen, sind Fabeln Texte, die vorschreiben, wie diese Rollen zu spielen sind, es sind also ‚Theaterstücke'. Diese Theaterstücke werden in einem ‚Programm' angekündigt (s. Tafelbild 2, Stundenblatt), das nun zusammengestellt wird. Es hält Autor, Titel und ‚Besetzung' einiger ausgesuchter Fabeln fest, wobei jeder Schüler seine eigene Fabel, wenn sie im allgemeinen Programm nicht auftaucht, bei sich im Heft anfügt. Damit verfügt er über ein fixiertes Gesamtergebnis, in das sein eigener Beitrag eingegliedert ist.

Phase 3:
Fabeltheater in aller Munde – Redensarten, die Tiere verwenden und Menschen meinen (fiktiver Zeitungsartikel)
Die Schüler erhalten den Zeitungsartikel „Fabeltheater in aller Munde" (Text s. unten). Nach dem Lesen unterstreichen die Schüler in Stillarbeit alle Ausdrücke, in denen Tiere verwendet werden (wobei sie nicht alle Ausdrücke kennen werden) und überlegen sich Erklärungen (Bleistiftnotizen am Rand). Ihre Überlegungen setzen sie dann im Plenum fort und korrigieren sowie vervollständigen ihre Ergebnisse. Ein einfaches Modell hält die übertragene Verwendung der Tiernamen fest. Man sollte nicht versäumen, die komische Parallelität zwischen dieser kurzen Alltagsszene und der Fabel vom Frosch und Ochsen deutlich zu machen. (Siehe auch Tafelanschriebe 3 und 4, Stundenblatt).

Die *Hausaufgabe*, in der die Schüler selbst Redensarten suchen und mit ihren Sätzen bilden sollen, wird anhand zweier Beispiele erklärt (Anregungen dazu in: Dietrich, Wolf: Moderne deutsche Idiomatik. Systematisches Wörterbuch mit Definitionen und Beispielen, München: Huber 1966).

Vorlage für die Phase 3:

Fiktiver Zeitungsartikel

Rheinischer Kurier (4. 11. 85): „Fabeltheater in aller Munde"

Nachdem das Fabeltheater in der Frühjahrssaison eine Tournee durch ganz Europa gemacht hat und Aufsehen erregte, haben nun Meinungsumfragen weitere Erfolge ergeben. Man spricht nicht nur von Fabeln, man spricht sogar in Fabeln, ja tatsächlich in Teilen von Fabeln! Günter Wallraff nahm heimlich Gespräche unter Bürgern auf. Hier eine Szene, frisch aus dem Leben gegriffen [Namen wurden abgeändert, die Red.]:

(Getuschel in der hintersten Bank einer Schulklasse):
Peter: Menschen, die viel reden, aber hintenrum einen anschwärzen, kann ich nicht leiden, und den Klages, diesen aufgeblasenen Frosch, schon zweimal nicht!
Hannes: Ich muß mich vor ihm in acht nehmen. Seit meinem letzten Papierfliegerangriff hat er mich auf dem Kieker. Hat sie doch mit angewidertem Gesicht in den Papierkorb getan; zwei Spitzenflieger vom Typ Tornado! Ich sag dir, der Mensch hat kein Niveau! Perlen vor die Säue geworfen!
Lehrer Klages (vorne): Ruhe dahinten! – Soviel also zum Thema Kakao- und Colatüten auf dem Schulhof! Um wieder auf besagten Hammel zurückzukommen, auf die Zeichensetzung nämlich, muß ich hier noch einmal deutlich sagen, daß, wenn man eure Aufsatzhefte liest, man glauben muß, es mit Schweinen zu tun zu haben. Mit Schweinen! Jawohl! Aber sich dabei noch aufs hohe Roß setzen! Ihr habt im letzten Jahr so sehr das Faulenzen angefangen, daß ich euch mal gehörig die Hammelbeine langziehen muß! Glaubt nur nicht, ich wüßte nicht, wie der Hase läuft! Aber ich habe bereits den Stier bei den Hörnern gepackt; (bedeutungsvoll . . .) ich habe bereits mit Herrn Direktor Ochs gesprochen und auch mit eurem Klassenlehrer, und wir sind übereingekommen . . . (er dreht sich mit quietschenden Schuhsohlen zum Pult, klappt seine Aktentasche auf . . .).
Lachsack (aus der Aktentasche heraus): hahahahahaha
Klasse im Chor: Herr Klages, Sie sind der Löwe des Tages hier, aber der Ochs, der Direktor, ist tausendmal stärker als Ihr!

5. Stunde:
Szenen aus dem Fabeltheater – Fabeln illustrieren

Stundenziele

Die Schüler sollen
- die bildliche Verwendung der Tiere in den Redensarten erkennen;
- sich Fabeln einprägen;
- sich darin üben, Fabelmodell und Wirklichkeit aufeinander zu beziehen;
- den Handlungsablauf einer Fabel gliedern;
- die Konfliktträchtigkeit einer gegebenen Tierfigurenkonstellation erfassen.

Unterrichtsverlauf

Phase 1:
Tiere in Redensarten

Die Schüler lesen die Sätze vor, die sie zu Redensarten gebildet haben. Einige Beispiele werden an der Tafel festgehalten, und die Schüler ergänzen damit die Liste, die bereits in der vorangegangenen Stunde erstellt wurde (vgl. Tafelanschrieb 3, Stundenblatt).
Um die „Probe aufs Exempel zu machen" und die nur bildliche Verwendung der Ausdrücke zu demonstrieren, nimmt man sie einmal wörtlich und führt sie ad absurdum. Man läßt Syllogismen bilden nach dem versprachlichten Schema von: wenn a=b und b=c, so ist a=c. Beispiel: Herr Klages ist ein Frosch. Ein Frosch ist grün und hat ein breites Maul! Also...

Phase 2:
Szenen aus dem Fabeltheater – Fabeln illustrieren

a) Planung und Durchführung

Dieser Schritt bleibt ebenfalls ins Theatermodell eingebunden: Welches ist die Kernszene deiner Fabel, die der Pressefotograf für den Lokalteil knipst? Da wir keinen Fotoapparat haben, versuchen wir sie zu zeichnen. – Hierfür haben die Schüler alte Bilderbücher mitgebracht, deren Tierfiguren sie abzeichnen und im Hinblick auf das konkrete Fabelgeschehen variieren können. Man bespricht an einem Beispiel, welche Handlungssegmente man aus dem Geschehensablauf ‚herausschneiden' könnte, und überlegt den ‚wichtigsten'. Eine eindeutige Lösung gibt es natürlich nicht, doch soll auch nur auf diesem Weg zu einer Auseinandersetzung mit Aufbau und Aussage der selbst gewählten Fabel angeregt werden.
Übrigens: ein künstlerisch beachtenswertes Beispiel einer solchen Zerlegung eines Fabelgeschehens in denkbar viele Handlungsausschnitte gibt Ed. Young: Wie die Maus den Löwen rettete[1]. Die Darstellung des Geschehens aus dem Blickwinkel einer Maus schafft komisch-phantastische Effekte und setzt die Partikularität der Perspektive, die ja Gattungsmerkmal ist[2], zeichnerisch einleuchtend um. Das Darstellungsprinzip ist auch von Schülern nachahmbar!

b) Vorführen und Besprechen der Schülerzeichnungen

Die Vorführung der Fabelillustrationen (Epidiaskop) kann mit einem Ratespiel verbunden werden. Die Schüler erinnern sich angesichts der gezeigten Tierfiguren und Handlungssituationen an bereits erzählte oder selber gelesene Fabeln, oder sie kombinieren mögliche Geschehensabläufe, wobei es genügt, sich ansatzweise Handlungen auszumalen. Dadurch läßt sich an dieser Stelle auf die sprachökono-

---
1 vgl. Leseempfehlungen, Leseheft, S. 78
2 vgl. 2.3

mische Funktion der Tierverwendung hinweisen: Die Konstellation von Tierfiguren verrät bereits die typischen menschlichen Haltungen und die Art des Konfliktes, in den diese Haltungen miteinander geraten können. Der Schüler, der seine Zeichnung vorführt, gibt nun die ‚Lösung des Rätsels'. Die anderen erörtern, inwieweit der gezeichnete Ausschnitt aus dem Handlungsablauf die Grundaussage erkennen läßt oder ob ein anderer es besser getan hätte. Dieses Vorführen und Raten und Erörtern kann man noch in den darauffolgenden Stunden je zu Beginn oder am Ende fortsetzen.

6./7. Stunde:
Was nützen Fabeln und Märchen im Alltag? – Problemlösungsangebote der Fabel im Unterschied zum Märchen I
(Plauen: Die gute Gelegenheit / Die Peanuts: Das Gemälde / Grimm: Vom Dummling)

Stundenziele

Die Schüler sollen
– sich in eine Problemsituation und ihre Lösungsmöglichkeiten hineindenken (ausgehend von der Geschichte von Karl Braun);
– zwei Bildergeschichten beschreiben und deuten (Plauen/Die Peanuts);
– den Inhalt eines Märchens wiedergeben (Grimm: „Vom Dummling");
– seine möglichen Wirkungen bestimmen und eine von ihnen darstellen: Erleichterung, Ermutigung, Pläne schmieden.

Vorbemerkungen

Es werden in den ersten beiden Phasen zwei humoristische Bildergeschichten gezeigt. Beide sollen die Schüler zu Identifikationen anregen und sie in Überlegungen verwickeln, bei denen es im Grunde wieder um das Thema von Gleims Fabel geht: das Thema des Kleinen oder des Sich-klein-Fühlenden und seiner Erlebnisse und kompensatorischen Anstrengungen. Es geht nicht darum, etwaige Bezüge zwischen Gleims Fabel, der Vater-Sohn-Geschichte von Plauen (s. S. 79), dem Comics aus „Die Peanuts" (s. S. 82) und der Geschichte von Karl Braun (s. S. 80) schließlich zu formulieren. Es kommt lediglich darauf an, gedankliche und emotionale Voraussetzungen für die Beurteilung der Problemlösungen zu schaffen, die Grimms Märchen und in der anschließenden Doppelstunde Krylows Fabel für das Alter ego vieler Schüler, für Charlie Brown (aus „Die Peanuts") alias Karl Braun zu bieten haben.

Plauens Bildergeschichte „Die gute Gelegenheit" wurde für den Zweck dieses Unterrichtsschrittes leicht abgewandelt; Bild 0 kam hinzu. So findet der Hausbrand nicht in der Wirklichkeit statt, sondern nur in der Phantasie eines vor ausgepackter Schultasche stehenden Jungen. Auf zeichnerischer Ebene wird dadurch zwischen allseits bekannter Notlage (schlechte Noten nach Hause gebracht) und Lösungsverhalten unterschieden. Für die Phase 1b sind vom Lehrer ein Pappkasten mit der Aufschrift „Was mache ich, wenn ich schlechte Noten erhalte" sowie „Schlüssel" entsprechend der Zahl der Schüler vorzubereiten (Zettel, auf die je ein Schlüssel gezeichnet ist oder die schlüsselförmig ausgeschnitten sind).

Unterrichtsverlauf

Phase 1:
Mögliche und unmögliche Problemlösungen – Das Problem: Schlechte Noten!

a) Betrachtung einer Bildergeschichte

Die Einzelbilder werden in zwei Etappen projiziert:
Erste Projektion (Überschrift, Bild 0): Es stellt sich die Frage, was mit der Überschrift gemeint sein könnte, von welcher ‚guten Gelegenheit' hier der Junge träumt. Die Antwort setzt Klärung der Situation voraus. Ein Junge ist gerade nach Hause gekommen und packt seine Schultasche aus. Was sind seine Empfindungen und Befürchtungen? Welche Hoffnungen verbinden sich für ihn mit dem Feuer? Wie könnte es weitergehen?
Die Bilder haben eine komische Wirkung, an der das Gespräch anknüpfen kann. Der Grund der Komik liegt in der Unangemessenheit von Ziel des Jungen (Vertuschen schlechter Leistungen) und Nebenkosten (Vermögensverlust). Das Mißverhältnis wirft verschärfend die Frage nach dem Ursprung der Phantasie des Jungen auf (Furcht vor den Reaktionen der Eltern: Sorge, Angst, Ärger, Nichtbeachtung und führt zur Frage nach anderen, besseren Lösungen des Problems?)

b) Alternative Problemlösungen

Die Schüler überlegen sich eigene Problemlösungsstrategien und stellen diese der Phantasie des Jungen gegenüber. Man gibt dem Schüler für die Auswertung einen „Schlüssel". Darauf notiert er seine Lösungen. Sofern möglich (Raum/Klassenstärke) bildet man dann einen Kreis, den man auch für die „Märchenstunde" beibehält. Im Mittelpunkt des Kreises steht ein Kasten mit der Aufschrift: „Was mache ich, wenn ich schlechte Noten erhalte?" Die Schüler legen ihre „Schlüssel" daneben. Einer liest diese nacheinander vor, die anderen beurteilen sie; mögliche Vorschläge: schlechte Noten verschwinden lassen (Schultasche, Heft verlieren), erst gar nichts zu Hause von Klassenarbeiten verlauten lassen, das nächste Mal gute Noten schreiben, sich neben den Klassenbesten zum Abschreiben setzen usw. Die Vorschläge bleiben im allgemeinen noch an der Oberfläche. Man wird sich vor Moralisieren hüten und sich auf ein paar Sachgesichtspunkte beschränken: Vor- und Nachteile, Kurz- und Langzeitwirkungen der ‚Lösungen'. Auch gibt man nur Anstöße, da die Auseinandersetzung ja in den nächsten Unterrichtsschritten fortgesetzt wird.

Phase 2:
Zwei Tage im Leben Karl Brauns – Erster Tag

In diese kleine Alltagsgeschichte (s. S. 80) mit einbezogen sind ein Comic aus „Die Peanuts", ein Märchen und eine Fabel. Der Lehrer liest sie vor oder erzählt sie. Der erste Abschnitt beschreibt Karls Verhalten im Unterricht und gegenüber seinen Mitschülern. Im Unterrichtsgespräch läßt man seine Motive bestimmen: Der Mißerfolg in der Mathearbeit bedrückt Karl und macht ihn in den darauffolgenden Unterrichtsstunden unkonzentriert. Dies zieht anderes nach sich: die falschen Antworten wie auch die gedanken- und verständnislosen Reaktionen einiger (taktloser) Mitschüler. Ergebnis: Er will erst einmal in Ruhe gelassen werden. Findet er beim Zeichnen die gewünschte Ablenkung?

Abbildungen S. 79 aus:
Vater und Sohn. Neue Ausgabe. 50 Streiche und Abenteuer, gezeichnet von M. O. Plauen, Konstanz: Südverlag 1962, Bd. 1. © Gesellschaft f. Verlagswerte, Kreuzlingen (Abb. 0: Montage)

Bildergeschichte zu Phase 1

Die gute Gelegenheit

Abb. 0

Abb. 1

Abb. 2

Abb. 3

Zwei Tage im Leben Karl Brauns

Erster Tag

1. Karl erhält seine Arbeit in Mathe zurück: daneben! Eine runde Fünf von Frau Gutjahr. Die beiden darauffolgenden Stunden ist er noch damit beschäftigt. Er wird aufgerufen; nicht aufgepaßt! Ein anderes Mal gibt er eine falsche Antwort; Gelächter. In der Pause hält er sich von den anderen fern. So braucht er lange beim Anstehen für Kakao, dann will er doch noch ein Brötchen ... Dieter, sein Freund, hat nach ihm gesucht; jetzt sieht er ihn und fragt, ob sie heute miteinander schwimmen gehen. Karl lehnt ab; er käme nicht weg, sie hätten Besuch. Das war geschwindelt. Er ist froh, als die vierte Stunde vorbei ist und er heimgehen kann. Er setzt sich in den Garten und fängt an zu zeichnen ...

2. Ein Unglück kommt selten allein ... (Die Peanuts: „Das Gemälde" – Projektion).

3. Um wirklich nun von keinem mehr behelligt zu werden, geht er in sein Zimmer. Den Kopf in beide Arme gestützt, auf seinem Bett liegend vertieft er sich in ein schon recht abgegriffenes Buch; wie zufällig hat er Grimms Märchen „Vom Dummling. Die Bienenkönigin" aufgeschlagen ...

4. Karl Braun liest ein Märchen (Leseheft, I 6).

Zweiter Tag

5. Karl sitzt in der Schule und träumt weiter (Gemäldegalerie, staunende, beifällige Besucher usw., Aufgreifen eines Schülerbeitrags!). Seine Antworten sind – nun aus anderem Grund – so wie am Vortag. Unwillige Bemerkungen des Lehrers, spöttische Bemerkungen der Mitschüler ... Plötzlich fühlt sich Karl wieder wie am Vortag, als er gerade die verflixte Mathearbeit zurückbekam. Aus der Traum ...
Am Nachmittag ein willkommener Besuch – Karls Lieblingsonkel Wolfgang. Er ist ein erfolgreicher Schauspieler und hat am Abend eine Gastvorstellung am Theater der Stadt. Karl freut sich. Der Onkel kann spannend erzählen; herrlich, wenn er andere Leute nachmacht! Überhaupt beobachtet er sehr genau und merkt vieles, was anderen entgeht. Natürlich fällt ihm auf, daß Karl bedrückt wirkt. Auf einem Spaziergang im Zoo, den er ihm letztes Mal versprochen hat, spricht er ihn darauf an. Karl versucht zu erklären: „Ich mag gar nicht mehr in die Schule gehen. Einige Mitschüler meiner Klasse sind gemein. Außerdem schreibe ich in letzter Zeit nur noch schlechte Noten; gestern z. B. schon wieder eine Fünf in Mathe." Der Onkel fragt nach: „Aber Karl, so kenn' ich dich gar nicht! Was ist denn eigentlich los?" – „Ich hab zu Beginn des Schuljahres mal vier Wochen gefehlt. Hinterher kriegte ich nicht mehr gleich den Anschluß. Aber trotzdem, ich verstehe es eigentlich nicht. Ich habe gut geübt vor der Arbeit und eigentlich das meiste gewußt, während der Arbeit jedoch eine ziemliche Mattscheibe gehabt." – Der Onkel schaut nachdenklich: „Die Mattscheibe kenne ich; die schlechten Noten übrigens auch; bin sogar mal sitzengeblieben." Er scheint die Vögel zu beobachten. „Da fällt mir eine Geschichte ein, eine Fabel. Ich glaube, die hat etwas mit dir zu tun ..."

6. Der Onkel erzählt: ... (Krylow: „Die Katze und die Nachtigall", Leseheft II 14)

Phase 3:
Ein Unglück kommt selten allein –
Betrachtung eines Comic „Das Gemälde"
(Die Peanuts)

Zunächst scheint alles gut zu gehen. Karl, alias Charlie Brown (s. Bildergeschichte S. 82) zeichnet zufrieden vor sich hin (Overheadprojektion). Ein Mädchen (Nachbarskind, Mitschülerin?) bewundert die Zeichnung, bittet um sie, mit Autogramm sogar; Karl ist schon mehr als entschädigt für das vorher erlittene Ungemach (s. o.). Man projiziert die Geschichte bis zu Abb. 6, nach welcher der desillusionierende Umschlag erfolgt. Die Schüler überlegen sich hier die Bedeutung dieser unverhofften Bewunderung für seine Gefühle. Der Schluß (Bild 7–9) wird allgemeine Empörung unter den Schülern auslösen. Deshalb sollte man hier den Schülern auch Gelegenheit geben, sich von dem passiv-resignativen Schluß zu distanzieren, indem sie sich aktivere, offensivere Verhaltensalternativen überlegen.

Phase 4:
Fortsetzung der Geschichte: Karl liest das Märchen „Vom Dummling"

Der zweite Abschnitt der Geschichte wird vom Lehrer vorgetragen. Um nun eine märchenhafte Atmosphäre zu ermöglichen, sollte das Märchen „Vom Dummling" (Leseheft, I 6) ebenfalls vom Lehrer vorgetragen werden. Es ist unnötig, das Märchen eingehender zu analysieren. Es kommt hier lediglich auf das Erleben und Artikulieren der Wirkung an, die es nach den bisherigen gedanklichen und emotionalen Voraussetzungen auf die Schüler ausübt.
Für spontane Meinungsäußerungen ist Gelegenheit, doch läßt man den Schülern Zeit, über das Märchen nachzudenken und spricht daher zunächst rein inhaltliche Aspekte an. Die Frage nach den Gründen für den Erfolg des Dummling erschließt seinen Weg vom verlachten ‚Kleinen' zum überlegenen Retter seiner herablassenden großen Brüder, auf dem er den Zauber über sie und das ganze Schloß bricht. Sie führt zur Bestimmung der Eigenschaft des Helden, die wie ein Zaubermittel wirkt: seine selbstverständliche Hilfsbereitschaft, die die Naturwelt mit entscheidenden Gegenleistungen dankt.
Wenn die Schüler die Bausteine seines Wegs und Erfolgs erfaßt haben, erwägen sie die mögliche Wirkung des Märchens auf Karl. Nach dieser ersten Konfrontation mit einem Beispiel der Gattung wird sie von der altersgemäßen Ambivalenz ihr gegenüber geprägt sein: Ist doch nur ein Märchen; in Wirklichkeit geht's nicht immer so gut aus; nur für kleine Kinder, nicht für Karl; Karl werden weder Bienen, Ameisen, Enten helfen, noch wird er eine reiche Prinzessin heiraten können, noch seine Mitschüler beeindrucken, indem er sie von irgendeinem Zauber erlöst! Andere finden, daß es ihm gefallen wird; weil es ein schönes Ende nehme; weil der Dummling doch der Lebenstüchtigere ist; das Märchen zeige, daß es im Leben noch auf andere Eigenschaften ankomme als auf „Grips". Die Meinungen werden stichpunktartig an der Tafel festgehalten analog zum vorgeschlagenen Tafelanschrieb.
An der letztgenannten Ansicht könnte man z. B. anknüpfen, um den Zukunfts- und Utopieaspekt des Märchens deutlicher werden zu lassen, durch den es sich von der Fabel unterscheidet. Dieser Aspekt führt auf den Unterschied der Handlungsstrukturen beider Gattungen hin – gehört er doch eng zum märchenhaft glücklichen Lebensweg des Helden. Er soll daher in kreativer Weise (*Hausaufgabe*) vertieft werden. Man geht von folgender Überlegung aus: Denkbar wäre, daß Karl über seinem Buch anfangen würde, sich seine Zukunft auszumalen, in der die frechen Nachbarsmädchen und verständnislosen Klassenkameraden sehen, was in ihm steckt. Einen möglichen (kompensatorischen) Zukunftstraum ausmalen wäre daher die Aufgabe. (Anregung: Charlie zeichnet gern; träumt er davon, Künstler zu werden?)

Bildergeschichte zu Phase 3

Das Gemälde

Abb. 2–10 in: Charlie Brown. Das dritte große Peanuts Buch, Wiesbaden: Aar 1977, S. 138f.
© 1976 United Press International, Bonn

①  ②

③  ④  ⑤

⑥  ⑦

⑧  ⑨  ⑩

8./9. Stunde:
Was nützen Fabeln und Märchen im Alltag? – Problemlösungsangebote der Fabel im Unterschied zum Märchen II
(Krylow: Die Katze und die Nachtigall / Grimm: Vom süßen Brei / Abraham a Sancta Clara: Der Fuchs und die Maus)

Stundenziele

Die Schüler sollen
- erkennen, daß die Lösungswege des Märchens nicht auf die Wirklichkeit übertragbar sind (Fehlen zauberischer Kräfte);
- Krylows Fabel „Die Katze und die Nachtigall" deuten;
- ihr Problemlösungsangebot in einer konkreten Alltagssituation (Niedergeschlagenheit wegen schulischen Mißerfolgs; Geschichte Karl Brauns) beurteilen;
- erkennen, daß Fabeln Deutungen eines Problems geben und dazu befähigen, richtiger und angemessener mit einem Problem umzugehen;
- die bisherigen Ergebnisse zu den Wirkungen von Märchen und Fabel an zwei weiteren Beispielen überprüfen (Grimm: Der süße Brei / Abraham a Sancta Clara: Der Fuchs und die Maus);
- sich ansatzweise in die Problemlage historischer Lesergruppen hineindenken und die Wirkung einer Fabel und eines Märchens auf diese zu bestimmen versuchen.

Unterrichtsverlauf

Phase 1:
Der Zukunftsaspekt des Märchens und seine Wirkungen

Da das Thema der Hausaufgabe stark zum Projizieren eigener Zukunftsträume verlockt und viel Persönliches ausgedrückt sein wird, ist bei der Besprechung Zurückhaltung mit Bewertungen geboten. Außerdem gestattet auch das Thema Freiheit der Gestaltung. Ziel ist lediglich zu erkennen, daß Zukunftspläne darauf abzielen, gegenwärtige Probleme zu überwinden. Das Prinzip Hoffnung, das gerade durch das Märchen starken Aufwind erhält! Doch macht die Ausgestaltung der Träume, die das Märchen hervorlockt, gerade bewußt, daß sich der Glücksweg eines Märchenhelden nicht direkt auf die Erfolgsmöglichkeiten in der Wirklichkeit übertragen lassen wird.

Phase 2:
Zwei Tage im Leben Karl Brauns – Zweiter Tag: Besuch von Onkel Wolfgang

Die Geschichte Karl Brauns wird als Lehrererzählung oder -vortrag fortgesetzt bis zu der in sie eingebundenen Darbietung der Fabel Krylows. Die einzelnen Momente der Geschichte wiederholen und verdeutlichen, was bereits in der vorangegangenen Stunde im Unterrichtsgespräch geklärt wurde; nur deckt Karl jetzt selber die Hintergründe seiner Niedergeschlagenheit auf. Ein nochmaliges Eingehen auf diese Aspekte erübrigt sich daher; es wird erst bei der Besprechung der möglichen Wirkung der Fabel notwendig sein.

Phase 3:
(Der Onkel erzählt:)
Krylows Fabel „Die Katze und die Nachtigall" (Leseheft II 14)

Um diese Wirkung nicht zu verhindern, ist saubere Artikulation und Intonation unverzichtbar; daher sollte die Fabel unbedingt vom Lehrer vorgetragen werden. Die Kunstsprache (Versform) widerspricht übrigens nicht der fiktiven Situation: Von einem Schauspieler kann man ad hoc eine geläufige Darbietung erwarten.

Über die Frage nach den Gründen, aus denen die Gesangskünstlerin Nachtigall (Anknüpfung ans Fabeltheater!) in dieser Situation versagt, läßt sich der Inhalt dieser längeren Fabel rasch sichern. Die anschließende Interpretation vernachlässigt den Aspekt, der diese Fabel berühmt gemacht hat: die geistige Knebelung des Literaten durch die Zensur. Sie beschränkt sich auf ihre allgemeine Aussage, daß Angst blockiert, nicht nur den Kehlkopf, sondern auch die Gehirnfunktion – was erst nach Krylow wissenschaftlich belegt wurde.

Mit folgenden Hilfsmitteln läßt sich nun die Analogie zwischen der Fabel und Karls Problem herstellen: Man liest die Lehre vor, die – das überkommene Schema der Fabellehre ironisierend – an Stelle einer Verallgemeinerung lediglich das Gerippe der Fabelhandlung bietet. Dieses notiert man an die Tafel (vgl. Tafelanschrieb 1, Stundenblatt) und läßt die Schüler verallgemeinernde Kategorien (Situationen, Gefühl, Ergebnis) finden. Man erinnert an Karls Aussage, während der Klassenarbeit eine „Mattscheibe" gehabt zu haben. Von hier aus bildet man nun Schritt für Schritt die Analogie: Karl zweifelt an seinen geistigen Fähigkeiten und befürchtet bereits insgeheim, er sei dumm. Die Fabel nennt eine andere Möglichkeit des Versagens: Angst. Könnte Angst auch bei Karl eine Rolle spielen? Woran lag es, daß er schlechte Zensuren schrieb? Unter den verschiedenen Möglichkeiten kommt jetzt auch die eine für die Schüler in Betracht: daß die Erinnerung an vergangene Mißerfolge Angst macht, Zweifel an sich weckt und weitere Mißerfolge nachziehen kann.

Phase 4:
Beurteilung des Problemlösungswerts der Fabel

Hier wäre man nun an dem Punkt, an dem ein Unterschied der Fabel zum Märchen deutlich gemacht werden kann: ihre besondere Art von Problemlösung, auf die man durch sie verwiesen wird, und ihre mögliche emotionale Wirkung. Der Onkel erzählt die Fabel, weil er Karl sagen will, daß er einfach Angst hat und dieses Gefühl ihn bei den Aufgaben lähmt. Er will ihm Mut machen, sonst würde er die Fabel nicht gerade in diesem Moment erzählen. Die Frage bleibt: Gelingt ihm dies? – Dies wäre nun von den Schülern zu beurteilen, die indirekt dadurch zum Ausdruck bringen, inwieweit sie die Fabel auf sich selbst und die ihnen bekannte Problematik beziehen und sie damit „verstanden" haben. Die Meinungen werden im Tafelanschrieb 2 festgehalten, etwa: Die Fabel weckt Einsicht, gibt eine Erklärung. Sie hilft weiter, weil man sich anders verhalten kann.

Phase 5:
Der Problemlösungswert eines weiteren Märchens (Grimm: „Vom süßen Brei")

In dieser und in der nächsten Phase sollen die bisherigen Unterrichtsergebnisse an zwei weiteren Texten überprüft werden, die thematisch einen klaren Kontrast zu den gerade besprochenen bilden. Es geht nicht um psychische Bedürfnisse (Spott,

Mißachtung), sondern um physische (Hunger). Die Texte sprechen andere Bedürfnisse und Erfahrungen in einer Weise an, die den Schülern auffallen wird. Festzustellen wäre also, ob die bisher gemachten Aussagen über die Wirkungen beider Gattungen auch auf diese beiden Texte zutreffen.

Die Schüler artikulieren in Stillarbeit, ob oder in welcher Hinsicht ihnen Grimms Märchen „Vom süßen Brei" gefällt. Aspekte seiner Anziehungskraft, die die Schüler im anschließenden Gespräch zusammentragen: Wieder ist der Kleine (das Mädchen) Retter, nämlich Retter seiner Mutter sowie einer ganzen Stadt. Das Mädchen allein ist im Besitz des lebensnotwendigen Schlüsselworts: der Formel, die dem Kochen Einhalt gebietet. Das Märchen stellt einen häufigen mütterlichen Vorwurf auf den Kopf: „Wenn ich nicht da bin, geht alles daneben!" – was Kinder erheitern dürfte. Außerdem übt auch die phantastische Ausmalung eines Details – der süße Brei nimmt gigantische Ausmaße an – eine starke Faszination aus.

In einem zweiten Schritt relativieren die Schüler ihre eigenen Reaktionen, indem sie die Möglichkeit überlegen, ob nicht das Märchen auf Menschen in ganz anderen Lebensverhältnissen auch eine andere Wirkung haben könnte.

In der Bundesrepublik haben Kinder in der Regel (noch) keine Erfahrung mit wirklich existentiell bedrohlicher Armut gemacht. Man kann an Ferienerlebnisse und an Filmerfahrungen anknüpfen, die Vorstellungen von Armut wachrufen und damit auch von einer möglichen Hörer-/Leserschicht, die im 19. Jahrhundert bestanden hat und an die sich das Märchen wendet: Menschen, die immer wieder von Hunger bedroht sind und auf die das Märchen gerade aus diesem Grund besonders „märchenhaft", erleichternd wirken muß.

Phase 6:
Der Problemlösungswert einer weiteren Fabel – Abraham a Sancta Clara:
Der Fuchs und die Maus (Leseheft I 5)

Abrahams Fabel bedarf der Worterläuterung, damit sie den etwa Zehnjährigen verständlich ist. Erst dann liest der Lehrer sie vor – vorerst noch ohne Lehre (Leseheft bleibt zugeschlagen).

Die Interpretation setzt an der Bestimmung der Fuchsfigur an. Den Kern des Fehlverhaltens, das an ihm gezeigt wird, deckt folgende Überlegung auf: Wie hätte der Fuchs es besser machen können? Eine Möglichkeit: Erst die Speisekammer ausräumen, um dann in seinem Bau in Ruhe speisen zu können. Also ist mit ihm jemand gemeint, der aus Gier und Hast unbesonnen wird und dafür teuer zahlen muß.

Was die Schüler an der Fabel erkennen und beschreiben können, ist ihr Warncharakter. Indem sie warnt, macht sie mit dem Leser eigentlich nur das, was die Maus mit dem Fuchs macht. Und sie tut es, indem sie an einem Beispiel die schlimmen Folgen eines falschen Verhaltens (hier: Unmäßigkeit, Gier) aufzeigt. Im Warnen liegt ihr Nutzen, aber auch der Unterschied zum Märchen. Die Frage an die Schüler, die erst jetzt gestellt wird, ob sie ihnen denn gefalle, zielt gewissermaßen auf den Januskopf der Gattung. Zwar wirkt die Darstellung eines Tiergeschehens, bei Abraham auch die zeittypische Dialogform, lustig; doch enthält sie einen ernsten, beunruhigenden Kern. Begriffe wie Vergnügen, Gefallen passen daher nicht uneingeschränkt auf sie, nicht so wie auf das Märchen. Nur bei ihm ist das Vergnügen unbeschwert. Es genügt die Kenntnis des richtigen Worts, und vorbei sind alle Sorgen! Die Fabel hingegen zeigt Gefahren auf, schlimme, weil lebensbedrohliche Folgen scheinbar geringfügiger

Fehler. Was noch mehr beschwert: Sie fordert auf, Haltungen zu korrigieren, sie greift in das Gefüge persönlicher Gewohnheiten ein.

Gerade Abrahams Fabel bietet eine gute Gelegenheit, auf elementarer Ebene die Appellfunktion der Fabel im allgemeinen und eine historische Ausprägung von Appellieren im besonderen deutlich zu machen. Der Lehrer fragt, welche Menschen wohl der Autor mit seiner Fabel erreichen wollte. Die Lehre, die erst jetzt zusammen mit dem ganzen Text von einem Schüler vorgelesen wird, enthält auch für diese Altersgruppe deutliche Hinweise. Die derbdrastische Vollmundigkeit, für die der Wiener Hofprediger bekannt ist, wirkt außerdem komisch. Mit „angeschopptem Wanst" nicht „durch die enge Himmelspforte" gehen, „dem Teufel zum Raub" werden! Das macht den religiösen Bezug deutlich: Der Fabelautor ist hier Prediger, menschliches Fehlverhalten wird als Sünde verstanden, ihre schlimmste Folge ist nicht Verlust des diesseitigen Lebens, sondern des jenseitigen. Soweit läßt sich auch in einer fünften Klasse die Appellfunktion der Fabel differenzieren: Warnen, Einsicht wecken kann auch die Bedeutung der Predigt annehmen, muß aber nicht. Gleims und Krylows Fabel sind deutlich anders als diese. Der moralisierende Ton, zu dem manche Fabeln verführen, läßt sich so von Anfang an als eine von vielen Spielarten des Fabelappells kenntlich machen. Das Gewand einer sprachlich fremd und komisch wirkenden Fabel schafft Distanz.

Sie läßt sich vertiefen, indem der Lehrer Informationen zu der Zuhörerschaft gibt, die Abraham mit seiner Fabel bessern wollte: Menschen, die das Leben wild und hektisch genießen wollten, weil sie befürchten mußten, daß es nicht lange währen würde. Hinter ihnen lag nämlich ein langer Krieg und Pestepidemien.

In der *Hausaufgabe* sollen die Schüler ihre bisher gewonnenen Vorstellungen von den Wirkungen und Einsatzmöglichkeiten der Fabel kreativ umsetzen. (Erfinde einen alltäglichen Vorfall, bei dem eine Fabel erzählt/gelesen wird und bei dem sie Wirkungen zeigt.)

10. Stunde:
Was nützen Fabeln und Märchen im Alltag? – Problemlösungsangebote der Fabel im Unterschied zum Märchen III
(Richter: Titelvignette ‚Märchen' / Folkema: Titelvignette ‚Fabel' / Äsop: Die törichten Schafe; Die Maus und der Frosch)

Stundenziele

Die Schüler sollen
– die problemlösende Wirkung einer Fabel in einer Alltagssituation darstellen,
– zwei Bilder beschreiben und deuten (Richter/Folkema);
– die typische Situation des Märchenerzählens und seine Wirkungen auf die Zuhörer wiederholen und vertiefen: Entspannung, Unterhaltung, Träumerei (Richter);
– die Rolle von Fabelhandlung, -lehre, -autor für den Fabelleser/-hörer erklären (Folkema);
– die Äsop-Legende kennen;
– anhand zweier Fabeln Äsops („Die törichten Schafe" / „Die Maus und der Frosch") die typische Funktion des Fabelerzählens herausarbeiten: Probleme durch Überzeugen, Aufklären lösen.

Vorbemerkungen

Die Betrachtung der Titelvignette von Ludwig Richter zu Ludwig Bechsteins Märchensammlung (1857) (s. S. 88) steht zusammen mit der Betrachtung ihres Pendants, der Titelvignette von Jacob Folkema (Leseheft, S. 37) zur Prachtausgabe von 1727 (Fabelsammlung von Peter Burmann) im Zentrum der Stunde, die bisher erarbeitete Ergebnisse in einprägsamen Modellen (Tafelbilder) und personenbezogenen Vorstellungen (legendäre Äsop-Gestalt) festhalten und vertiefen soll.

Richter vermittelt durch die Radierung seine Vorstellungen von der Atmosphäre in einer Märchenstunde (Großmutter mit sieben kindlichen Zuhörern). Die Titelvignette regt so dazu an, eigene Erfahrungen, Empfindungen auf die dargestellten Kinder, die unterschiedliche Haltungen zeigen, zu projizieren.

Die biedermeierliche Vereinseitigung der Wirkungen des Märchens läßt die tiefenpsychologische Dynamik, die die Gattung nach Bettelheim aufwirft und verarbeitet, unberücksichtigt. Folkemas Titelvignette ist schwieriger zu deuten.

Statt einer unmittelbar nachvollziehbaren Rezeptionssituation wie bei Richter wird hier der Moment der Produktion (Phädrus setzt Äsops Fabel in Verse um) gezeigt. Andererseits suggeriert der hochgezogene Theatervorhang Vertrautes: Zeuge einer Aufführung des Fabeltheaters zu sein – das Modell der 3.–5. Stunde in schöner Konkretisierung!

Unterrichtsverlauf

Phase 1:
Mögliche Wirkungen der Fabel im Alltag (Hausaufgabe)

Bei der Besprechung der Hausaufgabe wird man auf eine Schwierigkeit zu achten haben: inwieweit nämlich die gewählte Fabel mit der geschilderten Alltagssituation übereinstimmt. Es ist für Schüler schwieriger, sich die Wirkung einer Fabel auszumalen als diejenige eines Märchens. Dies hängt damit zusammen, daß Märchen selbstverständlicher zu Hause erzählt oder vorgelesen werden und sie bereits als besondere Gattung ins kindliche Bewußtsein getreten sind, an deren Wirkungen es sich noch erinnern kann. Außerdem erheitern und unterhalten alle Märchen schon durch die Identifikationsmöglichkeiten und durch den glücklichen Ausgang ihrer Abenteuer, ohne daß die inhaltliche Problematik in eine rationale Beziehung zu einem Alltagskonflikt gebracht werden müßte. Die Wirkungen der Fabel beruhen zwar auch auf einem sinnlichen Reiz, den das Tiergeschehen ausübt, doch entfalten sie sich erst durch dieses rationale Vergleichen und Inbezugsetzen, das eine erwachsenere Lesehaltung voraussetzt. Zu folgendem Ergebnis könnten die Schüler hier kommen (der Lehrer hat zur Vorbereitung der Hausaufgabe ein Beispiel gegeben):

Eines Tages hat Markus es endlich geschafft, er erhält seinen Führerschein. Er steigt in den neuen Golf, den ihm sein Vater zum Abitur geschenkt hat. Endlich kann er mit seinem eigenen Auto fahren! Auf einer kurvenreichen Landstraße überholt ihn ein anderer Golf. Markus bewundert die rasante Fahrweise seines Vordermanns und tritt aufs Gaspedal, um mithalten zu können. Jetzt geht es viel schneller um die Kurven, linke Fahrspur, rechte Fahrspur. Einmal streift er einen Baum mit dem linken Kotflügel und kommt leicht ins Schleudern. Er schafft es gerade noch, den Wagen wieder unter Kontrolle zu bekommen, doch der Schrecken ist ihm in die Glieder gefahren. Da fällt ihm die Fabel vom Frosch und Ochsen[1] ein. Er findet auf einmal albern, was er macht. Nun fährt er vorsichtiger.

---

1 Leseheft, II 4

Richter: Titelvignette

Titelvignette aus:
Bechstein, Ludwig: Sämtliche Märchen, nach d. Ausg. letzter Hand u. Berücksichtigung d. Erstdrucke, mit Anm. u. e. Nachw. v. Walter Scherf, mit Illustr. v. Ludwig Richter, München: Winkler 1965

Phase 2:
Funktionen des Märchenerzählens programmatisch – Richter: Titelvignette ‚Märchen'

Die Bildbetrachtung soll in Stillarbeit geschehen, damit die Schüler sich in Ruhe der emotionalen Wirkung des Bildes bewußt werden und sie formulieren können. Die personen- und handlungsbezogenen Fragen (s. Stundenblatt) sollen diese Bewußtwerdung anregen und gleichzeitig bereits auf das detaillierte Erfassen des Bildes hinlenken. Parallel zum Zusammentragen der Einfälle der Schüler entsteht ein Tafelbild (s. Stundenblatt), das die Vorstellungen Richters, wie sie im Bild zum Ausdruck kommen, im vereinfachenden Modell wiedergibt.

Die erste Frage nach den Empfindungen, die die Gesichter der Kinder wiederspiegeln, schließt eine Übung im Wortfeld Gefühle ein. Die Aspekte der ‚Ruhe' und ‚Bewegung' werden nun durch zwei Überlegungen deutlich. Die eine bezieht sich auf die Form der Erzählrunde, die nahezu die Geschlossenheit eines Kreises (=Symbol der Harmonie) erreicht, die andere richtet sich auf das ‚Vorher' und ‚Nachher' dieser ‚Märchenstunde' (zweiter Arbeitsauftrag). Hier stellen sich die Schüler etwa Spaziergänge, Beerensammeln, Spielen, Herumtoben, Streiten vor – Aktivitäten, die auch nachher fortgeführt werden: jedoch wirkt das Märchen nach; Streitigkeiten kommen vielleicht erst etwas später auf, die Stimmung ist etwas verträumter, möglicherweise schauen die Kleinsten nach Zwergen und Hexen aus, werden aber von den älteren darüber aufgeklärt, daß es die nur im Märchen gibt.

Phase 3:
Funktionen des Fabelerzählens/-lesens programmatisch (Folkema: Titelvignette ‚Fabel')

Folkemas Bild ‚enthüllt' der Lehrer in drei Schritten, wobei parallel dazu ein Tafelbild erstellt wird. Zunächst werden die den Schülern unbekannten Komponenten (Phädrus, Muse) auf dem Projektor zugedeckt, und die Schüler beschreiben die Tiere auf der Bühne. Die ihnen noch fremde bucklige Äsop-Gestalt wird erst in der vierten Phase näher erklärt. Hier genügt die schlichte Information, daß man die Fabeln letztlich alle diesem Zwerg aus dem Altertum zuschreibt. Die Spekulationen über den Inhalt des abgedeckten Bildteils aktivieren das bekannte Muster (Tafelbild der 3./4. Stunde). Die Schüler werden vermuten, daß nun der Zuschauerraum – gefüllt oder leer – gezeigt wird.

Die Vermutung wird durch die nächste Projektion (Phädrus) zunächst enttäuscht. Das vermutete Neue kann jedoch ins alte Muster eingebaut werden, da es lediglich ein Konkretisieren eines bisher nur genannten Aspektes darstellt: einer der Fabelautoren, die namentlich im „Programm" (Tafelanschrieb 2; 3./4. Stunde) genannt wurden.

Auch die Sache, für die die Muse steht und die durch sie personifiziert wird, kennen die Schüler bereits. Spekulationen, bevor sie auf dem Projektor aufgedeckt wird, sind daher sinnvoll. Die Schüler nennen vermutlich ‚Einsicht', ‚Lehre' als die Komponente, die sie in den vorherigen Stunden gründlich erarbeitet haben – auch wenn es zunächst unklar bleibt, wie sie bildhaft existieren könnte. Die Figur wird nun aufgedeckt und beschrieben: weiblich (Haarkranz); Künstlerin (Musikinstrument: Lyra); erklärende, zeigende Gestik gegenüber dem Fabeldichter, der dadurch merkwürdigerweise als Empfänger von

Deutungen erscheint. Hier bereits die Entsprechung zu der Vermutung, daß die rechte untere Gestalt etwas mit Einsicht zu tun haben kann: jemand, der Einsicht weckt, den Sinn, die Bedeutung erklärt. Der Lehrer gibt zusätzliche Informationen über die Muse: Schutzgöttin der Künste, vor allem der Dichtung, dann des geistigen Lebens überhaupt; der Dichter erbat ihren Beistand zu Beginn seines Werkes. Die Muse ist göttlicher Natur. Einsicht usw. wird also hier als göttlich verstanden, was der den Schülern bekannten christlichen Deutung (Weisheit = Heiliger Geist) entspricht.

Ausgehend von der Frage nach dem, was das Bild ausspart, ist der Bezug der drei Bildkomponenten Bühnenhandlung, Dichter und Muse zum Zuschauer/Leser zu klären. Die Schüler bilden Sätze nach dem Muster „Der Dichter beschreibt..." und vervollständigen das Tafelbild.

Ein altes Volksbuch, das in seinem Kern auf das 6. Jahrhundert v. u. Z. zurückgeht, jedoch nur in mittelalterlich-byzantinischen, romanhaft erweiterten Überarbeitungen erhalten ist, berichtet über Leben und Taten des griechischen Eulenspiegels, als der uns Aisopos hier entgegentritt. Dieser war danach ein buckliger Sklave von phrygischer Herkunft, der auf der durch ihren Wein bekannten Insel Samos im Hause eines „Philosophen" Xanthos – es handelt sich nicht um eine historische Persönlichkeit – sein Dasein fristete. Voller Possen und Schabernack steckte dieser Silen, der zur rechten Zeit immer das rechte Wort fand, das er in anmutige Gestalt zu kleiden wußte; mochte man ihn auch manchmal wegen seiner Häßlichkeit hänseln, so hatte er sich doch einen festen Platz in den Herzen der Samier erobert. Als er einst gar ein Vogelzeichen zutreffend dahin deutete, daß der wegen seines sagenhaften Reichtums vielgenannte König Kroisos (Krösus) seine Kriegsmacht gegen die Insel rüstete, nötigten die Samier seinen Herrn, ihn freizulassen. Doch schon forderte Kroisos die Auslieferung des ihm lästigen Propheten, und die Samier würden ihn wohl auch preisgegeben haben, wenn Aisopos sie nicht durch die Fabel von den Schafen und den Wölfen hätte umstimmen können[2]:

Die törichten Schafe

Als Kroisos die Auslieferung des Äsop begehrte, erhob sich dieser in der Volksversammlung und sprach: Ihr Männer von Samos, ich will euch eine Fabel erzählen.
Als alle Tiere noch eine Sprache redeten, war Krieg zwischen den Wölfen und Schafen, und die Wölfe waren weitaus überlegen. Da verbündeten sich die Schafe mit den Hunden, und diese verjagten die Wölfe. Nun aber schickten die Wölfe einen Gesandten zu den Schafen und ließen ihnen sagen: „Wenn ihr mit uns in Frieden leben und nicht immer Angst vor einem Krieg haben wollt, so liefert uns die Hunde aus!" Die dummen Schafe aber ließen sich von den Wölfen betören und übergaben ihnen die Hunde. Die Wölfe aber zerrissen erst die Hunde, und dann fraßen sie auch in aller Behaglichkeit die Schafe.[3]
Trotzdem begibt er sich mit den Gesandten seiner Stadt zu Kroisos, versöhnt den König mit seinen Mitbürgern und schreibt in großem Ansehen bei Hofe seine Fabeln nieder. Und noch viel mehr weiß die Legende vom Leben und Leiden, von den Wanderungen und Wandlungen ihres Helden zu berichten, den sie sogar nach Babylon und Ägypten führt, wo er durch Klugheit und Zauberkraft die Könige und ihre Weisen übertrifft; orientalisches Erzählgut liegt hier augenscheinlich zugrunde. Sein Ende findet Aisopos in Delphi; nach einer außerhalb des Romans stehenden Überlieferung klagten ihn die Apollonpriester des Religionsfrevels an und bewirkten seine Verurteilung zum Tode, die vollzogen wurde, indem man ihn vom Felsen herabstürzte.[4]

---

2 Antike Fabeln [...] (1978), VIII f.
3 Tierfabeln des Äsop, übertragen v. August Hausrath, mit Illustr. v. Gerhard Marcks, hg. v. Henrik Hanstein, Köln: Kunsthaus Lempertz 1980, 31
4 Antike Fabeln [...] (1978), VIII f.

Phase 4:
Abrundung: Die Äsop-Legende

Die Aufklärung über die legendäre Äsop-Gestalt soll das Bild von der Appellfunktion der Fabel abrunden. Man weist nochmals auf die Bühnenfigur der Titelvignette hin. Bucklige Gestalt, eine Narrenfigur, der Satz: „Kinder und Narren sagen die Wahrheit" sind hilfreiche, weiterführende Assoziationen. Man gibt nun kurze Informationen über sein Leben und erarbeitet im Unterrichtsgespräch anhand der zwei Fabeln „Die törichten Schafe" (s. u.) und „Die Maus und der Frosch" (Leseheft I 4) die Analogie zwischen skizzierter Situation und Fabel und darüber die Gründe seines Fabelerzählens.

Auf dem Weg zur Hinrichtung macht Äsop jedoch einen neuerlichen Versuch, den Schaden aufzuzeigen, den ihr Vorhaben ihnen selbst bringt, und erzählt die Fabel „Die Maus und der Frosch" (Leseheft I 4).

Ergebnis: Die Fabel „läßt sich gebrauchen, um etwas zu bewirken". Dies zeigt beispielhaft das Leben des Fabeldichters Äsop. „Er setzt auf die Kraft der Überzeugung und nicht auf die Macht der Waffen, des äußeren Ansehens oder des Geldes."[5]

Hausaufgabe:

Lektüre zweier Märchen der Brüder Grimm: „Jorinde und Joringel" (in vielen Märchenbüchern) und „Die drei Raben" (Leseheft, I 7).
Stelle zur Vorbereitung eines Märchenspiels („Die drei Raben") ein charakterisierendes Kennzeichen her! (z. B. Pappschnabel für einen Raben usw.).

11./12. Stunde:
Magisch ist das Märchen, doch wie ist die Fabel? – Die Rolle der Tiere und die Handlungsstruktur der Fabel Unterschied zum Märchen
(Grimm: Jorinde und Joringel; Die drei Raben / Phädrus: Der Fuchs und der Rabe)

Stundenziele

Die Schüler sollen
– sich magische Elemente vergegenwärtigen (Zeitungsartikel);
– die Struktur magischen Handelns bestimmen: Lebensnöte durch Wendung an übernatürliche Kräfte bewältigen (Inserate, Hellseherspiel);
– magische Elemente im Märchen herausarbeiten (Grimm: „Jorinde und Joringel" oder „Die drei Raben");
– die typische Handlungsstruktur des Märchens an einem Beispiel herausarbeiten und die Rolle des Magischen in ihr bestimmen („Die drei Raben");
– die Handlungsstruktur der Fabel erarbeiten;
– den Unterschied zwischen der Fabel- und dem Märchentier wie auch zwischen den Handlungsstrukturen beschreiben und erklären können.

Vorbemerkungen

Der literaturwissenschaftliche Bezug des vorgeschlagenen Vorgehens ist die Unterscheidung zwischen Fabel und Zaubermärchen, dem Märchen im eigentlichen Sinn[1]. Dessen dominantes Handlungselement ist das Magische, das der Fabel abgeht. Sein Fehlen weist auf ihren engeren

---
5 Doderer (1970), 12f.

1 Vgl. 2.5

Realitätsbezug hin. Daher sollen den Schülern in einer vorgestaltenden Phase Elemente und Form magischen Handelns deutlich werden. Auf die genauere Unterscheidung zwischen *Zauberei*, einer uralten Form des Denkens und Handelns, und moderner pseudowissenschaftlicher *Magie* (Talismanologie, Astrologie!) kann im Unterricht verzichtet werden, da es hier nur auf Grundsätzliches ankommt.

Definitionen:
1. *Magie:* „Zusammenfassende Bezeichnung für Praktiken, mit denen der Mensch seinen eigenen Willen auf die Umwelt in einer Weise übertragen will, die nach naturwissenschaftlicher Betrachtungsweise irrational erscheint. [...] Derjenige, der eine magische Handlung vollzieht, vertraut auf eine ihr inhärente Macht, die eine automatische Wirkungsfähigkeit besitzt. Er beabsichtigt, die Einwirkung schädlicher Mächte fernzuhalten und/oder diese auf Gegner zu übertragen. [...]

2. *Aberglaube:* „gründet in der magischen Weltanschauung. [...] Im engeren Sinn spricht man dann von Aberglauben, wenn die magisch-animistische mit der religiösen Weltanschauung in Konkurrenz tritt."

3. *Zauber:* „ein der Magie nahestehender und von ihr oft kaum abzugrenzender Begriff der Religionswissenschaft und Volkskunde zur Bezeichnung magischer Handlungen bzw. Mittel, die durch Zuhilfenahme u. a. von Geistern, Dämonen oder unpersönlichen Kräften die Verwirklichung konkreter Ziele und Zwecke bewirken sollen. Die häufigsten Absichten des Zaubers betreffen den Schutz der eigenen Person oder die Abwehr feindlicher Macht oder eine Schadensübertragung, ferner die Förderung guten Wetters, der Liebe und Gesundheit. Zu den Zaubermitteln zählen Zauberstab, Lied, Beschwörung, Zauberformel und Zauberkreis sowie Blick und Gestus des Zauberers"[2].

---

2 Meyers Enzyklopädisches Lexikon in 25 Bänden, 9., völlig neu bearb. Aufl., Mannheim/Wien/Zürich: Bibliograph. Institut, Bd. 1 (1971), 74; Bd. 15 (1975), 434f.; Bd. 25 (1979), 619

Kinder und Jugendliche in der Pubertät besitzen in der Regel starkes Interesse für Magie. Geheime Praktiken der Lebensbewältigung üben immer auf Menschen eine besondere Faszination aus, deren Persönlichkeit noch labil und von Ängsten und Unsicherheiten bestimmt ist. Außerdem ist Magie eine kindliche Denkform, von der man sich erst vor Beginn der Pubertät bewußt absetzt[3].

Phase 1:
Einstieg: Magie heute

a) *Magische Elemente – ein Zeitungsartikel über schwarze Magie*

Der Zeitungsartikel „Schwarzer Freitag" wird vorgelesen oder projiziert (Vorlage 1).

Vorlage 1

Schwarzer Freitag

Der „Anti-Aberglauben-Klub" in New York feierte sein 13jähriges Bestehen. Die Jubiläumsfeier fand an einem Freitag, den 13., 13 Uhr statt. Bei der Begrüßung reichte man sich die Hände übers Kreuz, ließ rabenschwarze Katzen promenieren, zündete sich nur zu dritt die Zigaretten an einem Streichholz an und praktizierte sonst noch alles das, vor dem Abergläubige zurückschrecken. Ohne Schrecken ging es dennoch nicht ab: Während die Klubmitglieder fröhlich tafelten, stahl ein unbekannter Dieb aus der Garderobe 13 Mäntel, 13 Hüte, 13 Schirme und 13 Aktenmappen mit wertvollem Inhalt.

(Lutz, C., Meine Jugend, St. Gallen: Evangel. Gesellschaft, o. J., 48)

---

3 vgl. ‚Didaktische Positionen'

Im Gespräch führt die Frage nach dem ‚Gegner' (‚anti-'!) des Clubs zum *Aberglauben* und einigen seiner Erscheinungsformen, die tabellarisch an der Tafel festgehalten werden (Tafelanschrieb 1 Stundenblatt). Die Frage nach den Gründen der komischen Wirkung des Artikels erhellt seine Pointe: Scheinbar werden die Überzeugungen des Clubs, die er feierlich demonstriert, erschüttert und wird dem ‚Aberglauben' rechtgegeben. Hier nun kann übergeleitet werden zu den Erfahrungen, die die Schüler mit Magie gemacht haben: Also stimmt es doch, es gibt den Aberglauben!? – Mögliche Beispiele:
– Sprüche: Spinne am Morgen bringt Kummer und Sorgen,
– glückbringende Symbole, Praktiken: Bleigießen (Silvester), vierblättriges Kleeblatt, Hufeisen, Maskottchen,
– Zukunftsvorhersage: Horoskope (Zeitschriften, astrologischer Kalender, Würfelzucker mit Tierkreiszeichen),
– Groschenhefte: z. B. über Vampire usw.
Anhand der Beispiele wird die Tabelle (Tafelanschrieb 1, Stundenblatt) ergänzt.

b) *Das Schema magischen Handelns – Inserate in der Zeitschrift „Esotera"*

In diesem Schritt soll die Struktur magischen Handelns erfaßt und graphisch veranschaulicht werden (Tafelanschrieb 2, Stundenblatt). Sie dient als vereinfachendes Modell der Märchenhandlung (s. auch Tafelanschrieb 4). Es ist daher sinnvoll, die Tafelanschriebe 1 und 3, 2 und 4 untereinander zu ordnen.
Zwei Gruppen untersuchen in einer kürzeren Arbeitsphase je zwei Inserate aus der zeitschrift „Esotera" (s. Vorlage 2). Die Frage nach den Problemen und Hoffnungen der Inserenten führen über das tabellarische Festhalten der Schülerantworten (Tafelanschrieb 2) zu dem vereinfachenden Schema magischen Handelns („Was ist Magie?"): Sein Ausgangspunkt ist ein Lebensproblem oder gar eine Krise; sein Ziel ist die Bewältigung dieses Problems, seine Methode ist die Wendung an übernatürliche Kräfte.

Vorlage 2

Aus dem Anzeigenteil der Zeitschrift „esotera"

①
Muß mich Ende ds. Jahres einer schweren Prüfung unterziehen (Durchfallquote 60%). Gibt es Hellseher, Handleser etc., die sicher voraussagen können, ob man bei dieser Prüfung Erfolg hat? Frdl. Zuschr. unter 34/7/73 an die Schriftltg.

②
Mein einziger Sohn, 23 J., verunglückte vor 10 Monaten tödlich durch die Schuld seiner Freunde. Wer hilft mir Kontakt mit dem „Jenseits" herzustellen? Nur ernstgem. Zuschr. unter 20/12/74 an die Redaktion.

③
Welcher erfahrene Talismanologe fertigt für mich einen wirksamen, auf mich abgestimmten Talisman an? Seriöse Zuschr. und nähere Auskünfte von mir unter 35/9/74 an die Redaktion.

④
Wer kann helfen? Mutter, 84 J. alt (Raum Augsburg) leidet seit ca. 30 Jahren an schwerer ausgeprägter Platzangst, Waschzwang, Arzneiangst. Ärztliche Hilfe ohne Erfolg. Wurde mit 18 Jahren von einer Frau grundlos verflucht. Sohn bittet um Hilfe. Zuschr. mit Honorar-Angabe erbeten unter 21/1/70 an die Schriftltg.

(Aus dem Anzeigenteil der Zeitschrift esotera, Jahrgänge 1970–1975; zit. n. Schmidt, Heinz u. Jörg Thierfelder: Siebenundzwanzig Unterrichtseinheiten für den Religionsunterricht im 7./8. Schuljahr, Stuttgart: Calwer Verlag 1978, 456)

Phase 2:
Erarbeitung des Stundenthemas – die Beziehung zwischen Magie und Märchen

Spätestens jetzt muß der Zusammenhang zwischen dem Magischen und dem bisherigen Unterrichtsinhalt ‚Fabel und Märchen' geklärt werden. Die Frage, ob Magie etwas mit Märchen oder Fabel zu tun hat, wird an dieser Stelle alternativ formuliert. Die Schüler werden die bis jetzt erworbene Vorstellung von Magie noch nicht sicher zur Unterscheidung der beiden Gattungen anwenden können, doch leuchtet ihnen an diesem Punkt ein, daß Magie wohl eher dem Märchen als der Fabel zuzuordnen ist.

Die Schüler sammeln Beispiele für Magie aus bekannten Märchen an der Seitentafel (Erinnerung an „Der Dummling": Verzauberung des Schlosses). Wenn dann die Fabel als nicht hierher gehörig abgelehnt worden ist, schreibt der Lehrer das Stundenthema an die Tafel. Die Untersuchungen können beginnen.

Phase 3:
Untersuchung I – Magie im Märchen

a) Magische Elemente (Personen, Zahlen, Tiere, Pflanzen, Gesten, Formeln)

(Grimm: „Jorinde und Joringel"/„Die drei Raben")

Die Tabelle mit den Kategorien der Magie, wie sie in der ersten Phase erarbeitet wurde, wird nun fortgesetzt (Tafelanschrieb 3, unter Tafelanschrieb 1 schreiben). Die Untersuchungstexte (s. o.) muß man den Schülern vorgeben, da sie nicht in allen Zaubermärchen in gleichem Maße fündig würden und die Texte auch aus zeitökonomischen Gründen kurz sein sollen.

Eine Schwierigkeit besteht darin, das zauberische Element von dem nur phantastischen zu trennen. Sprechende Tiere wirken phantastisch, im weiteren Sinn ‚märchenhaft', doch sind sie nicht zauberisch. Wichtig festzustellen ist daher, daß die Tierfiguren der Untersuchungstexte ganz klare Funktionen erfüllen, die sie in der Fabel nicht haben (verzauberte Menschen, Boten zauberischer Kräfte). Ebenso sind die magischen Handlungen von den natürlichen Handlungen zu unterscheiden. So ist das Berühren mit der Blume in „Jorinde und Joringel" eine magische Handlung; die Wirkung eines „Hinkelbeins" als Schlüssel mutet zwar kurios an, ist aber noch als natürlicher Vorgang verständlich. Auf das Herausarbeiten dieser Unterschiede wird man etwas Zeit verwenden müssen.

b) Die Handlungsstruktur des Märchens

Zur induktiven und intensiven Erarbeitung der Handlungsstruktur des Märchens empfiehlt sich das Märchenspiel. Zumindest zwei Aufführungen sollten möglich sein. Die Schüler sind nach der häuslichen Lektüre und der Untersuchung der magischen Elemente genügend darauf vorbereitet. Fehlende Requisiten (sofern noch nicht zu Hause von den Schülern gebastelt) können jetzt noch hergestellt werden. Das Märchen macht aufgrund seiner phantastischen Elemente (Ende der Welt, menschenfressende Sonne, böser Mond, Sterne auf Stühlen, Hinkelbein bzw. Finger als Schlüssel) besonderen Spaß und entspricht dem heiteren Wesenszug der Gattung. Die einzelnen Spielszenen werden anschließend im Tafelanschrieb 4 festgehalten und mit dem Eintrag des magischen Handlungsschemas vervollständigt. Man läßt die Schüler das Tafelbild erklären. Es kommt hier auf die Erkenntnis an, daß ein Märchen einen vergleichsweise komplizierten Aufbau besitzt (Anzahl der Spielszenen, Dauer). Der glückliche Ausgang wird unter Mitwirkung von zauberischen Kräften erreicht. Hier liegt die Ähnlichkeit mit dem in Phase 1 entworfenen magischen Handlungsschema. Außerdem taucht Magie noch als Gliederungsprinzip auf: die magische Zahl „drei" bestimmt die Zahl der Stationen: Sonne, Mond, Sterne. Erst die dritte Station, in der die Sterne dem Mädchen den Weg weisen, bringt es seinem Ziel ein entscheidendes Stück näher: „Aller guten Dinge sind drei!"

Phase 4:
Untersuchung II – Handlungsaufbau und Rolle des Tiers in der Fabel
(Phädrus: „Der Fuchs und der Rabe")

Nach der Märchenstunde nun ein gleichfalls erheiternder Sprung in die Wirklichkeit – ein Rollenspiel, in dem zunächst zwei Schüler, dann die ganze Klasse mitwirken. Als Beispielfabel wurde „Der Fuchs und der Rabe" von Phädrus (Leseheft VI 12) gewählt, die personell an Grimms Märchen anknüpft (Figur des Raben). In der authentischen Fassung lesen die Schüler es jedoch erst zu Hause. Bis dahin werden sie über den Gattungscharakter des Textes im unklaren gelassen, da er ihnen nämlich in zweifacher Verfremdung präsentiert wird. Die erste Verfremdung (s. Vorlage 3) erfolgt über eine fingierte, vertraute Rezeptionshandlung: Hans liest seinem Großvater am Frühstückstisch aus der Zeitung vor. Dieser hört leider nicht mehr gut trotz eines umfänglichen Hörrohrs (zusammengerolltes Blatt Papier) und wird schnell ärgerlich, wenn man in seiner Gegenwart ‚nuschelt'. Die Rolle des Großvaters sollte ein möglichst ungenierter Schüler erhalten, da er nämlich so lange ungeduldig fragen und dazwischenrufen soll, bis er den Artikel verstanden hat. Chaos ist in diesem Unterichtsschritt produktiv und motiviert zur „Rekonstruktion des Tatvorgangs" des im Zeitungsartikel beschriebenen „Diebstahls", die anschließend von der ganzen Klasse in der Rolle von Polizeibeamten vorgenommen wird. Außerdem erschließen die Fragen des ‚Großvaters' – in bereinigter Form allerdings – den Handlungsablauf und sind wichtiges Element von Tafelanschrieb 5.

Die zweite Verfremdung (s. Vorlage 4): Der Tatvorgang ist allerdings auch merkwürdig genug, da nämlich die Identität der Täter im Sinne der Fiktion unklar bleibt. Sie gilt es erst zu ermitteln. Die Spannung auf die Identität der Figuren erhöht die Motivation, anschließend die Rolle der Tiere im Vergleich zum Märchen zu bestimmen. Zweck des verfremdenden Verfahrens ist es, die Nähe der Fabel zur Realität darzustellen und zu betonen. Außerdem führt es zum Unterrichtsinhalt der anschließenden Doppelstunde hin: eine verfremdende Collage zu einer Fabel anzufertigen.

Vorlage 3

Morgenkurier: Diebstahl im Narzissenweg

Anzeige gegen unbekannt erstattete ein Mann, der der Polizei folgenden Bericht gab: „Ich saß am Fenster und las ein Buch. Da stahl jemand den edlen Roquefortkäse, der in der Sonne noch etwas reifen sollte, setzte sich auf einen Baum und wollte ihn verspeisen. Ein anderer schlich aus dem Gebüsch hinzu und sprach folgende Worte: ‚Glanz und Farbe deiner Federn sind herrlich! Dein Blick ist unbeschreiblich! Wenn du jetzt noch singen kannst, wüßte ich niemanden, der so einzigartig wäre wie du!' – Dem von mir leider nicht erkannten Täter auf dem Baum fehlte es anscheinend an Intelligenz; jedenfalls ließ er den guten Käse los und versuchte zu singen. (Meiner Meinung nach ein schauderhaftes Gekrächze!) Der andere aber schnappte den Käse auf und war im Nu verschwunden."

Die ‚Ermittlungen' der ‚Polizeibeamten' (Nachstellen der Handlungsabschnitte durch Schüler) werden vom Lehrer an der Tafel festgehalten (Tafelanschrieb 5). Hinweise auf die Identität der Täter werden gesammelt und miteinander kombiniert (evtl. Tafelanschrieb.)

Abschließend kann der Lehrer einen zweiten kurzen Zeitungsartikel vorlesen, den Polizeibericht vom nächsten Tag:

Vorlage 4

Morgenkurier: Aufklärung des mysteriösen Diebstahls

Die polizeilichen Ermittlungen im Fall des am Vortag berichteten Diebstahls im Narzissenweg ergaben eindeutig, daß es sich bei den Tätern um zwei Tiere handelte: einen Raben und einen Fuchs. Der empörte Mann mußte seine Anzeige zurückziehen.

Hausaufgabe:

1. Lies die Fabel „Der Fuchs und der Rabe" von Phädrus (Leseheft VI 12) und übe, sie vorzutragen.
2. a) Worin unterscheidet sich das Tier in der Fabel vom Tier im Märchen?
   b) Wie unterscheidet sich der Handlungsaufbau der Fabel von dem des Märchens? (Stichworte!)
3. Wir basteln eine Collage-Illustration. Bringt Fotos (TV-Magazine, Comics, Werbebroschüren, Illustrierte) sowie Vorlagen für Tierzeichnungen (Bilderbücher usw.), außerdem Schere, Kleber, Buntstifte mit.

13./14. Stunde:
Wir ‚ver- und entzaubern' Fabeln – Fabeln in Märchen umschreiben, verfremdende Collagen zu Fabeln erfinden
(Grimm: Der Fuchs und das Pferd)

Stundenziele

Die Schüler sollen
– ihre Erkenntnisse über die Rolle der Tiere in der Fabel und im Märchen und die unterschiedliche Handlungsstruktur beschreiben und erklären;
– sie gestalterisch umsetzen, indem sie eine Fabel in ein Märchen umschreiben;
– den Realitätsbezug der Fabel mittels verfremdender Collagen darstellen.

Vorbemerkungen

„Der Fuchs und das Pferd" (Leseheft I 8) nimmt eine Zwitterstellung zwischen den beiden Gattungen ein; das Zauberelement fehlt vollständig, der glückliche Ausgang weist aufs Märchen hin, jedoch wird er nur mit irdischen Kräften (List des Fuchses) herbeigeführt. Den Schülern gegenüber ist es daher gerechtfertigt, den Text als eine Art Fabel einzuführen und lediglich feststellen zu lassen, daß der Ausgang nicht typisch ist[1]. Für die geplante ‚Gattungsumwandlung' ist der Text deshalb geeignet, weil die ‚Angriffsfläche' genau bestimmbar ist. Der Anfang kann sowohl in einer Fabel als auch in einem Märchen stehen; das Ende ist eher typisch für ein Märchen; der Mittelteil erfordert Veränderungen.

In der anschließenden Phase, in der die Schüler eine verfremdende Collage zu ei-

---
1 vgl. 2.5

ner Fabel entwerfen, soll die Art der Gestaltungsaufgabe den engen Realitätsbezug der Gattung Fabel deutlich machen. Hierüber wird, ohne daß die Schüler diesen Aspekt sprachlich-begrifflich bestimmen müssen, der Charakter der Fabel als vereinfachendes Denk-Modell deutlich, dessen uneigentliche Darstellung menschlichen Handelns im Handeln von Tieren komische Effekte erzielt (in Klasse 10 steht dieser Aspekt dann im Mittelpunkt der Unterrichtseinheit). Nebenbei führt das Vorgehen auch dazu, die Technik des Karikierens von Situationen vom Ansatz her zu begreifen: daß nämlich Tendenzen, die in der Situation wahrnehmbar sind, einseitig überspitzt und überzogen werden. Geeignet für dieses Vorhaben sind die Fabeln vom Frosch und Ochsen und vom Fuchs und Raben, die erfahrungsgemäß von den Schülern dieser Jahrgangsstufe leicht mit vielen ihnen vertrauten Situationen in Verbindung gebracht werden. Doch kann man den Schülern die Wahl der Fabelvorlage freistellen.

Das Ausgangsmaterial (TV-Magazine usw.) eignet sich deshalb gut für diese Gestaltungsaufgabe, weil die Schüler an ihrer Fernseherfahrung anschließen können, an ihren Anti- und Sympathien gegenüber Fernsehhelden, denen oft fabelträchtige Typisierungen zugrundeliegen. Verfremdende Collagen erfinden heißt daher nichts anderes, als diese Typisierungen ins Fabelmodell zu übertragen und dadurch bewußter zu machen.

Unterrichtsverlauf

Phase 1:
Vergleich Fabel – Märchen: Handlungsaufbau, Rolle des Tiers (Hausaufgabe)

Der Vortrag der Fabel von Phädrus zu Beginn der Stunde stellt exemplarisch noch einmal die Gattung mit ihren Besonderheiten vor, die jetzt im Vergleich mit dem Märchen zusammenfassend beschrieben werden, wobei von den häuslichen Überlegungen der Schüler ausgegangen wird. Der Tafelanschrieb (s. Tafelanschrieb 1, Stundenblatt) bringt die Ergebnisse der Schüler, die zugleich Ergebnis der ganzen Unterrichtseinheit sind, in eine kurze einprägsame Unterrichtstabelle. Das Nennen und Erklären der einzelnen Gesichtspunkte dürfte den Schülern keine Schwierigkeit mehr machen. Sie werden außerdem in dieser Doppelstunde in Gestaltungsübungen noch vertieft.

Für das Erfinden von Collagen sollten die Schüler TV-Magazine, Werbebroschüren, auch Comics (Superman!) mitbringen, dazu Schere, Vorlagen für Tierzeichnungen, die sie bereits für die fünfte Stunde zusammengesucht hatten; außerdem Tonpapier zum Aufkleben der Collagen.

Phase 2:
Wir verzaubern eine Fabel – eine Fabel in ein richtiges Zaubermärchen umschreiben (Grimm: „Der Fuchs und das Pferd")

Die Angriffsfläche für mögliche Veränderungen wird – nach gemeinsamer Lektüre und Überlegung – an der Tafel graphisch veranschaulicht (s. Tafelanschrieb 2, Stundenblatt). Die Schüler sollen die für das Märchen wichtige Dreiteilung im Text markieren (Unterstreichen mit drei verschiedenen Farben) und dann Mittel der ‚Verzauberung' vorschlagen (Hinweis auf die Tabelle „Magische Elemente im Märchen").

Die Ausarbeitung und Umsetzung der Vorschläge geschieht am besten in Einzelarbeit. Der Phantasie der Schüler sollte man keine unnötigen Beschränkungen auferlegen. In dem hier abgedruckten Beispiel ist zwar der glückliche Schluß prinzipiell beibehalten, doch zeigt er, wie das

Bearbeiten eine Eigengesetzlichkeit entwickelt, die sozusagen selbstverständlich Ideen zur Variation des Schlusses hervorbringt. Darauf kommt es auch an. Der atmosphärisch-emotionale Kontrast zwischen dem so erfundenen Zaubermärchen und der Fabelvorlage soll erfahren werden.

Schülerarbeit:
Das Märchen vom alten Pferd

Es hatte ein Bauer ein treues Pferd, das war alt geworden und konnte keine Dienste mehr tun. Da wollte ihm sein Herr nichts mehr zu fressen geben und sprach: „Brauchen kann ich dich freilich nicht mehr, indes zeigst du dich noch so stark, daß du mir einen Löwen hierher bringst, so will ich dich behalten, jetzt aber mach dich fort aus meinem Stall", und jagte es damit weit ins Feld. Das Pferd war traurig und ging nach dem Wald zu, dort ein wenig Schutz vor dem Wetter zu suchen. Da kam es an einen Fluß; in diesen war ein Fuchs gefallen und drohte zu ertrinken. Er rief laut um Hilfe. Das Pferd trabte hinein, legte sich hin und der Fuchs konnte auf seinen Rücken klettern und ans Ufer springen. Da sagte er: „Weil du mir geholfen hast, will auch ich dir helfen. Geh' drei Tage flußaufwärts. Am dritten Tag wirst du an einen Turm kommen, in den geh hinein!" Das Pferd tat, was der Fuchs ihm geraten hatte und ging drei Tage flußaufwärts. Endlich kam es an den Turm. In diesem lag ein Löwe gefangen. Der Löwe brüllte laut um Hilfe und versprach, ihm jeden Wunsch zu erfüllen. Das Pferd zerbiß die Fesseln und der Löwe sprang auf seine Füße. Nun erzählte ihm das Pferd, was sein Herr von ihm verlangt hatte. Der Löwe sprach: „Binde mir mit deinem Schwanz meine Füße zusammen, dann lege den Pfahl, an den ich gebunden war, dazwischen und ziehe mich vor das Haus deines Herrn!" Das Pferd tat, was der Löwe geraten hatte, und so kam es vor das Haus seines Herrn. Der Herr trat heraus und staunte, daß das Pferd ihm tatsächlich einen Löwen gebracht hatte. Doch dann wurde er böse, griff zu einem Stock und rief: „Ein altes Pferd will ich nicht in meinem Stall, scher' dich fort!" Da verwandelte sich der Löwe in einen Prinzen, der Pfahl aber in seinen Hofstaat mit vielen Dienern. Diese jagten den Mann mit Schimpf und Stockhieben davon. Das Pferd aber erhielt den schönsten Platz im Schloßstall, jeden Tag Hafer, soviel es wollte, und ein Knecht bürstete ihm täglich das Fell.

Phase 3:
Wir ‚entzaubern' Fabeln – eine verfremdende Collage zu einer Fabel entwerfen

Der Lehrer schreibt den Satz „Wie ‚entzaubert' man eine Fabel?" an die Tafel und die Schüler machen Vorschläge. Tafelbild 3 (s. Stundenblatt), das nun Schritt für Schritt entsteht, gibt Hilfestellung. Es vergegenwärtigt optisch die Zwitterstellung der Fabel zwischen dem Zauberreich und der Wirklichkeit und veranschaulicht graphisch noch einmal das Umschreiben der Fabel in ein echtes Märchen.
Ausgehend von dem Element, das in der Fabel die mögliche Verwechslung mit einem Märchen hervorrufen kann, nämlich den sprechenden Tieren, wird nun überlegt, wie man es stärker zurückdrängen und aufzeigen kann, wer ja eigentlich hinter den Tieren steht: der Alltagsmensch und nicht – wie im Märchen – ein verzauberter Mensch. Der Lehrer kann hier auch an die Zeichnungen erinnern, die die Schüler von „Szenen des Fabeltheaters" gemacht haben (5. Stunde) und ihnen Abbildungen gegenüberstellen, auf denen Alltagsmenschen zu sehen sind: Fotografien.
Hierzu schauen sich die Schüler die Illustration zu Krylows Fabel von der Katze und der Nachtigall an. Man läßt die Schüler Kleidung und Interieur beschreiben: Frack mit Nachtigallenkopf und -füßen, eine ordensgeschmückte Uniform mit Katzenkopf, die in einem prächtigen Sessel hinter einem dazu passenden Schreibtisch sitzt. Die Schüler rufen sich die Fabel noch einmal in Erinnerung und versuchen, diese Illustration zu deuten. Ein hoher Amtsträger, vielleicht Minister, der einen

Künstler, Schriftsteller erwürgt, an der Ausübung seiner Arbeit hindert? – Man kann hier kurz von der Pressezensur in einigen diktatorischen und totalitären Ländern erzählen. „Erwürgen" erhielte in diesem Rahmen die Bedeutung von „mundtot machen". Wenn die Technik der Illustration den Schülern klar geworden ist, die besondere Art der Verbindung von Menschen- und Tierdarstellung, können eigene Versuche zu derartigen Darstellungen unternommen werden.

Die Ergebnisse der Schüler werden entweder an die Tafel gehängt oder (Farbfotos, farbig gezeichnete Elemente!) über Epidiaskop gezeigt. Im Gespräch sind eindeutige Richtig-Falsch-Zuweisungen fehl am Platz. Die Collagen beruhen auf individuellen Assoziationen, die die Schüler dazu veranlaßten, einzelne Fotos mit den ihnen bekannten Fabeln zu verbinden. Ziel ist, daß die Schüler Fabeln als eine Art humoristische Denkhilfe begreifen und ihre Möglichkeiten erproben.

Im Besprechen vergleichen sie ihre Assoziationen zu den Bildern, wie sie in der Collage zum Ausdruck kommen, mit denen ihrer Mitschüler.

Grundprogramm II:
Rangstreitigkeiten – Variieren und Erfinden von Fabeln (Klasse 5/6)

1./2. Stunde:
Wie kurz kann eine Fabel sein? – Reduzieren einer aufgeblähten Variante
(Lessing: Das Roß und der Stier / La Fontaine: Die Grille und die Ameise)

Stundenziele

Die Schüler sollen
– die Typik der Tiere und die Lehre einer Fabel bestimmen („Das Roß und der Stier");
– die notwendigen von den nur schildernden Elementen in dieser Fabel unterscheiden;
– die sprachökonomische Funktion der Fabeltiere erkennen;
– eine möglichst kurze Fassung dieser Fabel herstellen;
– sich dazu die sprachökonomische Funktion von Pronomina und Präpositionalobjekten klar machen;
– die Wirkungen (Klarheit, inhaltliche und rhythmische Betonung) von unterschiedlichen Formulierungsweisen beurteilen;
– eine weitere Fabel hinsichtlich Tiertypik und Lehre interpretieren (La Fontaine: „Die Grille und die Ameise").

Vorbemerkungen

Diese Doppelstunde dient zunächst einer sprachlich-gedanklichen Konzentrationsübung und führt in ihrer letzten Phase zur anschließenden Doppelstunde hin, in der die Schüler Maughams Erzählung „Ameise und Grille" interpretieren und danach La Fontaines Fabel „Die Grille und die Ameise" (Leseheft VI 8) erzählungsadäquat variieren. Vorher soll La Fontaines Text selbst betrachtet werden aus folgenden Überlegungen:
– Die Sympathie des Erzählers in Maughams Geschichte für den Typ des Lebenskünstlers (Grille) wird anschließend verständlicher. In der verkürzenden Wiedergabe der Fabel zu Beginn der Erzählung erhält sie eine moralische Tendenz, die gerade bei La Fontaine fehlt.
– Die Schüler sind freier im Assoziieren, im Auffinden analoger Menschentypen aus ihrem Erfahrungsbereich. Maughams Gestalt des Tom ist bereits eine starke Festlegung und Individualisierung der Grille-Figur. Außerdem besitzt sie negative Züge – sie ist erpresserisch –, die die Schüler in diesem Alter zu einseitigem Moralisieren herausfordern würden.

Unterrichtsverlauf

Vorphase:
Motivation – Projekt: Fabelbuch

Man schlägt den Schülern zu Beginn vor, daß sie selber Fabeln schreiben und ein Fabelbuch herstellen sollen. Die Schüler nennen Schwierigkeiten, die sie bei diesem Projekt befürchten. Man erklärt ihnen, daß man Fabelschreiben erlernen könne und wie man sich das vorstellt. Man erzählt auch, daß es früher nicht nur Malschulen, Bildhauerschulen usw. gegeben habe, sondern auch Dichterschulen, in denen man das Dichten fast wie ein Handwerk habe erlernen können. Wenn man gemeinsam zusammengetragen hat, was wohl alles zu einer Fabel gehört, stellt sich heraus, welche handwerkliche Technik man als erste erlernen müsse – das Wegkürzen aller überflüssigen Wörter: „Jedes Wort muß notwendig sein; keines darf zu viel sein!"

Phase 1:
Vergegenwärtigung des Textes:
Lessing: „Das Roß und der Stier" (aufgeblähte Variante, Leseheft II1)

Die sprachliche Redundanz dieses Textes ist für Schüler der Orientierungsstufe gut zu erkennen. Er wird nun vom Lehrer vorgelesen. Ein Unterrichtsgespräch läßt sich z. B. über die Frage „Wer von beiden hat recht, das Roß oder der Stier?" in Gang bringen. Man müßte darauf achten, daß der im Stier verkörperte Standpunkt nicht vorschnell abgewertet wird. Indem die Schüler analoge Beispiele, ‚Belege' für ihr Urteil suchen, sind sie indirekt dazu angehalten, die Typik der Tiere zu bestimmen: Das Pferd gilt gemeinhin als stolz, klug (im Widerspruch zu den biologischen Tatsachen); in der vorliegenden Fabel erweist es seine Überlegenheit gerade dadurch, daß es seine Stärke nicht gegen Schwächere ausspielen muß. Es gilt als Freund des Menschen. Der Stier nun ist Sinnbild blinder Gewalt und muß immer zeigen, daß er der Stärkere ist. Er geht auf jeden los, auch auf ein kleines Kind. Dadurch wirkt er zwar furchterregend, aber auch lächerlich und wird zum Spielball der Klügeren. Das Stichwort ‚Stierkampf' könnte in diesem Zusammenhang auf andere Wettkämpfe überleiten, die die meisten Schüler gut kennen: Wer von ihnen arrangiert nicht lieber einen Wettstreit mit Gegnern, die ihm den Sieg gewiß machen? Wer läuft nicht lieber gegen Kinder, von denen er weiß, daß sie langsamer sind? Wer prahlt nicht gern mit seinen Erfolgen gegenüber schwächeren Schülern? Der Ton des Moralisierens, der schuldbewußten Selbsterkenntnis läßt sich vermeiden, wenn herauskommt, daß jeder die Rolle des Stiers sowohl als Täter denn auch als Opfer kennt. Die Funktion der Fabel, schlaglichtartig Verhaltensschablonen zu erhellen, die sich bei näherem Hinsehen in vielen Lebensbereichen finden lassen, wird so gleich zu Beginn der Behandlung deutlich gemacht.

Neben die Meinung der Schüler wird man – gleichgewichtig – nun auch die mögliche Meinung des Autors stellen. Wessen Standpunkt wird er besser finden? Warum wohl den des Pferds? – Eine explizite Lehre ist ja nicht formuliert, doch ist die Tendenz greifbar: Das Roß behält das letzte Wort; unvorstellbar, daß hierauf dem Stier noch etwas Kluges einfallen könnte; er ist quasi ‚geschlagen'.

Die Schüler versuchen, die Meinung („Lehre") kurz zusammenzufassen, wobei man sie nicht sprachlich überfordern sollte. Etwa: Es ist keine Kunst, einen Schwächeren zu besiegen!

Phase 2:
Reduzieren der Fabel: Planung – Durchführung

Reduktion der Geschichte setzt Erfassen von Figurenkonstellation, Aussageabsicht und Handlungsgerüst voraus. Die Schüler brauchen Kriterien, um die Notwendigkeit oder die Redundanz von Textaussagen zu beurteilen.

Hierzu wird, in Anlehnung an ein Tafelbild von Programm I (11./12. Stunde: letzte Phase) das Handlungsgerüst an der Tafel festgehalten (s. Stundenblatt). Die Schüler fassen das Notwendige zusammen, bevor sie sich an die verwirrende Vielfalt der Textaussagen machen. Erst dann stellen sie diese Gliederung am Text selbst fest (am Tafelrand gliedern!) und unterstreichen alle notwendigen Aussagen. Die gemeinsame Auswertung (Overheadprojektion: zwei übereinandergelegte Folien) macht bisherige Vermutungen anschaulich: Abschnitt 1 und 2 sind stark kürzungsbedürftig, in Abschnitt 3 und 4 müßte die Rede ‚schlagfertiger' gemacht werden. Bei der Feststellung der Notwendigkeit von Textaussagen gibt die Typik der Tiere den Schülern einen brauchbaren Schlüssel in die Hand. Die Vorstellungen, die ein Stier z. B. bereits ohne Nennung weiterer Attribute hervorruft, erübrigen viele der im Text gemachten Aussagen und erweisen diese als bloß schildernde Elemente (z. B. „erregt", „stampfen", drücken nur Angriffslust aus, die mit dem Begriff von ‚Stier' zusammenfällt). Die sprachökonomische Funktion des Fabeltiers läßt sich so nebenbei deutlich machen.

Die Bahn ist nun frei für den Wettstreit um die kürzeste Fabel! Bei der Auswertung der Schülerergebnisse sollte man längere Zeit auf die Beurteilung von Notwendigkeit und Wirkung der unterschiedlichen Formulierungen verwenden. Hierbei wird auch die Bestimmung der Satzarten, der sprachökonomischen Funktion der Pronomina und der Präpositionalobjekte notwendig sein und sich für die Schüler als notwendige Analysearbeit einsichtig machen lassen.

Ein häufiger grundsätzlicher Fehler in dieser Phase des Übens: Die Schüler schreiben nur das Handlungsgerüst auf. Man klärt dieses Mißverständnis auf, indem man sich auf das Theatermodell bezieht: Die Fabel muß lebendig, spannend, ‚bühnenwirksam' trotz Kürze sein! Hier wird die Rolle des Dialogs einsichtig: als ‚hörbare', ‚atemlose' Vergegenwärtigung des ‚dramatischen' Vorfalls.

Phase 3:
Vergleich mit dem Original–Lessing: Das Roß und der Stier

Zuletzt wird diese Fassung in die Diskussion um die Wirkungen der unterschiedlichen Formulierungsweisen eingebracht:

Das Roß und der Stier

Auf einem feurigen Rosse flog stolz ein dreister Knabe daher. Da rief ein wilder Stier dem Rosse zu: „Schande! Von einem Knaben ließ ich mich nicht regieren!"
„Aber ich", versetzte das Roß. „Denn was für eine Ehre könnte es mir bringen, einen Knaben abzuwerfen?"

Ihre Wirkung nun ist frappierend. Den Schülern dürfte sofort die Ähnlichkeit mit einem Witz auffallen. Sie wäre zu begründen aus der Beschränkung des Geschehens auf Rede und Gegenrede, wobei beide besondere ‚Schlagkraft' besitzen. Man macht die ‚Probe aufs Exempel' und überprüft, ob etwas zuviel oder zuwenig gesagt ist. Warum beispielsweise kann Lessing auf Orts- und Zeitangaben verzichten? Warum andererseits gibt er den Tieren und dem Knaben Attribute, die doch nicht unbedingt notwendig sind: „feuriges" Roß, „wilder" Stier? Wegstreich- und Umstellproben machen die Überlegtheit und Geschliffenheit dieser Sprache bewußt: Rhythmus und Betonung, gezielte Hervorhebung einzelner Merkmale ergeben eine prägnante, wirkungsvolle Einheit. Die eigenen Versuche haben die Schüler genügend sensibilisiert, um die Ausdruckskraft dieser wenigen Zeilen zu erfassen. Damit sie auch als Vorbild für die weitere Arbeit zur Verfügung stehen, lernen sie die Schüler zu Hause auswendig.

Phase 4:
Interpretation der Fabel „Die Grille und die Ameise" von La Fontaine

Nach Lehrervortrag und Spontanäußerungen der Schüler geht man vom Schluß dieser Fabel (Leseheft VI 8) aus. Er läßt zwei Deutungen zu: 1. Die Ameise meint ihren Vorschlag ernst, indem sie das Tanzen als denkbare Erwerbsquelle im Winter sieht. 2. Er ist höhnisch gemeint: tanzen = zittern vor Hunger und Kälte. Die erste Möglichkeit regt die Phantasie an, die Fabel fortzuerzählen, einen ganzen Winter lang weiter ... (vgl. Born, Leseheft VI 9) und bereitet auf die Gestaltungsaufgabe am Ende der 4. Stunde vor. Die zwei möglichen Deutungen (Tafelanschrieb, Stundenblatt) werden nun in Partnerarbeit überprüft. Die erste Frage (Würdet ihr der Grille etwas leihen?) fordert zu persönlicher Stellungnahme auf, zielt darüber auf die Beurteilung der Eigenschaften der Grille. Die zweite Frage (Was läßt darauf schließen, daß die Ameise ihren Vorschlag höhnisch meint?) knüpft direkt an die inzwischen wahrscheinlichere zweite Deutungsmöglichkeit an, für die die Schüler die sparsamen ‚Indizien' suchen sollen (vgl. Tafelanschrieb): Die Ameise haßt das Verleihen „wie manche lieben Leute" – Sie haßt im Verleihen die Hinwendung an andere, ist egoistisch knauserig. „Was hast du im Sommer denn getrieben?" – Die Frage ist bereits abfällig gestellt („getrieben") und so Ausdruck ihrer mangelnden Bereitschaft, der in der Grille verkörperten Lebenseinstellung zuzustimmen.

Hausaufgabe:

1. Auswendiglernen von Lessings Fabel „Das Roß und der Stier"
2. Gib je ein Beispiel (aus deinem Verwandten-, Nachbar- oder Freundeskreis, selbstverständlich anonym!) für die typische Haltung, die die Fabel La Fontaines am Beispiel der Grille bzw. an der Ameise zeigt.

3./4. Stunde:
Wie muß ich eine Fabel ändern, damit sie mit dem Leben übereinstimmt? – Variieren einer bekannten Fabel
(Maugham: Die Ameise und die Grille)

Stundenziele

Die Schüler sollen

– Beispiele aus ihrem Leben für die in der Ameise bzw. Grille skizzierten Typen suchen und beschreiben;
– die Geschichte Maughams im Hinblick auf die Parteilichkeit des Erzählers und die Charaktere der Brüder interpretieren;
– die Gemeinsamkeiten und Unterschiede zwischen der Fabel La Fontaines und der Geschichte Maughams bestimmen;
– ausgehend von diesen Unterschieden die Fabel variieren;
– im Gestalten zwei Merkmale der Fabelgattung in besonderem Maße begreifen: ihre Variierbarkeit und ihre Modellfunktion;
– die Technik des Pointierens üben.

Vorbemerkungen

Mit der Einbindung einer Fabel in die Lebensgeschichte zweier Brüder erschließt die Erzählung Maughams (Leseheft VI 6) im Unterricht wichtige Gattungsmerkmale der Fabel:
– den Realitätsbezug der Gattung („Sitz im Leben"),
– ihre modellhafte Reduktion der komplexen Wirklichkeit,
– die ökonomische Funktion der Tiere,
– ihre verfremdende, uneigentliche Weise der Darstellung menschlichen Ge-

schehens durch ein Geschehen unter Tieren,
- ihre agonale Figurenkonstellation (zwei feindliche Brüder),
- die Veränderbarkeit der Gattung: Der Text läßt sich als verhüllte Aufforderung zum „Spiel mit der Tradition" lesen.

Auf dem Weg zum selbständigeren kreativen Umgang mit der Textsorte stellt das Variieren einen sinnvollen Zwischenschritt dar. Grundsätzlich wird hier die Methode der Linearinterpretation vorgeschlagen: Die Erzählung wird abschnittweise gelesen und besprochen, wobei die Arbeitsformen variieren: gemeinsames Lesen und Besprechen – Stillektüre mit Arbeitsaufträgen – gemeinsames Spekulieren über den Schluß – Variieren der zugrundeliegenden Fabel in Einzelarbeit. Der Vorteil dieses Verfahrens: Es regt den Schüler zu einer aktiven Lesehaltung an, erschließt ihm die Vielfalt der Perspektiven, unter denen das Geschehen gesehen werden kann, und stimuliert so die Phantasie als Voraussetzung für das nachfolgende Umgestalten der Fabel.

Unterrichtsverlauf

Phase 1:
Hausaufgabe

Die Hausaufgabe (Aufgabe 2) sollte den Schülern den Problemhorizont erschließen helfen. Die Vielzahl von Assoziationen zum Typ der Ameise und Grille, die die Schüler mobilisieren, geben auch Impulse, sich Veränderungen an der Fabel vorzustellen.

Phase 2:
Maugham: Die Ameise und die Grille – Interpretation

a) *Die Parteilichkeit des Erzählers*

Der Text wird bis „... Vernunft Ausdruck zu verleihen" gelesen und nach der Verteilung von Sympathie und Antipathie des Erzählers gegenüber Grille und Ameise befragt. Die für dieses Alter schwierige ironische Diktion dieses Abschnitts bedeutet nach der selbständigen Interpretation der Fabel La Fontaines in der vorangegangenen Stunde für die Schüler keine Verstehenshürde.

b) *Die Charaktere von George und Tom und die Analogie zur Fabel*

Nach der Lektüre (bis „... Georg zahlte!") äußern die Schüler ihre spontanen Eindrücke von den beiden Brüdern. Sie werden sich vermutlich bereits auf die Widersprüchlichkeit zumindest der Gestalt Toms beziehen. Um sich ein Bild von seinem Charakter machen zu können, lesen die Schüler den Abschnitt nochmals still für sich und unterstreichen die Stellen, an denen wichtige Aussagen über Tom, aber auch über George gemacht werden. Diese werden an der Tafel gesammelt und dabei in der vorgeschlagenen Weise zugeordnet (Tafelanschrieb 1, Stundenblatt). Zentrale Aussage, die die Widersprüchlichkeit von Tom auf einen Nenner bringt: „charmant und skrupellos". Diesen Adjektiven werden die anderen Aussagen untergeordnet. Die Widersprüchlichkeit von George ist hier noch verdeckter und für die Schüler noch nicht so klar zu erkennen. Doch deutet sich die Fragwürdigkeit seiner Haltung als „Ehrenmann" hier schon darin an, daß er aus Angst um seinen Ruf erpreßbar wird. Der scheinbar Unbestechliche, den „Verführungskünsten" seines Bruders „Unzugängliche" zahlt, wenn es um seine Karriere geht. Auch die Analogie zur Fabel, die die Schüler nun herstellen, wirft bereits die Frage nach der weniger ‚ehrenhaften' Seite in seinem Charakter auf. Die Analogie zwischen Fabel und Geschichte („ein Fall im Leben") wird graphisch im Tafelbild veranschaulicht. Mit Farbe umkreist man die Punkte, an denen sie nicht aufgeht. Dazu gehört hier die ‚skrupellose' Seite von Toms Charakter, später der Schluß. Die farbig umrandeten Aspekte stellen gewissermaßen die Felder im Leben dar, die das alte Fabelmodell nicht richtig erfaßt und die daher in ein abgewandeltes Modell zu ‚übersetzen' wären.

c) Die Charaktere von Tom und George – Vertiefung

Grundsätzliche Komponenten im Bild der beiden Brüder sind so bereits umrissen und stehen an der Tafel; die Schüler vertiefen dieses Bild in selbständiger Lektüre, nach der sie Fragen stichwortartig beantworten.
Bei der Auswertung ihrer Überlegungen wird das Tafelbild entsprechend ergänzt. In diesem Abschnitt treten die Charakterzüge der beiden Brüder besonders plastisch hervor:
Bei *Tom* sowohl das Erpresserische (Affäre „Cronshaw") als auch das Charmante in seinem Verhalten v. a. gegenüber dem seinen „Verführungskünsten" sehr zugänglichen Erzähler. Auffällige Paradoxie: „Bei jedem Fünfzigpfundschein, den ich ihm lieh, hatte ich das Gefühl, eigentlich sein Schuldner zu sein."
Bei *George* sowohl seine äußere „Untadeligkeit" als auch seine geistig-seelische Enge. Zentrale Stelle ist hierfür die düstere Prognose, die er der Zukunft seines Bruders stellt, und die Freude, mit der er ihrer Erfüllung entgegensieht. Hier geht die Analogie mit der Ameise auf: Kein Verständnis für die Lebensart seines Bruders, nur Eifersucht und schließlich schlecht kaschierte Rachegefühle. Wie der Erzähler hat man jedoch mit ihm – im Unterschied zur Ameise – Mitleid, hervorgerufen durch sein strenges Leben, vorzeitiges Altwerden als dessen Ausdruck und sein Ausgenütztwerden.

d) Spekulieren über den möglichen Ausgang der Geschichte und Vergleich der Erwartungen mit dem tatsächlichen Ende

Der Platz für den Schluß ist an der Tafel noch frei. Die nächstliegende, allerdings im Hinblick auf die bereits festgestellten Unterschiede zur Fabel auch platteste Möglichkeit, ihn auszufüllen, ist die Erfüllung von Georges Prognose, die dem Ende der Fabel entsprechen würde. Andere Möglichkeiten: Toms Charme erlischt tatsächlich, damit verringern sich seine „Einkünfte"; vielleicht greift er zu noch übleren Erpressungsmethoden gegenüber seinem Bruder, oder er begeht einen Diebstahl, kommt diesmal tatsächlich ins Gefängnis, ohne daß sein Bruder es verhindern kann, und bringt so George in eine peinliche Situation. Diese Variante würde zu der Eingangssituation passen, in der der Erzähler George düster im Restaurant sitzend antrifft (Tafelanschrieb). All diese Möglichkeiten lassen sich in irgendeiner Form auch auf der Fabelebene gestalten, so daß man auf diese Phase des Spekulierens nicht verzichten sollte.
Der Schluß wird gelesen, die Erwartungen werden mit dem tatsächlichen Ende verglichen. Der glückliche Ausgang für Tom, die Enttäuschung der Erwartungen Georges, das brüllende Gelächter des Erzählers fordern zu Parteinahme und zur Diskussion heraus. Hauptsächlich interessiert die Schüler die Frage, inwieweit Tom dieses Glück verdient hat. Hinter ihr steht

eine gewisse Betroffenheit, die der Schluß bei ihnen hinterläßt. Er rührt nämlich an ihre bisherige grundsätzliche Lebensorientierung, und ihre Meinungen drücken aus, inwieweit ihnen Fleiß, Anpassung, Fügsamkeit als Garanten eines erfolgreichen Lebens gelten oder sie sich von Widerstand gegenüber elterlichen und schulischen Anforderungen ebenfalls Chancen versprechen. Die einen betonen in der Regel die negativen Aspekte in Toms Charakter: das Erpresserische, das ‚Schmarotzertum', das unverdiente und unverschämte Glück eines, der sich so ‚durchmogelt' und ‚durchfüttern' läßt; die anderen differenzieren, indem sie sich von dieser Seite absetzen und die positiven Seiten herausstreichen – seinen Charme und seine Lockerheit, seine Fähigkeit zu Lebensgenuß.

Hier nun ist die Diskussion bei der Frage angelangt, inwieweit Toms Schicksal typisch und verallgemeinerungsfähig ist.

Phase 3:
Variieren einer tradierten Fabel

a) Beurteilung der Verallgemeinerungsfähigkeit von Toms Schicksal

Diese Frage nach dem Typischen im Lebensweg der beiden Brüder ist insofern notwendig, als sie das Variieren der Fabel La Fontaines zu einer neuen Fabel eigentlich erst rechtfertigt. Ziel ist, eine Fabel zu schreiben – und eine Fabel ist nie Modell der Ausnahme, sondern des typischen Falls. Die Schüler sollen auch in dieser Doppelstunde, in der sie die Technik des Variierens erlernen, nicht aus dem Auge verlieren, daß die Fabel eine allgemeingültige Einsicht, Lehre, Wahrheit – die Begriffe braucht man noch nicht gegeneinander abzugrenzen – vermittelt. Diese gilt es nun als Einstieg ins eigene Gestalten zu formulieren, wobei der Lehrer Hilfen geben muß. Da sich der Bildteil einer Fabel nie in einer einzigen Lehre erschöpft, sind mehrere denkbar; z. B.:

Lehren bei La Fontaine:
Lockerheit und Lebensfreude gehen an der Knauserigkeit (Engstirnigkeit) anderer zugrunde.
Fleiß wird belohnt und Leichtfertigkeit bestraft.

Lehren bei Maugham:
Lockerheit und Lebensfreude finden immer Freundschaft und Unterstützung.
Wer sich heiter und ungeniert durchmogelt, bringt es manchmal weit im Leben.
Wer nur für die Arbeit lebt, hat das Nachsehen.
Lebe heute und denke nicht an morgen!

b) Variieren der Fabel La Fontaines

Mit dem Hinweis auf die umrandeten Felder (Tafelanschrieb) wird die Stundenfrage („Wie muß ich eine Fabel ändern, damit sie zum Leben paßt?") an die Tafel geschrieben. Nun haben die Schüler Gelegenheit, ihre Ideen umzusetzen.
Die Ergebnisse werden vorgelesen und die ‚Lösungen', die der jeweilige Schüler für die Aufgabe der ‚Übertragung' des ‚Lebens' in eine Fabelhandlung gefunden hat, beschrieben und beurteilt.

Hausaufgabe:

Zur Übung der Technik des Pointierens (s. 1./2. Stunde) sollen die Schüler ihre Fabeln überarbeiten und v. a. auf sprachliche Redundanz achten. Ein Hinweis auf die Arbeitsweise vieler Dichter, die so lange an ihren Sätzen feilen, bis sie ihnen schließlich gefallen, schafft zusätzliche Motivation.

Zwei überarbeitete Ergebnisse:
(1. Variation des Endes)
Eine Grille hatte den ganzen Sommer hindurch gesungen. Da nun der Winter kam, litt sie große Not. Sie ging zu ihrer Nachbarin Ameise und bat sie inständig um ein Stück Brot. Die Ameise aber haßte das Verleihen und fragte: „Was hast du denn im Sommer getrieben?" Die Grille antwortete: „Ich habe Tag und Nacht alle durch meinen Gesang erfreut." Da sagte die Ameise: „Durch dein Singen? Sehr erfreut! Weißt du was, dann tanze jetzt!" Traurig ging die Grille weiter und traf vor dem Bienenstock eine alte Bekannte. Mit ihr hatte sie im Sommer um die Wette gezirpt und gesummt. Die Biene nahm sie am Vorderbein, zog sie herein und gab ihr aus den Waben ganze Töpfe mit Honig, die weit bis in den Sommer reichten.

(2. Variation des Charakters und des Endes)
Die Grille litt im Winter bittere Not. Da ging sie zur Ameise und bat sie um Brot. Diese fragte sie, was sie im Sommer getrieben hätte. Als sie hörte, daß die Grille nur gesungen hatte, sagte sie höhnisch: „Weißt du was, dann tanze jetzt!" und knallte die Tür zu. Die Grille setzte sich vor ihr Haus auf die Bank und zirpte laut das Lied von der geizigen Ameise. Die regte sich drinnen fürchterlich auf, doch dann besann sie sich. Sie öffnete das Fenster, schob ein Stück Brot hinaus und sagte: „Halt jetzt aber deinen Mund!" Die Grille wars zufrieden, steckte das Brot ein und sang erst wieder, als sie neues brauchte.

5./6. Stunde:
Wie macht man aus einer Alltagsgeschichte eine Fabel? – Erfinden einer Fabel
(Übungstext: Daniel und Tanja / Äsop: Eines schickt sich nicht für alle)

Stundenziele

Die Schüler sollen
– sich mit der Problematik der Eifersucht (Ursache, Ausdrucksform), wie sie die Geschichte von Daniel und Tanja aufzeigt, auseinandersetzen;
– diese Geschichte auf ihre Eignung als Vorlage für das Erfinden einer Fabel überprüfen (Handlungsaufbau, Charaktere, Handlung im einzelnen);
– sie auf die Ebene des Fabelgeschehens ‚übersetzen', d. h. sie gattungsgemäß verfremden;
– die unterschiedlichen Ergebnisse in sprachlicher und inhaltlicher Hinsicht beurteilen;
– die Fabel Äsops („Eines schickt sich nicht für alle") als einen von vielen Entwürfen zu dieser Vorlage kritisch beurteilen;
– die wichtigen Merkmale der Gattung Fabel in Form einer verbindlichen Arbeitsanweisung formulieren.

Vorbemerkungen

Wesentliche Merkmale der Fabel, ihre Kürze und die Pointierung aller Bauelemente, sind bereits auf induktivem Wege erarbeitet. Die Schüler besitzen eine klare Vorstellung von ‚der' Fabel und gehen nun an das nächstschwierige Projekt: eine Alltagsgeschichte in die Fabelwelt zu transponieren. Der Abstand zwischen vorgegebenem „Rohmaterial" und erwartetem Endprodukt ist größer, die Aufgabe insofern schwieriger. Die gewählte Fabel Äsops „Eines schickt sich nicht für alle" (Leseheft II 3) schließt sich thematisch eng an die bisherigen Fabeln an: Auch hier geht es wieder um die Verschiedenheit der Lebewesen und ihre vielfältigen möglichen Konflikte – hier: die Eifersucht. Für seine Sehnsucht, die gleiche Beachtung zu finden wie das Schoßhündchen, wird der Esel Äsops hart bestraft. Seinem Herrn käme es nicht in den Sinn, die Frage nach seinen Motiven zu stellen. Was beim Esel lächerlich wirkt, wird bei den menschlichen „Eseln" als Ungezogenheit, Unverschämtheit, Launenhaftigkeit usw. ausgelegt. Ganze Buchregale sind inzwischen gefüllt mit psychologischen Abhandlungen über das Thema Eifersucht. Die Eltern der Schüler sind über das Grundsätzliche informiert, doch keineswegs damit immer schon imstande, alle Erscheinungsformen der Eifersucht zu erfassen und in entsprechenden Situationen kindgerecht damit umzugehen. Von der pädagogisch-psychologischen Diskussion sind übrigens auch die Elfjährigen nicht mehr unberührt.

An der Geschichte „Daniel und Tanja" (Leseheft II 2) läßt sich die Erfahrung machen, daß sich nicht nur die meisten Schüler mit Daniel identifizieren können, sondern zu erstaunlich durchdachten Stellungnahmen fähig sind.

Unterrichtsverlauf

Vorphase: Hausaufgabe

Die überarbeiteten Fassungen zu „Die Grille und die Ameise" werden vorgetragen. Bei der sich daran anschließenden Kritik werden die Kriterien angewandt, die die Schüler in der 1./2. Stunde erlernt haben: dramatische Lebendigkeit der Darstellung, Pointierung sowie natürliche sprachliche Sauberkeit und Logik.

Phase 1:
Eine alltägliche Geschichte: „Daniel und Tanja" – Verknüpfung von Geschichte und eigenen Erlebnissen

Der Lehrer liest die Geschichte „Daniel und Tanja" (Leseheft II 2) vor. Von den ersten spontanen Stellungnahmen hierzu sollte man sich jedoch nicht verführen lassen, direkt in eine Diskussion einzusteigen. Es ist notwendig, den Inhalt zu sichern, damit alle Schüler über eine Gesprächsgrundlage verfügen. Man müßte darauf hinwirken, daß die Schüler nicht nur aus der Sicht Daniels den Ablauf der Dinge beurteilen. Die Mutter ist ungerecht, da sie ja Daniel nicht mehr beachtet, werden sie sofort meinen. Wer mag die Mutter verteidigen? Über ein Aufrollen der Vorgänge auch aus ihrer Sicht wird indirekt der Inhalt wiederholt. Zugleich schafft dies mehr Möglichkeiten, zur Geschichte eigene Erlebnisse zu assoziieren. Dadurch beugt man auch einer Gefahr vor: Die Schüler sollten das fruchtbare Spannungsverhältnis von Wirklichkeit und Fiktion erfahren, wenn ihre ‚Übersetzung' in die Welt der Fabel nicht zu schematisch werden soll.

Phase 2:
‚Übersetzen' einer Alltagsgeschichte in die Fabelwelt

a) Planung

Die Unterrichtssituation könnte nun einen Besuch in der Werkstatt eines Dichters fingieren: Was ist sein Handwerkszeug, außer Schreibmaterial? – Er braucht eine Arbeitsanweisung, ein „Rezept". Die Schüler sind bereits imstande, wichtige Inhaltspunkte dieses Rezeptes zu formulieren, etwa: Man braucht Tiere als Spieler, muß das Geschehen auf das Notwendige kürzen, den Schluß pointieren, eine Lehre mitteilen. Eine endgültige Fassung des Rezeptes wird von den Schülern erst formuliert, wenn sie bereits eine Fabel erfunden haben und auf den eigenen Herstellungsprozeß zurückblicken können.

Die vorliegende Geschichte (s. o.) ist daraufhin zu untersuchen, was übernommen werden kann und was zu verändern ist. Übernommen werden können die typischen Eigenschaften der Personen sowie das Handlungsgerüst; zu verändern sind die Personen selbst (statt Menschen Tiere usw.) sowie das Handeln der Personen im Detail. Spaßiger Nonsens ergibt hier übrigens didaktischen Sinn: Indem die Schüler die Fabelfiguren, die sie vorschlagen, mit Details der Alltagsgeschichte zusammenbringen (z. B. spielt eine Hummel nicht Fußball, eine Querflöte macht nicht in die Windeln), prägt sich ihnen diese Art von Nichtübersetzbarkeit des Lebens in die Fabelwelt ein. – Weitere Fragen lassen sich am besten an formulierten Versuchen besprechen.

b) Durchführung

Das Vorlesen der Entwürfe macht Spaß. Nach dem bisher Erarbeiteten haben die Schüler Kriterien an der Hand, um die jeweilige Umsetzung der Geschichte in eine Fabel, vor allem auch die Pointierung zu beurteilen.

Mögliches Ergebnis:

Die Katze und der Hofhund

Eines Tages fiel die wunderschöne siamesische Katze in ein Bauloch. Die Köchin eilte erschrocken herbei, streichelte sie und nahm sie in ihren Arm. Die Katze sagte: „Jetzt mußt du aber noch das Loch bestrafen!" Das tat auch die Köchin. Der Hofhund hatte zugesehen und bellte aufgeregt: „Ich bin auch da!" Er sprang ins Loch, brach sich aber das Genick und starb. [Die Köchin schimpfte erst auf den Hund, dann aber sah sie, was passiert war, und trauerte sehr um ihn.]

Mit Ausnahme des letzten Satzes ist diese Fabel die adäquate Übersetzung der Geschichte in die Fabelwelt mit einer tragischen, allerdings gattungsgemäßen Zuspitzung des Pechs der Daniel-Figur. Weniger im Sinn einer Fabel als vielmehr des verständlichen Wunsches nach Entschädigung und Harmonisierung ist die Trauer der Köchin, der Mutter-Figur.

Phase 3:
Vergleich der ‚Lehrlinge' mit dem ‚Meister' (Äsop: „Eines schickt sich nicht für alle")

Die Schülerarbeiten werden mit der Fabel Äsops verglichen: „Eines schickt sich nicht für alle" (Leseheft II 3). Kann man von ihm noch etwas dazulernen? Kann man dem Vergleich mit dem Meister der Fabel standhalten?

Phase 4:
Vorbereitung des Fabelbuchs

a) Erarbeitung eines verbindlichen „Rezeptes"

Das vorläufig erstellte Rezept kann nun in eine endgültige Form gebracht werden, da nun die Schüler eine sichere und ausreichende Erfahrungsgrundlage haben. Hierzu wird Satz für Satz an der Tafel überprüft, werden die notwendigen Korrekturen angebracht. Zu Hause sollen die Schüler das Rezept sauber in ihr Heft eintragen (vgl. Tafelanschrieb 2).

b) Festlegung auf die Themen des geplanten Fabelbuchs

Gemeinsam überlegt man nun, welcher Art die Fabeln für das Fabelbuch sein sollen. Die Schüler machen Themenvorschläge: Man wird sich am besten auf etwa sechs Themen einigen. Weniger Themen lassen die Schüler befürchten, das Buch könne langweilig werden, mehr Themen reduzieren zu sehr die Vergleichsmöglichkeiten. Die ersten Themen ergeben sich aus den Lehren der in Stunde 1–6 behandelten Fabeln (s. Stundenblatt):

(Das Roß und der Stier:)
Der wirklich Überlegene hat es nicht nötig, einem Schwächeren gegenüber seine Stärke zu zeigen.

(Ameise und Grille:)
Lebensfreude geht an der Engstirnigkeit anderer zugrunde. Fleiß und Rechtschaffenheit sind nicht der einzige Weg zum Glück.
Wer nur für die Arbeit lebt, hat das Nachsehen.
Wer sich heiter und ungeniert durch das Leben mogelt, bringt es manchmal am weitesten.

(Eines schickt sich nicht für alle.)
Was zu dem einen paßt, wirkt am anderen lächerlich!
Was für den einen gut und nützlich ist, stürzt den anderen ins Verderben!
Wenn du eifersüchtig bist, warte, bis es vorbei ist!
Der Kleine wird oft vor dem Großen bevorzugt.

Man wird Lehren, die den Schülern spontan einfallen und auf die sich die Klasse einigen kann (die für sie also von Bedeutung sind), in die Liste der Themen hinzunehmen.

Hausaufgabe

Die Schüler sollen sich eine Geschichte ausdenken, die eine der Lehren enthält, und sich dann die passenden Fabeltiere überlegen. Dies als Vorbereitung fürs Erfinden, das sie ebenfalls zu Hause machen sollen. Außerdem schlägt man ihnen als Material für das Fabelbuch buntes Tonpapier vor, das sie ebenfalls mitbringen sollen; dazu Vorlagen für das Zeichnen von Illustrationen oder auch von verfremdenden Collagen zu den Fabeln.

7. Stunde:
Wir machen ein Fabelbuch

Stundenziele:

Die Schüler sollen
– zu einem selbstgesuchten Thema (= Lehre) eine Fabel erfinden;
– diese kritisch überarbeiten und dabei ihre bisher erworbenen Kenntnisse (Angemessenheit und Ausdruckskraft der Tierfiguren und des Geschehens im Hinblick auf die Aussageabsicht, Pointierung, Logik und dramatische Lebendigkeit der Darstellung) anwenden;
– eine bildliche Darstellung der eigenen Fabel (entweder nur illustrativ oder verfremdend) anfertigen;
– Schreiben als Spiel und Handwerk, das man systematisch erlernen und vervollkommnen kann, erfahren.

Unterrichtsverlauf

Phase 1:
Überarbeitung der selbsterfundenen Fabeln

Einzelne Schwierigkeiten werden an zwei bis drei Beispielen gemeinsam besprochen: sprachliche Redundanz, Logik der Darstellung, Angemessenheit der Tierwahl, sprachliche Sauberkeit. Diese Besprechung wird von den Schülern in Gruppenarbeit fortgesetzt, wobei sich der Lehrer als Berater zur Verfügung stellt. Anschließend werden die überarbeiteten Fassungen sorgfältig abgeschrieben und auf farbiges Tonpapier geklebt.

Phase 2:
Herstellen von Illustrationen für das Fabelbuch

Den Rest der Stunde zeichnen die Schüler ihre Fabeln, wobei sie – da es nicht um Zeichenunterricht geht – Hilfsmittel jeder Art einsetzen dürfen (z. B. Durchpausen von Bilderbüchern). Man stellt es frei, ob sie lediglich das Tiergeschehen in Szene setzen (Programm I, 5. Stunde), oder ob sie den Bezug zum Leben in die Darstellung hineinnehmen, also eine verfremdende Collage anfertigen (Programm I, 13./14. Stunde). In diesem Schritt wiederholen sie somit einige der im Grundlagenprogramm I gemachten Überlegungen, insbesondere aber dient er der Verschönerung des Fabelbuches, auf das die Klasse auch stolz sein soll.

Die Ergebnisse auf Tonpapier (der Lehrer sollte sie zu Hause noch einmal auf Rechtschreibfehler durchsehen) werden gelocht, mit einem Titelblatt versehen (Schülerentwurf) und mit einer farbigen Schnur zusammengebunden.

**Aufbauprogramm I:
Nachtigallentöne – Fabel und Vertonung (Klasse 6/7/8)**

**1./2. Stunde:
Warum entscheidet sich der Esel für den Kuckuck? – Wie man mit Musik ein Rätsel lösen kann
(Herder: Fabellied / Mahler: Lob des hohen Verstandes)**

Stundenziele

Die Schüler sollen
- die typischen Eigenschaften der Tierfiguren, die Lehre und den Wirklichkeitsbezug einer Fabel bestimmen (Herders „Fabellied");
- über mögliche Entstehungsbedingungen und Voraussetzungen des Vorurteils nachdenken;
- Möglichkeiten, den Vortrag eines Gedichtes ausdrucksvoll zu gestalten, benennen;
- ausdrucksvolles Lesen üben und evtl. eine (vortragsbegleitende) Pantomime als ein Mittel außersprachlicher Ausdruckssteigerung aufführen;
- die hauptsächlichen Mittel, mit denen Herders „Fabellied" von Mahler in die ‚Sprache' der Musik umgesetzt wurde, erarbeiten.

Vorbemerkungen

Herders Fabel „Der Kuckuck und die Nachtigall" (Leseheft II 12) ist eine feinsinnige Variation des bekannten Kinderlieds „Ein Kuckuck und ein Esel, die hatten einen Streit". Im Kinderlied endet der Sängerwettbewerb unentschieden: Die Stimmen beider Tiere sind grundsätzlich gleich. Bei Herder nun ist einer der Kontrahenten die Nachtigall; der Esel wird – bezeichnenderweise vom Kuckuck vorgeschlagen – ehrenamtlicher Schiedsrichter.

Eine geeignete Figurenkonstellation ist damit gefunden, um die Bedingtheit und Subjektivität richterlicher Urteile und Geschmacksurteile im allgemeinen kritisch zu entlarven:
Mangelnde Fähigkeit zur Selbsterkenntnis (Esel!) paart sich mit blasierter Eitelkeit. Als einziger durchschaut vielleicht der schlitzohrige Kuckuck die Bedingtheit der von ihm selbst arrangierten schiedsrichterlichen Entscheidung, die Sprachverwandtschaft, die ihr zugrundeliegt. Sprache, Sprachverwandtschaft sind Schlüsselbegriffe in Anthropologie und Kulturphilosophie des Autors[1]. Sprechen und Denken sind für Herder zwei Seiten des einen Vorgangs des Weltbegreifens; die Muster des Denkens bilden sich in der Entwicklung des Sprechens. Sie entsprechen im Falle der Fabelfigur der klar gegliederten Schlichtheit seines „I-a". Ohne größere Anstrengung ist ihm ein „Kuckuck" assimilierbar, während ihn die artistischen Koloraturen der Nachtigall überfordern.
Die episierende Fabel arbeitet Artikulation und innere Bewegung der Tiere prägnant heraus. Zum Vertonen lädt sie dadurch geradezu ein. Gustav Mahler, der sich dieser Aufgabe annimmt, handelt ganz in Herders Sinn: Musik ist für diesen nämlich nichts anderers als Entfaltung der natürlichen menschlichen Veranlagung zur Sprache („Fabellied"!). Am Anfang seines Sprechens stand nicht die Prosa, sondern die Poesie, „Nachahmung der tönenden, handelnden, sich regenden Natur". Rhythmus, Klang sind Artikulationsweisen der Vorgänge in der Natur selbst, die vom menschlichen Verstand und Stimmorgan schöpferisch rezipiert werden[2].

---
1 vgl. 3.1.2
2 Herder, Über den Ursprung der Sprache, in: Herders Sämmtliche Werke, hg. v. Bernhard Suphan, Berlin: Weidmannsche Buchhandlung 1888, Bd. 5, 56.

Die einheitliche, subjektive Perspektive des poetischen Textes verlangt den Vortrag durch einen einzelnen Sänger.
Nach einer kurzen Orchestereinleitung, in der Klarinetten, Hörner, dann das Fagott bereits das „Kuck-Kuck"-Motiv anstimmen, erfolgt der Einsatz des Sängers in kecker, aufsteigender Melodik. Melodie und Begleitung zur ersten und zweiten Strophe sind, mit geringfügigen Abweichungen, fast gleich. Erst in der dritten Strophe moduliert das muntere D-Dur zum Moll, und die Melodie folgt einer abfallenden Linie: Ausdruck für die Gewichtigkeit, mit der der Esel den Wettstreit eröffnet.
Die Nachtigall beginnt – virtuoses legato der Streicher, Flöten und Oboen, das gegenüber dem staccato des „Kuckuck"-Motivs, noch stärker gegenüber dem nachfolgenden „I-a"-Motiv absticht. Der grelle Protest des Esels gegen einen artfremden Gesangsstil artikuliert sich effektvoll in dissonanter Note und verkündet programmatisch eigenen Stil. Dieser verschwistert sich gegen Schluß mit den Terzen, Quarten und Quinten des Kuckucks.
Artikulation (legato-staccato), Motivik (Nachtigallentöne, der Zweiton des Kuckuck und des Esels) sind hier die Mittel, die Tierfiguren musikalisch lebendig zu machen. Hinzu kommen die Möglichkeiten, die die sinfonische Begleitung für eine differenzierte Charakteristik der Tierfiguren bietet: Darstellung mittels Klangfarbe: Fagott, Hörner, großes Blech (Trompete, Posaune, Tuba) für den Esel; Oboe, Klarinette, Fagott vor allem für den Kuckuck, Streicher und helle Holzbläser (Flöte, Oboe) für die Nachtigall.
Die eigenständige Interpretationsleistung dieser Musik läßt sich zusätzlich an den Manipulationen belegen, die Mahler an seiner Textvorlage vornimmt:
Deutlich erkennbare Absicht der Veränderungen ist, die sprachliche Gleichheit von Kuckuck und Esel zu unterstreichen: zweifache Wiederholung von Satzgliedern am Versende („Ohren groß"); Einleiten des Urteilsspruchs durch ein zweifaches „I-a"; vollständiges Ersetzen des zweiten Verses der vierten Strophe durch die präzise Definition der Kuckucksstimme („Terz und Quart und Quint"); die komisch wirkende Betonung der Eile, mit der der Esel an die Urteilsverkündung geht, in der sich die Begeisterung für den Sprachverwandten überschlägt („wart! wart! wart!"). „I-a" und „Kuck-Kuck" – von verschiedenen Orchesterstimmen vielfach eingestreut – bilden das leitmotivische Gewebe der Vertonung.
Die Vertonung erweist sich damit als besonders ergiebig, da sie die Zugehörigkeit dieser Fabel zum episierenden Traditionsstrang unterstreicht: liebevolles Verweilen bei der bunten Verschiedenheit der einzelnen Kreaturen vermag sie mit den Mitteln des instrumentalen, melodischen und rhythmischen Charakterisierens auszudrücken; störendes Beiwerk müßte sie bleiben, wenn es auf schlagkräftiges Zusteuern auf die rationale Pointe ankäme, also bei einer Fabel der dramatisierenden Form.
Solche Überlegungen weisen voraus auf eine *Differenzierung des Gattungsbegriffs*, die im nächsten Programm zu erarbeiten ist; wieweit man sie hier schon anklingen läßt, muß der Einschätzung in der konkreten Situation überlassen bleiben.
Zunächst soll die Problematik, um die es Herder und Mahler (Liedtext Leseheft II 13) geht, deutlich gemacht werden, damit anschließend die sprachliche und musikalische Gestaltung bewußter verfolgt werden kann.
Eine vorgestaltende Phase, in der ein Gleichnis erzählt und auf seinen Gehalt befragt wird, bereitet auf den Hintersinn der scheinbar naiven Fabelthematik bei Herder vor. Sie gibt den Schülern Anre-

gungen, die Lehre der Fabel umfassender auf das Leben zu beziehen.

Die Analogie der Aussage von Gleichnis und Fabel wird durch die Analogie des Vorgehens unterstrichen. Gleichnis und Fabel werden als Scherzrätsel eingeleitet, das sich jedoch nur als Auftakt zu einem echten Rätsel und zu intensiverem Nachdenken erweist. Nur dieses erschließt nämlich die scheinbare Kleinkindfrage nach dem Grund des Eselsspruchs: Nicht die Dummheit, sondern die Sprachverwandtschaft mit dem Kuckuck bestimmt das Urteil des Esels.

Mahlers Vertonung läßt sich in diese Rätselfiktion einbinden: Sie wird hier als musikalisches ‚Beantworten' des Rätsels gesehen. Die Schüler sollen neugierig werden, wie ein anderer ‚ihre' Aufgabe angeht.

Durch ein mehrschrittiges Verfahren soll erreicht werden, daß die Schüler über ein Umschreiben vager Höreindrücke hinausgelangen zu differenzierten und für alle überprüfbaren Ergebnisse: Beschreiben und Deuten der Manipulationen, die Mahler an seiner Textvorlage vorgenommen hat. Hören mit gezielten Höraufträgen.

Phase 1:
Problemorientierung – Gleichnis vom Indianer in der Großstadt

„Wer hat das feinere Gehör – der weiße oder der rote Mann?" – Ohne weitere Erläuterung erzählt der Lehrer nun das Gleichnis:

„Ein Weißer und ein Indianer gehen durch New York. Plötzlich bleibt der Indianer stehen. ‚Wie schön ist der Gesang der Grille dort in der Mauerspalte!' – ‚Du mußt schon ein gutes Gehör haben, bei dem Lärm eine Grille zu bemerken', meint der Weiße verwundert. ‚Nein!' erwidert der Indianer. ‚Deines ist nicht schlechter. Gib acht!' – Er greift in seine Tasche und läßt einen Dollar fallen. Sofort drehen sich Passanten um, einige bücken sich. – ‚Das Zirpen der Grille', wendet sich der Indianer erklärend an den Weißen, ‚war nicht leiser als der Klang der Münze. Es kommt allerdings darauf an, wem man sein Ohr schenkt'[3].

Die überraschende Pointe: Auch das Gehör des weißen Mannes ist sehr fein. Nur hört er *anderes*! Ein kurzes Unterrichtsgespräch mit Tafelanschrieb (s. Stundenblatt) geht der Frage nach den Gründen für diese merkwürdig verschiedenen Reaktionsweisen nach. Mögliche Assoziationen sind: vom Geld bestochener Weißer, ‚edler Wilder'. Dem weißen Mann steht das Geld oft über allem, er glaubt, sich auch das Glück damit kaufen zu können. Verbindung zu seiner Lebenswelt: Weil in dieser nichts ohne Geld zu haben ist, gewinnt es diese übersteigerte Bedeutung. Der Indianer hingegen muß, will er gut leben, Geschicklichkeit im Umgang mit der Natur beweisen; das setzt wiederum möglichst genaues Erfassen ihrer Erscheinungen voraus. Lebensform und Lebensnotwendigkeit entscheiden darüber, was den Menschen ‚interessiert', und bedingen seine unterschiedlichen Fähigkeiten, aufzumerken, hinzuhören, wahrzunehmen.

Phase 2

a) Herder: „Fabellied" – Vergegenwärtigung des Textes, Austausch von Beobachtungen

Die Behandlung der Fabel Herders beginnt mit dem zweiten Scherzrätsel: „Wer ist der bessere Sänger – der Kuckuck oder die Nachtigall?" – Worterklärungen erleichtern das unmittelbare Verstehen der Fabel (s. Stundenblatt).

---

3 nach Hetmann, Frederik, Das Geräusch der Grille, in: Ders. (Hg.), Kindergeschichten der Indianer, Frankfurt a.M.: Fischer 1979, 111f.

Die erste Verständigung über den Text nach dem Vortrag des Lehrers wird ein Spekulieren über die Gründe für den ‚Sieg' des Kuckucks sein. Die Mehrzahl der Schüler wird bei der oberflächlichen Deutung stehenbleiben: „Ja, wenn man auch einen Esel zum Richter ernennt." – „Weil der Schiedsrichter ein Dummkopf ist." etc. – Die mögliche Interferenz mit dem bekannten Kinderlied, das die Gleichrangigkeit von Esel und Kuckuck herausstellt, könnte hier aufgegriffen und für die Besprechung fruchtbar gemacht werden. Es sollte deutlich werden, daß der Fall hintergründiger ist, als er einem zunächst vorkommt. Dadurch leuchtet die Notwendigkeit ein, den Text genauer zu befragen.

b) *Erarbeitung der typischen Eigenschaften der Tierfiguren*

Nach nochmaligem Vortrag unterstreichen die Schüler mit Farben alle Stellen, in denen die Tiere sprechen oder handeln. Anschließend formulieren sie ihre Beobachtungen zu den typischen Eigenschaften von Kuckuck, Esel und Nachtigall (Tafelbild 2, Stundenblatt). Komisch wirkt die Großspurigkeit des Esels, die dröhnende feierliche Gewichtigkeit seines Auftretens (V. 15f.), sein Selbstlob (V. 29). Groß an ihm sind die Ohren, nicht aber das Gehör, viel weniger noch der Verstand. Was und wie dieser aufnimmt, wird deutlich, wenn man seine ‚Urteilsbegründung' unter die Lupe nimmt: „. . . hält den Takt fein innen" (V. 28) gehört zunächst in die Reihe komischer Darstellungsmomente (welche Schwierigkeit, wenn man nur Kuck-Kuck ruft!). Doch hat es der Takt wohl in besonderem Maße dem Esel angetan. In seiner Begeisterung für ihn liegt der eigentliche Schlüssel für die Beantwortung der Frage. Die Sprachverwandtschaft ist es, die hier den Geschmack und das Urteilsvermögen des Esels bestimmt! – Wenn nun schon der Esel nicht einfach aus Dummheit handelt, so wohl noch weniger der Kuckuck. Gemeinhin bekannt für die eigennützige Schläue, mit der er sich die Mühe der Aufzucht seiner Kinder erspart (Kukkucksei!), hat er wohl auch hier (‚instinktiv') seinen Vorteil erkannt, als er, aktiver und bestimmender als die liebliche Gegenspielerin und eigentliche Künstlerin, die Nachtigall, den Esel als Schiedsrichter vorschlug. Oder wie will man sich sein Verhalten nach seinem Vortrag („lacht fein drein", V. 22) erklären?

Phase 3:
Lehre und Wirklichkeitsbezug der Fabel

Wer könnte mit dem Esel gemeint sein? – Ein Beispiel zur Anregung: Zwei Neue sind zum Schuljahresbeginn in der Klasse: Der eine heißt Stefan und kommt aus Mainz, der andere ist der Mauro aus Neapel. Wer wird vermutlich schneller Freunde finden? Warum? – Der Esel sind viele – so ließe sich zusammenfassen –, nämlich alle die, die nach Maßgabe ihres Verstandes, ihrer Erfahrungen und Gewohnheiten urteilen, Schüler, Lehrer, Eltern usw., wie der Weiße und der Indianer im Gleichnis!

Phase 4:
Sinnbetontes Lesen

Wiederholtes sinnbetontes Lesen, bis an die Grenze des Erreichbaren gesteigert, die Frage nach anderen Mitteln, den Sinn herauszuarbeiten, Spekulieren über Möglichkeiten der Vertonung leiten über in die Auseinandersetzung mit der Musik-Interpretation.
Die Frage nach zusätzlichen außersprachlichen Mitteln der Ausdruckssteigerung könnte man je nach zur Verfügung stehen-

der Zeit z. B. durch eine Pantomime vertiefend behandeln. Die typischen Eigenschaften und Verhaltensweisen der Tierfiguren wären von den Schülern in Mimik, Gestik und Verhalten umzudeuten. Wenn auf diese Weise Tempo, Intensität und Rhythmik der Bewegungen dargestellt werden, sind direkte Anknüpfungspunkte geschaffen, um sich musikalische Bewegung vorzustellen: z. B. flinke Leichtigkeit und Zartheit der Nachtigall, forsches, keckes Auftreten des Kuckuck, dröhnende Schwere des Esels. Hier schließen Überlegungen zur Instrumentierung an, z. B. tiefe Bläser und Schlagzeug für den Esel usw.

Phase 5:
Mahler, „Lob des hohen Verstandes"
Anhören – Untersuchen

Nun wird das Mahler-Lied (in der Orchester-, nicht in der Klavierfassung!) abgespielt. Zu empfehlen ist die Aufnahme mit Geraint Evans: Mahler, Des Knaben Wunderhorn. Lieder für Singstimme und Orchesterbegleitung. Dirigent: Wyn Morris. Decca SXL 21183-B.

Die spontanen Eindrücke nach dem ersten Anhören, bei dem der Liedtext mitgelesen wird, werden noch recht verschwommen und unpräzise sein. Vielfältige Assoziationen (etwa Naturmalerei) sind möglich. Spätestens der Schluß weist die genauere Richtung: „Kuck-Kuck" und „I-a" in dichter Reihung! Oft können Schüler bereits Unterschiede in der Instrumentierung benennen. Um nun die ersten vagen Hörerlebnisse zu differenzieren und sich ein schärferes Klangbild zu machen, untersuchen die Schüler zunächst eingehender (in Stillarbeit) die Veränderungen, die der Liedtext gegenüber der Vorlage aufweist. Alle Merkmale lassen einen gemeinsamen Nenner erkennen; die merkwürdige enge Beziehung zwischen Esel und Kuckuck, die in der Sprachverwandtschaft wurzelt. Auch das nicht so unmittelbar verständliche Wiederholen von Satzendgliedern („Ohren groß, Ohren groß" usw.) z. B. läßt sich nun als verbale Parallele zu dem Rhythmus des „kuck-kuck" identifizieren.

Nochmaliges Anhören kann nun schon mit gezielter Aufmerksamkeit erfolgen, unterstützt durch einen Hörauftrag. Vor einem gemeinsamen Klassengespräch formulieren die Schüler zunächst untereinander ihre Wahrnehmungen. Die Fähigkeit, Instrumente zu identifizieren, ist bei den einzelnen Schülern sehr unterschiedlich entwickelt, doch dürfte das Vorherrschen von hellen Streichern und Bläsern im Falle der Nachtigall, das Vorherrschen von dunkleren Blechbläsern im Falle des Esels von den meisten erfaßt werden; ebenso die Schnelligkeit (Achtel, Sechzehntel) des Gesangs der Nachtigall und das Fließende ihrer Vortragsweise (legato) im Unterschied zum akzentuierenden Zwei-Ton-Motiv des Kuckucks und des Esels. Parallel zum Klassengespräch wird das Tafelbild fertiggestellt, je nach Bedürfnis unterbrochen durch nochmaliges Anhören der Schallplatte.

Zur Erfolgskontrolle (Zuwachs an Ausdruckskraft) auch für die Schüler sollen alle zu Hause Herders „Fabellied" vortragen üben.

3./4. Stunde:
Aufforderung zu gegenseitiger Hilfe – Der Klang der Freundschaft in Wort und Ton
(Gellert: Der Blinde und der Lahme, Vertonung durch die Gruppe ‚Ougenweide')

Stundenziele

Die Schüler sollen
- die Problematik, die in einer Fabel umrissen ist, sowie die Lösung, die gegeben wird, erklären (Gellert, „Der Blinde und der Lahme");
- passende Begriffe für die Lösung suchen, die die Fabel für das Problem weist;
- die Bedeutungsverengung, die der Begriff ‚Geselligkeit' seit der Zeit Gellerts erfahren hat, erkennen;
- über die Chancen, die das Prinzip der gegenseitigen Hilfe für das menschliche Zusammenleben eröffnet, nachdenken;
- die inhaltliche und metrische Gliederung des Fabelgedichts herausarbeiten;
- die musikalischen Mittel, mit denen es die Gruppe Ougenweide vertont hat, untersuchen;
- diese Vertonung als eine von mehreren Möglichkeiten, Gellerts Fabel in Musik umzusetzen, auffassen und beurteilen.

Vorbemerkungen

In naiv heiterem Kostüm präsentiert Gellert seine aufklärerische Grundüberzeugung:

Der Blinde und der Lahme

Von ungefehr muß einen Blinden
Ein Lahmer auf der Straße finden,
Und jener hofft schon freudenvoll,
Daß ihn der andre leiten soll.

Dir, spricht der Lahme, beyzustehn?
ich armer Mann kan selbst nicht gehen;
Doch scheints, daß du zu einer Last
Noch sehr gesunde Schultern hast.

Entschliesse dich, mich fortzutragen:
So will ich dir die Stege sagen:
So wird dein starker Fuß mein Bein,
Mein helles Auge deines seyn.

Der Lahme hängt mit seiner Krücken,
Sich auf des Blinden breiten Rücken.
Vereint wirkt also dieses Paar,
Was einzeln keinem möglich war.

Du hast das nicht, was andre haben,
Und andern mangeln deine Gaben;
Aus dieser Unvollkommenheit
Entspringet die Geselligkeit.

Wenn jenem nicht die Gabe fehlte,
Die die Natur für mich erwählte:
So würd er nur für sich allein,
Und nicht für mich, bekümmert seyn.

Beschwer die Götter nicht mit Klagen!
Der Vortheil, den sie dir versagen,
Und jenem schenken, wird gemein,
Wir dörfen nur gesellig seyn.

Gellert, Christian Fürchtegott, Fabeln und Erzählungen, mit 13 Kupfern, 1. Teil, Leipzig: Hahn 1746, 37

Der Mensch ist ein Mängelwesen und bedarf als solches der Hilfe anderer. Das anthropologische Faktum gibt jedoch keinen Grund zum Klagen. Des Menschen Schwäche verwandelt sich in Stärke, denn: seine Unvollkommenheit kann er in der freundschaftlichen Bindung an andere Menschen auf ideale Weise kompensieren. Die Mängel des einen werden durch die Fähigkeiten des anderen ausgeglichen. In der engen Bindung an den anderen haben Gefühle der Einsamkeit keinen Platz. Die moralischen Kräfte werden geweckt. Am Anfang steht die Einsicht in die natürliche Beschaffenheit des Menschen. Tugendhaftes Handeln ergibt sich aus dieser Einsicht und führt geradlinig zur Glückseligkeit. Sowohl das Ziel des Aufklärers als auch der gedachte Weg zur

Erreichung dieses Ziels ist in kaum einem anderen Text dieser Zeit klarer ausgesprochen als in dieser Fabel. Gellerts Wendung an den Leser ist humorvoll. Er will aufmuntern, indem er ihm seine Utopie glückseligmachender humaner Gegenseitigkeit, gegründet auf die natürliche Beschaffenheit des ‚Mängelwesens' Mensch, in einem klaren, einprägsamen Bild vorstellt. Der Erzählhaltung entspricht die poetische Gestaltung des Fabelgedichts: Die sehr gleichmäßige, fast monotone Rhythmisierung und Gliederung des Erzählvorgangs wirkt schlicht volkstümlich und leichtbeschwingt.

Gerade diese Eigenschaften werden von der Gruppe Ougenweide musikalisch ausgedrückt. Nach einem kurzen instrumentalen Vorspiel (Elektrogitarren) setzen hintereinander Schlagzeug und weibliche Solostimme ein. Melodischer Ablauf und Instrumentierung unterstreichen und variieren nun Gellerts Strophenschema. Die von Strophe zu Strophe nur geringfügig variierte Melodie prägt sich dem Gedächtnis leicht ein, ohne gänzlich gleich und damit langweilig zu wirken. Der Text der zweiten und vierten Strophe wird wiederholt und zusätzlich durch die Veränderung in der musikalischen Gestaltung betont, die vom Vorhergehenden und Nachfolgenden absticht: jede Zeile dieselbe Melodie, nur in der vierten Zeile am Ende leicht variiert; die Melodie selbst besteht nur aus vier mehrfach wiederholten Tönen; starke Instrumentierung, außerdem mehrere Stimmen derselben Sängerin (mittels playback und Überblenden hergestellt). Dieselbe Musik wird zur siebten Strophe gespielt. Inhaltlich werden so die Verwunderung und der Vorschlag des Lahmen (zweite Strophe) und das glückliche Ergebnis dieses zufälligen Zusammentreffens mit dem Blinden, der gemeinsamen Überwindung beider Schwächen (vierte Strophe) sowie die Aufforderung zur Geselligkeit (siebte Strophe), in die die ausführliche Deutung des Vorfalls (fünfte und sechste Strophe) mündet, hervorgehoben.

Zwischen Beispiel (erste bis vierte Strophe) und Lehre (fünfte bis siebte Strophe) schiebt sich ein vergleichsweise langes instrumentales Zwischenstück mit einer immer reicher werdenden Besetzung, welches so die gedankliche Gliederung der Fabel in Bildteil und Lehre unterstreicht.

Zum Aufbau der Stunde: Die Problematik der Fabel ist unmittelbar verständlich; sie ergibt sich aus der Figurenkonstellation. Interessant ist, welche Lösung die Fabel aufzeigt. Daher setzt hier das eingehendere Erarbeiten an. Die Fabel wird als Lückentext präsentiert. Ausgespart ist der Begriff, auf den Gellert seine ‚Lösung' bringt: ‚Geselligkeit'. Die Suche nach passenden Wörtern, die Lücke zu füllen, führt zur ersten vertieften Auseinandersetzung mit der Lehre und aktiviert geeignet erscheinende Wortfelder. Die Empfindung des Unpassenden, nicht mehr Zeitgemäßen an Gellerts Verwendung des Begriffs ‚Geselligkeit' macht das Nachdenken über diesen sowie die selbst vorgeschlagenen Begriffe notwendig. Nebenbei erfahren die Schüler Probleme der Semantik: Begriffe können Bedeutungskomponenten verlieren, eine Bedeutungsverengung erfahren. Die anschließende Frage nach dem „Sitz im Leben" stellt sich bei jedem Beispiel der Gattung; hier dient sie auch der Vorbereitung auf die Vertonung. Die Suche nach analogen Beispielen aus dem eigenen Erfahrungsbereich regt nämlich zugleich Emotional-Stimmungshaftes an, so daß die Überlegungen zur Frage nach der adäquaten Vertonung hier indirekt anknüpfen können. Die Frage nach der richtigen Vortragsart lenkt die Aufmerksamkeit auf den Zusammenhang von inhaltlicher und metrischer Gliederung. Wenn die Schüler die rein verbalen Möglichkeiten der Ausdruckssteigerung erschöpft haben, erwägen sie andere, eben musikalische Mittel. Ihre Überlegungen schließen an die vorhergehende Doppelstunde (Herder/Mahler) an und erschließen im Ansatz Alternativen zur Vertonung durch die Gruppe Ougenweide. Spontane Hörerlebnisse sollten formuliert werden können; daher werden auch hier erst beim zweiten Anhören gezielte Höraufträge erteilt.

Unterrichtsverlauf

Vorphase:
Hausaufgabe – Herder: Fabellied

Nach der intensiven Erarbeitung von Herders „Fabellied" und seiner Vertonung dürfte den Schülern das richtige, ausdrucksvolle Lesen nicht schwerfallen und Freude machen. Man sollte daher mehreren Gelegenheit zum Vortragen geben.

Phase 1:
Gellert, „Der Blinde und der Lahme"
Vergegenwärtigung des Textes – Austausch von Beobachtungen

Der Text wird mit Ausnahme der letzten drei Strophen vorgelesen. In den spontanen Äußerungen danach wird es vor allem um einen Gesichtspunkt gehen: Die körperliche Behinderung der Hauptpersonen ruft anfangs eher Beklemmung hervor. Diese Stimmung wird jedoch rasch auf charmant-witzige Weise gelöst. Es stellt sich die Frage, was Gellert mit diesem Beispiel ausdrücken will.

Phase 2:
Interpretation – Der Begriff ‚Geselligkeit' bei Gellert

Den Schülern wird eine Kopie der letzten drei Strophen ausgehändigt, bei der für die Begriffe „Geselligkeit" und „gesellig" Lücken sind. Ein Schüler liest die letzten Strophen vor. In der anschließenden Stillarbeit versuchen alle, die Lücken zu ergänzen. Ihre Lösungen (etwa: Freundschaft – befreundet; Gemeinsamkeit – zusammen) werden mit den ursprünglichen Begriffen Gellerts verglichen. Freundschaft, Gemeinsamkeit sind heute nicht mehr Geselligkeit gleichbedeutend. Der Begriff hat eine Bedeutungsverengung erfahren: Man assoziiert Unterhaltung, Vergnügen, Freizeit. Gegenseitige Hilfe, gemeinsame Lebensbewältigung sind als Nebenbedeutungen verschwunden. Beispiele aus der Wortfamilie erhellen diese Bedeutungsverengung. In der Wortverbindung ‚Handwerksgeselle' hat sich noch die ursprünglich mitgegebene Komponente gemeinsamer Zusammenarbeit erhalten. Der Begriff ‚Geselligkeit' bei Gellert umfaßt nun sowohl die menschliche Notwendigkeit, Lebensprobleme durch gemeinsame Arbeit zu lösen, als auch den Stimmungsaspekt, der im Begriff ‚Freundschaft' ebenfalls enthalten ist: Verbundenheit, Freude.

Phase 3:
Der Wirklichkeitsbezug der Fabel

An Beispielen, die den Schülern zu dieser Thematik einfallen, wird die Frage nach den Absichten des Dichters vertieft. Hier wissen die Schüler viel zu berichten: von der Freude, die das Helfen dem Helfer selbst macht, von dem Nutzen, den es ihm bringt (Probleme der egoistischen und altruistischen Motivation des Helfens); von der Notwendigkeit, da Menschen ja nie einfach nur stark oder schwach sind, sondern Stärken und Schwächen besitzen und daher aufeinander angewiesen sind; von der Förderung der eigenen Fähigkeiten und Persönlichkeit durch Hilfsbereitschaft.

Können wir genau herausfinden, an welchen Leser Gellert dachte, als er die Fabel schrieb? „Beschwer' die Götter nicht mit Klagen, ..." (V. 25) gibt den Schlüssel. Gemeint sind alle, die sich irgendwie vom Schicksal benachteiligt fühlen und sonst sich nur Hilfe von göttlichen Mächten erhoffen würden. Gellert wendet sich an die Menschheit allgemein; er will zu guten Taten aufrufen, weil diese jedem selbst gut tun würden, und stellt seinen Lesern ein Ideal, ein heiteres Wunschbild vor Augen, das sie zu diesen Taten ermuntern soll. Denn – das hat möglicherweise schon vorher ein Schüler eingeworfen – die Fabel ist unwirklich; ein Blinder und ein Lahmer würden sich normalerweise eben nicht so verhalten.

Exkurs:
Gellerts Appell an die Menschheit und die Zeit der Aufklärung

Das Bild von Gellerts Haltung als Fabelschreiber könnte nun im Lehrervortrag abgerundet werden. Der genannte Imperativ (V. 25) ist wiederum ein geeigneter Anknüpfungspunkt. Der Appell, Not nicht durch Beten, sondern durch die Wendung an andere Menschen zu beheben, verweist zusammen mit dem heiteren Stimmungsaspekt auf den Grundzug der Zeit, in der Gellert lebte: auf die diesseitige Glücksauffassung der Aufklärung und das erwachende Selbstvertrauen des Menschen, sich selbst aus eigener Kraft helfen zu können. Nicht beten, sondern sich mit anderen zusammenschließen, denn alle sind ja ‚gleich', sind ‚Brüder'. Mit Werken wie dieser Fabel wird eine Stimmung vorbereitet, die sich gegen die Kräfte zu wenden begann, die der Gleichheit der Menschen im Weg standen: Adel, Monarchie, Kirche – Zusammenhänge, die vorausweisen auf die Französische Revolution.

Phase 4:
Erarbeitung der Sprachgestalt

Wie ist das Gedicht sinngemäß zu lesen (größere Sprechpausen, Betonungen)? – Eine größere Sprechpause wäre zwischen Erzählteil und Lehre (nach der 4. Strophe) einzulegen. Insgesamt müßte im Vortrag der gleichmäßig-leichte Rhythmus des Gedichtes herauskommen, der dem regelmäßigen Vers- und Strophenbau und dem Gefühlsgehalt entspricht, ohne zu leiern und ohne zu übertreiben mit folgenden Hervorhebungen: Der trochäische 1. Takt des 5. Verses fällt etwas aus dem gleichmäßigen Strom der vierhebigen Jamben heraus. Er unterstreicht hier die innere Bewegung: Verwunderung des Lahmen über die unerwartete Bitte eines Blinden, die sich aber in seinem raschen, lebenspraktischen Ergreifen der Gelegenheit löst. Ebenso wäre die Aufforderung, mit der sich Gellert in der siebten Strophe direkt an den Leser wendet, zu betonen (vgl. Tafelanschrieb 2, Stundenblatt 4).

Phase 5:
Möglichkeiten, Gellerts Fabel zu vertonen

Nach einer Phase sinnbetonten Lesens leitet die Frage nach den Möglichkeiten einer musikalischen Ausdruckssteigerung zum Vergleich zwischen Fabel und Vertonung über. Ausgehend von der Weise, in der Mahler Herders Fabel vertont hat, werden sich die Schüler – analog zum Verfahren Mahlers – eine Klangcharakteristik des Blinden und des Lahmen vorstellen. Dies ermöglicht bereits eine wünschenswerte Distanz gegenüber der Vertonung durch die Gruppe Ougenweide, die sich anschließend als eine von mehreren Realisierungen der gestellten Aufgabe darbietet.

Phase 6:
Eine Möglichkeit, Gellerts Fabel zu vertonen – Die Musik der Gruppe Ougenweide

Ougenweide, All die weil ich mag, Polydor 2371517.
Nach diesen Vorbereitungen dürfte beim Anhören sofort ein hauptsächlicher Unterschied gegenüber der Musik Mahlers auffallen: die größere Schlichtheit des Werks, evtl. auch der Kontrast zwischen Solostimme / schwacher Instrumentierung und mehreren Stimmen / starker Instrumentierung. Die noch verschwommenen Eindrücke bedürfen der Präzisierung. Diese läßt sich durch nochmaliges Anhören, diesmal mit gezielten Höraufträgen, erreichen. Die Schüler notieren sich hierbei an den Rand der Verse Stärke der Instrumentierung und der Stimmen.
Es ergibt sich nun in der gemeinsamen, mit Hilfe des Tafelbildes (s. Stundenblatt) durchgeführten Auswertung die Grobstruktur der Vertonung. Ungeklärt bleibt noch die Frage nach der Art der starken Wiederholungen, die inzwischen ebenfalls aufgefallen sein dürften. Ein letztes Anhören dient hier der Ergänzung und Korrektur der bisherigen Hörerlebnisse. Nun ist die nötige Grundlage für den Versuch einer Bewertung bereitgestellt: Insgesamt unterstreicht die Vertonung die gedankliche und metrische Gliederung der Fabel: die Strophenform, die Einheit der einzelnen Verspaare (ab/ab), die klare Unterteilung in Beispiel und Lehre mittels eines instrumentalen Zwischenstücks, die Betonung der 7. Strophe, die auffordernden Inhalts ist und eigentliche Quintessenz des dargestellten Falls bildet. Die Hervorhebungen der 2. und 4. Strophe sind einsichtig (Verwunderung des Lahmen, Ergebnis des Zusammentreffens), doch böte sich eher eine andere Akzentuierung an: nämlich die der Rede des Lahmen, die die entscheidende Wende in ihrer beider Schicksal bringt und sich in der Aussageweise vom erzählenden und deutenden Teil unterscheidet. In der Musik von Ougenweide verstärkt der gleichmäßige Takt, in dem Hervorhebungen erfolgen – jeweils nach zwei gesungenen Strophen – den Eindruck, den man auch sonst, aus anderen Gründen (Variationsschema!) gewinnt: den des etwas zu gleichförmig Monotonen, das nicht notwendigerweise von dem volkstümlichen Charakter der Fabel verlangt ist.

Erweiterungsmöglichkeit:

Was ist, wenn man zu unrecht jemandem vertraut? – Beide nachfolgende Fabeln beleuchten diese Thematik, wenn auch auf sehr verschiedene Weise:
– Der Kanzler (um 1300), „Der Fuchs und der Rabe", vertont (und übersetzt ins Neuhochdeutsche) durch die Gruppe Ougenweide: „All die weil ich mag", Polydor, 2371517
– J. W. v. Goethe, (Des Königs Floh...) aus: „Faust", vertont durch L. v. Beethoven, „Der Floh", op. 75, Nr. 3: „Dietrich Fischer Dieskau singt Lieder von Beethoven u. a.", Electrola E 90005
Ein reizvolles Kontrastprogramm – wieder Pop-Musik und Kunstlied –, bei dem die Schüler Gelegenheit haben, ihre bisherigen Erfahrungen und Kenntnisse zu vertiefen.

Aufbauprogramm II: Tierbilder im Wandel (Klasse 7/8)

1./2. Stunde:
Was interessiert den Fabelautor an den Tieren? – Vergleich einer dramatisierenden und einer episierenden Fabel
(Lessing: Der Rabe / Busch: Fink und Frosch)

Stundenziele

Die Schüler sollen
- sich Merkmale des Verhältnisses, das der moderne Mensch zum Tier hat, bewußt machen;
- erkennen, daß dieses Verhältnis sich von demjenigen unterscheidet, das Menschen anderer Epochen hatten;
- sich vergegenwärtigen, was sie bisher über die Rolle des Tiers in der Fabel gelernt haben;
- das Interesse des Fabelautors am Tier an einer Fabel des ‚dramatisierenden‘ Typs und an einer des ‚episierenden‘ Typs überprüfen (Lessing, „Der Rabe"/ Busch, „Fink und Frosch");
- die Funktion der schildernden Elemente in der erzählfreudigen Fabel untersuchen (Busch);
- erkennen, daß sie notwendige Ausdrucksmittel für das liebevolle Interesse ihres Autors am Tier sind;
- erkennen, daß das Interesse von Fabelautoren am Tier unterschiedlich sein kann;
- erkennen, daß Tiere neben ihrer Symbolfunktion (Träger typischer menschlicher Eigenschaften) auch Eigenwert besitzen können.

Vorbemerkungen

In Lessings Fabel „Der Rabe" (Leseheft, III 5), die hier die ‚dramatisierende‘ Form der Fabel vorstellt, geht es wieder um das Thema des törichten, anmaßenden Stolzes. Diesmal endet der Versuch, die eigene Minderwertigkeit zu überwinden, ohne offenkundige Blamage oder Schaden wie in der bekannten Fabel vom Frosch und Ochsen. Die dem Bereich der Fortpflanzung entstammenden Bildelemente der Fabel legen den Schluß nahe, daß Lessing am Beispiel des Raben und des Adlers die Unabänderlichkeit menschlicher Vorzüge und Schwächen (Dummheit, Eitelkeit, Torheit) aufzeigen will. Folgt man dieser Deutung, so steht man allerdings vor einem Widerspruch zu den Hoffnungen, die die Aufklärer auf die Entwicklungs- und Erziehungsfähigkeit des Menschen setzten, zu Lessings „Erziehung des Menschengeschlechts", zu seiner fünften Abhandlung über die Fabel (vgl. Leseheft V, 2), in der er seiner Auffassung von einer nahezu unbegrenzten Bildsamkeit des Kindes Ausdruck gibt. Eine Stellungnahme Lessings zu seiner Tätigkeit als Literaturkritiker führt hier weiter:

„Wir sind fest versichert, eine billige und gegründete Kritik ist ein unentbehrliches Amt in der gelehrten Welt. Sie schreckt den *elenden* [Hervorh. d. V.] Skribenten von der Feder, sie zwingt den mittelmäßigen sich anzugreifen; sie warnt den Großen sich selber nichts zu schenken, und nichts unvollkommenes, nichts übereiltes zu liefern. Sie breitet in ganzen Ländern den Geschmack aus. Ohne die Kritik würden die Schönen Künste in Frankreich nicht so blühen."[1]

Möglicherweise dachte Lessing an die ‚elenden Skribenten‘, als er über den

---

1 zit. n. Drews, Wolfgang, Gotthold Ephraim Lessing, in Selbstzeugnissen und Bilddokumenten, 89–93. Tausend, Reinbek b. Hamburg, Rowohlt 1982 (rowohlts bildmonographien 75.), 41

‚elenden Raben' schrieb, an die minderwertigen geistigen Produkte, die die deutschen Nachahmer der französischen Klassik erzeugten, z. B. an die vielen Epigonen La Fontainescher Fabeln. „Auch wenn Ihr länger brütet, kommt nichts Besseres heraus!" will er hier vielleicht im Bild der Fabel sagen.

Das Thema törichter Anmaßung verbindet die Fabel mit Buschs „Fink und Frosch" (Leseheft III 6). Eine Interpretation dieser Fabel wurde im systematischen Teil bereits gegeben (vgl. S. 19 ff.).

Unterrichtsverlauf

Phase 1:
Überlegungen zum Interesse des modernen Menschen am Tier

In der Unterstufe wird in der Regel das Verhältnis des Menschen zum Tier thematisiert und damit zum Nachdenken über das eigene – gedankenlose, sentimentale, vertraute usw. – Verhältnis angeregt. Der Einstieg in der siebten und achten Klasse kann hierauf aufbauen. Die Gedanken der Schüler gegenüber dem Tier werden gesammelt. Auf diese kann man in den nachfolgenden Untersuchungen immer wieder zurückgreifen.

Warum interessiert sich der moderne Mensch für das Tier? – Die bunte Palette möglicher Antworten: Das Tier wird in Spiel und Sport ‚verwendet'; es ist Tröster einsamer Menschen, Ersatz für Freunde. Stichworte wie ‚Robbenjagd', ‚Hühnerfarm' etc. rufen die Bedrohung des Tiers durch den Menschen in Erinnerung; das Tier ist Ausbeutungsobjekt rücksichtsloser Profitgesinnung. Gingen die Menschen denn früher auch so mit dem Tier um? – Das Tier war vor allem Arbeitskamerad, der Mensch von ihm abhängig: auf dem Feld, in der Mühle, in der Schiffahrt etc. Heute ist es durch Maschinen ersetzt. Damals war es auch das Tier, das den Menschen bedrohte und seinen Mut und seine Kraft herausforderte. Man könnte hier zur Illustration und Vertiefung eine Kalendergeschichte von Hebel vorlesen.

Erweiterung:
Hebel: Fürchterlicher Kampf eines Menschen mit einem Wolf

Dem Wolf haftet etwas Unnatürlich-Gespensterhaftes an, ist er doch „mit langen dunkelgrünen Haaren besetzt". Hier wird der Schritt von der Empfindung einer Gefährdung durch das Tier zu seiner Dämonisierung direkt greifbar. So weit ist es nicht mehr von dieser Stufe der Wahrnehmung zur Vergöttlichung des Tiers, die Hauptmerkmal der in Klasse 7 zu behandelnden Religionen der Hochkulturen ist. Wenn deutlich wird, daß unsere heutige Einstellung symptomatisch für das Industriezeitalter ist und sich von der anderer Epochen und Kulturen unterscheidet, ist die Voraussetzung gegeben, der geschichtlichen Entwicklung dieses Verhältnisses nachzugehen.

Phase 2:
Überlegungen zum Interesse des Fabelautors am Tier

Eine bekannte literarische Bühne, auf der Tiere auftreten, ist die Fabel. Was nun interessiert ihren Autor am Tier? – Mögliche Antworten: Einzelnen Tierfiguren schreibt man menschliche Eigenschaften zu; man kann sie daher verwenden, um Typen menschlichen Verhaltens darzustellen; das Tiergeschehen ist die bildhafte Einkleidung eines Gedankens; es ist unterhaltsamer, als wenn die Lehre ohne Verkleidung ‚nackt' erteilt würde. Die Vermutungen werden sich nach dem Vortrag der Fabel Lessings noch präzisieren.

Hebel: Fürchterlicher Kampf eines Menschen mit einem Wolf

In Frankreich ist ein Departement, heißt Goldhügel. In diesem Departement befindet sich eine kleine Landschaft, genannt Saulieu, (mußt lesen Soliö). Diese Landschaft bekam im März des Jahrs 1807 einen schlimmen Besuch von einem reißenden Tier, wie man noch keines daselbst gesehen hatte, hier zu Land auch nicht. Es hatte Ähnlichkeit mit einem Wolf, wird auch einer gewesen sein. Doch hatte es eine kürzere Schnauze als ein gemeiner Wolf, war lang und mager und mit langen dunkelgrünen Haaren besetzt. Diese grausame und blutgierige Bestie wütete mehrere Tage lang zum Schrecken der Einwohner in dem Lande herum, griff Menschen und Tiere an, wagte sich sogar am 30. März am hellen Tag auf der Landstraße an die Reisenden, zerriß einen Konskribierten, zerfleischte zwei Mägdlein und einen Knaben und blieb selbige Nacht nahe bei dem Hause eines Landmannes, namens Machin, im Gebüsche über Nacht. Der gute Machin, der an eine solche Schildwache vor seinem Hause nicht dachte, ging des Morgens früh um 3 Uhr, als es noch ganz finster war, aus dem Hause. Da hörte er etwas rauschen im Gebüsch, glaubte es sei die Katze, die sich vor einigen Tagen verlaufen hatte, und rief seiner Frau, die Katze sei da. Aber in dem nämlichen Augenblicke springt das Untier wütend auf ihn los. Er wirft es zurück. Es kommt wieder, stellt sich auf die Hinterfüße, drückt ihn zwei Schritte weit an die Wand zurück, und packt ihn mit einem Rachen voll scharfer, starker Zähne wütend an der linken Brust. Vergebens sucht er sich loszumachen. Das Tier setzt immer tiefer seine Zähne ein, und verursacht ihm die entsetzlichsten Schmerzen. Da umfaßt es der herzhafte und starke Machin mit beiden Armen, drückt es fest an sich, ringt mit ihm, bis er es im Hause hat, wirft sich mit ihm auf einen Tisch, so daß das Tier unten lag, und rief seiner Frau, daß sie ein Licht anzünde. Aber Frau und Kinder wagten es nicht, sich zu nähern und das Tier biß sich immer tiefer und tiefer in die Brust des unglücklichen Mannes ein, bis endlich die älteste Tochter von 22 Jahren sich ermannte, und mit einem Licht und einem Messer herbeieilte. Der Vater drückte, so stark er kann, mit seinem Körper auf das Tier, zeigt ihr mit der linken Hand, wo sie hineinstechen müsse, daß das Ungeheuer sicher getötet werde. Noch biß sich die Bestie immer tiefer und tiefer ein, während die Tochter den kühnen und glücklichen Stich tat, und ein paarmal das Messer in der Wunde umkehrte. Aber jetzt schoß das heiße, schwarze Blut wie ein Strom aus der tödlichen Wunde hervor, das Biest fing an die Augen zu verdrehen, und es war ihm nicht, als wenn es noch viele Buben und Mägdlein verreißen wollte. Aber erst nachdem es sich völlig verblutet hatte, war man im Stande die Brust des braven Machin von ihm loszumachen, so fest hatte es sich mit seinen mörderischen Zähnen eingehauen. Drauf wurde das Untier vollends totgeschlagen und verlocht. Machin aber hatte doch lange an seiner Brust zu leiden und zu heilen, und sagt, er wolle sein Leben lang dran denken.

Hebel, Johann Peter, Schatzkästlein des Rheinischen Hausfreundes. Ein Werk in seiner Zeit [...], hg. v. Hannelore Schlaffer, Tübingen: Rainer Wunderlich Verlag Hermann Leins 1980, 160f.

Phase 3:
Zwei Fabelbeispiele

a) Lessings „Der Rabe" – Rolle des Tiers

Hier nun wird man sich zunächst überlegen, wer mit den Vögeln gemeint sein könnte: mit dem Adler vielleicht ein besonderer Mensch, mit dem Raben jemand, der etwas Äußerliches nachahmt und glaubt, damit schon das Wesentliche erreicht zu haben, der sich z. B. gleiche Handschuhe kauft wie Niki Lauda, deshalb aber noch kein guter Rennfahrer ist. Man kann hier die wahrscheinliche Zielgruppe Lessings kurz beschreiben; die Unmasse der Dichterlinge seiner Zeit, die nur schematisch das Versmaß der großen französischen Tragiker nachzuahmen verstanden.

b) Busch: Fink und Frosch – Meinungen zur Rolle des Tiers

„Fink und Frosch" sollte unbedingt vom Lehrer vorgetragen werden. Als erstes fällt der Unterschied zu Lessing auf. Zwar geht es auch um das Thema törichter Anmaßung, doch unterscheidet sich die Behandlung des Tiers von derjenigen in der Fabel Lessings: hier äußerst kühler und nüchterner Umgang mit dem Tier; das Tier erfüllt lediglich die Aufgabe, kurz auf einen menschlichen Typus hinzuweisen – dort lebendige, anschauliche, humorvolle Darstellung, die die Sympathie des Autors für die Tiere spürbar macht. Deutlich wird bereits, daß er sie als Tiere sieht, nicht nur als Stellvertreter menschlicher Typen. Vermutlich wird schon nach dem Vorlesen die Frage gekommen sein, ob Buschs Gedicht überhaupt eine richtige Fabel sei. Hierauf geht man jetzt ein.

Phase 4:
Überprüfung der Gattungszugehörigkeit von Buschs Fabel

a) Erster Schritt: Anfertigung einer kurzen Prosafassung

Der Text wird noch einmal gelesen. Rekapitulieren früher erarbeiteter Baugesetze der Fabel (vgl. Programm II) ist an dieser Stelle nötig, da die Unterscheidung der zwei Fabeltypen hieran anknüpft. „Man erzähle nur das Allerwichtigste!" – eine Regel, die aus der Reduktion einer aufgeblähten Variante (1./2. Stunde, Programm II) gefunden wurde, scheint am wenigsten zuzutreffen.

Diese Beobachtung wird in zwei Schritten überprüft. Zunächst wird eine knappe Prosafassung formuliert, etwa folgendermaßen:

„Ein Laubfrosch sah einen Fink, der auf einem Baum saß und sang. Als er mit großer Mühe zu ihm hinaufgeklettert war, erhob sich dieser und flog davon. Darüber ärgerte sich der Frosch; er versuchte, auch zu fliegen, fiel aber herunter und war tot.
Hochmut kommt vor dem Fall."

– dies als Folie, gegen die der Text von Busch gehalten werden kann. Als *Hausaufgabe* unterstreichen die Schüler alle schildernden Elemente und beantworten die Frage: „Welche Empfindungen und Eindrücke ruft die Schilderung von Fink und Frosch bei dir hervor?"

b) Untersuchung der Funktion der schildernden Elemente in Buschs Fabel

Schildernde Elemente und Wirkungen werden nebeneinander an der Tafel gesammelt (vgl. Tafelanschrieb Stundenblatt). Ihre Funktion kann nun geklärt werden. Sie besteht im wesentlichen in der Erzeugung einer intensiven Vorstellung von den beiden Tieren: der dunklen Stimme des Froschs, der als stämmiger „Handwerksbursche" erscheint, mit schwerem Gang; die spitzig-federnde Bewegung des Finken, seine helle, freudige Vogelstimme.
Als Antwort auf die Eingangsfrage ergibt sich: Läßt man die schildernden Elemente – über die Hälfte des Texts – weg, so gehen die Vorstellungen von den Tieren verloren; erst sie aber machen beide Figuren so anziehend. Will der Autor diese Wirkung erzielen, kann er auf diese Art der Darstellung nicht verzichten. Es stellt sich dann allerdings die Frage, ob sie auch im Hinblick auf die Lehre notwendigt sind.

c) Funktion der schildernden Elemente für die Lehre der Fabel

Da man zögert, diese Teile einfach zu streichen, ist vielleicht die Lehre selbst anders zu verstehen, als man zunächst meint. Ihr Unernst macht sie zudem verdächtig. Ihren ironischen Charakter arbeitet man in folgenden Schritten heraus:
Man vergleicht sie mit den Lehren, die die Schüler ihren Prosafassungen gegeben haben. Diese sind sehr viel allgemeiner gehalten und daher auf einen viel größeren Personenkreis anwendbar. Beim näheren Hinschauen wird dann das Absurde der Bestimmungen deutlich, die Busch für die Übertragung auf das Leben macht: „einer, der mit Mühe kaum / geklettert ist auf einen Baum, und meint, daß er ein Vogel wär" ist wohl ein menschlicher Sonderfall, an dem sich Allgemeingültigeres kaum aufzeigen läßt. Was also ist von dieser ‚Lehre' zu halten? – Offensichtlich geht es Busch nicht um eine ‚Lehre' im üblichen Sinn. Indem er belehrt, verulkt er, macht er sich einen Spaß; foppt er diejenigen, die sich auf Fabel und Belehrung eingestellt haben. Wäre Ulk dann seine eigentliche Absicht? Foppen derjenigen, die Belehrung suchen? – Hat er Vorbehalte gegen diese Personen?
– Der Rückverweis auf das Untersuchungsergebnis (Phase 4a und b), das Übergewicht des schildernden Elements in der Fabel, macht deutlich, daß Busch dies wollte: Vergnügen. Freude an den Bewegungen und Lauten dieser Tiere, wie man sich über ein Frühlingslied freuen würde. Das Vertonen dieser Fabel würde sich geradezu anbieten (Programm III)! Die Lehre? – „Seid nicht so ernst, freut euch lieber am Frühling, an den Tieren, am Leben!"

Erweiterung zu Phase 4c
Busch und die Spießer seiner Zeit – Zeichnungen aus „Max und Moritz" und „Fipps der Affe"

Die Parodierung des Tugendphilisters seiner Zeit durch Busch wird auf dieser Klassenstufe nur mit etwas Aufwand und mit einer guten Klasse zu erarbeiten sein. Der Aufwand lohnt sich jedoch, da er eine klare Vorstellung von Buschs Verhältnis zu Mensch und Tier erbringt. Die Schüler erzählen, was sie von diesem Autor kennen: „Max und Moritz" vielleicht, „Fipps der Affe" evtl. auch. Zwei Zeichnungen Buschs helfen weiter, die die Zielgruppe seines Spotts deutlicher werden lassen (s. Folienvorlage Abb. 1/Abb. 2).

Folienvorlage:

Abb. 1

Abb. 1: Lehrer Lämpel aus „Max und Moritz", z. B. W. B., Gesamtausgabe in vier Bänden, hg. v. Friedrich Bohne, Wiesbaden: Vollmer 1971, Bd. 1, 362
Abb. 2: Tod des Fipps aus „Fipps der Affe", ebda, Bd. 3, 358

Abb. 2

Beide Bilder lassen sich leicht verbinden. Den Spießer, der mit seinem knöchernen Zeigefinger den ‚bösen Buben' droht, sieht man auch auf der anderen Zeichnung, direkt hinter dem Affen Fipps, der tot am Boden liegt. Er trägt genauso hochmütig den Kopf, grinst hier allerdings hämisch. Die Situation: Fipps liegt erschossen da, von dem vereinten Aufgebot der Kleinstädter erledigt. Der einzige Mensch, den der Tod des Affen betroffen macht, ist ein kleines Mädchen. Elise hält seine Pfote und streicht über seinen Kopf. Dieser selbst sieht merkwürdig aus: Er wirkt wie der eines Menschen, eines Kindes. Erinnert man sich an all die Possen, die häufige Situationskomik der Geschichte, überrascht der Schluß. Das ernst-traurig gezeichnete (Affen-)Kind, das dort als Opfer kleinbürgerlicher Aggression am Boden liegt, paßt nicht zur Spaßigkeit vorangegangener Szenen. Um so widerwärtiger erscheinen die triumphierenden Mienen der Umstehenden, vor allem die selbstzufrieden lächelnde Miene desjenigen, dem hierzu nur ein frommer Tugendspruch einfällt. Die Parallelen zwischen dem Frosch der Fabel und dem (ebenfalls vom Baum gefallenen) Affen lassen sich nun ziehen. „Schwächen", ‚Fehler' im Sinne der Moral werden hier wie dort gezeigt; törichte Anmaßung oder einfach Lust, anderen Streiche zu spielen. Dennoch ist die Sympathie des Erzählers (Zeichners) auf der Seite des Fehlerhaften. Denn er ist lebendig, munter, frisch, ganz im Gegensatz zu den unnatürlich verkrampft wirkenden Erwachsenen und ihren trockenen Tugendreden. Bei „Fipps der Affe" ganz deutlich: Busch spießt die Spießer auf, stellt ihr Gerede und ihr unbarmherziges Tun gegeneinander. Bei „Fink und Frosch" weniger deutlich, doch nun für jedermann sichtbar in dieselbe Richtung weisend: Er ironisiert in der ‚Lehre' ein Sprechen, wie man es sich genau aus dem Munde eben des – hinter Fips stehenden – Zeigefinger-Philisters vorstellen könnte.

Phase 5:
Ergebnissicherung – Zwei Fabeltypen und das je unterschiedliche Interesse ihrer Autoren am Tier

Die Ergebnisse der Arbeit an den Fabeln von Lessing und Busch werden vergleichend gegenübergestellt (vgl. Tafelanschrieb Stundenblatt). Die humorvolle Darstellungsweise Buschs spricht das Gefühl des Lesers (Hörers) an. Sie steht im Gegensatz zum kühl wirkenden Stil Lessings. Bei ihm ist das Tier nur Mittel zum Zweck, nämlich einen Gedanken bildhaft einzukleiden: Es ist daher nur knapp gezeichnet. Bei Busch wird die Tiergestalt mit einer Fülle von Details vergegenwärtigt und besitzt Eigenwert. Damit aber kann auch die Eingangsfrage nach dem Interesse des Fabelautors am Tier auf einer breiteren Grundlage beantwortet werden. Im Falle Buschs geht sein Interesse offensichtlich über die bloße Symbolfunktion hinaus. Diese scheint lediglich auf die Figur des Raben bei Lessing zuzutreffen. Sein Verhältnis zum Tier wäre also nun unter die Lupe zu nehmen. Man müßte ihn mit einem wirklichen Raben vergleichen – wie man ihn in einem Lexikonartikel (Leseheft III 1+2) beschrieben findet. Der Vorschlag könnte von den Schülern kommen. *Zu Hause* lesen die Schüler den Artikel, gliedern ihn in Sinnabschnitte und beantworten tabellarisch die Frage nach der Art der Darstellung des Raben in Fabel und Lexikonartikel (vgl. Stundenblatt).

3./4. Stunde:
Was hat die Fabel mit dem wirklichen Tier zu tun? – Vergleich zwischen einem neuen und einem alten Lexikonartikel
("Der Rabe" in Kosmos-Tierwelt und in Zedlers Universal-Lexikon von 1741)

Stundenziele

Die Schüler sollen
- die Tierdarstellung einer dramatisierenden Fabel des 18. Jahrhunderts (Lessing, „Der Rabe"), mit derjenigen in einem modernen Lexikonartikel vergleichen („Der Rabe" in „Kosmos-Tierwelt");
- die starke Vermenschlichung des Tiers in der Fabel bestimmen;
- einen Lexikonartikel aus der Zeit Lessings erarbeiten („Der Rabe" in Zedlers „Universal-Lexikon");
- die andere Denkweise der Zeit erfassen und die Parallelen zwischen Tierbild der Fabel und Tierbild der Zeit erarbeiten;
- die Rolle des zeitgenössischen Denkhorizontes für das Denken des einzelnen Autors erfassen.

Unterrichtsverlauf

Phase 1:
Vergleich der Tierdarstellung in Fabel und modernem Lexikonartikel (Lessing, „Der Rabe"/„Der Rabe" in Kosmos-Tierwelt)
Bei der Gegenüberstellung der Darstellungsweisen von Fabel und Artikel wird man zu den von den Schülern verwendeten Termini die jeweiligen Antonyme ermitteln und dadurch die Gegenüberstellung systematisieren. Ausgehend von dieser Zusammenstellung läßt sich anschließend die Besonderheit des alten Lexikonartikels aus der Zeit Lessings bestimmen. Der moderne Lexikonartikel beschreibt Vorkommen, Arten, Verbreitung, Nahrung, Nestbau und Brutpflege der Raben, also die allgemeinen Merkmale der Gattung. Die Fabel berichtet einen einmaligen Vorgang. Dessen Einmaligkeit hebt sie jedoch insofern auf, als er nur Beispiel für eine allgemeinere Lehre ist. Daß mit den Tieren Menschen gemeint sind, erkennt man an der Bewertung des Tiers („elend") und daran, daß der Autor es denken läßt. Der Lexikonartikel enthält sich hingegen einer Wertung, natürlich auch einer ‚Lehre'; er bestimmt das Tier völlig unabhängig vom Menschen. Er beschreibt exakt und faßt langjährige Beobachtungen zusammen. Die einzelnen Details der Fabel entsprechen diesen Angaben nicht. Weder brütet der Rabe dreißig Tage, noch strebt er dem Adler nach, noch denkt er.

Diese Gegenüberstellung wird im Hinblick auf die Stundenfrage ausgewertet. Mit dem wirklichen Tier hat das Fabeltier Lessings herzlich wenig zu tun; es ist ein Produkt der Phantasie.

Damit scheint sich im Falle dieses Autors zu bestätigen, was von der Tierdarstellung der Fabel allgemein angenommen wurde: Der Fabelautor nimmt es mit den biologischen Fakten nicht so genau; er bedient sich des Tiers als einer Maske, einer Hülse für menschliches Verhalten.

Der Fehler in dieser Art der Überprüfung muß hier nun aufgedeckt werden. Man kann das Schreiben eines Autors nur am Wissen seiner Zeit messen. Angenommen, Lessing hätte sich genau über den Raben informieren wollen, hätte er es woanders tun müssen als wir heute.

129

Phase 2:
Das naturkundliche Wissen über den Raben in Lessings Zeit („Der Rabe" in Zedlers Universal-Lexikon von 1741)
Das Untersuchungsverfahren erfordert also einen Blick in ein altes Lexikon. Zugang zu dem Wissen in Lessings Zeit bietet Zedlers Universallexikon. Ein Artikel hieraus (s. Leseheft III 2) über den Raben wird nun (in Stillarbeit) gelesen. In Partnerarbeit stellen die Schüler nun die Parallelen zur Fabel sowie merkwürdige Eigentümlichkeiten in den Aussagen fest, wie man sie nicht in einem Lexikonartikel erwarten würde.

Bei der Auswertung wird man die von den Schülern gefundenen Punkte zunächst an der Tafel sammeln (analog zum vorgeschlagenen Tafelanschrieb im Stundenblatt) und nach den Parallelen sowohl zum modernen Lexikonartikel als auch zur Fabel fragen. Das überraschende Ergebnis: Die in der Fabel genannten Fakten stimmen exakt mit dem Lexikonartikel überein. Nicht nur, daß die Brutzeit der Raben 30 Tage dauert; es findet sich auch der wörtliche Vergleich mit dem Adler!

Merkwürdig ist die Erklärung, die für die Entstehung weißer Raben gegeben wird: „Ein Rabe wird weiß, wenn man ein Rabenei mit Rabenschmalz oder Katzenhirn bestreicht und einer weißen Henne an einem kalten Orte zu brüten unterlegt." Sie ähnelt einer anderen eigenartigen Aussage, in der es um die Verwendung von Teilen des Raben als Arzneimittel geht. Eine Feststellung wie „Das Herz von einem Raben soll den Schlaf vertreiben, wenn man es bei sich trägt", verrät das Denken, das ihr zugrundeliegt. Eine natürliche, biologisch-chemische Wirkung ist hier wohl auszuschließen. Das Denken ist noch von Magie bestimmt (vgl. Grundprogramm I, 11./12. Stunde). Jedoch nicht ganz, nicht ungebrochen. Der Verfasser des Artikels räumt z. B. den „alten Fabeln" nur noch die Möglichkeit ein, daß sie Richtiges aussagen: „Will man den alten Fabeln Glauben schenken, hat der Rabe die geheime Bedeutung von Geiz [...]". In diesem Zögern, sie als Quelle des Tierwissens zu verwenden, kündigt sich ein neues, wissenschaftliches Denken an. Jedoch – man hat noch längst nicht genügend Abstand von dem bisherigen, von Mythos und Magie geprägten überlieferten Wissen gewonnen. Dieses Beispiel und auch die folgenden verweisen zudem auf die – in einem modernen Lexikonartikel undenkbare – starke Vermenschlichung des Raben: „Mit dem Fuchse dagegen hält er gute Freundschaft". Es wundert einen nicht, ließe sich hier anmerken, weiß man doch eben aus der Fabel, wie gut der ihm zu schmeicheln versteht! Von der ‚Unbarmherzigkeit' ist da noch die Rede. U. a. wird sie auch mit zwei Ausnahmen belegt, in denen er einmal nicht unbarmherzig handelt, zwei Beispielen aus der Bibel. Einmal versorgt er den Propheten Elias und ein anderes Mal den Einsiedler Paulus mit Nahrung. Dies geschieht, weil Gott es ihm „befahl". Auch der Rabe erfüllt so eine Aufgabe in Gottes Schöpfungs- und Heilsplan, in der der Mensch Herr über alle anderen Lebewesen ist. Als Aasfresser für den Menschen ungenießbar, mußte er „auf eine andere Art dem Menschen dienen". Auch hier ganz deutlich die Parallele zur Fabel: Das Tier wird nicht als unabhängiges Gattungswesen gesehen, sondern nur in Beziehung zum Menschen.

Phase 3:
Integration bisheriger Arbeitsergebnisse – die Tierdarstellungen in den drei Textsorten Fabel, neuer und alter Lexikonartikel

Um alle Arbeitsergebnisse dieser Doppelstunde nun zu intergrieren und die Gemeinsamkeiten und Unterschiede zwischen den drei Textsorten anschaulich zu machen, geht man folgendermaßen vor: Man teilt dem neuen Lexikonartikel sowie der Fabel je eine Farbe zu und läßt die Schüler feststellen, welche Merkmale des alten Lexikonartikels mit denen des neuen oder der Fabel übereinstimmen. Dann unterstreicht man mit einer dritten Farbe die Merkmale der Tierdarstellung, die eine Besonderheit der jeweiligen Textsorte sind, da sie keine der beiden anderen aufweist. Nun trägt man zur besseren Übersicht alle Merkmale in ein Venn-Diagramm ein. Dieses macht nun augenscheinlich, wie sehr die Tierdarstellung der Fabel als Bestandteil eines vergangenen Tierbildes zu werten ist. Es ergibt sich das genaue Gegenteil zum ersten Untersuchungsergebnis. Auch Lessing nimmt nicht einfach ein Tier als Symbol für eine menschliche Eigenschaft, gewissermaßen als leere Puppe, ohne Rücksicht auf die naturkundlichen Fakten. Er geht jedoch vom Tierwissen seiner Zeit aus. Wenn die Fabel das Tier vermenschlicht, so hat das eben etwas mit dem Denken früherer Epochen zu tun!

Phase 4:
Vertiefung: alte und neue Tierauffassung in einer merkwürdigen Zeitungsmeldung („Huhn hinter Gittern")

Ohne Kommentar liest man nun folgende Zeitungskuriosität vor (rechts oben).
Hier läßt sich an einem prägnanten Beispiel der Abstand unseres heutigen Denkens von demjenigen vergangener Epochen festhalten. Man wird direkt an der komischen Wirkung des Artikels anknüpfen. Sie geht von der Diskrepanz von Sachverhalt und Reaktion aus. Sachverhalt: ein verirrtes Huhn; Reaktion: Gleichsetzung mit einem Straftäter, absurde Unterstellung vorsätzlichen Handelns.

Huhn hinter Gittern

In Fort Fairfield im US-Staat Maine ist in der vergangenen Woche ein Huhn verhaftet worden. Ein Bürger war in der örtlichen Polizeistation erschienen und hatte sich darüber beklagt, daß der Vogel Besitz von seinem hinter einem Imbißstand geparkten Auto ergriffen habe und sich allen Bemühungen widersetze, ihn aus dem Wagen zu entfernen. Die Polizei, die anscheinend zu dem Zeitpunkt nichts Wichtigeres zu tun hatte, holte das aufsässige Huhn aus dem Auto, nahm es in die Polizeistation mit und lochte es ein, nachdem sie es über seine „Rechte" belehrt hatte.

Badische Zeitung, 24./25. 11. 84

Frühere Epochen hätten nicht gelacht. Tatsächlich wurden Tiere, die eine „Übeltat" begingen, im Mittelalter bestraft. Öffentliche Prozesse und Hinrichtungen, ja sogar geistliche Tierexkommunikationen waren keineswegs juristische Sonderfälle[1]. Sie belegen die starke Personifikation des Tiers in einer Zeit, deren ‚Dunkel' Lessings Zeitalter der Aufklärung gerade erst aufzuhellen unternahm.

Mit den beiden Lexikonartikeln hat man zwei historische Typen möglicher Tierauffassungen vor Augen. Die Vermutung liegt nahe, daß sich mit dem Tierbild auch die Fabel geändert hat. Wer später nach Lessing in entscheidendem Maße das Denken über das Tier wie auch den Menschen bestimmte und eine ‚kopernikanische Wende' im Weltbild herbeiführte, ist den Schülern aus dem Religionsunterricht (6. Klasse) und aus dem Fernsehen vertraut: Charles Darwin. Der Entwurf eines fiktiven Streitgesprächs zwischen einem Anhänger und einem Gegner Darwins

---

[1] Schröder, Richard u. Eberhard Frh. v. Künßberg, Lehrbuch der deutschen Rechtsgeschichte, 7. Aufl., Berlin/Leipzig: de Gruyter 1932, 379

stellt die Schüler mitten in die polemisch aufgeladene öffentliche Auseinandersetzung um die religiösen und sozialen Konsequenzen aus Darwins Forschungen hinein und schafft einen unmittelbaren Zugang zu der Stellungnahme, die Busch in diesem Streit – in Fabelform – gab.

Die Unterrichtsfrage hieße nach diesen Überlegungen: Wie wirkten sich z.B. Darwins Erkenntnisse auf die Fabel und ihre Tierfiguren aus? – Man fingiert folgende Situation: Darwins Entdeckungen gehen durch die Weltpresse. Drei Oberschüler sitzen abends im Gasthaus zusammen: Robert, der einmal Pfarrer werden will, Johannes, der sich für Naturwissenschaften interessiert, und Wilhelm, der in seiner Schublade zuhause bereits einen ganzen Stapel erster schriftstellerischer Versuche liegen hat. Alle drei haben in der Zeitung die Meldungen gelesen. Es entzündet sich bald eine hitzige Diskussion zwischen Robert und Johannes. Wilhelm bleibt still und keiner weiß, was in ihm eigentlich vorgeht. Zuhause sollen die Schüler ein mögliches Streitgespräch zwischen Robert und Johannes entwerfen (tabellarische Gegenüberstellung ihrer Argumente als *Hausaufgabe*).

Zuvor wird man noch folgende Fragen und Probleme anreißen: Wie sah die Kirche Mensch und Tier (Schöpfungsbericht)? Wie stellte sich das Verhältnis zwischen Mensch und Tier nach Darwin dar? Wer könnte in seinen Auffassungen eine Gefahr gesehen haben? Wie ließe sich diese Gefahr thesenhaft bestimmen?

5./6. Stunde:
Wie ändert sich das Tierbild in der Fabel im Verlauf der Geschichte? – Vergleich einer Fabel nach Darwin mit einer vor Darwin
(Busch: Sie stritten sich... / Waldis: Von der Sau und einem Stauber)

Stundenziele

Die Schüler sollen
– sich in den Streit, den Darwins Entdeckungen auslösten, hineindenken;
– eine Fabel auf ihre Aussage hin untersuchen und ihren Charakter als gezielte Stellungnahme in der zeitgenössischen Auseinandersetzung erkennen (Busch, „Sie stritten sich beim Wein...");
– erkennen, daß die Gattung Fabel Mittel des Überzeugens ist: die ‚Lehre' enthält die Meinung des Autors, der Bildteil die Begründung durch ein Beispiel;
– die Überzeugungskraft dieser Form zu beurteilen versuchen;
– die Meinung, die in der Lehre einer weiteren Fabel sich ausspricht, und die ‚Beweisführung' im Bildteil dieser Fabel kritisch untersuchen (Waldis, „Von der Sau und einem Stauber");
– erkennen und graphisch darstellen, daß der Tierdarstellung in der Fabel von Waldis die religiöse Vorstellung von der Schöpfungshierarchie zugrundeliegt;
– erkennen und graphisch darstellen, daß Busch in seiner Fabel eben diese Hierarchie verwirft und die Gleichheit von Mensch und Tier behauptet;
– an diesen zwei Beispielen erfahren, daß sich die Veränderungen in den Tierauffassungen einer Zeit auch in den zeitgenössischen Fabeln niederschlagen.

Vorbemerkungen

Eine Einordnung der Fabel „Sie stritten sich beim Wein ..." in Buschs Weltbild erfolgte im Schwerpunktkapitel „Fabel und Tier". Hier sind noch Informationen zu Burkhard Waldis zu geben – auch für den Lehrervortrag –, um die Fabel „Von der Sau und einem Stauber" auf die Art des Engagements dieses Anhängers der Reformation und Schriftstellers beziehen zu können.

Burkhard Waldis (1495–1557) veröffentlichte 1548 seinen „Esopus". Mit den darin enthaltenen 400 Fabeln stellt dieser die umfangreichste Fabelsammlung des 16. Jahrhunderts dar. Seine Fabeln fallen sofort durch ihre Länge auf. Die Sprache ist lebendig, drastisch und reich an Bildern und Sprichwörtern. Der eher trockene Belehrungston wird oft mit persönlichen Bemerkungen des Erzählers aufgelockert.

Das starke Hervortreten des Erzählers in vielen Fabeln weist zusammen mit anderen auffälligen Kennzeichen auf die Art von Waldis' schriftstellerischem Einsatz hin. Dieser hängt eng mit seiner Biographie zusammen, „mit seinem wechselvolle[n] Leben" „zunächst als Franziskanermönch, dann Handwerker (Zinngießer) in Riga und Kaufmann mit ausgedehnten Handelsreisen, als Gefangener des Deutschen Ritterordens (vier Jahre lang), Student Luthers und schließlich als evangelischer Pfarrer in seiner Heimat Hessen."[1]

Auf seinen Handelsreisen lernte er die verschwenderisch-luxuriöse Welt der römischen Kurie kennen. In seiner Eigenschaft als Weitgereister und Reformator wendet er sich nun in seinen Fabeln an das Volk, an die vielen ungelehrten, meistens analphabetischen Bauern, denen er den eigenen, gefahrvoll erworbenen Horizont vermitteln möchte. Vor einem Bild der Verschwendungssucht und des Luxus in Rom, das Waldis detailliert ausmalt, gewinnt die Kritik am Ablaßhandel der katholischen Kirche, ihrem weltlichen Machtstreben und der durch sie bedingten Verfälschung der Lehre in den Augen der Ahnungslosen die nötige Brisanz und Schärfe.

Die Kritik beschränkt sich allerdings nicht nur auf den kirchlichen Bereich. „Waldis schöpft fast den gesamten Motivvorrat an Fabeln seiner Zeit aus und bietet dadurch eine Fülle verschiedener Themen, die sich ihrerseits wiederum zur Darbietung und Exemplifizierung der verschiedenartigsten Lehren eignen".[2]

Die Fabeln entwerfen ein farbiges kultur- und sozialgeschichtliches Bild der Zeit. Immer wieder weist Waldis eindringlichst auf die Gefahr der Nichteinhaltung des Ständesystems hin und klagt die Fürsten insgesamt als Tyrannen an.

Das Eintreten für den Erhalt einer als göttlich verstandenen Ordnung – das auch in der Fabel „Von der Sau und einem Stauber" (Leseheft III 7) deutlich ist, hier jedoch mit spezieller Blickrichtung auf Kinder und Jugendliche – hat durchaus kritische Funktion: Es richtet sich gegen diejenigen Kräfte, die die christlichen Gebote verletzen, und diese liegen vor allem in den weltlichen und geistlichen Mächten.

---

1 Rehermann, Ernst Heinrich u. Ines Köhler-Zülch, Aspekte der Gesellschafts- und Kirchenkritik in den Fabeln von Martin Luther, Nathanael Chytraeus und Burkhard Waldis, in: Hasubek (1982), 36

2 ebda, 42

Unterrichtsverlauf

Phase 1:
Streit um Darwin – der polemische Hintergrund einer Fabel von Busch (Hausaufgabe)

Neben dem einfachen Zusammentragen möglicher Argumente empfiehlt sich zur Auswertung der Hausaufgabe in besonderem Maße ein Rollenspiel. Es macht den appellativen Charakter der Fabel, dieser ‚Waffe' des Schriftstellers in den geistigen Auseinandersetzungen seiner Zeit, am stärksten fühlbar.

Ein denkbarer Verlauf des Gesprächs zwischen Johannes und Robert:

– (R) Darwins Auffassungen stehen im Widerspruch zu den Aussagen der Bibel. Der Mensch ist das Ebenbild Gottes und Krone der Schöpfung. Tiere und Menschen sind so, wie sie sind, ‚geschaffen', ‚Geschöpfe' Gottes und nicht Ergebnisse von Entwicklungen.
– (J) Darwins Aussagen beruhen auf Forschungen und sind daher erwiesen.
– (R) Wahr ist, was in der Bibel steht, denn das ist Gottes Wort.
– (J) Der Schöpfungsbericht der Bibel ist als ein Gleichnis zu verstehen. Früher hätten die Menschen die Wahrheit nicht anders verstanden.
– (R) Durch die Evolutionstheorie ist in Frage gestellt, daß der Mensch eine Seele hat. Man kann sich schwerlich vorstellen, daß von irgendeinem festen Zeitpunkt an eine Seele in einen Menschenaffen geschlüpft ist. Wenn sich eins aus dem anderen entwickelt, ist der Mensch aus dem Tier entstanden und nicht durch einen Schöpfungsakt; er ist von ‚niederer' Abstammung und damit entwertet, zum Tier hinabgezogen. Außerdem ist Gott als Schöpfer der Lebewesen entthront. Darwins Behauptungen stellen die ganze Schöpfungsordnung in Frage; sie sind eine Gotteslästerung!
– (J) Gottes Schöpfertum könnte ja in etwas anderem bestehen, nämlich darin, daß er Naturgesetze und Materie geschaffen hat. Damit hat er die Evolution in Gang gesetzt und ihren Verlauf bestimmt.

Die Entgegnungen von Johannes könnten auch eine andere, schärfere Tendenz nehmen und den Angriff in antikirchlicher Tendenz bestätigen, etwa in der Art: Auch bei Kopernikus, Kepler, Galilei hat die Kirche gemerkt, daß ihre Lehre in Gefahr ist. Der Mensch steht offensichtlich gar nicht im Zentrum der Schöpfung; er bildet es sich bloß ein. Die Erde dreht sich nun mal um die Sonne und nicht umgekehrt, und der Mensch kommt vom Affen und nicht von Gott.

Die wichtigsten Gesichtspunkte werden noch einmal zusammengefaßt und schriftlich fixiert (Tafelanschrieb 1, Stundenblatt).

Phase 2:
Der Dritte im Streit und seine Stellungnahme: Wilhelm [Busch]: (Sie stritten sich beim Wein...)

Buschs fabulöse Stellungnahme läßt sich ganz in die gegebene historische Fiktion einbinden: Johannes und Robert stritten, wurden immer unsachlicher, sie tranken und schieden zuletzt in aufgebrachter Stimmung voneinander. Wilhelm blieb nüchtern und nachdenklich und schrieb noch, wie es ihm schon zur Gewohnheit geworden war, vor dem Zubettgehen seine Gedanken nieder. Der Zettel wurde später in seiner Schublade zwischen anderem Papier und Staub gefunden. Sein Inhalt:

Sie stritten sich beim Wein herum,
Was das nun wieder wäre;
Das mit dem Darwin wär gar zu dumm
Und wider die menschliche Ehre.

Sie tranken manchen Humpen aus,
Sie stolperten aus den Türen,
Sie grunzten vernehmlich und kamen zu Haus
Gekrochen auf allen vieren.

Busch, Wilhelm, Gesamtausgabe in 4 Bden, hg. v. Friedrich Bohne, Wiesbaden: Vollmer 1971, Bd. 2, 513

Nach dem längeren Unterrichtsgespräch verstärkt eine Stillarbeitsphase die Konzentration. Die Lektüre wird mit folgendem Arbeitsauftrag verbunden: „Zu welcher Auffassung ist Wilhelm gekommen? – Woraus schließt du das?" – Daß Wilhelm mit Busch identisch ist, verrät man am besten erst später. Die Vorstellung, es mit einem anfechtbaren Schülererzeugnis zu tun zu haben, wirkt sich fruchtbar auf den kritischen Umgang mit dieser literarischen Stellungnahme aus. Das Ergebnis der Stillarbeit wird wieder an der Tafel fixiert (Tafelanschrieb 2, Stundenblatt): Wilhelms Behauptung gibt Johannes und damit also Darwin recht. Menschen und Tiere sind grundsätzlich gleich. Er begründet diese Auffassung indirekt, indem er menschlichem Verhalten ‚tierische' Züge verleiht. Die besondere Ironie hier: Die Tiernatur bricht ausgerechnet bei solchen Personen hervor, die dem Tier gegenüber ihre besondere „menschliche Ehre" geltend machen. Indirekt und daher sehr geschickt verspottet Wilhelm auch das Niveau der Diskussion der beiden Streithähne. „Das mit dem Darwin wär gar zu dumm..." wirkt banal, flach, nicht ernst zu nehmen. Dieser Eindruck wird noch durch die leiernde Monotonie der Versform gestützt: regelmäßig abwechselnde drei- bis vierhebige jambische Paarreimer.

Das Wesen dieses Fabelgedichts, das als künstliches Arrangement eine durchaus subjektive Sicht der Sache als Wahrheit verkauft, liegt damit auf dem Tisch. Hier nun ist es Zeit, Kritik an dieser Stellungnahme zu üben. Die Proteste könnten sich an der Auswahl der Situation entzünden, die als Exempel für „den" Menschen herhalten muß. Menschen können sich schließlich ganz anders benehmen, als Johannes und Robert, und die tun es ja auch nur unter den besonderen Umständen dieses Abends. Erst jetzt deckt man Buschs Urheberschaft an dem Text auf.

Phase 3:
Bestimmung der Textsorte – die Fabel als Mittel, andere von der eigenen (Tier-)Auffassung zu überzeugen

Der appellative Charakter der Fabel soll nun auch begrifflich beschrieben und damit in die Ebene des Bewußtseins gehoben werden. Die Schüler sollen erfassen, daß gerade die Fabel nicht zufällig in der politischen Rede eingesetzt wurde.
Das Gespräch hierüber kann von der Bestimmung der Textsorte ausgehen. Die Schüler stellen hier die Ähnlichkeit des Gedichts mit einer Fabel fest: ein einmaliges Geschehen wird erzählt, das in der Pointe eine Lehre enthüllt. Nur handeln in der Regel Tiere wie Menschen, und nicht wie hier Menschen wie Tiere. Die Meinung des Autors ist die explizite oder implizite Lehre einer Fabel. Seine Argumente drückt er im Bildteil aus. Das Verhalten, normalerweise jenes von Tieren, ist das Beispiel, das er gibt, um die Richtigkeit seiner Auffassungen zu belegen (Tafelanschrieb 3). Hier gilt es einen neuen Aspekt der Gattung Fabel festzuhalten: Was hat denn ein Fabelgedicht mit einem Streitgespräch, mit Überzeugen zu tun? Die Funktion der vorliegenden Fabel, in einer spannungsreichen Wirklich-

135

keit Partei zu ergreifen, läßt man nun die Schüler allgemeiner formulieren (vgl. Tafelanschrieb 3, fertiggestellt).

Der Kontrast zwischen dieser Form eines Überzeugungsversuchs und der üblichen, die zuvor die Schüler selbst in den Rollen der beiden Schüler Johannes und Robert durchgespielt haben, fordert zur Bewertung heraus. Um anschaulich vergleichen zu können, übersetzt man die Fabel in eine übliche Begründung, etwa: Menschen stehen nicht höher als Tiere; wenn man um Mitternacht zwei Betrunkene sieht, läßt sich dies gut erkennen. Der Vergleich Johannes' und Roberts Argumentation mit der bildhaften, witzig formulierten Fassung, wie sie Buschs Fabel darstellt, macht deren Suggestivkraft deutlich. Der bildhafte Teil weckt Wertungen; er gewinnt den Leser rein gefühlsmäßig für seine Lehre. Er verführt ihn dazu, die Meinung als Wirklichkeit, gar als Lebensweisheit anzunehmen.

Phase 4:
Waldis, „Von der Sau und einem Stauber". Vergegenwärtigung des Textes – Austausch von Meinungen zur Lehre von ,tugent' und Gehorsam

Diese dreihundert Jahre ältere Fabel (s. Leseheft III 7) führt die Eigenschaften ,tugent' und Gehorsam auf komisch-drastische Weise vor Augen und gibt zudem ein gutes Beispiel für eine ältere Tiervorstellung.

Das Wort „beweist" (V. 21) enthüllt rückwirkend den Argumentcharakter des Bildteils. Die Bedingtheit und Fragwürdigkeit dieses Beweises ist für Schüler der siebten oder achten Klasse leicht zu durchschauen.

Die Aufforderung zu Gehorsam reizt zu Widerspruch. Daher wird man – nach Worterläuterungen und Vortrag – mit der Diskussion über die Richtigkeit der Lehre das Gespräch über die Fabel eröffnen. Die Rechtfertigung der Prügelstrafe provoziert ganz besonders. Über sie, über ihre Folgen werden die Schüler einiges zu sagen wissen. Eigene Standpunkte zu dieser Frage können damit formuliert und die Beweisführung von Waldis nun mit gezielter Aufmerksamkeit unter die Lupe genommen werden.

Phase 5:
Untersuchung der Beweisführung der Fabel

a) Der Tugendbegriff der Fabel

Prügelstrafe und Gehorsam sind – folgt man dem Autor – die geeigneten Erziehungsmittel, um „zur hohen tugent" zu kommen. Der Begriff „tugent" wäre genauer zu klären: Eine „sittlich einwandfreie, vorbildliche Haltung". „Sittlichkeit" wird als „Inbegriff dessen, was in einer Gesellschaft für gut, edel, anständig, richtig gehalten wird"[3], definiert. Diese Begriffe werden kritisch an das Fabelgeschehen herangehalten. Schwächster, fragwürdigster Punkt des Repräsentanten der Tugend, des Hundes, sind seine Motive. „Zum wengsten ein oder zwen" von den erbeuteten Vögeln zu bekommen und „mit meinem herren wol" leben, heißt nichts anderes als Sich-Fügen, um sein Auskommen zu haben nach dem Motto: „Wes Brot ich esse, des Lied ich singe". ,Edles', ,vorbildliches' Tun verbindet heutiges Verständnis dagegen mit uneigennützigem Einsatz zum Wohl anderer Menschen. Außerdem setzt heutige Lesart die Kombination von Tierfigur und Eigenschaft (Hund und Gehorsam) postwendend in das geflügelte Wort vom ,hündischen Gehorsam' um. Nichts Anrüchige-

---

3 dtv-Wörterbuch der deutschen Sprache, 3. Aufl., München, Deutscher Taschenbuch Verlag 1980, 713, 789

res als dieser, nichts, was mehr den Begriff von Tugend, der dieser Fabel zugrundeliegt, und ihre Lehre in Frage stellen könnte!

b) Leserbezug der Fabel

Waldis schrieb offensichtlich für Jugendliche – dies ist in seiner Lehre deutlich. Heutige Jugendliche überzeugt er jedoch nicht mehr. Damit stellt sich die Frage nach dem Adressatenkreis, den er mit dieser Art von ‚Beweisführung' für seine Meinung zu gewinnen hoffte. Gehorsamsbegriff und Sprache verweisen auf eine frühe Epoche, früher als Busch, der in der Lehre ja die Tugendhaftigkeit ironisiert: Weitere Indizien sammeln die Schüler unter der Frage (Partnerarbeit): „Mit welchen Mitteln versucht Waldis seine Leser zu überzeugen? – Hinweis· „Achte besonders auf die Auswahl der Tiere und deren Redeweise!" – Auswertung: Waldis steigert bei der Wahl der Tierfiguren die fabelübliche Typisierung. Die Konstellation Hund und Schwein ist von vornherein für den Hund und den in ihm vertretenen Standpunkt gewinnbringend. Umgekehrt ist die Rechnung des Autors durchsichtig, die gegenteilige Meinung einem Schwein zu übertragen. Es nicht bei seiner einfachen Nennung zu belassen, sondern das Verfahren, einzelne Merkmale mit drastischen Worten hervorzukehren („ganz unsauber", „grobe Sau", sich von „Winkelwürst" ernähren), wirkt geradezu penetrant. Auch in der Sprechweise sichert Waldis dem Hund den Sieg: Die Schärfe der Zurechtweisung, die Verachtung sollen seinen überlegenen Rang bekunden („Schweig du grobe Sau [...]" V. 11–14). (siehe auch Tafelanschrieb 4, Stundenblatt.)
Derbe Beschimpfungen, Fäkalhumor, Schwarz-Weiß-Konstellation lassen auf einen niedrigen Bildungsstand der von Waldis gedachten Zielgruppe schließen. Hier gibt man die Auflösung: Informationen zur Person des Autors und seinen Absichten, die vor allem im Zusammenhang der protestantischen Volksschulbewegung verständlich werden.

Phase 6:
Integration der Stundenergebnisse:
Die Auffassung von Tier und Mensch bei Waldis und Busch

Über die zeitliche Einordnung von Waldis wird nun ganz deutlich, daß beide Autoren Vertreter verschiedener Epochen sind und daß ihr unterschiedliches Tier- und Menschenbild die allgemeine Entwicklung des Denkens widerspiegelt.
Um die Arbeitsergebnisse im Hinblick auf die Leitfrage integrieren zu können, wird in einer weiteren Partnerarbeit das Verhältnis von Tier und Mensch untersucht (vgl. Arbeitsaufträge im Stundenblatt).
Auswertung: Die vier genannten Gruppen von Lebewesen, nämlich Schwein, Hund, Jugendliche und Erwachsene werden über das Prinzip Gehorsam in eine vertikale Beziehung der Unter- und Überordnung gebracht. An unterster Stufe steht das Schwein, das sich der geforderten ‚Tugent' nicht fügen will; über ihm der Hund, dann der Jugendliche und der erwachsene Mensch – die mittelalterliche Rangordnung im Blitzlicht einer Fabel! Die entsprechende graphische Beziehung bei Busch wäre eine Horizontale. Mensch und Schwein finden sich bei ihm auf der gleichen Stufe. Vertikale und Horizontale stehen sich hier gegenüber; die *Schöpfungsordnung* ganz augenscheinlich von Darwins Anhänger umgeworfen in die *Gleichheit der Lebewesen*!

Erweiterung

1. Textvergleiche:

Auf der nun geschaffenen Grundlage läßt sich die Betrachtung des Tiers in der Fabel beliebig fortsetzen und um die vielen Aspekte, die die Geschichte der Gattung hervorbringt, erweitern. Neben der überwiegend symbolischen oder analogischen Verwendung des Tiers läßt sich noch die dritte Möglichkeit der parodistischen Verwendung im Unterricht auf interessante Weise einsetzen, in der die Tiere im detaillierter gezeichneten Verhaltenskostüm einer Epoche erscheinen. Geeignet sind Vergleiche zwischen Fabeln aus folgenden Textgruppen:

a) – B. Waldis: „Vom Hanen und Perlen" (Fabeln, Parabeln [...] [1978] 396f.)
  – J. de La Fontaine: „Die beiden Ratten, der Fuchs und das Ei" (L. F. [1981], 396f.)

Tier- und Menschenbild lassen sich besonders gut an Fabeln herausarbeiten, in denen Tier und Mensch gemeinsam auftreten. Wenn das Tier auch noch direkte Kritik am Menschen übt, fordert die Fabel gerade zum Aktualisieren (Variation!) heraus. Beispiele:
  – J. de La Fontaine: „Der Mensch und die Natter" (ebda, 401–403)
  – (gleiches Thema:) Abraham a Sancta Clara: „Vom Undank der Welt" (Rabe, Fuchs und Löwe. Fabeln [...] [1962], 88–91)
  – G. Duhamel: „Zweierlei Geschmack" (ebda 357f.)

  – F. Jammes: „Das Paradies der Tiere" (ebda 356f.) (Grenzform zwischen Fabel, Parabel und Märchen!)
  – I. Krylow: „Der Einsiedler und der Bär" (ders. [1960], 130–134)
  – J. Sturm: „Am Affenhause" (Rabe, Fuchs und Löwe, Fabeln [...] [1962], 293, Vergleich mit Busch!)
  – J. Thurber: „Der Mensch und der Dinosaurier (ders. [1967], 124–127)

b) überwiegend symbolischer Einsatz des Tiers:
  – G. E. Lessing: „Die Sperlinge"
  – Ders.: Das Roß und der Stier" (Editionenheft „Fabel und Parabel", II 7)

c) Tiere in zeittypischen Sozialrollen:
  – Abraham a Sancta Clara: „Der Fuchs und die Maus" (Leseheft I 5)
  – J. Thurber: „Die Schafe im Wolfspelz" (1967, 41f.)

2. Produktiver Umgang:

Schüler in diesem Alter sind oft kritisch gegenüber Tierklischees, wie sie ja den Fabeltieren zumeist zugrundeliegen. Dies läßt sich im Unterricht fruchtbar machen. Fabeln werden abgewandelt unter Verwendung von Elementen des biologischen Wissens (Verhaltensforschung!) oder moderner artfremder Tierhaltung (im privaten Bereich, in der Industrie). So läßt sich die Eignung der Fabel, aktuelle Probleme kritisch zu beleuchten, deutlich machen. Beispiele: In „Fuchs und Rabe" enthält der Käse Dioxin; in „Wolf und Lamm" erleidet der Wolf einen Kreislaufkollaps, weil das soeben verzehrte Lamm mit Hormonen und Antibiotika gezogen war usw.

Aufbauprogramm III:
Lessing contra La Fontaine – Fabel und Leser (Klasse 9)

1./2. Stunde:
Welches ist die beste Fabel? – Lessings Bestimmung der Gattung (Lessing: Der Besitzer des Bogens; Die Sperlinge / Gleim: Spatzenklage)

Stundenziele

Die Schüler sollen
- Textsorte und Sinn einer Metafabel entschlüsseln (Lessing, „Der Besitzer des Bogens");
- zwei stoffgleiche, aber formal unterschiedliche Fabeln auf ihren Gefühlsausdruck und ihre Stilbesonderheiten hin untersuchen (Lessing, „Die Sperlinge"/Gleim, „Spatzenklage");
- mit ihrer Hilfe das Rätsel des ersten Textes endgültig lösen;
- sich in die Konkurrenzsituation des Autors Lessing hineindenken und einen Lexikonartikel „Fabel" aus seiner Sicht schreiben;
- die Bestimmung einer guten und einer schlechten Fabel, wie sie Lessing gibt, kritisch beurteilen;
- die beiden Typen der episierenden und der dramatisierenden Fabel definieren können.

Vorbemerkungen

„Der Besitzer des Bogens" (Leseheft IV 6) ist bildhafte Quintessenz der Auseinandersetzung, die Lessing in seinen Abhandlungen zur Fabel mit den verschiedenen bedeutenden Fabulisten seiner Zeit führt und in der er seine eigene Auffassung begründet. Diese berühmte, (Literatur-)Geschichte machende Metafabel steht zu Beginn des dritten und letzten Bandes der 1759 erschienenen Prosafabeln. Das erste Buch leitet eine andere Metafabel ein: „Die Erscheinung" (Leseheft IV 5). Sie spiegelt das innere Ringen des Autors um die rechte, seinem subjektiven Aussagewillen gemäße Form der Gattung wider, in dem er schließlich seinen eigenen Formbegriff behauptet – gegen das übermächtige zeitgenössische Idol aller Fabelautoren, gegen La Fontaine. Auch äußerlich finden sich in dieser Metafabel noch überall die Spuren dieser Auseinandersetzung. Ganz im Geschmack des zeitgenössischen Publikums ist sie weitschweifiger und verwendet märchenhafte und mythologische Elemente. Lessing erweist auch hierin sein didaktisches Können: Geschickt setzt er an den Neigungen seiner Leser an, um sie um so überzeugender zu seiner eigenen Vorstellung hinzuführen. Zugleich bricht er hier entschieden mit seinen vorausgegangenen Versuchen auf dem Gebiet dieser Gattung, den früher erschienenen Versfabeln, die er auch nicht in die Sammlung aufnimmt.

In „Der Besitzer des Bogens" ist die in ihr gegebene Bestimmung der guten und der schlechten Fabel auf den Text selbst angewendet. Jeder „Zierrath" fehlt, auf Kürze, Schmucklosigkeit als auf die ihr gemäße Form poetischer Schönheit wird entschieden gebaut.

Für die Behandlung im Unterricht empfiehlt es sich, diese Formeigenschaften erst nach dem Vergleich zweier Fabeln mit gleichem Inhalt, aber sehr verschiedener sprachlicher Gestaltung bewußt zu machen. Lessings Fabel „Die Sperlinge" (s. S. 24) verwirklicht musterhaft in ihrer epigrammatischen Schärfe und ihrem provokativen Schluß seine Konzeption und ist das direkte ästhetische Gegenstück zu Gleims Versfabel „Spatzenklage" (s. u.), deren Überschrift bereits den entscheidenden Unterschied klarstellt – die auf das 19. Jahrhundert, auf die pädagogisierende Fabel vorausweisende, für Gleim nicht ganz typische Sentimentalisierung:

Spatzenklage

Man flickte – war's in Straßburg oder Rom?
Ich weiß es nicht – an einem Dom
Und jagte Mutter, Brüder, Schwestern
Des Sperlingsvolks aus ihren Nestern.
Und als die Flickerei zu Ende war,
Da kam, bei Tausenden, die Schar
Der Flüchtlinge zurückgeflogen;
Und freudig hätte jedes Paar
Sein Nestchen wieder gern bezogen;
Allein man sah betrübt, daß keins gelassen war.
Und: „Gott! was hat sie doch bewogen",
Erseufzte da mit tiefem Ach
Ein alter Sperling auf dem Dach,
„Uns unsre Wohnungen so grausam zu zerstören?
Was Bösres konnten sie nicht tun;
Als ob die hohen Mauern nun
Zu etwas nütze wären!"

Gleim, Johann Wilhelm Ludwig, in: Rabe, Fuchs und Löwe. Fabeln [...] (1962), 180

Unterrichtsverlauf

Phase 1:
Lessing, „Der Besitzer des Bogens" – Vergegenwärtigung des Textes/Vermutungen über Textsorte und Sinn

Nach dem Vortrag der Fabel von Lessing wird über Textsorte und Sinn der Geschichte spekuliert. Daß die Geschichte irgendeine Lehre enthält, daß sie vielleicht so etwas wie eine Fabel ist, wird rasch erkannt.
Stimmen alle darin überein, daß es sich wohl um eine Art Gleichnis handelt, schlägt man den Text auf und versucht nun gemeinsam, das Gleichnis zu entschlüsseln. Die Schlüsselwörter werden unterstrichen und an die Tafel geschrieben (siehe Tafelanschrieb 1, Stundenblatt): „Bogen", dem einmal das Attribut „Glätte", ein anderes Mal „Zierrathen" zukommt; „Besitzer" oder Jäger; Pfeil, Beute oder Ziel wären logischerweise zu ergänzen. Als Lehre könnte man nach dem bisherigen Stand der Überlegungen formulieren: Unnötiger Schmuck schwächt die Funktion eines Gegenstandes.
Der Suche nach einer befriedigenderen Deutung des Gleichnisses wird nun eine eindeutigere Richtung gegeben. Der Jäger will sein Ziel treffen. Man spielt die verschiedenen Verwendungsweisen des Verbs „treffen" durch. Neben der eigentlichen Bedeutung gibt es die übertragene Bedeutung (Tafelanschrieb 2), die einen hier auf die Fährte bringt. ‚Treffender Ausdruck', ‚treffende Kritik' verweist auf eine mögliche Eigenschaft von Sprache, von Texten, die vielleicht mit dem ‚Bogen' gemeint sein könnte. Um mit den Überlegungen aber weiter zu kommen, braucht man neue Anhaltspunkte.

Phase 2:
Lessing, „Die Sperlinge"/Gleim, „Spatzenklage" – der Gefühlsgehalt beider Fabeln

Nach dem Unterrichtsgespräch folgt nun eine kürzere Stillarbeitsphase. (Die Schüler erhalten Kopien der obengenannten Fabeln (s. Editionenheft II 7 und hier S. 24) – jedoch ohne deren Überschriften. Eine Hälfte der Klasse liest Gleims, die andere Lessings Fabel und sucht nach den passenden Überschriften. Diese werden an der Tafel gesammelt (Tafelanschrieb 3, Stundenblatt), bevor die Gruppen die je andere Fabel kennenlernen. Dann läßt man die Schüler entscheiden, welche Überschriften zu beiden Fabeln passen würden, welche nicht und markiert sie mit zwei verschiedenen Farben. Überschriften, die in irgendeiner Weise den Affektgehalt der Fabel ausdrücken, sind nicht übertragbar. ‚Sperlingsleid' läßt sich nicht mit den empört-frechen und entschlossenen Spatzen der Fabel Lessings zusammenbringen, wie umgekehrt z. B. ‚Sperlingsärger' nicht dem Jammer und der Verzagtheit der Spatzen bei Gleim gerecht wird.

Phase 3:
Gemeinsamkeiten und Unterschiede der beiden Fabeln

Damit liegt die grundsätzlich verschiedene Stimmungslage frei. Die Schüler haben für die nun folgende detailliertere Untersuchung der Gemeinsamkeiten und Unterschiede eine grobe Orientierung. Die Ergebnisse der Partnerarbeit werden an der Tafel gesammelt (Tafelanschrieb 3, Stundenblatt). Neben den Gemeinsamkeiten des Inhalts (Reparatur der Kirche, Auszug und Rückkehr der Sperlinge, die ihre Wohnungen zerstört finden), der Lehre (etwa: Nicht immer ist eine Reparatur eine Verbesserung) fallen insbesondere die Unterschiede in der Darstellungsweise auf. Die ausführlichere Versfabel von Gleim fängt weitschweifig an („Ich weiß es nicht ...") und fährt im Ton des Schilderns fort. Schrecken und Jammer der Sperlinge werden ausgemalt. Ihre Unterscheidung in „Mutter, Bruder, Schwestern", „Paar" Junge und Alte („alter Sperling") vermenschlicht die Tierfiguren in viel stärkerem Maße als bei Lessing. Ganz auffallend die Ausgänge! Bei Lessing Respektlosigkeit gegenüber dem sakralen Gebäude („Steinhaufen") und entschlossenes Handeln nach dem Motto „Das lassen wir uns nicht gefallen"; bei Gleim Jammer der ohnmächtigen Kleinen. Gerade der Schluß wirkt am unmittelbarsten in der Stimmung nach, in der die Fabel den Leser entläßt. Bei Lessing ist er belustigt und leicht aufgestachelt, bei Gleim – etwas schwieriger zu bestimmen – ermattet, gerührt.

Das Tafelbild ordnet die Gemeinsamkeiten und Unterschiede optisch so an, daß von hier aus das Gleichnis der Metafabel nun eindeutig übersetzt werden kann. Jäger, Bogen, Pfeil und Ziel lassen sich als Autor, Fabel, deren Wirkung und Leser identifizieren. Dabei ist die knappe Fabel besonders wirkungsvoll, ihr einfaches klares Bild (ungeschmückter Bogen) vermittelt (schießt) die Lehre (Pfeil) mit großer Kraft und prägt sich dem Denken des Lesers ein (Beute). Die Lehre der geschmückten Fabel (Bogen voller „Zierrathen") dagegen kommt gar nicht richtig an. Sie verlöscht in der gefühligen Mattigkeit des passiven, denkunfähigen oder denkunlustigen Lesers. Das Rätsel des ersten Textes ist gelöst; die Lösung wird als Quintessenz der Überlegungen als „Lehre" der Fabel vom „Besitzer des Bogens" formuliert.

Phase 4:
Ergebnissicherung – eine gute und eine schlechte Fabel nach Lessing

Nun erhalten die Schüler den Auftrag, die herausgearbeiteten Kennzeichen einer guten Fabel zusammenhängend als Lexikonartikel zu formulieren, wobei sie Lessing als dessen Verfasser similieren: „Wie würde Lessing einen Lexikonartikel ‚Fabel' verfassen?" – Man führt ihnen seine Situation vor Augen. Gleim war ein anerkannter (Fabel-)Autor seiner Zeit, damit Lessings Konkurrent. Wie wird dieser möglicherweise den Artikel abfassen, daß seine Auffassung richtig und überzeugend erscheint? – Vorher sammelt man die Kriterien, nach denen ein Artikel aufgebaut ist: allgemeine Definition der Fabel; welche Arten von Fabeln es gibt; welche wichtigen Vertreter. Jetzt erst müßten die Kennzeichen der zwei Typen von Fabeln

141

detaillierter (Auswertung des Tafelbildes 3) genannt werden.

Die Ergebnisse werden daraufhin besprochen, inwieweit sie neutral, ohne Wertung zwei Gattungstypen mit ihren Merkmalen auflisten oder aber (deutlich oder kaschiert) Lessings Position als die richtige darzustellen versuchen. Für den weiteren Verlauf der Unterrichtssequenz ist es fruchtbar, wenn sich die Schüler ansatzweise den polemischen Kommunikationszusammenhang eines Schriftstellers in seiner Zeit vergegenwärtigen und damit auf Distanz zu seinen Aussagen gehen können.

Phase 5:
Vorläufiger Versuch einer kritischen Beurteilung der Position Lessings

Der Versuch, Lessings Position zu bewerten, kann unter den bisherigen Prämissen jedoch nur unergiebig sein. Lessings These, daß in der Kürze das Wesen der Fabel bestehe, erscheint schlechthin plausibel; der im Bild vom Bogen und Pfeil sehr geschickt suggerierten Auffassung wird niemand etwas entgegenzusetzen haben. Eine Wende tritt ein, wenn der Adressatenkreis der Fabeln eindeutiger bestimmt werden kann. Damit die Schüler die Adressatengebundenheit wirkungsvollen Sprechens erfassen, führen sie ein kleines Experiment (*Hausaufgabe*) mit einer Personengruppe durch, deren Interessen und Aufnahmebereitschaft ihnen zugänglicher sind als diejenigen historischen Personengruppen: „Wie muß man die Fabel von den Sperlingen schreiben, daß sie kleineren Kindern (Geschwistern) gefällt und verständlich ist?"

3./4. Stunde:
Was hat die Fabel mit ihrer Leserschaft zu tun? – La Fontaines Publikum: Spekulation und Wirklichkeit (Quellen zum Hof Ludwig XIV. / La Fontaine: Der Hof des Löwen)

Stundenziele

Die Schüler sollen

– in einem praktischen Experiment die Adressatengebundenheit der Fabel erfahren;
– ausgehend von der Einsicht in sie noch einmal Lessings Gattungsbestimmung kritisch beurteilen und ihre Einseitigkeit erkennen;
– sich eine plastische Vorstellung von der Leserschaft La Fontaines, ihrem (Kunst-)Geschmack machen und die Anforderungen, die sie mutmaßlich an eine Fabel stellt, zu bestimmen suchen;
– ihre Vermutungen mit einer tatsächlichen Fabel vergleichen (La Fontaine, „Der Hof des Löwen");
– eine Prosafassung von dieser Fabel herstellen und ihr Handlungs- und Motivgerüst erarbeiten;
– die schildernden Elemente in dieser Fabel auf ihre Funktion und ihre Wirkung auf den Leser hin untersuchen;
– darüber ihre ‚Funktionalität' gegenüber dieser Leserschaft erkennen.

Vorbemerkungen

In Klasse 9 wird man auf Grundkenntnisse über Absolutismus und Aufklärung aufbauen können. Daher empfiehlt es sich, für die Untersuchung des Leserbezugs Fabeln aus dem 17. und 18. Jahrhundert zu verwenden. La Fontaine kennen die Schüler von der siebten Klasse her. Mit sozialgeschichtlichem Quellen- und Bildmaterial läßt sich je nach Kenntnisstand der Klasse eine Vorstellung von der höfischen Gesellschaft erreichen. Ungefähre Leitlinien für die Arbeit eines Schriftstellers sind zu überlegen, der sich in dieser Welt mit seinen Werken Gehör verschaffen will und dabei ja dem Geschmack des Publikums irgendwie Rechnung tragen muß. Die spekulativen Prognosen der Schüler werden mit einem tatsächlichen Beispiel verglichen, zweckmäßigerweise mit einer Fabel, die sehr direkte Anspielungen auf den Hof in Versailles enthält: „Der Hof des Löwen"[1].

Die für einen Vergleich geeignete Hintergrundinformation liefert die Beschreibung des Morgenweckens des Sonnenkönigs von Hippolyte Taine (s. S. 144f.).

Wichtige Aspekte: Der König steht im Mittelpunkt eines kunstvoll zelebrierten Theaterstücks, in dem Verwandte und Hoher Adel des ganzen Landes vom König festgelegte Rollen spielen. Diese sind Bestandteil einer Hierarchie, die gänzlich auf den König ausgerichtet und von ihm angeordnet (Gunst!) ist. Rangstreitigkeiten und Intrigen halten den Hof in Atem. Sie geben ihm eine Scheinbeschäftigung und halten – dies ist der tiefere Sinn der Inszenierung – von politischer Betätigung ab.

Unterrichtsverlauf

Phase 1:
Der Leserbezug von Fabeln –
Vergleich zweier stoffgleicher, formal unterschiedlicher Fabeln

Die Schüler vergleichen ihre Erfahrungen miteinander, lesen ihre ‚kindgerechten' Fabelentwürfe vor (Hausaufgabe) und überlegen deren Angemessenheit. Nötige

---

1 Text vgl. S. 18

Veränderungen an der Fabel Gleims beschränken sich auf Vereinfachungen der Sprache (Satzbau und Wörter). Lessings Fabel müßte man erweitern, mittels schildernder Elemente mehr Anschaulichkeit erzeugen, die etwas anonym wirkenden Sperlinge dem kindlichen Vorstellungsvermögen näher bringen. Erst so werden positive Reaktionen zu erwarten sein, Einfälle etwa in der Art: „Nebenan haben sie das Haus verputzt und den Wein und die Büsche abgeschlagen; da gab es auch immer viele Vögel drin; außerdem sah es auch viel schöner aus". Die ironische Spitze am Schluß, die sich gegen die Begrenztheit des Urteilsvermögens der Sperlinge richtet, wird noch nicht erfaßt (Tafelanschrieb 1, Stundenblatt).

Phase 2:
Noch einmal: Beurteilung von Lessings Gattungsbestimmung

Die Voraussetzungen sind gegeben, um nun die Frage nach der besten Fabel neu zu stellen. Es ergibt sich, daß ältere und jüngere Kinder verschiedener Meinung waren. – Aber kleine Kinder sind doch keine Richter in Kunstfragen! Ein Einwand dieser Art liegt nahe und ist fruchtbar für die weitere Klärung. Man wird hierzu von Lessings Auffassung vom Wesen der Fabel ausgehen. Sie soll Kraft und Treffsicherheit besitzen, damit die Lehre den Leser erreicht. Lessing kommt es – dies ist poetisches Grundgesetz – auf Wirksamkeit an, die Form ist der Wirkung gänzlich untergeordnet, die Schönheit der Form besteht allein in ihrer Funktionalität. Hier aber liegt die Schwäche der Formbestimmung. Wirksamkeit hängt vom Leser ab. Sein Auffassungsvermögen und seine Neigungen sind nun aber so unterschiedlich, daß man die formalen Merkmale nicht allgemein bestimmen kann, will man das Ziel der Wirksamkeit

Morgenwecken des Sonnenkönigs

Der König ist gehalten eine ganze Aristokratie zu beschäftigen; daher muß er sich fortwährend zeigen und seine Person zur Schau tragen, selbst während der intimsten Momente, selbst beim Verlassen des Bettes, sogar im Bette selbst. Des Morgens weckt ihn der erste Kammerdiener zu der von ihm bestimmten Stunde, und der Reihe nach treten fünf Gruppen von Leuten ein, um ihre Aufwartuang zu machen. Zuweilen sind die geräumigen Wartesäle nicht genügend, die Menge der Höflinge zu fassen. Zuerst kommt die vertrauliche Gruppe („entrée familière"), bestehend aus den königlichen Kindern, den Prinzen und Prinzessinnen von Geblüt, dem ersten Arzt, dem ersten Chirurgen und anderen nützlichen Personen. Dann folgt die „große Gruppe" („grande entrée"); dabei befinden sich der Großkämmerer, der Großmeister und der Meister der Garderobe, die ersten Kammer-Edelleute, die Herzöge von Orléans und Penthièvre, einige besonders begünstigte Seigneurs, die Ehren- und Kammerdamen der Königin und Prinzessinnen, sowie Barbiere, Schneider und verschiedene Diener. Man gießt dem König aus einer vergoldeten Schale Franzbranntwein auf die Hände und reicht ihm den Weihkessel; er bekreuzt sich und betet. Dann erhebt er sich vor der ganzen Gesellschaft aus dem Bette, zieht die Pantoffel und den ihm vom Großkämmerer und vom ersten Kammer-Edelmann gereichten Schlafrock an und setzt sich auf den Ankleidesessel. In diesem Augenblick wird die dritte Gruppe hereingelassen („entrée des brevets"), die teils aus Günstlingen, teils aus einer Menge von Dienstleuten, wie Ärzten und Chirurgen, Intendanten der Lustbarkeiten, Vorlesern u. a. zusammengesetzt ist. Auch die Nachtstuhl-Inspektoren fehlen nicht; die Öffentlichkeit des Lebens des Königs ist so groß, daß keine seiner Handlungen ohne Zeugen ist. Im Momente, da man den König anzukleiden beginnt, nähert sich diesem der von einem Ordner benachrichtigte erste Kammer-Edelmann und nennt ihm die Namen der vor der Türe wartenden Edeln. Diese treten als vierte Gruppe („entrée de la chambre") ein, die zahlreicher ist als die vorhergehenden. Sie umfaßt außer den Mantel- und Büchsenträgern, den Tapezierern und übrigen Dienern die meisten hohen Beamten, den Groß-Almosenier, die außerordentlichen Almoseniers, den Kaplan, den Prediger, und den Major der Leibgarden, den Obersten und den Major der französischen und den Hauptmann der Schweizer-Garden, den Oberjägermeister, den Oberwolfsjäger, den Großprobst, den Großmeister und den Meister der Ceremonien, den ersten maitre d'hôtel, den Oberbrotmeister, die Gesandten, die Minister und Staatssekretäre, die Marschälle von Frankreich und einen Teil der übrigen hervorragenden Noblesse und Geistlichkeit. Die Huissiers bringen Ordnung in die Menge und gebieten Ruhe. Der König wäscht sich die Hände und entkleidet sich allmählich. Zwei Pagen ziehen ihm die Pantoffeln aus; das Hemd wird beim rechten Ärmel vom Großmeister der Garderobe, beim linken vom ersten Diener der Garderobe entfernt und einem andern Garderobenbeamten übergeben, während noch ein anderer Garderobediener das frische Hemd in weißer Tafthülle herbeibringt. In diesem feierlichen Augenblick, dem Gipfelpunkt der Handlung, wird die fünfte Gruppe eingelassen, die alles umfaßt, was bisher fehlte. Das Hemd hat ein ganzes Zeremoniell zu durchlaufen. Die Ehre, es darreichen zu dürfen, gebührt den Söhnen und Enkeln des Königs, in deren Ermangelung den Prinzen, in deren Ermangelung dem Großkämmerer oder dem ersten Kammeredelmann. Der letztere Fall tritt selten ein, da die Prinzen genötigt sind, diesen Levers beizuwohnen, wie die Prinzessinnen später denen der Königin. (Die Königin frühstückt im Bett, empfängt des Morgens in drei Gruppen und macht im ganzen ähnliche Toiletten-Zeremonien durch.) Endlich ist das Hemd überreicht – ein Diener entfernt das alte –; der erste Kammerdiener ergreift den rechten, der erste Diener der Garderobe den linken Ärmel, während zwei andere Diener den Schlafrock als Vorhang vorhalten, bis das Hemd festsitzt. Hierauf hält ein Kammerdiener dem König einen Spiegel vor; im Notfalle leuchten zwei andere. Andere bringen die Kleider herbei; der Großmeister der Garderobe reicht dem König das Gilet und Rock, zieht ihm das blaue Band an und schnallt ihm den Degen um. Der dem Krawatten-Departement zugewiesene Diener bringt einige Halsbinden in einem Körbchen; der König wählt eine, die ihm vom Garderobemeister umgebunden wird. Der Vorstand der Taschentücher-Abteilung präsentiert drei seiner „Untergebenen" auf einem Teller, der vom Großmeister der Garderobe dem Könige zur Auswahl vorgelegt wird. Schließlich gibt der Garderobemeister diesem seinen Hut, seinen Stock und seine Handschuhe. Nun begibt sich der König in den Alkoven, kniet auf einem Fußkissen nieder und betet abermals, während ein Almosenier leise sein „quaesumus" murmelt. Nach alledem erteilt jener Tagesbefehle, bestimmt das Programm des Tages und betritt mit den hervorragendsten Personen sein Kabinett, wo er zuweilen Audienzen erteilt. Die Übrigen warten vor demselben, um ihn, wenn er herauskommt, zur Messe zu begleiten.

Taine, Hippolyte, Die Entstehung des modernen Frankreichs, Bd. 1, 3. Aufl., Lindner: o. J., 143 ff.

---

erreichen. Die Leitfrage „Welches ist die beste Fabel?" muß daher umgewandelt werden in die Frage nach ihrem *Leserbezug*.

Phase 3:
Spekulationen über ein Publikum und seinen Geschmack:
Der Hof von Versailles

Die bisherigen Überlegungen wären nun an einem weiteren Beispiel zu überprüfen. Man zeigt den Schülern kommentarlos das auf La Fontaine und den Versailler Hof bezogene illustrierte Schema der Beziehung zwischen Fabel, Leser, Autor, Wirklichkeit (Kopiervorlage, S. 146). Das Bild des Löwen in der Fabel läßt man in diesem Schritt noch weg (zwei Folien herstellen!) und trägt an seiner Stelle ein großes Fragezeichen ein – geht es doch um die Beschaffenheit einer Fabel, wie sie in dieser Welt erforderlich ist.
Die Schüler bestimmen nun die Bedeutungen der Bildelemente (Autor, Leser, Welt, Fabel), die auf die Folie eingetragen werden, und versuchen, anhand der gezeigten Details die Personen zu identifizieren. Aufschlüsse geben Allonge-Perücke, bekannte Pose des Sonnenkönigs und die Versailler Schloßanlage. Diese Elemente sowie das Gemunkel der Höflinge regen an, weiteres Wissen über Ludwig XIV. und seinen Hof zusammenzutragen. Ausgehend von einer möglichst plastischen Vorstellung des Publikums, mit dem La Fontaine umzugehen hatte, versuchen sich die Schüler nun in dessen Fragen und Probleme hineinzudenken. Es genügt, wenn sie in allgemeiner Form einige mögliche Richtlinien für sein Schreiben entwerfen. Die Vorstellung, welchen Anklang wohl Gleim oder Lessing oder gar beide in der vereinfachten kindgemäßen Fassung in dieser Welt gefunden hätten, hilft auch weiter. Lessing ist zu scharf, zu direkt, es fehlt ihm das Unterhaltsame, Galante; Gleims Fabel nennt immerhin das französische Straßburg (seit 1681 im Zuge der ‚Reunionen' französisch); die sentimentale Stimmungslage könnte auch der betonten Geziertheit des Empfindens des neuen Adels entsprechen. Anspielungen auf den Hof des Sonnenkönigs werden diesem Publikum besonderes Vergnügen machen, denkt man an die übermächtige Rolle, die er in seinem Gefühl einnimmt. Andererseits darf Kritik nie das Gebot des Maßes verletzen, will sie erhört werden; sie muß kaschiert sein, soll sie den Autor und diejenigen, die Beifall klatschen, nicht in Gefahr bringen.

Als *Hausaufgabe* wird die Fabel „Der Hof des Löwen" von La Fontaine in Lückentextform gelesen, eine knappe Prosafassung angefertigt und die Lücken in der Lehre ausgefüllt („fade Schmeichler", „aufrichtig", „ausweichend", „zweideutig"). Letzteres setzt genaue Klärung des Inhalts voraus, das Formulieren einer Prosafassung eine erste Auseinanderset-

Vorlage zu Phase 3:

La Fontaine und der Hof Ludwigs XIV.

Zeichnung: Winfried Kleidt

zung mit der Darstellungsweise, insofern nämlich deren Merkmale, ihr „Zierrath" vom Handlungs- und Motivskelett getrennt werden müssen.

Phase 4:
Eine Fabel La Fontaines und ihre Lesereindrücke
Sicherung des Handlungs- und Motivgerüstes

Vor der Erarbeitung im Detail hält man fest, inwieweit der vorliegende authentische Text den Spekulationen der Schüler entspricht. Daß der Hof von Versailles gemeint ist, erkennt man an der Beschreibung des Festes und an der Darstellung des Löwen als „vom Himmel" ernannter Herrscher, die an das Gottesgnadentum mittelalterlicher und absolutistischer Monarchen erinnert. Die Kritik werden einige als direkt empfinden.

Bei der Besprechung der einzelnen Ergebnisse der Hausaufgabe wird man darauf achten, daß in einer kurzen Fabel alles Denken und alle Motive des Tuns in Handeln und Dialog umgesetzt sind und nur genannt ist, was für die Pointe unabdingbar notwendig ist. Eine Prosafassung der Schüler könnte etwa so aussehen:

„Der Löwe wollte einmal alle Tiergattungen kennenlernen, über die er herrschte, und so befahl er, daß diese je einen Vertreter zu ihm entsenden. Sie kamen und ein Fest begann. Als sie in die Höhle eintraten, rochen alle den Gestank von Knochen und Fleischresten. Der Bär hielt sich die Nase zu. ‚Zur Hölle mit dir!' brüllte der Löwe und biß ihm das Genick durch. – ‚Was sind das für zarte, verlockende Düfte!' beeilte sich der Affe zu sagen. Doch ihm erging es nicht besser als dem Bären. Der Löwe wandte sich nun zum Fuchs. ‚Und was riechst du?' – ‚Tut mir leid, Majestät!' entgegnete dieser, ‚ich rieche nichts, ich habe den Schnupfen'."

Die Lösungen für die Lücken werden miteinander verglichen und die Reaktionsweisen von Bär, Affe und Fuchs gegeneinander abgegrenzt. So wird der Witz deutlich, mit dem der Fuchs hier den Kopf aus der Schlinge zieht. Der Schlaue schützt Schwäche vor, macht kalkuliert eine schlechte Figur.

Phase 5:
Untersuchung des Stils: Die Funktion der schildernden Elemente – ihre Wirkung auf den zeitgenössischen Leser

Die Prosafassung gibt nun die Folie, vor der die Stilbesonderheiten des Originals deutlich werden. Der ‚Schmuck' wird auf seine Funktion hin untersucht (Tafelanschrieb 3, Stundenblatt). Es ergibt sich, daß er ein dichtes Netz von Verweisungsbezügen bildet. Sie machen aus der Kernfabel mit dem uralten Fabelthema der Tyrannei der Mächtigen, des Kriechertums und der Heuchelei der Schwachen eine Miniaturkomödie, die den Hof auf kurzem Raum recht intensiv atmosphärisch vergegenwärtigt. Die Anspielungen lassen sich auf einen einzigen Grundgedanken zurückführen – auf die Antithese Pracht und Macht, oder, ins Negative gewendet, Pomp und Barbarei, Pathos herrscherlicher Selbstdarstellung und Monstrosität der Herrschaftsausübung.

Die Selbstdarstellung: Gottesgnadentum seiner Herrschaft (V. 2); Einladung zu Festlichkeiten durch ein „Rundschreiben" mit einem königlichen „Siegel"; die glanzvollen Festlichkeiten selbst, hier nur im Brief angekündigt: Musik („Sang und Klang") verschwenderische Menus („groß Gelag"), Komödie („Hanswurstspiel"), gezierte Rede (Anspielungen auf die griechische Mythologie: V. 19, der König schickt den Bär „zur Unterwelt"; auf die römische Geschichte, V. 26f.: „Majestät Löwe schienen nah/verwandt wohl mit Caligula"; die galante, allerdings erfolglose Devotheit des Affen/Höflings entspricht

Informationen zu La Fontaine

Zu La Fontaines Unvermögen, ein Vermögen zu verwalten und eine Ehe zu führen, traten noch andere, unverschuldete Schwierigkeiten. So folgte denn auf die Gütertrennung bald die Scheidung. Der Dichter verlor schließlich seinen letzten Besitz – das elterliche Haus. Treffend umschreibt er in ein paar Versen seine Lage:
>Jean s'en alla comme il était venu
>Mangeant le fonds avec le revenu ...
>(Jean ging, wie er kam,
>verzehrte Zins und Kapital.)

Aber der Sohn der Muse und Muße fand in seinem Leben immer wieder großzügige Gönner. Zuerst unterstützte ihn der reiche Intendant der Finanzen, Fouquet. La Fontaine war kaum zu dichterischen Gegenleistungen verpflichtet, aber die Pension seines Mäzens spornte ihn doch an. So beschrieb er in einem langen Gedicht die Pracht des Schlosses Vaux-le-Vicomte, das Fouquet sich damals erbauen ließ. Anläßlich des berühmten Festes, das der Finanzminister zur Einweihung des Schlosses – gab, fiel er bei dem König, den eine solche Prachtentfaltung erzürnte, in Ungnade. La Fontaine hielt dem gestürzten, verhafteten Finanzgewaltigen die Treue. In der *Elégie aux Nymphes de Vaux* erfleht er – vergeblich – die Gnade des Königs.

Drei Jahre später nahm ihn die Herzogin von Orléans in ihre Dienste. Sein Lebensunterhalt war gesichert, ohne daß er seine Unabhängigkeit aufzugeben brauchte. In jenen Jahren stand er mit Molière, Boileau und Racine in freundschaftlichem Verkehr. [...] Als die Herzogin von Orléans 1672 starb, fand er in Madame de la Sablière eine neue Beschützerin. In ihrem Salon lernte er Schriftsteller und Gelehrte kennen.

1678 erschienen die Bücher VII bis XI seiner Fabeln. Im Jahre 1684 wurde er, gegen den Wunsch des Königs, in die Académie Française aufgenommen.

Theisen, Josef, Geschichte der französischen Literatur, 5. verb. Aufl., Stuttgart: Kohlhammer 1978 (Sprache und Literatur, 11), 104 f.

---

dem von Majestät Löwe durchaus gewünschten Stil und ist hier als Bestandteil der höfischen Lebensart, als Sprachdekor zu werten (V. 23, „Ambra" war gerade im 17. Jahrhundert Mode; ‚man' trug mit Ambra parfümierte Handschuhe – Pose des Großmuts und der Leutseligkeit (V. 28 f., „fragt ihn wohlgewogen").

Die Monstrosität: die kalte Berechnung, mit der die Pracht eingesetzt wird (V. 13 f.); der verräterische „Geruch" ist Metapher, die die blutigen komplexen Hintergründe der Machtstellung des Löwen zu einer unmittelbaren, eindringlichen Sinneswahrnehmung verdichtet; brutale Unterdrückung derjenigen Kräfte, die die Zusammenhänge merken (Ekel des Bären; übertriebene, daher verdächtige Komplimentiererei des Affen).

Unter einem sehr dünnen Firnis gehobenen Lebensstils schaut so überall die grobe Grundmasse hemmungslosen Machtstrebens hervor. Daß die Darstellung komisch wirkt, liegt an der Einkleidung in ein Fabelgeschehen, die die Antithese Pomp – Barbarei an die Anatomie eines Löwen bindet. Pathos wirkt bei einem Raubtier unangemessen, lächerlich; die Wirkung von Monstrosität, von kalkulierter Herrschaftstechnik und von Despotie fällt mit Blick auf ihren Löwenurheber in sich zusammen; es bleibt der alte, bewußt- und vorsatzlose, daher unschuldige Mechanismus tierischen Selbsterhaltungstriebs. Die Welt des 17. Jahrhunderts in drollig wirkender Verkleinerung – pikantes Tafelkonfekt für den adligen und großbürgerlichen literarischen Feinschmecker. Was würde Lessing wohl hierzu sagen? – Vermutungen der Schüler („voller Zierrathen") lassen sich durch authentische Belege ergänzen: „lustige Schwatzhaftigkeit", mit der es La Fontaine gelinge, „die Fabel zu einem anmutigen, poetischen Spielwerk zu machen"[1]. Vielleicht finden die Schüler auch noch einen anderen denkbaren Kritikpunkt Lessings: La Fontaines *Moral* ist *unmoralisch*! Sie ist nichts anderes als Aufforderung zur Lüge, zu fragwürdiger Diplomatie. Von diesem Einwand ausgehend ließe sich die Ironie der Fabellehre bestimmen. Der Erzähler heuchelt Einvernehmen mit den Höflingen; er erteilt Ratschläge, wie man am Hof überleben könne. Dabei nutzt er die Gelegenheit, seine Leser hinter die Kulissen dieser Welt des schönen Scheins zu locken – zu locken, nicht zu zwingen! Wer nicht will, muß nicht zur vollen Erkenntnis durchstoßen. Die Kritik erscheint nur in der im Unterricht gegebenen Perspektive als sehr direkt. Man muß sich vorstellen, daß sie zusammen mit anderen, nicht auf den Hof direkt anspielenden Fabeln vorgetragen wurde. Dann bleibt sie ein zwischen der Unbestimmtheit der äsopischen Fabelwelt und der konkreten Gegenwart schwankendes und schillerndes Vergnügen. Die Masse der Hörer wird ein insgeheimes Vergnügen gehabt haben, die allerhöchste Majestät vom Himmel auf die Erde herabgezogen zu sehen, die Minderheit wird die Demaskierung aller am höfischen Leben Beteiligten erfaßt haben.

Die Leitfrage „Was hat die Fabel mit dem Publikum zu tun?" kann nun im Falle La Fontaines konkret beantwortet werden, und damit werden die Ergebnisse der Stunde zusammengefaßt. Die angemessene Form einer Fabel läßt sich nicht – wie Lessing dies macht – absolut, ohne Einbeziehung der Leserschaft bestimmen. Konzessionen an deren Geschmack und Lebensstil sind notwendig, um ihr Interesse zu finden.

Phase 6:
Abrundung: La Fontaines Beziehung zum Hof Ludwigs XIV.

Man rundet mit Informationen zur Beziehung La Fontaines zum französischen Hof ab (vgl. S. 148).

Erweiterung

Die Eigenart des Stils können sich die Schüler zeichnerisch vergegenwärtigen. Sie überlegen, wie man einmal die Fabel in der Art La Fontaines und ein anderes Mal in der Prosafassung nach Lessingscher Manier zeichnen müßte: schemenhafte Tierfiguren und Andeutung einer Höhle im Falle Lessings, differenziertere Zeichnung mit Requisiten der höfischen Welt (Kleidung, Schloßhalle, höfische Haltung der Tierfiguren) im Falle La Fontaines. Der Vergleich mit der Illustration von *Grandville* bietet sich an. Grandville verstärkt den antik-mythologischen Anteil der Fabel: Säulen am ägäischen Meer, Lorbeerkranz und Toga des Olympier-Löwen; die Stilisierung ins Erhabene, Olympische nutzt er aber zu ironischen Zwecken: Das Alter der zerbrochenen Säulen, des überwachsenen Marmorthrons signalisiert weniger Würde, es unterstreicht mehr die Fadenscheinigkeit der „Prachtentfaltung", hinter der sich die Schäbigkeit der blutigen „Machtentfaltung" andeutet.

Die Berechtigung der beiden theoretischen Positionen können die Schüler an weiteren Beispielen überprüfen: Themen-

---
1 Lessing (1979), 175, 177

Grandville: Illustration zu „Der Hof des Löwen" in La Fontaine (1981), 260

gleiche Fabeln bieten sich an (vgl. Leseheft, Kap. VI: Thema mit Variationen), da sie Zeugnisse einer Rezeption alter Fabelstoffe sind; am Ergebnis der schöpferischen Aneignung und Umformung lassen sich ihre historisch je anderen Bedingungen, Probleme und Adressaten erkennen und nachweisen.

Welche Fabeln könnten heutige Leser ansprechen? – Die Überlegungen Günter Kunerts mögen hier die Auseinandersetzung mit dieser Frage anregen (vgl. 1: Aktualität der Fabel). Der „zoologische Zerrspiegel", wie die Fabel dort genannt wird, der im Zeitalter der Entfremdung des Menschen von der Natur „zerbrochen" sei, mag gerade in seiner Zerbrochenheit – in einem anderen traurigen Sinn – für eine kritische Leserschaft neue Aussagemöglichkeiten entwickeln (vgl. auch Erweiterungsvorschläge zu den Aufbauprogrammen II, IV).

**Aufbauprogramm IV:
Spiel mit der Tradition – Fabel und
Geschichte (Klasse 10)**

**1./2. Stunde:
Das Material, aus dem man Waffen
schmieden kann –
I. Wolf und Lamm im Zweiten Weltkrieg und nach den Bauernkriegen
(Daily Herald: Karikatur/Luther: Vom
Wolff und Lemlin; Die Teilung der
Beute)**

Stundenziele

Die Schüler sollen
– eine politische Karikatur beschreiben und deuten (Wolf und Lamm in „Daily Herald");
– an ihrem Beispiel die Verwertbarkeit der Fabel in einer konkreten historischen Situation erkennen als Mittel der Deutung und der Einflußnahme;
– Aufbau und Darstellungsmittel in einer weiteren Fabel untersuchen (Luther, „Vom Wolff und Lemlin");
– anhand der Darstellungsweise ihren Sitz im Leben ermitteln: die Sphäre des Rechtsstreits;
– die Fabel in ihren geschichtlichen Kontext einordnen und die politische Haltung ihres Autors bestimmen;
– erkennen, daß Luther die Fabel als Mittel der Belehrung des Volkes einsetzt, der Erziehung zur Lebensklugheit in einer schlechten Welt.

Vorbemerkungen

Die Absicht des Wolfs, der die Züge Stalins trägt, ist von Anfang an klar; schon seine Gestik verrät ihn. Zwischen Beginn und gewaltsamem Ende der Rede liegt nur die Dauer eines Zum-Sprung-Ansetzens und Ausführens. Die Aussichtslosigkeit der Verteidigung ist offenkundig; es ist nur die Einleitung zum Überfall. Dem verbalen Angriff folgt unmittelbar der tätliche. Eindeutig ausgewiesener Anlaß der Fabel ist der sowjetische Überfall vom 30. November 1939 auf Finnland. Vorausgegangen waren Verhandlungen über ein umfassendes Tauschangebot der UdSSR: Finnland sollte große sowjetische Gebiete gegen kleinere, aber für den Verhandlungspartner strategisch wichtige Gebiete erhalten. Das Vorgehen der UdSSR wird – übersetzt man die Fabelsymbolik in die Sprache der ihr zugehörigen Wirklichkeitssphäre – eindeutig als üble völkerrechtswidrige Aggression verurteilt. Der Daily Herald polemisiert in Fabelform gegen die Macht, die zwei Monate vorher einen „Grenz- und Freundschaftsvertrag" mit dem nationalsozialistischen Deutschland geschlossen hatte. Das Beispiel belegt, wie effektvoll eine Fabel in der Publizistik eingesetzt werden kann; ihr Appell wird zur Kriegspropaganda!
Gegenüber dieser Form der Aktualisierung einer alten Äsop-Fabel fällt in Luthers Fassung (Leseheft VI 1) die starke Ausweitung des Dialogs und die merkwürdigerweise vervierfachte „Lere" auf.
Untersucht man das Verhältnis von Bild- und Auslegungsteil, stößt man auf das Besondere dieser Fabel:
Im Bildteil geht es

„... um Gewalt und Recht, wie denn Luther auch im Konzept damit benennt, was *Diese fabel zeigt*. Steinhöwel hatte eine Gerichtssituation in der Fabel gefunden, die sein Epimythion voraussetzt: *Daz by bösen und untrüwen anklegern vernunft und warhait kain statt finden mag*. Bereits Schirokauer hat gesehen, wie sich im Zuge von Luthers Bearbeitung diese juridische Wendung verstärkt: *Der Wolf tut dem Lamm ‚kund und zu wissen', es sei auf ‚Treu und Glauben' befragt, und habe ‚Rede und Antwort' zu stehen. Hier sind wir ganz in die Sphäre des peinlichen Rechtsverfahrens eingetreten. Steinhöwel hat den er-*

151

Daily Herald, 30. 11. 1939, 6

sten Schritt getan, Luther tut ganze Arbeit. Mag das für den Bildteil nicht so auffällig sein, Luthers *Lere* jedenfalls bewegt sich um rechtssprachliche Begriffe. Im Konzept beginnt sie: 1. *gewalt gehet fur recht* und schreitet dann vom allgemeinsten Grundsatz über Mensch und Tier wieder zu den Protagonisten der Fabel zurück: 2. *Vnd frum leute mussen leiden, solt man gleich sachen vom alten zaun brechen.* 3. *Wenn man dem hunde zu wil, so hat er das ledder gefressen.* 4. *Wenn der wolff wil, so hat das schaff vnrecht.* Luther faltet die Auslegung in fünffacher Weise aus und bedient sich dabei des Sprichwortes und der Sentenz."[1]

Damit die Schüler die Absichten des Reformators besser erfassen können, wird eine weitere Fabel Luthers, die siebte seiner Fabelsammlung, zum Vergleich herangezogen (Leseheft, VI 2). In der metaphorischen Wendung zum Schluß („Der Doctor da ym roten parrett") tritt die Handschrift Luthers besonders deutlich hervor. Eingegeben hat sie ihm möglicherweise nicht nur sein bekanntes Sprachtalent, sondern auch ein Ritual, das am Anfang seiner Gelehrtenlaufbahn stand:

„Schon bei der Immatrikulation kam der alte, recht rauh gehandhabte Brauch der „Deposition" zu seinem Rechte: der Absetzung des „tierischen" Nichtstudenten, symbolisiert durch eine Kappe mit Hörnern und Eselsohren, die ihm abgerissen wurde, und eine kalte Dusche im Wasserkübel als „Taufe" für den neugeborenen Akademiker. Luther hat das später zu einer erbaulichen Predigt benutzt, als Anweisung zu Demut und Geduld: Man werde im Leben immer so „abgesetzt" werden, den Beamten werden die Bürger und Bauern, den Verheirateten die Weiber „deponieren und wohl plagen" – es sei ein Sinnbild des menschlichen Daseins überhaupt."[2]

[1] Düwel, Klaus und Ohlemacher, Jörg, „das ist der wellt lauff!" Zugänge zu Luthers Fabelbearbeitung. In: Martin Luther, hg. v. Heinz Ludwig Arnold. München: Edition Text + Kritik 1983, 127f.
[2] Friedenthal, Richard, Luther. Sein Leben und seine Zeit, München: Piper & Co. Verlag 1967, 27

Der alte, unterlegene, wenig weltweise Status wird im Ritual – ganz ähnlich wie in der Fabel – in der Kopfbedeckung symbolisiert, der Narrenkappe. Sie ist Wahrzeichen eines Zeitalters, in dem Narrenliteratur und Fasnachtsschwänke Hochkonjunktur hatten. Daß sie ausgerechnet Eselsohren hat, belegt die Vermutung, Luther sei durch sie zu diesem Bild angeregt worden, das er ja auch sonst – so Friedenthal – als „Sinnbild menschlichen Daseins" verwendet. Aus zeitlicher Distanz läßt sich wohl auch sagen, daß es vor allem ein Sinnbild seines eigenen Lebens ist, seiner Entwicklung vom „gehorsamen Musterschüler" (Friedenthal) und Mönch zum Reformator. Die Verschränkung von Literatur, Geschichte, Kirchengeschichte und Biographie wird hier auf eindrucksvolle Weise für die Schüler greifbar: Eine zentrale Erfahrung Luthers war die umfassende Desillusionierung bisheriger Weltvorstellung, der Bankrott seiner Bildung im Angesicht der Anforderungen, die sein politisches Wirken als Reformator an ihn stellten. Sein maßloses Toben „Wider die räuberischen und mörderischen Rotten der Bauern" kann man mit dem Hinweis auf diese Hilflosigkeit des „Gelehrten", in der er zusehen mußte, wie seine Ideen auf die Banner von sozialen Bewegungen geschrieben wurden, die sich immer mehr seinem Einfluß entzogen und sein bisheriges Werk in Frage stellten, zwar nicht rechtfertigen, wohl aber erhellen. Seine Vorstellungen wurden in Macht- und Interessenkämpfe hineingezogen, der Reformator mit Kräften konfrontiert, auf die ihn weder Klosteraufenthalt noch Universität in irgendeiner Weise vorbereitet hatten; ganz zu schweigen von seiner Lateinschule.

Der vom Leben belehrte Luther selbst ist – neben anderen – der „Doctor da ym roten parrett". Im Löwen verkörpert sich das politische Leben; sein Gesetz ist die Skrupellosigkeit der Mächtigen. Luther zieht die eine Konsequenz, seine Erfahrungen mit ihr anderen zu lehren, vor allem dem Volk. Hier erweist sich die Fabel als das geeignete Mittel, das „Bürgerkunde" (oder richtiger „Untertanenkunde") an jedem häuslichen Familientisch ermöglicht. Die Klugheit des Fuchses steht für die Art von Lebenstüchtigkeit, die in dieser „argen Welt" noch ein Überleben verspricht. Als abschreckendes Beispiel dient der Esel; vor ihm, dem blauäugigen, gelehrten Weltverbesserer, soll man sich hüten. Hier wird eine Geringschätzung des Gelehrtentums deutlich, in der sich die Abkehr vieler Humanisten von der Reformation spiegelt.

Unterrichtsverlauf

Phase 1:
Wolf und Lamm im Zweiten Weltkrieg: Karikatur aus Daily Herald, 30. 11. 1939 – Einordnung in ihren historischen Zusammenhang/Aktualisierung im Hinblick auf vergleichbare Vorkommnisse in heutiger Zeit

Der Ausschnitt aus dem „Daily Herald" wird projiziert ohne Angabe der Daten und ohne Text. Die Schüler spekulieren über den Dialog. Naheliegend wäre, daß der Wolf direkt dem Lamm droht. Jetzt erst wird der Dialog (Auflegen der zweiten Folie) gezeigt. Methodisch läßt sich so die Spannung zwischen simplem Gewaltakt und vorgeschobenem Rechtsstreit hervorheben. Formulieren der Lehre, die hier ja nicht ausdrücklich gegeben ist, und Festhalten der gefundenen Formulierungen (Seitentafel) übt im präzisen begrifflichen Ausdruck und ergibt Vergleichsmaterial für die Fassung von Luther. Denkbare Lösungen:

– Wer den Vorsatz hat, Gewalt zu tun, läßt sich auch nicht vom überzeugendsten Nachweis der Unschuld davon abhalten.
– Ironisch: Der Stärkere hat immer Recht.
– Der Vorwurf ist noch nicht der schlimmste Angriff.
– Auch die Gewalt liebt die Einleitung. usw.

Die Fabel wird in den Kontext ihrer Verwendung eingeordnet (Wolf und Lamm = Stalin und Finnland). Man kann nun Vermutungen über die Vorgänge anstellen, die dem Angriff Stalins unmittelbar vorausgingen (z. B. wird er Kriegsgründe vorgeschoben haben). Zu fragen ist auch nach der Absicht der britischen Zeitung, diese Fabelkarikatur abzudrucken. Sie besteht vor allem in der scharfen, plakativen Darstellung des politischen Gegners und reiht sich ein in eine umfassendere Propaganda.

Die Überlegungen lassen sich verallgemeinern. Erkannt werden soll die Verwertbarkeit der Fabel in historisch-sozial sehr unterschiedlichen Situationen, deren gemeinsamen Nenner sie im sprachlichen Bild erfaßt und darstellt. Man läßt die Fabel aktualisieren im Hinblick auf jüngste Vorgänge in der Tagespresse und übersetzt die Sprache des Wolfs in die Sprache der Public Relations des Angreifers. Vorläufiges Ergebnis: Dieselbe Fabel ist auf verschiedene politische Situationen anwendbar. Diese erhellt und interpretiert sie. In dem öffentlichen Streit der Meinungen nimmt sie Stellung, ergreift Partei und ist prägnantes, schlagkräftiges Werkzeug der Bewußtseinsbildung. Parallel zum Fortgang der Überlegungen entsteht das Tafelbild (rechtes Drittel, s. Stundenblatt).

Phase 2:
Wolf und Lamm nach den Bauernkriegen: Luther, „Vom Wolff und Lemlin" – Luthers Situation/Austausch von Meinungen über den Text/Sicherung des Textverständnisses/Interpretation

Es empfiehlt sich, vor der Lektüre von Luthers gleichnamiger Fabel noch etwas Spannung aufzubauen, die hilft, die Hürde des sprachlich spröden Textes zu nehmen. Außerdem läßt sich so die Aufmerksamkeit auf die merkwürdige Tatsache lenken, daß sich der große Reformator in der Zeit wichtiger Entscheidungen dieser Gattung zuwendet: 1530 während des Augsburger Reichstags stand es um die Sache der Protestanten schlecht und Luther saß aus Gründen seiner persönlichen Sicherheit in der Koburg ‚gefangen'. Man malt die Situation des Reformators plakativ aus, skizziert die bürgerkriegsartigen Verhältnisse in den Glaubensauseinandersetzungen und betont die erstaunliche Bedeutung, die Luther selbst der Gattung beimaß. So sagt er in einem Brief an seinen Freund Melanchthon: „Wir werden drei Tabernakel errichten, einen auf den Psalmen, einen auf den Propheten und einen auf Äsop"[3]. Der Reformator, der die Kirche als oberste Autorität absetzte und nur noch die Autorität der Bibel gelten ließ, stellt den Griechen Äsop gleichrangig neben die heiligen Schriften!

Erst jetzt liest man die Fabel ohne die „Lere" vor. Die Eindrücke der Schüler werden sich hauptsächlich auf die Differenziertheit des Dialogs zwischen Wolf und Lamm beziehen. Nach nochmaliger Lektüre, diesmal mit der „Lere", wird erst der Text übersetzt ins Neuhochdeutsche, schwierig ist die „Lere":

„Der Lauf der Welt ist: Wer rechtschaffen sein will, muß leiden, falls er einen Rechtsstreit auf die herkömmliche Weise austragen sollte. Denn Gewalt geht vor Recht. Wenn man auf den Hund zugeht, so hat er das Leder schon gefressen (man kommt einfach nicht an ihn heran). Wenn der Wolf es will, so ist das Lamm schuldig."

Die Interpretation geht zweckmäßigerweise von dem Begriff ‚Sache' (= Rechtsstreit) aus. Es wird nach dem Zusammenhang mit anderen Merkmalen der Fabel gefragt. Die gerade im Vergleich zu der modernen Fabel auffallend lange Rede simuliert eine Gerichtssituation. Inbegriff der Unschuld ist das Lamm – nicht zuletzt durch eine lange christliche Tradition begründet. Von dem Begriff ‚Sache' läßt sich auch die Verbindung zur Lebenswelt Luthers herstellen. Er verweist zunächst in die Sphäre der Besitzverhältnisse, des (neuzeitlich gesehen) ‚Privatrechts'. Die Konstellation *Wolf = stark, mächtig* und *Lamm = schwach, hilflos* wäre auf die ökonomische und politische Ebene zu übersetzen: auf diejenige, auf der sich Bauern und Grund- und Feudalherr im Konfliktfall gegenüberstehen.

Phase 3:
Der Geschichtsbezug der Fabel – Absicht des Autors

a) Allgemein: Informationen zur rechtlichen und sozialen Lage der Bauern

Je nach Bedarf einzusetzendes Vorstellungsmaterial läßt sich der Biographie Friedenthals entnehmen, der über die Lage der Bauern zu Beginn der Bauernaufstände schreibt:

Daß die feudale Herrschaftsform jedoch unablässig alles abgebaut hatte, was noch von alten, immer weiter in mythische Vorzeit zurückgehenden Schutzrechten bestand, ist sicher. In den Beschwerdeschriften der Bauern,

---
3 vom 22. 4. 1530, zit. n. Luthers Fabeln, a.a.O., XII

den einzigen Dokumenten, die wir von ihnen besitzen, wird das im einzelnen aufgeführt. Es ist ein endloser Katalog von kleinen Forderungen und Mißständen. Das „Schinden und Schaben" hieß es damals, auch bei Luther, das zähe und hartnäckige „Schaben" und Abtragen von „Rechten", die ungerecht genug waren, aber immerhin als von altersher bestehend galten, zugunsten neuer und zusätzlicher Belastungen. Der Zehnte war eine Steuer, die auch von den Bauern häufig noch anerkannt wurde, der „große" Zehnte von der Kornernte zu entrichten; dazu waren der „lebendige" Zehnte gekommen, Abgaben von Vieh, Füllen, Kälbern, Lämmern, dazu der kleine oder „tote" Zehnte mit Ablieferung von Heu, Hopfen, Sammeln von Erd- und Heidelbeeren, der immer weiter ausgedehnt wurde, bis eine Schloßherrin, die Gräfin von Lupfen, befahl, Schneckenhäuser zu sammeln, die sie zum Garnwinden benötigte. Mit der Erbitterung über diese Schneckenhäuserforderung beginnt der erste Bauernaufstand in Süddeutschland.
[...] Das Schlimmste jedoch dürfte die Rechtsunsicherheit gewesen sein, die den Bauern völlig ohne Verteidigung ließ. Das „alte Herkommen", meist mündlich bekräftigt, wenn überhaupt je festgelegt, war überholt worden durch straffere Ausbeutung, die „Schösser" als Verwalter, die Vögte; die geistlichen Stifte und Abteien zeigten sich dabei am tüchtigsten und besaßen bereits etwas wie eine Beamtenschaft und bürokratische Apparatur, mit Akten, die der Bauer nicht lesen konnte und in die man unbekümmert stets neue Paragraphen eintrug, wobei man den Zinsbauern zum Leibeignen herabdrückte, den Leibeignen weiter belastete, Höfe einzog, das sogenannte Schirmgeld auf das Zwanzigfache erhöhte[4].

Es scheint ganz, als ob Luther sich in diesem Konflikt auf die Seite der Bauern stellt. Jedoch – der Einwand könnte von Schülern kommen – würde dies nicht zu seiner scharfen Polemik im Verlauf der Bauernkriege passen.

---

4 Friedenthal, a.a.O., 497f.

b) *Befragung einer zweiten Fabel:*
Luther (Die Teilung der Beute)
Eindrücke/Interpretation

Hier stellt sich nun verstärkt die Frage nach den Gründen Luthers, diese Fabel und noch andere zu schreiben. Die Fabel von der Beuteteilung gibt hier zusätzliche Anhaltspunkte.
Angeraten wird die Haltung des Fuchses: die Verhältnisse durchschauen und seinen Kopf aus der Schlinge, die die Macht ihm gerade um den Hals gelegt hat, geschickt herausziehen. Dem Fuchs wird im Esel eine konträre, lebensuntaugliche Haltung gegenübergestellt. Die Stilisierung seiner tödlichen Verletzung zur honorigen Gelehrtentracht wirkt schockierend, makaber (mit dem Tod treibt man keine Scherze!). Sie macht den Esel zur Symbolfigur, die andere ein Grundgesetz des Lebens lehrt: Macht triumphiert über Gerechtigkeit, sofern dieser Pragmatismus fehlt. Derjenige, der diese elementare Lehre am Beispiel seines eigenen grausigen Schicksals vermittelt, steigt dadurch ironischerweise sowohl in den Rang eines Gelehrten als auch in den eines Weltweisen auf – er selber ist der vom Leben Belehrte.

c) *Einbeziehung weiterer Materialien –*
Immatrikulationsritual/Vorrede Luthers

Die Gegenüberstellung von Symbol und Immatrikulationsritual stiftet den Bezug zum Leben des Autors. Sie ergibt zunächst eine genaue Analogie. Intakter Esel und Nichtakademiker mit Eselsohren stehen für den Zustand (tierischen) Unwissens; der Esel, dem das Fell über die Ohren gezogen wurde, der bluttriefend dasteht, der Student, dem die Kappe mit Eselsohren auf grobe Weise abgerissen wurde und den man anschließend taufte, d. h. naß machte (Blut), für denjenigen der Weisheit. Zusatzinformationen zum Leben Luthers, seiner Bildung[5] und den Stationen seines Wirkens als Reformator lassen ein grundlegendes Dilemma deutlich werden: Die realitätsferne Bildung war u. a. ein entscheidender Faktor, der die dramatische Verstrickung in die Interessenkämpfe der Mächtigen zu einer besonders erschütternden Erfahrung machte. Das Fabelsymbol ist nicht zufällig einem zeitgenössischen Ritus entnommen, sondern verweist auf die existentielle Härte der Lehren, die das Leben dem Autor selbst erteilt hatte. Einzig derjenige, der sich wie der Fuchs taktisch verhält, hat die Chance, durch das Gefahrenlabyrinth des Lebens heil durchzukommen. Die Verhältnisse durchschauen, sich ihnen geschmeidig anpassen und die eigene Lebenserfahrung andere zu lehren – diese einzige Möglichkeit bleibt humanem Engagement, nicht aber, ‚realitätsblinde' Gleichheits- und Gerechtigkeitsideen zu propagieren. Die Führer der Bauernkriege, die dies taten, die Bauern, die ihnen folgten – für sie steht der Esel, Symbol eines falschen Wegs, der im Blut endet.

Ein Ausschnitt aus Luthers Vorrede zu seinen Fabeln belegt zum Schluß seine grundlegenden Absichten. Sie sind Ausdruck einer durch und durch pessimistischen Weltsicht:

„Denn man darin vnter schlechten Worten vnd einfeltigen Fabeln die allerfeineste Lere, Warnung vnd Unterricht findet (wer sie zu brauchen weis) wie man sich im Haushalten, in und gegen der Oberkeit vnd Unterthanen schicken sol, auff das man klueglich und friedlich vnter den boesen Leuten in der falschen argen Welt, leben muege."[6]

Luther stellt die Fabel in den Dienst gesellschaftlicher Aufklärung und Erziehung, um die Welt – und das ist für ihn die ständische und keine andere Ordnung – erträglicher zu machen, nicht aber sie umzugestalten. Fern steht ihm ein Denken, wie es der bekannte Leitspruch der revoltierenden Bauern pointiert: „Als Adam pflügte und Eva spann, wo war denn da der Edelmann?" Luthers Fabel ist eine eindringliche Warnung des Volkes (daher mehrfach erklärte Lehre) und Mahnung der Mächtigen (Fürstenspiegel) zugleich. Die Ergebnisse der Untersuchung werden im Tafelbild (s. Stundenblatt) skizziert.

Weitere Variationsmöglichkeiten des Fabelstoffs können nun durchgespielt werden. Um in „Bunte Schafe" den Kunstgriff zu erfassen, mit dem Krylow eine alte Waffe gegenwartswirksam umschmiedet, wird eine kürzere produktive Arbeitsphase (*Hausaufgabe*) vor ihre eigentliche Behandlung eingelegt, in der die Schüler Autor spielen. Man geht auf die Fabel vom Wolf und Lamm zurück, die nun Kern einer neuen Fabel werden soll (vgl. Stundenblatt).

– Zur Anregung: Die Assoziationen „Schwarze Schafe", „Sündenböcke" stellen sich rasch zu dieser „bestimmten Gruppe" ein. Man könnte Vorfälle erfinden, die das Mißfallen des Löwen begründen (sie haben ein Warn- und Informationssystem aufgebaut, um ihre Artgenossen vor den Wölfen zu schützen etc.). Oder man fragt nach möglichen Gründen, weshalb der Löwe nicht selbst die Schafe fressen will. Fürchtet er um seinen Ruf?

---

[5] Ausführliche und für die Schüler interessante Informationen in: Friedenthal, a.a.O., 19f.
[6] Leseheft V 1

3. Stunde:
Das Material, aus dem man Waffen schmieden kann –
II. Löwe und Schafe nach dem Wiener Kongreß
(Krylow: Die bunten Schafe)

Stundenziele

Die Schüler sollen
- eine Variationstechnik Lessings gedanklich durchspielen: Einführung einer dritten Figur (Wolf, Lamm und Löwe);
- eine Fabel hinsichtlich der Motive der Figuren untersuchen (Krylow, „Die bunten Schafe");
- historische Informationen auswerten, die Rede des Löwen in der Fabel genauer untersuchen und hierüber
- ihre Funktion als Rechtfertigung und Beschönigung politischer Repression erkennen und sie als epochentypische Herrscherpose erfassen;
- die Wirkabsicht des Autors innerhalb der politischen Repression seiner Zeit erkennen;
- durch Gegenüberstellen der drei stoffgleichen Fabeln (1.–3. Stunde) den Zusammenhang von geschichtlicher Situation, Appellfunktion der Fabel und ihrer sprachlichen Gestaltung im einzelnen erkennen und erklären.

Vorbemerkungen

Bevor Lessings Strategien der Umwandlung alter Fabeln direkt untersucht werden, sollen die Schüler bereits nach ihnen verfahren; der „theoretische" Teil der Unterrichtssequenz ist dann nur noch begrifflicher Nachvollzug eigenen Handelns. Daher werden die nächsten Fabeln von Krylow und Ewers als je eine, wenn auch sehr prägnante und charakteristische Gestaltung unendlicher Möglichkeiten eingeführt, die sich aus der Abwandlung einer Ursprungsfabel ergeben. Den Vorschlägen der Schüler fehlt lediglich Ausarbeitung und Schliff, ansonsten stellen sie gültige Fabelprojekte dar, die als solche neben die vorgestellte literarische Fabel treten. Nebenbei lassen sich auf diese Weise auch deren Besonderheiten rascher erfassen.

Krylows Fabel „Die bunten Schafe" (Leseheft VI 4) läßt sich durchaus als Variation zu Äsops Vorlage begreifen, als eine mögliche literarische Antwort auf folgende Frage: „Was ist, wenn es dem Löwen dienlich ist, daß der Wolf das Lamm und noch andere Schafe frißt, wenn er ihn vielleicht geradezu angestiftet hat?"

Das Fabelgeschehen trägt hier bis zum modernen Manipulationsstaat, in dem die Katastrophen anmutig verkleidet und der Öffentlichkeit himbeerfarbig verkauft werden, Arbeitskräfte „freigesetzt" und Todesschüsse „Rettungsschüsse" genannt werden. Ein paar Veränderungen der Äsopschen Kernfabel – und ein anderer „Sitz im Leben" wird ausgeleuchtet. Welchen Krylow genauer meinte, als er die Fabel etwa gegen Ende der dreißiger Jahre des 19. Jahrhunderts schrieb (seine acht Fabelbücher erschienen zwischen 1809 und 1843, „Die bunten Schafe" befindet sich in der vorletzten Sammlung), darüber lassen sich nur Vermutungen anstellen. Die Analogien zwischen der Raffinesse einer verfeinerten Herrschaftstechnik, die die Fabelhandlung im Modell zeichnet, und derjenigen des zeitgenössischen zaristischen Systems sind jedoch deutlich. Das Pathos einer Haltung, die Verantwortlichkeit gegenüber einem höheren Sittengesetz zelebriert, persifliert die Selbstdarstellung des spätabsolutistischen Monarchen. Dieser war seit den napoleonischen Befreiungskriegen unter verstärkten Druck der Rechtfertigung und Legitimierung einer anachronistisch gewordenen Herrschaftsform geraten.

Informationen für den Lehrervortrag:
Die Französische Revolution lieferte die großen Antithesen in den politischen Auseinandersetzungen des 19. Jahrhunderts, wie die Oktoberrevolution in denjenigen des 20. Jahrhunderts. Hier der Konflikt um westliche und östliche Staats- und Wirtschaftsform, dort derjenige zwischen monarchischem und nationalstaatlich-demokratischem Herrschaftssystem. Napoleon wurde im 19. Jahrhundert weniger als Kaiser und Diktator denn als Bannerträger der Ideen der Französischen Revolution gesehen. Seine Eroberungskriege hatten zwei Auswirkungen: einerseits die Verbreitung der neuen Ideen in den unterworfenen Völkern, andererseits Kritik und Opposition gegen die Besatzungsmacht. Die Kabinettsheere der alten Monarchien hatten dem Ansturm der Revolutionsarmeen nicht standgehalten. Sturer Drill war missionarischem Befreiungsdrang erlegen. Napoleon besiegen hieß daher, ihm eine neue Form des Heeres entgegenzusetzen, ihn mit seiner eigenen Waffe zu schlagen, nämlich der eines von großen Ideen beflügelten Volksheeres. Nur mit großen Versprechungen hinsichtlich umfassender liberaler Reformen der Staatsverfassung konnten die Monarchen tiefgreifende Umwandlungen ihrer Heere erreichen. Napoleon wurde restlos geschlagen, der Wiener Kongreß beschloß 1815 die Neuordnung Europas, das Neue erwies sich als Wiederherstellung vorrevolutionärer Zustände, die Versprechen als nichtig. Diejenigen mundtot zu machen, die weiterhin öffentlich auf ihre Einhaltung pochten, war das Ziel; man wartete nur auf einen Anlaß, um wohlvorbereitete Gesetze zu erlassen. Dieser ergab sich für das Metternich-System, als der Burschenschaftler Sand den Schriftsteller Kotzebue, den man für einen Anhänger der Reaktion hielt, 1819 ermordete. Die „Karlsbader Beschlüsse" gaben der „Demagogenverfolgung" den Schein der Rechtsstaatlichkeit. Diese Vorgänge ähnelten einander in allen ehemals französisch besetzten Staaten Europas. In Rußland war der Dekabristenaufstand nach dem Tode Alexanders I. (vgl. S. 48ff.) Grund und Rechtfertigung für den neuen Zaren Nikolaus I., (1825–55), die Ära liberaler Verwaltungs- und Rechtsreformen unter seinem Vorgänger zu beenden. Eine geheime Staatspolizei wurde organisiert, eine Zensur neu eingeführt – veröffentlichte Druckschriften sollten „nicht nur frei sein von ‚schädlichen' Texten, sondern auch einen positiven Beitrag zur öffentlichen Sittlichkeit leisten". Man machte ein neues Strafgesetzbuch. Es galt bereits „als Verbrechen, Veränderungen des bestehenden Regierungs- oder Verwaltungssystem anzustreben, ja allein schon derartige Themen zur Sprache zu bringen"; Strafen waren der „Verlust aller Eigentumsrechte" und „Verbannung mit Zwangsarbeit in Festungen". Das Strafgesetzbuch" erwies sich als ein Meilenstein in der historischen Entwicklung des Polizeistaates"[1].

Man ermißt die spielerische Akrobatik von Krylows Fabeln, insbesondere der vorliegenden. Sie machen knapp vor jener unsichtbaren Grenze halt, hinter der Kritik als ‚delikater Fall' auf den Tischen der neugeschaffenen Geheimpolizei landet.

---

[1] Pipes, Richard, Rußland vor der Revolution. Staat und Gesellschaft im Zarenreich, München: Beck 1977 (Beck'sche Sonderausgaben), 298ff.

Unterrichtsverlauf

Phase 1:
Spiel mit einem Fabeltier:
der Wolf nicht als Mächtiger, sondern als Schachfigur

Bei der Auswertung der Schülerideen (Hausaufgabe) wird zu überlegen sein, wie sich durch die Eingriffe und Umwandlungen die Bedeutung der Fabel verschoben hat. Der Wolf als Vollstrecker, als Schachfigur im Spiel einer stärkeren Gewalt – wie wird er selbst sich sehen, darstellen? Wie sehen ihn die Schafe, der Löwe? Solche Fragen könnten wiederum Ausgangspunkte zum Erfinden weiterer Fabeln sein. Im Spiel mit den Variationsmöglichkeiten nimmt eine wichtige Erkenntnis immer deutlichere Gestalt an: Durch die Eingriffe verschiebt sich sozusagen der Lichtkegel der Fabel und erhellt andere Bereiche der Wirklichkeit.

Phase 2:
Wolf, Schaf und Löwe nach dem Wiener Kongreß: Krylow, „Die bunten Schafe"
Vergegenwärtigung des Textes / Vergleich der Beobachtungen / Interpretation: Motive der Tierfiguren

Erst jetzt wird Krylows Fabel vorgelesen. Fragen nach den Motiven des Löwen und des Fuchses – bei letzterem so charakteristisch anders als in Luthers Fabel „Teilung der Beute"! – erschließen den Text. Man geht von dem Begriff „bunte Schafe" und seinen Assoziationen im Vergleich zu „Schaf", „Lamm", „schwarzes Schaf", „Hammel" aus: „bunt": lebendig, auffallend, andersgeartet, originell; das Nicht-Angepaßte, Selbständige? Von hier aus lassen sich die Motive, die das Verhalten des Löwen und des Fuchses den „bunten Schafen" gegenüber bestimmen, erschließen. Der Vergleich mit den Figuren Luthers hebt ihre Eigenart erst recht ins helle Licht (vgl. Stundenblatt).

Phase 3:
Der Fabel „Sitz im Leben"

a) Unmittelbares Aktualisieren

Die Absichten Krylows werden deutlich, indem man zuerst nach dem möglichen Sitz der Fabel im Leben fragt. Neben den immer raffinierteren Manipulationstechniken moderner Staaten läßt sich auch an die mehr oder weniger kaschierte Genocid-Praxis autoritärer Staaten denken: die Homelands der Schwarzen in Südafrika, die KZs des Dritten Reichs, deren Insassen in den Propaganda-Filmen lachend und singend das zynische Motto „Arbeit macht frei" zu bestätigen scheinen.

b) In der Epoche des Autors liegende Übertragungsmöglichkeiten –
Die Figur des Löwen: epochentypische Herrscherpose

Lehrer- oder Schülerinformationen (Kurzreferat über die sozialpolitischen Entwicklungen in der russischen Restaurationszeit vermitteln den Hintergrund, um die als ideologisch durchschaute Selbstdarstellung des Löwen-Monarchen nun näher zu bestimmen[2]. Sie ist spätaufklärerisch und leitet sich aus der Tradition des russischen aufgeklärten Absolutismus ab. König Löwe fühlt sich einer höheren Vernunft verpflichtet, der Idee der „Gerechtigkeit". Mit ihrer Verwirklichung verbürgt er sich für das private und öffentliche Wohl. Dieses ist ihm inneres Anliegen, ja geradezu

---
[2] Als Lektüre für ein Kurzreferat empfiehlt sich: Pipes, Richard, Rußland vor der Revolution. Staat und Gesellschaft im Zarenreich, München: Beck 1977, Kap. 11 („Dem Polizeistaat entgegen").

ein sittliches Bedürfnis. Die „bunten Schafe" werden ihm nur deshalb zum Problem, weil er äußerst feinnervig ist („Not", „auf dem Herzen"); nur der Adel seiner Seele ist es, der ihn in diesen tragischen Konflikt zwischen Verlust der Gewissensruhe oder der Sehkraft bringt. Die epochentypische Herrschaftspose enthüllt auch hier wieder die besondere Leistung der episierenden Fabel: die Parodierung geschichtlichen Lebens. Die wichtigste Funktion der Selbstdarstellung des aufgeklärten (Löwen-)Monarchen enthüllt der Schluß. Die Inszenierung ist geglückt, die Rechnung aufgegangen, die Wirklichkeit seiner Herrschaft getarnt. Der Untertan merkt nichts. Nur allmählich schöpft der eine oder andere Verdacht, wacht auf – z. B. durch Krylows Fabel (vgl. Seitentafel, Stundenblatt).

Phase 4:
Ergebnissicherung: Eine Kernfabel und ihre zeittypischen und -wirksamen Umwandlungen

Ausgehend von den bisher erarbeiteten Bildelementen wird die Lücke im Tafelbild der 1./2. Stunde für Krylows Fabel ergänzt. Wenn so alle drei Konkretisierungen eines Fabelstoffs graphisch nebeneinander veranschaulicht sind, fassen die Schüler die Ergebnisse der letzten drei Stunden zusammen. Sie erklären die Beziehungen, die zwischen der geschichtlichen Situation, der Appellfunktion der Fabel und ihrer sprachlichen Detailgestaltung bestehen.

4./5. Stunde:
Das Material, aus dem man Waffen schmieden kann –
III. Fuchs und Schafe im deutschen Kaiserreich
(Ewers: Die Hammelherde; Der alte Fuchs)

Stundenziele

Die Schüler sollen
– eine weitere Variationstechnik durchspielen: Veränderung der Rollen von Fuchs und Schaf unter Beibehaltung ihrer Grundeigenschaften;
– die Argumentation zweier Tiere in einer Fabel beschreiben (Ewers, „Die Hammelherde");
– ausgehend von Schlüsselbegriffen diese Fabel in ihren geschichtlichen Kontext einordnen;
– eine weitere Variationstechnik durchspielen: Verändern des Lebensalters der Fuchs-Figur unter Beibehaltung ihrer Rolle;
– eine Fabel hinsichtlich ihrer gedanklichen Gliederung und ihrer satirischen Darstellungsweise untersuchen (Ewers, „Der alte Fuchs");
– beide Fabeln miteinander vergleichen und die gemeinsame appellative Grundhaltung ihres Autors erkennen: Kritik an der wilhelminischen Untertanenmentalität und Aufforderung zur Selbstbefreiung.

Vorbemerkungen

Zwei Kabarett-Stücke von Ewers von 1901 werden in dieser Stunde vor allem das Unterhaltungsmoment der Gattung zur Geltung bringen. Die Fabel „Die Hammelherde" (Leseheft V 12) variiert die Konstellation Wolf und Schaf; „Der alte

Fuchs" (Leseheft V 13) steht nur noch in loser Verbindung zu ihr, wandelt jedoch auf zeitspezifische Weise die Figur des Fuchses ab, die ebenfalls eine enge Beziehung zum Thema Macht hat. Die Doppelstunde dient weniger der konzentrierten Textarbeit als der Auflockerung und Abrundung.

Unterrichtsverlauf

Phase 1:
Spiel mit zwei Fabeltieren: Der Fuchs als Kritiker und das Schaf als dumpfer Untertan

Rückblickend vergegenwärtigt man sich die Rollen von Fuchs und Schaf in den bisher behandelten Fabeln. Das Schaf stand einmal für den rechtschaffenen, unschuldigen, zugleich wehrlosen einfachen Mann, den Untertan (Luther), für den schwächeren angegriffenen Staat (Daily Herald), ein anderes Mal für eine oppositionelle Schicht im Volk (Krylow). Die diplomatische Schläue des Fuchses bezeichnete einmal die Haltung der Lebensklugheit (Luther), ein anderes Mal die des skrupellosen Erfolgstrebens (Krylow). Wie nun, wenn das Schaf diesmal den Typ des dumpfen Untertanen, der nicht merkt, wie er von der Macht verplant wird, verkörpert? Und der Fuchs den des respektlosen Kritikers? Wie könnte ein Wortwechsel verlaufen zwischen diesem Fuchs und jenem Schaf, das gerade mit seiner Herde vorbeizieht?

Die vergangenen Stunden dürften genügend Anregungen geboten haben, um mögliche Ausgestaltungen dieser neuen Konstellation zu entwickeln. Vortrag und Besprechung der ersten Fabel von Ewers fallen auf vorbereiteten Boden.

Phase 2:
Fuchs und Schafe im deutschen Kaiserreich: Ewers, „Die Hammelherde"

a) Vergleich der Beobachtungen/Sichern des Inhalts/Interpretation: Argumentation von Hammel und Fuchs

Die Besonderheiten des Textes von Ewers sind nach dieser Vorbereitung klar zu bestimmen. Der Fuchs ist hier in der Rolle des Aufklärers, der das unmündige Volk aus dem Nebel seiner Illusionen herausführt. Im Dialog mit dem Hammel entlarvt er den eigennützigen Kern der vorgeblichen „Liebe" und „Sorge" des Schäfers, an die der Hammel glaubt: die „Schur" und die „Mast". Herrschaftswillkür wie bei Luther fehlt. Sie ist einer planmäßigen, patriarchalisch kaschierten, ausbeuterischen Herrschafts-„Ordnung" gewichen. Der Schaden, den die Hammel nehmen, ist nicht mehr offenkundig und kraß. Er besteht „nur" in der Einschränkung der Lebensdauer – von den Nichtbetroffenen unbemerkt – und, mit einem Schlagwort gesagt, der Lebensqualität („magern Stoppelgrund"). Weit entfernt von einer allgemeinen Lebensweisheit, dient die Lehre der politischen Provokation.

b) Einordnung in den sozialgeschichtlichen Kontext

Die Adresse ist unmißverständlich: nicht Untertanen, Volk, sondern Arbeiterklasse in dem konkreten marxistischen Sinn (Schlüsselwort „Kapital"). Von zwei Begriffen ausgehend können die Schüler etwa Zeit und Epoche der Abfassung bestimmen. Die kritische Verwendung des Begriffs „Kapital" setzt Marx voraus (seine Gesellschaftsanalyse und ihre Wirkung ist einer zehnten Klasse in einigen Grundzügen bekannt). „Alters- und Krankenversi-

Kopf-Vignette von Horst-Schulze zu „Der alte Fuchs" aus: Ein Fabelbuch von Etzel und Ewers, München ²1901, S. 111

cherung" verweist auf das deutsche Kaiserreich; sie beruhte auf der wegweisenden Sozialgesetzgebung in den 80er Jahren und war neuer, geschickt gesetzter Stützpfeiler in Bismarcks obrigkeitlichem System. Als solcher diente sie neben dem Sozialistengesetz (1878) der Bekämpfung der erstarkenden Sozialdemokratie. Ihr Ziel: Integration des Arbeiters in den Staat; der Arbeiter nicht in den Reihen der „vaterlandslosen Gesellen", sondern in der Herde loyaler Untertanen („Dankgestammel"!).

Phase 3:
Spiel mit der Fuchs-Figur: ein Sozialist an seinem Lebensabend?

Folgende Überlegung leitet zur nächsten ‚Vorstellung' des Kabarettisten Ewers über: Die Kritik der Sozialisten richtete sich nicht nur gegen die kapitalistische Wirtschaft und Gesellschaft. Sie zielte gleichzeitig auf die Kräfte, die das Bewußtsein der Arbeiter über ihre Ausbeutung trübten. An erster Stelle nannte sie hier die Kirche, die mit der Religion „Opium fürs Volk" verabreiche. Der Fuchs hat sich in dieser Fabel als Sozialist entlarvt. Man nehme einmal an, auch er habe gegen die Religion scharf geschossen. Er wird alt und muß ans Sterben denken. Dabei kommen ihm noch manche anderen beunruhigenden Gedanken. Welche könnten es sein? – Die Kopf-Vignette (Overhead-Projektion) gibt den Spekulationen weitere Nahrung:

Schlußvignette a.a.O., S. 112

163

Phase 4:
Kritik eines Fuchses an den himmlischen Machtverhältnissen:
Ewers, „Der alte Fuchs"

a) Vergleich der Beobachtungen – Gedankengang des Fuchses

Das Gespräch nach dem Vortrag der Fabel wird am besten an der festgestellten komischen Wirkung anknüpfen. Sie hängt eng mit ihrer spöttischen Tendenz zusammen und mit der neugewonnenen Unbekümmertheit, die der – nicht sehr ernsten – „Gewissensplage" zuletzt folgt. Wieder ist der Fuchs der nachdenkliche Betrachter. Gegenstand seines angestrengten Sinnes ist diesmal jedoch kein reales Tier, sind keine diesseitigen Machtverhältnisse. Ihn interessiert das Jenseits und die Frage nach der verlangten irdischen Müh und der Art des himmlischen Lohns. Er sucht und findet in den heiligen Schriften die Antwort. Das letzte Wort in dieser Frage behält er jedoch sich selbst vor – kein langer Kommentar, sondern energische Geste und respektlose Glosse (V. 29–32).

b) Untersuchung der Darstellungsweise: Satire auf falsche Frömmigkeit

Ausgehend von seiner empörten Bilanz über die Himmelsgesellschaft läßt sich nun untersuchen, mit welchen Darstellungsmitteln sie vermittelt wird: Durchgehende Diminutivformen reduzieren selbst das Vitale, Kraftstrotzende, Eigensinnige („Öchslein", „Esulein") zum Braven. Die Verniedlichung macht die Tiere zu verfügbaren devoten Figuren. Unterwürfigkeit ist ihnen Glück und Seligkeit. In den genannten Situationen tritt diese auch im wörtlichen Sinn in Erscheinung: als Reittier, Schemel ‚unter' dem Herrn dienen, aus der Krippe fressen, in der zuvor das Jesuskind gesessen. Eine satirische Zuspitzung des Verhaltens der „frommen Tiere" – hauptsächlicher Grund für den Aufbau komischer Wirkungen.

Phase 5:
Gemeinsames Angriffsziel beider Fabeln: die wilhelminische Untertanenmentalität – zwei Aufforderungen zur Selbstbefreiung

Unterwürfigkeit, die schlechte Parodie religiöser Demut, liegt nicht fern von jener Haltung, die Ewers in „Die Hammelherde" angreift: Gehorsam, Bescheidenheit, Dankbarkeit für nichts als das Existenzminimum. Mit Hilfe der Tafelbilder läßt sich die Analogie beider Fabeln verdeutlichen: „Die Hammelherde" mündet in die Aufforderung, sich der unterdrückerischen Fürsorge von Schäfer und Hund zu entledigen, über sich und die Produkte eigener Arbeit, die selbstgeschaffenen Werte auch selbst zu verfügen (V. 31–33). Parallel hierzu ermuntert die zweite Fabel dazu, sich wie der „schlimmste der Heiden" jeder Gewissensplage zu entledigen. Man fragt sich hier, was wohl damit inhaltlich gemeint sein könnte. Etwa – auf der Ebene der Fabelbehandlung – hemmungslos Gänse und Hühner stehlen?
Die Projektion der Schluß-Vignette (s. S. 163) zeigt den Schülern etwas Merkwürdiges und Komisches zugleich:
Fuchs und Füchsin in betont erotisch gefärbter Ausgelassenheit, unbekümmert aus der Reihe alter (Fabel-)Fuchsgeschlechter tanzend. Vers und Bild treten in ein Spannungsverhältnis zueinander. Der Zeichenstift führt aus, was der Text nur allgemein sagt. Erotische Zügellosigkeit des „Schlimmsten der Heiden" setzt die Haltung des Protestes lediglich in einem anderen Lebensbereich fort. Befreiung von Gewissensplagen heißt Befreiung von der Religion mit ihren zeitspezifisch akzentuierten Zwängen: dem Zwang zur Devotion gegenüber allen Autoritäten, Gott, Kaiser,

Vaterland, Vorgesetzten, Eltern – und dem Zwang zur Prüderie. – Besondere Pointe: Die Befreiung kommt nie zu spät, auch nicht für den Greis!
Die Frage nach dem Publikum, dem Ewers diese respektlose Kost auftischen konnte, ergibt sich von selbst. Spott über Religion sowie Kritik am Staat vertrug damals wohl am ehesten ein großstädtisches Publikum; bei einem provinziellen oder ländlichen Publikum wäre er vermutlich auf Ablehnung gestoßen. Einwand: Die Fabeleinkleidung nimmt dem Spott die Direktheit, schmuggelt die Kritik an den Wächtern des Bewußtseins vorbei und ermöglicht sodann ein lustvolles Nachgeben gegenüber oppositionellen Gefühlsströmungen.

6./7. Stunde:
Vorschläge zum Spiel mit der Tradition – Lessings Variationstechniken (Lessing: Von einem besonderen Nutzen der Fabeln in den Schulen)

Stundenziele

Die Schüler sollen
– die Appellfunktion einer Fabel in einer Erziehungssituation erklären;
– die Vorzüge dieser Form des Sprachhandelns in dieser Situation erkennen;
– durch Vergleich einer Fabel Lessings mit ihrer antiken Vorlage eine Variationstechnik bestimmen und die durch sie bedingte Verschiebung der Aussage deuten (Lessing, „Die Pfauen und die Krähe"/Phädrus, „Die hochmütige Krähe und der Pfau");
– durch den Vergleich anderer Fabeln Lessings mit älteren Vorlagen weitere wichtige Variationstechniken erarbeiten und die durch sie möglichen Verschiebungen der Aussage erklären;
– eine fabeltheoretische Abhandlung untersuchen und sich mit ihrer Grundidee kritisch auseinandersetzen (Lessing, „Von einem besondern Nutzen der Fabel in den Schulen");
– die Tradition der Fabel als Spielmaterial begreifen, mit dem man neue Fabeln hervorbringen kann;
– das ‚Spiel mit der Tradition' der Fabel als Chance begreifen, Situationen der Lebenswirklichkeit zu deuten und sich in ihnen zu artikulieren.

Vorbemerkungen

Das „Spiel mit der Tradition" soll nun verstärkt auf die Ebene des Bewußtseins gehoben, es sollen zentrale poetische Verfahrensweisen erarbeitet und beschrieben werden. Die Auseinandersetzung mit dem Schlüsseltext in der Geschichte der Gattung bietet sich an: Lessings fünfte Abhandlung „Von einem besonderen Nutzen der Fabeln in den Schulen" (Leseheft V 2) enthält die wichtigsten Rezepte für das Erfinden neuer Fabeln. Noch die bundesdeutschen Fabelautoren haben diese – mit zeittypischen Erweiterungen natürlich – angewendet. Obwohl es sich um poetische Theorie handelt, sind sie in einfacher Sprache geschrieben. Der Auszug wird zum größten Teil zwar nur eine Zusammenfassung dessen sein, was die Schüler bis dahin bereits selbst erarbeitet haben, doch bringt er etwas Neues in die Untersuchung hinein: die Sicht des Dichters selbst, seine Fragen und Überlegungen während seines Schreibens. Teilnahme am Schaffensprozeß, der hier bar jeglicher Mystifizierung von erfrischender Klarheit ist. Er betont die schlichte *Machbarkeit* des Dichtens und Erfindens; Lessing hält es nämlich für erlernbar – ganz in der antiken und mittelalterlichen Tradition des ‚poeta faber', aber auch vor allem im

Sinn des optimistischen Erziehungsgedankens der Aufklärung[1].

Die Erziehungsprinzipien sind, modern gesagt: Ganzheitlichkeit der Bildung, Progressivität, Wechsel von Induktion und Deduktion und nicht zuletzt Kreativität. Kreativität bedeutet bei Lessing die fruchtbare Denkbewegung, die im Besonderen das Allgemeine erkennt ("Reduction"), diese Erkenntnis auf andere Wirklichkeitsbereiche überträgt und sie modifiziert; Assimilation und Akkomodation wären moderne entwicklungspsychologische Kategorien zu ihrer Beschreibung. Kreativität würde aber nach Lessing noch etwas voraussetzen, dem in der Kritik und Selbstreflexion moderner Kunst wenig Bedeutung beigemessen wird: das Lernen von Vorbildern.

Das Spiel mit dem Bekannten war geschätzt, Variationen und eine disharmonische Fortentwicklung zu erkennen machte Vergnügen, der Leser konnte mitspielen. Noch war Originalität kein besonderer Wert, erst die folgende Generation sollte ihn als solchen entdecken. Wert war es, die Alten zu kennen, auf die Lessing fleißig hinwies, und von ihnen herausgefordert das Neue zu finden. Nicht jeder war ein so gewaltiger Philologe wie dieser Dichter, nur wenige mochten das Suidaslexikon oder den Aelian in der Hand gehabt haben; aber man hätte den Satz verstanden, den Bertolt Brecht zweihundert Jahre später niederzuschreiben für nötig befunden hat: ‚In den kultivierten Ländern gibt es keine Moden. Es ist eine Ehre, den Vorbildern zu gleichen.' Wohlgemerkt zu gleichen, das heißt ihnen nachzustreben. Eine solche Imitatio geschah für Lessing nicht nur um der Verbindlichkeit der Vorbilder willen, sie hatte auch eine erzieherische Wirkung. [2]

Wenn Helmut Arntzen in seinen „Neuen Fabeln" den modernen individualistischen Kreativitätsbegriff aufspießt, so hat er mit der Wahl der Fabel zum poetischen Ort seiner Kritik den Zeugen berufen, der mit seiner eigenen Geschichte die Zeitbedingtheit dieser Auffassung belegt.

Ich verstehe das nicht, sagte der alte Affe. Kunst war zu meiner Zeit, die Menschen nachzumachen.
Unsinn, rief der jüngere, der einen Pinsel halten konnte, es kommt auf die Kreativität an. Und er beschmierte ein weißes Blatt.
Es braucht gar keine Kunst, schrie der jüngste. Kommunikation ist nötig.
Wie macht man das? fragten die beiden älteren.
Zum Beispiel, erklärte der jüngste, wir blecken alle mit den Zähnen.[3]

Die Auseinandersetzung mit Lessings Überlegungen ist sowohl ein Sprechen über Erziehung und Lernen – ohne daß es vom Lehrer direkt zum Thema gemacht würde – als auch über den „heuristischen Nutzen" dieser uralten und global verbreiteten poetischen Form. Bisher Erarbeitetes kann so unter neuem, schülernahem Blickwinkel aufgebündelt und durchgedrungen werden. Das ermutigt und regt zugleich an zum nächsten Schritt: dem schöpferischen Umgang mit dieser Gattung, der die Schüler in die Rolle (selbst-)bewußter, legitimer Fortsetzer einer alten Tradition versetzt.

Unterrichtsverlauf

Phase 1:
Bericht einer Schulszene: Fall einer geschickten Anwendung einer Fabel (Lessing, „Die Pfauen und die Krähen")

Gemeinsam wird zunächst an einem Beispiel das poetische Verfahren Lessings überlegt. Andere Beispiele können dann von den Schülern selbständig erarbeitet

---

1 vgl. 3.2.2
2 Killy, Walther, Nachwort zu: Lessing (1979), 208.

3 Praxis Deutsch 64 (1984), 11

werden, wobei es vor allem den Punkt zu bestimmen gilt, an dem das Schreiben des Autors ansetzte.

Als Einstieg wird der Fall einer geschickten schulischen Anwendung von Lessings Fabel „Die Pfauen und die Krähe" (Leseheft V 9) erzählt:

Ich entsinne mich folgender Schulszene: Ein Schüler hat in seinem Aufsatz ohne Quellenangabe einige Schriftsteller (ausgeschrieben). Vor der Abgabe hatte er in der Klasse mit dem Plagiat nicht wenig geprahlt. Alle Schüler waren auf die Rückgabe gespannt. Der Lehrer gab die Aufsätze mit kritischen oder lobenden Bemerkungen an die Schüler zurück. Dem Schüler mit dem aufgeputzten Aufsatz erzählte er die alte äsopische Fabel, die auch bei Lessing zu finden ist, ‚Die Pfauen und die Krähe.' „Eine stolze Krähe schmückte sich mit den ausgefallenen Federn der farbigsten Pfauen..."[4] Er fügte hinzu: „Ich bin nicht so grausam wie die Pfauen. Deshalb habe ich mir Mühe gegeben, Ihre glänzenden Schwungfedern zu erkennen und als die Ihren anzuerkennen. Es waren leider nur wenige." Selten habe ich einen Schüler gesehen, den die Kritik eines Lehrers so mitgenommen und gründlich für das ganze Leben belehrt hatte, wie diesen prahlerischen Aufsatzschreiber. Das Wort ‚sich mit fremden Federn schmücken' ging uns damals erst auf.[5]

Man kann den Bericht unterbrechen und die Schüler raten lassen, wie der Lehrer in diesem Fall benotet hat. Anders als die Pfauen durchschaut er die Situation. Das Beispiel erweist die Vorteile der appellativen Sprachform Fabel für denjenigen, der in einer peinlichen Situation einen Rat erteilen will: Ihr uneigentliches und verallgemeinerndes Sprechen lenkt von Kränkendem, Persönlichem ab und hat zudem einen situationsbedingten Reiz des Fremden und Unerwarteten. Mit einem Bild der Medizin, das Erasmus Alberus gebrauchte, verdeutlicht man den Schülern diese Eigenschaft:

„Dann wie die ärzte, bittere tränck oder Spezerey mit zucker oder honig dem krancken eingeben, auff daß er kein abschewens dafür habe, also muß man des menschen verderbten natur vnd vnuerstand mit den holdseligen Fabeln, Bildern, vnd Gleichnissen helfen"[6].

Der graue Kern der bunten Rede nun? ihr Rat? – „Schmücke dich nicht mit fremdem geistigem Eigentum, sonst glaubt man dir nicht mal mehr dein eigenes!" – Oder, in komisch wirkender Verengung auf einen Lebensbereich gesagt: „Zitate sind als solche kenntlich zu machen!"

Phase 2:
Vergleich der Fabel Lessings mit ihrer antiken Vorlage: Phädrus, „Die hochmütige Krähe und der Pfau" – Erarbeitung einer Variationstechnik

Der Vergleich mit der entsprechenden antiken Fabel macht das Vorgehen Lessings sichtbar.

In der Fabel „Die hochmütige Krähe und der Pfau" (Leseheft V 8) wird das Ausreißen der Federn nur kurz genannt, ein anderer Gesichtspunkt ist ihrem Autor Phädrus wichtiger: der Verlust der Zugehörigkeit zu den „Stammes"-Genossen. Lessing weitet gewissermaßen eine Binnenstelle der antiken Fabel (Ausreißen auch der Schwungfedern) und läßt ihren Schluß weg. (Den ‚Punkt' könnte man optisch im Text markieren.) Es ergibt sich eine andere Lehre, etwa: Wer über seinen Stand hinaus will, steht schließlich allein da. Auf diese Weise akzentuiert er einen anderen, in der Geschichte angelegten,

---

4 Hier erzählt der Lehrer Lessings Fabel
5 zit. n. Doderer (1970), 213

6 Branke, W. (Hg.), Die Fabeln des Erasmus Alberus. Abdruck der Ausg. v. 1500 [...] Halle: 1892, 2

jedoch bei seinem Vorgänger nicht ausgeführten Aspekt: Der Krähe geht eben auch und für Lessing vor allem die Anerkennung der eigenen Leistung (Federn) verloren.

Phase 3:
Vergleich weiterer Fabeln Lessings mit älteren Vorbildern:
Erarbeitung der klassischen Varationstechniken / Bestimmung der Veränderungen in der Aussage

Die Schüler erarbeiten nun selbständig weitere Techniken der Variation. Jede der fünf Gruppen erhält je zwei Fabeln zum Vergleich (Arbeitsaufträge s. Stundenblatt).
Die Ergebnisse, die die Gruppen vortragen und im Plenum besprechen, werden im Schaubild (siehe Tafelbild 1, Stundenblatt) festgehalten. Die Veränderungen in der Gesamtaussage (über die sich Lessing nicht weiter ausläßt) sollten herausgestrichen werden, denn so wird der Wert der Veränderungen und damit des Spiels mit der Tradition deutlich (vgl. Stundenblatt). Dies als Grundlage für die Erörterung der Abhandlung von Lessing, deren gedankliche Gliederung die Schüler zu Hause beschreiben.

Hausaufgabe

1. Lektüre von Lessing, „Von einem besondern Nutzen der Fabeln in den Schulen" (Leseheft, V 2)
2. Lektüre von Lessing, „Der Nutzen, den ich itzt mehr berühren..." (s. unten)
3. Worin sieht Lessing den Wert der Gattung für Heranwachsende?

Vorlage für die Hausaufgabe

Der Nutzen, den ich itzt mehr berühren als umständlich erörtern will, würde man den hevristischen Nutzen der Fabeln nennen können. – Warum fehlt es in allen Wissenschaften und Künsten so sehr an Erfindern und selbstdenkenden Köpfen? Diese Frage wird am besten durch eine andre Frage beantwortet: ‚Warum werden wir nicht besser erzogen? Gott giebt uns die Seele; aber das *Genie* müssen wir durch die Erziehung bekommen. Ein Knabe, dessen gesammte Seelenkräfte man, so viel als möglich, beständig in einerley Verhältnissen ausbildet und erweitert; den man angewöhnt, alles, was er täglich zu seinem kleinen Wissen hinzulernt, mit dem, was er gestern bereits wußte, in der Geschwindigkeit zu vergleichen, und Acht zu haben, ob er durch diese Vergleichung nicht von selbst auf Dinge kömmt, die ihm noch nicht gesagt worden; den man beständig aus einer Scienz in die andere hinüber sehen läßt; den man lehret sich eben so leicht von dem Besondern zu dem Allgemeinen zu erheben, als von dem Allgemeinen zu dem Besondern sich wieder herab zu lassen: Der Knabe wird ein Genie *werden*, oder man kann nichts in der Welt *werden*.
Unter den Uebungen nun, die diesem allgemeinen Plane zur Folge angestellet werden müßten, glaube ich, würde die Erfindung aesopischer Fabeln eine von denen seyn, die dem Alter eines Schülers am aller angemessensten wären: nicht, daß ich damit suchte, alle Schüler zu Dichtern zu machen; sondern weil es unleugbar ist, daß das Mittel, wodurch die Fabeln erfunden worden, gleich dasjenige ist, das allen Erfindern überhaupt das allergeläufigste seyn muß. Dieses Mittel ist das *Principium der Reduction* [...]

Lessing (1979), 185f.

Phase 4:
Lessing, „Von einem besonderen Nutzen der Fabeln in den Schulen"
Überprüfung der bisherigen Ergebnisse der Untersuchung der Variationstechniken/ Auseinandersetzung mit Lessings Grundgedanken: die Fabel als Denkschule

Im zweiten Teil der fünften Abhandlung über die Fabel (Leseheft V 2), die hier nur auszugsweise gelesen wird, legt der Autor seine Variationstechniken dar. Sie liest sich für die Schüler als Zusammenfassung und Wiederholung des bisher induktiv Erarbeiteten und dient zugleich als Bestätigung ihrer Untersuchungsergebnisse. Es lohnt sich, bei der Auseinandersetzung mit dem ersten Ausschnitt aus eben dieser Abhandlung ausführlicher zu sein; sie regt nämlich zu einer Diskussion über die Möglichkeiten der Erziehung im allgemeinen und den Nutzen der Fabel für die Entwicklung der Denk- und Erkenntnisfähigkeit im besonderen an.

Der Schüler wird für das nachfolgende Erfinden um so mehr von diesen Überlegungen profitieren (Motivation!).

Nach der Klärung der Fremdwörter, die die Schüler im Lexikon nachgeschlagen haben, folgen gedankliche Gliederung des Auszugs und Diskussion (Tafelanschrieb 2, Stundenblatt). Das Erfinden kann beginnen! –

Etwa so (Schülerarbeiten):

Der Wolf kam zum Bach. Statt des Schafes stand dort eine Waschmaschine, die ihre Abwässer in den Bach leitete. „Du Unverschämte!" rief der Wolf, „was fällt dir ein, mein Trinkwasser zu verschmutzen!" – „Friß mich doch", erwiderte die Waschmaschine.

„Ich möchte auch gern ins Streichquartett", brummte der Kontrabaß. „Aber sie lassen mich nicht die erste Geige spielen."

Erweiterung

1. Produktiver Umgang

a) Leerstellenmethode: Zu einer gegebenen Fabel (Lückentext) sind Tiere, Titel oder Schlüsselwörter zu finden und die jeweiligen Sinnverschiebungen zu diskutieren. Beispiele: „Neue Fabeln" von H. Arntzen (in: Praxis Deutsch 64 (1984), 11–13).

b) das Erfinden von Fabeln ausgehend von gegebenen Fabeln („Spiel mit der Tradition"): Neben den Vorschlägen Lessings lassen sich noch andere Variationstechniken finden; die Geschichte der Gattung bildet eine wahre Fundgrube. So kann man

– Zeitungsartikel suchen, auf die eine gegebene Fabel paßt, und durch sie zum Umwandeln angeregt werden (aktualisieren!),
– moderne Gegenstücke zu alten Fabeln finden; z. B.

Wolf-Lamm-Komplex:
– der Wolf als moderner Politiker: Der Fabel-Aphorismus von Arntzen („Die Eigentümlichkeit der Wölfe unserer Zeit besteht darin, daß sie als Schafe anerkannt sein möchten", in: Praxis Deutsch 64 [1984], 13) ist in eine Fabel der episierenden Traditionslinie umzuwandeln und mit Requisiten der industriellen/demokratischen Gesellschaft zu versehen;
– das Lamm (oder die Opfer-Figur) ist (scheinbar?) klüger geworden (dank Äsop?) (Literarische Beispiele: Arntzen, „Wolf und Lamm", Leseheft VI 5; Thurber, „Die Schafe im Wolfspelz", [1967], 41f.);
– eine der beiden gegnerischen Tierfiguren ist durch einen Gegenstand der Industriegesellschaft zu ersetzen. Beispiel: Schülerarbeit am Ende des Textes zu Aufbauprogramm IV.

c) Das Erfinden von Fabeln ausgehend von nichtfabulöser Grundlage:
- Fabeln zu Autotypen, Musikinstrumenten, zu anderen konkurrierenden Gegenständen schreiben,
- Fabeln zu drei von mehreren gegebenen Tieren schreiben,
- Fabeln zu einem argumentativen, appellierenden, parabolischen Kontext erfinden (Beispiele: Bertolt Brecht, „Maßnahmen gegen die Gewalt"; Fabeln, Parabeln [...] [1978], 296; Eisenreich, „Am Ziel"; zu diesem letzteren Beispiel eine fabelhafte Verfremdung: Thurber, „Der Jäger und der Elephant", (1967). 30f.),
- Fabeln zu Sprichwörtern erfinden (ernstgemeinte, ironisierende),
- Erfinden von Fabeln zu Lithographien von Grandville, zu politischen (Tier-) Karikaturen,
- Fabeln zu den Lehren von Thurbers Fabeln erfinden.

2. *Textanalyse:*

Die Funktionalisierung der Fabel innerhalb politischer Auseinandersetzungen läßt sich an einem weiteren Beispiel besonders gut erhellen:
- L. Fritsch-Voelkner: „Der Sieger" (nationalsozialistische Fabel) (vgl. 3.3.3)

3. *Anschlüsse:*

Die Fabel als „Denkmodell" gesellschaftlicher Konflikte ist der Kern, der vielen modernen Dramen zugrundeliegt. Wenn die Schüler diesen Denkmodell-Charakter erfaßt haben, ist der Einstieg in die Interpretation moderner Dramen ein leichtes. Auch hier kann man induktiv-spielerisch verfahren: Nach der Diskussion über die Anwendbarkeit der Fabel wird eine entsprechende dramatische Szene erfunden, die auch zu einem längeren parabolischen Stück umgestaltet werden kann.

Vergleiche zwischen episierenden und dramatisierenden Bearbeitungen eines Fabelstoffes ermöglichen die klare Unterscheidung der je besonderen ‚Erzählsituation' (Stanzel). Dies als Einstieg in die Untersuchung komplexerer Erzählstrukturen umfangreicher epischer Werke.

„Kinder und Narren sagen die Wahrheit!" – Die bucklige Gestalt Äsops gehört zum Typ des Schelmen in der Literatur; sie leitet daher zu entsprechenden Schwänken, Komödien („Der Biberpelz", „Mutter Courage") Erzählungen, Romanen („Ansichten eines Clowns") über.

Die Übertragung des „Denkmodells" Fabel in die jetzigen gesellschaftlichen Verhältnisse ist konsequent, wenn man sich gesellschaftliches Handeln konkret vorstellt und zu üben anfängt. Da dieses ja immer eine schriftliche Seite hat, ist die Fabel auch eine Aufforderung zur Verfertigung von Gebrauchstexten. Beispiele: Ein Vertreter der sozialen Gruppe, die das Lamm repräsentiert, setzt ein Schreiben an den Rechtsanwalt auf oder erstattet eine Anzeige an die Polizei oder verfaßt einen Zeitungsartikel, einen Rundbrief an verschiedene Verbände zur Gründung einer Bürgerinitiative usw.

Kommentierte Auswahlbibliographie

Diese kurze kommentierte Auswahlbibliographie verzeichnet neben den wichtigsten Fabel-Anthologien nur die Textausgaben der Werke der bedeutendsten Fabeldichter, sofern sie für die Unterrichtsarbeit in Frage kommen. Von den umfangreichen literaturwissenschaftlichen Arbeiten sind die wichtigsten (systematischen und historischen) Gesamtdarstellungen der Fabel aufgenommen, die in der Regel ausführliche Bibliographien enthalten. Einen Überblick über die Fabelforschung sowie über ihre jüngste Entwicklungen bieten die zwei Sammelbände von Peter Hasubek (s. u.). Ansonsten sind Einzeluntersuchungen nur aus besonderen Gründen (z. B. Epochen- oder Motivrepräsentanz) aufgenommen worden. Die didaktische Literatur ist in den Titeln vertreten, die ausführlichere Unterrichtsbeispiele enthalten. Weitere Literaturhinweise lassen sich auch den jeweiligen Abschnitten dieser Arbeit entnehmen.

I. Quellen

a) Ausgaben der Texte wichtiger Fabelautoren

Krylow, Iwan Andrejewitsch: Sämtliche Fabeln, dt. v. Rudolf Bächtold, mit 70 Ill. v. Wilhelm Preetorius. Zürich: Waage 1960.

Die bisher beste, mit einer Einleitung versehene Übersetzung der neun Fabelbücher des bedeutenden russischen Autors.

La Fontaine, Jean de: Sämtliche Fabeln, mit 255 Ill. v. Grandville, vollst. Ausg., in d. Übers. v. Ernst Dohm u. Gustav Fabricius ... hg. v. Hermann Lindner, München: DTV 1981 u. ö. (dtv weltliteratur 2094).

Lessing, Gotthold Ephraim: Fabeln. Drey Bücher. Nebst Abhandlungen mit dieser Dichtungsart verwandten Inhalts, mit e. Nachw. v. Walter Killy, Hamburg: Maxim.-Ges. 1979.

Vollständige Ausgabe der Prosafabeln und der theoretischen Abhandlungen über die Gattung von Lessing. Die Texte folgen der Erstausgabe von 1759.

Thurber, James: 75 Fabeln für Zeitgenossen. Den unverbesserlichen Sündern gewidmet, mit 62 Zeichn. d. Autors, dt. v. Ulla Hengst u. a., Reinbek b. Hamburg: Rowohlt 1967 u. ö.

Übersetzte, vollständige Sammlung der Fabeln Thurbers. Als Geschenkempfehlung geeignet!

b) Sammelausgaben von Fabeln und Fabelillustrationen

Antike Fabeln. Griechische Anfänge, Äsop. Fabeln in röm. Literatur, Phaedrus, Babrios, Romulus, Avian, Ignatios Diakonos, a. d. Griech. u. Lat. übers. u. hg. v. Johannes Irmscher. Berlin/Weimar: Aufbau 1978 (Bibliothek der Antike).

Eingeleitete, mit Erläuterungen und Motivregister versehene, Vollständigkeit anstrebende Sammlung antiker und spätantiker Fabeln.

Deutsche Fabeln des 18. Jahrhunderts, ausgew. u. mit e. Nachw. v. Manfred Windfuhr, Stuttgart: Reclam 1962 (UB 8429/8430).

Diese Auswahl vermittelt einen Überblick über die heterogenen Formen dieser „Modegattung" des 18. Jahrhunderts und läßt vor allem die „Spezialisten" unter den Fabelautoren (Triller, Pfeffel u. a.) zu Wort kommen.

Epische Kurzformen. Textauswahl besorgt v. Günther Busse, Freiburg/Basel/Wien: Herder 1978 (Textbücher Deutsch 15910) (mit Lehrerbegleitheft).

Für den Unterricht zusammengestellte typische, vor allem auch unbekanntere Beispiele epischer Kurzformen; im Hinblick auf inhaltliche und problemgeschichtliche Parallelen der Texte besonders für den Vergleich der Fabel mit Nachbargattungen geeignet.

Fabeln der Neuzeit. England, Frankreich, Deutschland. Ein Lese- und Arbeitsbuch, hg. v. Hermann Lindner, München: Fink 1978 (Krit. Information 58).

Bietet einen übernationalen Einblick in eine Gattung der gesamteuropäischen Aufklärung. Einleitend wird die Fabel kommunikationstheoretisch bestimmt; der historische Wandel der Gattung bleibt unberücksichtigt.

Fabeln, Parabeln und Gleichnisse. Beispiele didaktischer Literatur, hg., eingel. u. komm. v. Reinhard Dithmar, 5., erw. Aufl., München: DTV 1978 u. ö. (dtv bibliothek Literatur, Philosophie, Wissenschaft 6092).

Dithmars Begriff von der Fabel als „parabolischer Rede" entsprechend sind Fabeln und Parabeln unter gleichmäßiger Berücksichtigung der Epochen und einflußreicher ausländischer Autoren zusammengestellt.

Fabeln. Für die Sekundarstufe hg. v. Therese Poser, Stuttgart: Reclam 1975 (Arbeitstexte für den Unterricht 9519).

Eine mit Arbeitsvorschlägen, theoretischen Texten und Bibliographie versehene, chronologisch geordnete knappe Auswahl, die das Prinzip des Spiels mit der Tradition gut erkennen läßt.

Fabula docet. Illustrierte Fabelbücher aus sechs Jahrhunderten. [Katalog einer] Ausstellung aus Beständen der Herzog

Ein Längsschnitt durch die reiche Geschichte der Fabelillustrationen; mit vielen seltenen, schön gedruckten Abbildun-

August Bibliothek Wolfenbüttel und der Sammlung Dr. Ulrich von Kritter, mit Beitr. v. Helmut Arntzen u. a., hg. v. Ulrike Bodemann, Wolfenbüttel: Herzog August Bibliothek 1983 (Ausstellungskataloge der Herzog August Bibliothek 41).

gen; umfassend kommentiert; enthält außerdem neue Aufsätze zur Geschichte und Theorie der Fabel.

Rabe, Fuchs und Löwe. Fabeln der Welt, mit 55 Abb. n. Holzstichen v. Grandville, hg. v. Paul Alverdes, München: Ehrenwirth 1962.

Umfangreiche, leider vergriffene Anthologie, die die Gattung in allen Epochen repräsentiert, andere Kulturkreise einbezieht, v. a. aber auch seltene und interessante Fabeln des 20. Jahrhunderts bietet.

c) Fabeltheorie

Texte zur Theorie der Fabel, hg. v. Erwin Leibfried u. Josef M. Wehrle, Stuttgart: Metzler 1978 (Sammlung Metzler M 169).

Ergänzende Anthologie theoretischer (auch literaturwissenschaftlicher) Texte vom Mittelalter bis zur Neuzeit; bezieht auch Entlegeneres ein mit dem Ziel, die Texte „als historisch bedingte Aussagen" deutlich zu machen.

Texte zur Theorie der Fabeln, Parabeln und Gleichnisse, hg. u. eingel. v. Reinhard Dithmar, München: DTV 1982 (dtv bibliothek Literatur, Philosophie, Wissenschaft 6119).

Ergänzende Anthologie; enthält Texte zur Theorie der Lehrdichtung von der Antike bis zur Gegenwart; mit ausführlicher Einleitung, Abbildungen (Titelvignetten) und Metafabeln.

II. Sekundärliteratur

a) literaturwissenschaftliche

Arendt, Dieter: Bruder Wolf und die Lämmer. In: Frankfurter Hefte 36 (1981), H. 8, S. 53–62.

Essayhafte diachrone Betrachtung der Entwicklung eines Fabelmotivs (vgl. 10. Klasse) mit anregenden Verweisen auf Sage, Mythos und politische Theorie.

Briegel-Florig, Waltraud: Geschichte der Fabelforschung in Deutschland, Freiburg: Rota-Druck J. Krause 1965.

Bietet eine ausführliche Analyse der Tendenzen der Fabelforschung vom 19. Jahrhundert bis 1960.

Dithmar, Reinhard: Die Fabel. Geschichte, Struktur, Didaktik, 4. Aufl., Paderborn: Schöningh 1974 (UTB 73).

Historische und systematische Darstellung der Fabel vom Altertum an unter der durchgehenden Perspektive des parabolischen Charakters der Fabel; umfangreicher dritter Teil zur Didaktik der Fabel.

Doderer, Klaus: Fabeln. Formen, Figuren, Lehren, Zürich/Freiburg: Atlantis 1970.

Anregende, systematische Darstellung der Fabel unter weitgehender Vernachlässigung des Aspekts des historischen Wandels der Gattung. Ein Abschnitt über die schulische Verwendung der Gattung; zahlreiche Text- und Illustrationsbeispiele.

Eichner, Siglinde: Die Prosafabel Lessings in seiner Theorie und Dichtung. Ein Beitrag zur Ästhetik des 18. Jahrhunderts, Bonn: Bouvier 1974 (Bonner Arb. zur dt. Lit. 25).

Analysiert detailliert die Verwurzelung von Lessings Fabeltheorie und -dichtung in der Aufklärungsphilosophie und Ästhetik des 18. Jahrhunderts.

Die Fabel. Theorie, Geschichte und Rezeption einer Gattung. Unter Mitarb. zahlr. Fachgelehrter, hg. v. Peter Hasubek, Berlin: E. Schmidt 1982

Die Aufsatzsammlung spiegelt die hauptsächlichen Fragestellungen und Themen der jüngeren Fabelforschung wider, wobei sie sich auf die Fabel des 16. bis 20. Jahrhunderts beschränkt. Nützlich: Einleitung mit einer kritischen Bestandsaufnahme. Wichtig für den Nachweis der soziologischen und wirkungsästhetischen Gebundenheit von Fabeln die Aufsätze von E. H. Rehermann und I. Köhler-Zülch (Fabeln des 16. Jahrhunderts), E. Leibfried (Frühaufklärung), K.-P. Jochum (über James Thurber); für die Techniken des Spiels mit der Tradition in der modernen Fabel der Aufsatz von R. Koch.

Fabelforschung. Hg. v. Peter Hasubek, Darmstadt: Wiss. Buchges. 1983 (Wege der Forschung 572).

Neben einem Überblick über die Phasen deutscher Fabelforschung, der zugleich ein Spiegel germanistischer Methoden ist, bietet der Band bahnbrechende Arbeiten, z. B. für die politisch-soziologische Fabeldeutung Th. Spoerri (über La Fontaine); den Nachweis der Abhängigkeit des Textes von der historischen Entstehungssituation und vom Rezipientenverhalten erbringen W. Kayser (Fabel des 16. und 18. Jahrhunderts) und P. Hasubek (Lessing), aus komparatistischer Sicht relativiert K. A. Ott (über La Fontaine) Lessings Bedeutung.

Grubmüller, Klaus: Meister Esopus. Untersuchungen zur Geschichte und Funktion der Fabel im Mittelalter, Zürich/München: Artemis 1977 (Münchener Texte und Untersuchungen zur dt. Lit. des Mittelalters 56).

Die bis jetzt maßgebliche Arbeit zur Fabel des Mittelalters; enthält außerdem im ersten Kapitel eine nützliche, unter historisch-deskriptiver Perspektive vorgenommene Abgrenzung von fast zwanzig epischen Kurzformen.

Leibfried. Erwin: Fabel, 3., durchges. u. erg. Aufl., Stuttgart: Metzler 1976 (1967) (Sammlung Metzler M 66).

Systematische und historische Darstellung der Fabel vom Mittelalter an. Geeignet u. a. als Einführung in die wichtigsten Stilhaltungen bei der Fabelgestaltung.

Lindner, Hermann: Didaktische Gattungsstruktur und narratives Spiel. Studien zur Erzähltechnik in La Fontaines Fabeln, München: Fink 1975 (Romanica Monacensia 10).

Formalästhetische Analyse, die charakteristisch für die „Wende" in der Fabelforschung (Hasubek) seit Mitte der 70er Jahre ist.

Schrader, Monika: Epische Kurzformen. Theorie und Didaktik, Königstein/Ts: Scriptor 1980 (Scriptor TB S. 151).

Bietet neben der Einordnung der Gattung Fabel ins Umfeld der epischen Kurzformen einen breiten Überblick über Wege der Fabeldidaktik.

Wiltschek, Franz: La Fontaine und Krylov. Ein literaturwissenschaftlicher Vergleich. In: Wiener slawistisches Jahrbuch. Wien 1 (1950), S. 155–192.

Vergleichende exemplarische Analyse und stilgeschichtliche Einordnung der Fabeln La Fontaines und Krylovs.

b) didaktische

Kreis, Rudolf: Die Fabel im Deutschunterricht des sechsten Schuljahrs. Von der historisch-soziologischen Analyse bis zur eigenen Gestaltung. In: Diskussion Deutsch 4 (1971), S. 115–130.

Die Unterrichtsvorschläge gehen von den „Code"-Wörtern der Fabeln aus. Ansonsten setzen sie Ulshöfers induktive Methode im Sinne der kritischen Didaktik um (vgl. o. S. 57ff.).

Kreis, Rudolf: Fabel und Tiergleichnis. In: Projekt Deutschunterricht, hg. v. Heinz Ide. 1. Kritisches Lesen – Märchen, Sage, Fabel, Volksbuch, Stuttgart: Metzler 1971, S. 57–103 u. 58–68.

Schlägt für die zehnte Klasse die Ausweitung der Fabelbehandlung auf den Vergleich mit dem angeblich anspruchsvolleren Tiergleichnis (Brecht, Kafka) vor. Enthält eine ganze Reihe nützlicher Interpretationen von Fabeln und Tiergleichnissen für den Unterricht, die allerdings die behauptete sozialgeschichtliche Transparenz der Texte nicht einsichtig machen.

Payrhuber, Franz-Josef: Wege zur Fabel. Freiburg: Herder 1978 (Herderbücherei 9313).	Unterrichtsskizzen für die zweite bis zehnte Jahrgangsstufe; neben gängigen Themen (Vergleich, Illustration, Spiel) wird auch die Behandlung der Fabelrezeption in Kinderbuch, Drama, Redewendung und Schulbuch vorgestellt.
Praxis Deutsch. Zeitschrift für den Deutschunterricht. 64 (1984): Fabeln und Witze, hg. v. Klaus Gerth.	Enthält eine griffige historische und systematische (an Lessing orientierte) Gattungsbestimmung, „Neue Fabeln" von Helmut Arntzen sowie vier Modelle für die vierte bis zwölfte Jahrgangsstufe mit Schülerergebnissen. Als Anregung für das Spiel mit der Tradition auch in der zehnten Klasse können die vielfältigen Aufgabenstellungen des letzten Modells (K. Hotz) dienen.
Schäfer, Walter: Die Fabel im Dienste der Sprecherziehung. In: Das Prinzip der Ganzheit im Deutschunterricht, hg. v. Erich Weisser, Darmstadt: Wiss. Buchges. 1967, S. 208–221 (Wege d. Forschung 71).	Ausführlichere Vorschläge zur unterrichtlichen Behandlung der Fabel aus der Phase der ganzheitlichen gestalthaften Sprachauffassung. Mit Schülerergebnissen.
Ulshöfer, Robert: Methodik des Deutschunterrichts, [versch. Aufl.] Stuttgart: Klett 1964 – 1. Unterstufe, 8. Aufl. 1978, S. 229–244. 2. Mittelstufe II, 3., überarb. u. erw. Aufl. d. Neufassung 1974, 1981, S. 337–342.	Die weiterhin anregenden und vielseitigen Unterrichtsbeispiele führen die – sehr einflußreiche – induktive Methode in der Fabelbehandlung vor. Übungstexte z. Tl. überholt (vgl. o. S. 56).
Walther, Heinrich: Fabeln und Anekdoten im fünften und sechsten Schuljahr. In: Der Deutschunterricht 31 (1979), H. 4, S. 19–30.	Die Unterrichtsmodelle zielen auf die Individualisierung des Arbeitens und die weitgehende Selbsttätigkeit der Schüler.

1./2. Stunde:			Fabel
Müssen alle Menschen ‚Hirsche' sein? – Einführung			Grundprogramm I

Text: – J. W. L. Gleim: Der Hirsch. Der Hase. Der Esel (Leseheft I 1)

Unterrichtsphasen	Unterrichtsformen / Leitfragen	Erwartungen / Ergebnisse
Phase 1: Vergegenwärtigung des Textes (Gleim: Der Hirsch. Der Hase. Der Esel)	Lehrervortrag (ohne Schlußstrophe) Gespräch – Wie könnte die Geschichte weitergehen? Lehrervortrag (Schlußstrophe)	Es werden Überlegungen über den möglichen Ausgang der Handlung angestellt.
Phase 2: Antiillusionismus der Fabel / Nachvollzug ihrer inneren Bewegung	Gespräch – Was werden Hase und Esel machen, da ihnen der Hirsch die kalte Schulter gezeigt hat? – Warum handeln die Tiere so, wie es die Fabel zeigt?	Es sollen deutlich werden: – der Ablauf der inneren Bewegung der Fabel: Falsche Hoffnungen und Ansprüche werden am Schluß (Pointe!) als Illusionen enthüllt; – die Verschiedenartigkeit der Tierfiguren und ihrer Beweggründe: Hase / naives Streben nach gleicher Geltung Esel / anmaßende Verkennung der Unterschiede Hirsch / unnahbarer Stolz
Phase 3: Der Fabel ‚Sitz im Leben'	Gespräch Diskussion – Müssen alle Menschen ‚Hirsche' sein?	Die Schüler suchen in ihrem Erfahrungsbereich nach analogen Fällen für die Typen menschlichen Verhaltens, die an den Tieren gezeigt werden, und stellen sie möglichst lebendig dar.
Phase 4: Kalligraphisches Gestalten	Gespräch – Wie könnte man die Fabel so aufschreiben, daß die Unterschiede der Tiere und ihres Verhaltens im Schriftbild deutlich werden? Stillarbeit (Durchführung)	Es werden Vorschläge zur Gestaltung des Texts gemacht. Die Schüler machen sich klar, daß es viele Möglichkeiten gibt. Gesichtspunkte z. B.: Schriftgröße, -art, -form; charakterisierende Farben, Abstände; integrative Gestaltung des Titels?
Phase 5: Vergleich und Besprechung der Schülerentwürfe	Gespräch (mit Epidiaskop) – Wie werden Eigenschaften und Verhaltensweisen der Tiere im Schrift-Bild anschaulich gemacht?	Die kalligraphische Umsetzung der Verschiedenheit der Tiere wird beurteilt.

Unterrichtsphasen	Unterrichtsformen / Leitfragen	Erwartungen / Ergebnisse
Phase 6: Ausdrucksvolles Lesen	Schülervorträge	Die Schüler erwägen die Angemessenheit der Intonation des jeweiligen Vortrags.

Hausaufgabe:

Suche (z. B. im Leseheft) eine Fabel, die dir gefällt. Überlege dir, warum!
Präge dir die Fabel so ein, daß du sie frei vortragen kannst.
Einzelauftrag: Welche wichtigen Eigenschaften hat ein ‚richtiger' Esel? – Lektüre und zusammenfassende Wiedergabe eines Artikels, z. B. aus „Grzimeks Tierleben" (s. Textteil S. 71f.).

© Ernst Klett Verlag GmbH u. Co. KG, Stuttgart 1986. Alle Rechte vorbehalten.

3./4. Stunde:
Besuch im Fabeltheater – Die Rolle der Tiere in der Fabel
(Fabeln nach freier Wahl)

Fabel Grundprogramm I

Texte: – Aus Grzimeks Tierleben, s. Textteil S. 71/72
– Fiktiver Zeitungsartikel, s. Textteil S. 75

Unterrichtsphasen	Unterrichtsformen / Leitfragen	Erwartungen / Ergebnisse
Phase 1: Eine Fabel, die mir besonders gut gefällt. (Hausaufgabe)	<u>Sammeln wichtiger Fabeltiere</u> – Welche Tiere kommen in euren Fabeln vor? <u>Beginn von Tafelbild 1</u> (s. S. 4) („Fabeltheater") <u>Schülervorträge / Klassengespräch</u> – Wer könnte mit dem Fuchs etc. gemeint sein? – Auf welche Situation paßt die Fabel?	Einzelne Schüler tragen ‚ihre' Fabeln vor, die sie ihren Mitschülern als ‚Rätsel' aufgeben. Deren <u>spontane Einfälle</u> vergleichen sie mit ihren eigenen Überlegungen.
Phase 2: Besuch im Fabeltheater **a)** Die Fabeltiere im Modell des Fabeltheaters **b)** Die Textsorte Fabel im Modell des Fabeltheaters – Zusammenstellen eines ‚Theaterprogramms'	<u>Vervollständigen des Theatermodells (Tafelbild 1) / Gespräch</u> – Wer steckt hinter den Tieren? – Mit wem darf man die Fabeltiere nicht verwechseln? Begründe! <u>kurzes Schülerreferat</u> über den Esel (z. B. aus „Grzimeks Tierleben") <u>Gespräch:</u> – Wo treten die Tiere auf? In welchen Stücken? – Wir stellen einen ‚Programmzettel' zusammen! Tafelbild 2 (‚Programmzettel')	Die <u>Interpretation des Theatermodells</u> und die <u>Einbeziehung des Schülerreferats</u> machen deutlich: – Das Fabeltier ist nur eine ‚Rolle' in dem Theaterstück Fabel; hinter der ‚Maske' eines Esels, der die ‚Rolle' des Dummen spielt, steckt ein Mensch. – Bei den Fabeltieren handelt es sich nicht um wirkliche Tiere. <u>Tafelanschrieb:</u> „Fabeltiere sind keine wirklichen Tiere" allgemein: Diese sprechen und denken nicht. im einzelnen: Beispiel Esel – sehr klug, eigensinnig, tapfer, vorsichtig! (Fabeltier Esel – dumm) Die <u>Textsorte Fabel</u> hat im Rahmen des Theatermodells die Bedeutung eines <u>‚Theaterstücks'</u>. Die Schüler nennen Titel, Autoren, Masken und Rollen ihrer Fabeln und stellen ein „Programm des Fabeltheaters" zusammen.

Unterrichtsphasen	Unterrichtsformen / Leitfragen	Erwartungen / Ergebnisse
Phase 3: „Fabeltheater in aller Munde" – Redensarten, die Tiere verwenden und Menschen meinen (fiktiver Zeitungsartikel)	<u>Lesen mit verteilten Rollen</u> (siehe Text: Fabeltheater in aller Munde) <u>Stillarbeit</u> – Unterstreiche alle Ausdrücke, in denen Tiere genannt werden! – Was meinen sie? Versuche, sie durch andere Ausdrücke zu ersetzen! <u>gemeinsames Auswerten</u> Tafelbild 3 („Tiere und Redensarten")	Die Schüler suchen nach <u>Synonymen</u> (vgl. Tafelbild 3!).

Hausaufgabe:

– Suche drei weitere Redensarten, die Tiere verwenden und Menschen meinen!
  Bilde mit jeder von ihnen zwei Sätze!
– Suche in Bilderbüchern, Tiersachbüchern usw. nach Mustern, um deine Fabel
  zeichnen zu können!

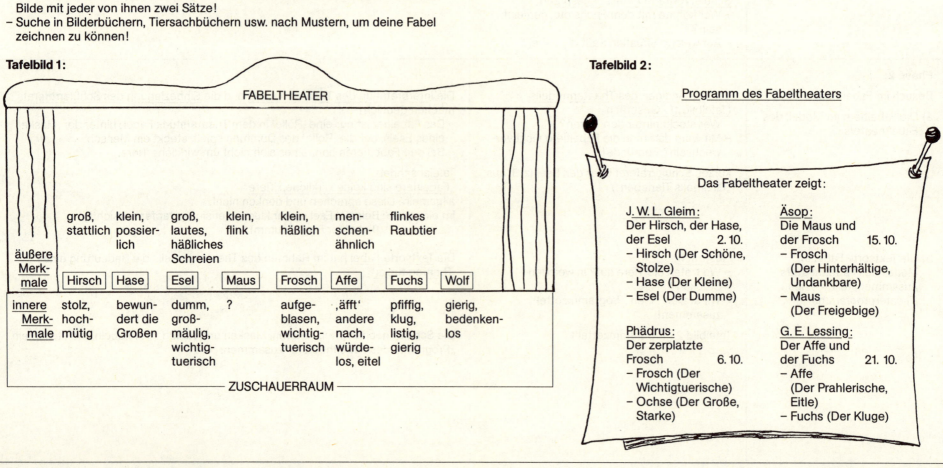

Tafelbild 1: FABELTHEATER

äußere Merkmale	groß, stattlich	klein, possierlich	groß, lautes, hässliches Schreien	klein, flink	klein, hässlich	menschenähnlich		flinkes Raubtier
	Hirsch	Hase	Esel	Maus	Frosch	Affe	Fuchs	Wolf
innere Merkmale	stolz, hochmütig	bewundert die Großen	dumm, großmäulig, wichtigtuerisch	?	aufgeblasen, wichtigtuerisch	‚äfft' andere nach, würdelos, eitel	pfiffig, klug, listig, gierig	gierig, bedenkenlos

ZUSCHAUERRAUM

Tafelbild 2: Programm des Fabeltheaters

Das Fabeltheater zeigt:

J. W. L. Gleim:
Der Hirsch, der Hase,
der Esel   2. 10.
– Hirsch (Der Schöne, Stolze)
– Hase (Der Kleine)
– Esel (Der Dumme)

Phädrus:
Der zerplatzte
Frosch   6. 10.
– Frosch (Der Wichtigtuerische)
– Ochse (Der Große, Starke)

Äsop:
Die Maus und
der Frosch   15. 10.
– Frosch (Der Hinterhältige, Undankbare)
– Maus (Der Freigebige)

G. E. Lessing:
Der Affe und
der Fuchs   21. 10.
– Affe (Der Prahlerische, Eitle)
– Fuchs (Der Kluge)

© Ernst Klett Verlage GmbH u. Co. KG, Stuttgart 1986. Alle Rechte vorbehalten.

3./4. Stunde (Fortsetzung):
Besuch im Fabeltheater – Die Rolle der Tiere in der Fabel
(Fabeln nach freier Wahl)

Fabel Grundprogramm I

Tafelbild 3:

Tiere und Redensarten –
Tiernamen nicht nur bei echten Tieren
und Fabeltieren, sondern auch …

Hier sind sie im wörtlichen Sinn zu verwenden:	Hier bitte nur im „übertragenen Sinn":
Name: Schwein	„Du Schwein"

wird vom Tier
auf den Menschen
übertragen

| Eigenschaften: – schmutzig | – oft schmutzig |
| – grunzt | – grunzt aber nicht |

| Name: Frosch | „So ein aufgeblasener Frosch!" |

Eigenschaften (laut Fabel):	– macht sich manchmal wichtig
– bläst sich auf	– manchmal platzt er auch
– platzt	

Tafelbild 4:

Redensarten und ihre Bedeutung:

Perlen vor die Säue werfen	– wertvolle Dinge uninteressierten Menschen vorsetzen
um wieder auf besagten Hammel zu kommen	– um (nach einer Abschweifung) wieder auf das alte Thema zurückzukommen
jemandem die Hammelbeine langziehen	– jemanden scharf tadeln, durch strenge Zucht, harten Drill bearbeiten
wissen, wie der Hase läuft	– gut Bescheid wissen, wissen, wie sich eine Sache abwickelt
den Stier bei (oder an) den Hörnern packen	– etwas mutig an seiner gefährlichen Stelle anpacken
sich aufs hohe Roß setzen	– sehr eingebildet sein, von oben herab tun
der Löwe des Tages	– die wichtigste oder auffallendste Person für einen kurzen Zeitraum

5. Stunde:
Szenen aus dem Fabeltheater – Fabeln illustrieren

Fabel
Grundprogramm I

Unterrichtsphasen	Unterrichtsformen / Leitfragen	Erwartungen / Ergebnisse
Phase 1: Tiere in Redensarten 1. Hausaufgabe 2. Überprüfung der bildlichen Verwendung von Tiernamen (komische Kombinationen von wörtlich genommenen bildlichen Textaussagen)	1. Schüler tragen vor – Welche Beispielsätze habt ihr gefunden? 2. Gespräch – Herr Klages ist ein Frosch; ein Frosch ist grün und hat ein breites Maul. Also ist Herr Klages grün und hat ein breites Maul! Bildet ähnliche Sätze nach diesem Muster! – Was erkennt ihr an ihnen?	1. Mögliches Beispiel: „So ein dämlicher Affe! Kann er nicht besser aufpassen! Mich so vollzuspritzen!" 2. Die Schüler bilden komische Syllogismen nach dem Schema: wenn a = b und b = c, ist a = c. Z. B.: Hannes ist ein Schwein; ein Schwein ist rund und grunzt; also ist Hannes rund und grunzt, usw. Es wird den Schülern die nur bildliche Verwendung der Redensarten klar, da die wörtliche Verwendung diese ad absurdum führt.
Phase 2: Szenen aus dem Fabeltheater – Fabeln illustrieren a) Planung – Durchführung b) Vorführen und Besprechen der Schülerzeichnungen	a) Gespräch – In wieviele Ausschnitte läßt sich die Handlung der Fabel zerlegen? – Welcher Ausschnitt ist deiner Meinung nach der wichtigste? Stillarbeit – Welches ist die Kernszene deiner Fabel? – Zeichne sie mit Hilfe deiner Vorlagen! b) Gespräch (mit Epidiaskop) – Wer errät die Fabel? – Oder: Wer kann sich eine Handlung denken, die zu dem Bild paßt? – Findet ihr den Ausschnitt aus der Fabel gut gewählt? (Das Besprechen der Schülerzeichnungen kann in den anschließenden Stunden noch fortgeführt werden.)	An dem Beispiel einer Fabel, die ein Schüler vorgetragen hat, wird geklärt, daß man den Handlungsablauf einer Fabel in mehrere Ausschnitte zerlegen kann. Die Schüler denken über die Aussage der Fabel nach und entscheiden sich für den wichtigsten Moment der Handlung. Zeichnen der Illustrationen Einzelne Schüler zeigen ihre Illustrationen und lassen die anderen die Fabel oder doch zumindest eine mögliche Handlung raten. Zu erwägen ist, ob der gezeichnete Ausschnitt aus der Handlung die Lehre der Fabel besonders gut trifft.

6./7. Stunde:
Was nützen Fabeln und Märchen im Alltag?
– Problemlösungsangebote der Fabel im Unterschied zum Märchen I

**Fabel
Grundprogramm I**

Texte: – Brüder Grimm: Vom Dummling. Die Bienenkönigin (Leseheft I 6)
– Zwei Tage im Leben Karl Brauns (s. Textteil S. 80)

Bildergeschichten: – Plauen: Die gute Gelegenheit
– Die Peanuts: Das Gemälde (s. Textteil S. 79 und S. 82)

Unterrichtsphasen	Unterrichtsformen / Leitfragen	Erwartungen / Ergebnisse
Phase 1: Mögliche und unmögliche Problemlösungen – Das Problem: schlechte Noten a) Betrachtung einer Bildergeschichte (Plauen: Die gute Gelegenheit) b) Alternative Problemlösungen	a) Gespräch (Bildbetrachtung, mit Overheadprojektion) 1. Projektion (Abb. 0 und Überschrift): – An welche „gute Gelegenheit" könnte der Junge hier denken? 2. Projektion (hintereinander Abb. 1 – 3): – Welche „Gelegenheit" bietet der Hausbrand dem Jungen? – Warum wirkt die Geschichte komisch? – Warum träumt der Junge die Geschichte? b) kurze Stillarbeit – Der Junge träumt eine ‚Lösung' für seine mißliche Lage, die besser nicht Wirklichkeit wird. Kennst du andere? Welche würdest du vorschlagen? – Notiere deine Lösung auf einen ‚Schlüssel'! Gespräch (im Kreis um einen Kasten sitzend mit Aufschrift: „Was mache ich, wenn ich schlechte Noten erhalte?" Die ‚Schlüssel' werden daneben gelegt und nacheinander von einem Schüler gezogen und vorgelesen) – Wie findet ihr diesen Lösungsvorschlag?	Die Schüler malen sich die Situation aus, in der sich der Junge befindet: Empfindungen, Befürchtungen, Hoffnungen? Die Geschichte wirkt komisch aufgrund der Unangemessenheit von Ziel (Vertuschen schlechter Leistung) und Nebenkosten (Vermögensverlust). Denkbarer Ursprung der Phantasie des Jungen: Furcht vor den Reaktionen der Eltern auf schlechte Noten (Sorge, Angst, Ärger, Strafe, Nichtbeachtung?) [Kasten: Was mache ich, wenn ich schlechte Noten erhalte?] [Schlüssel: z. B. Heft verlieren] Gesichtspunkte bei der Beurteilung, z. B.: Vor- und Nachteile, Kurzzeit- und Langzeitwirkungen
Phase 2: Zwei Tage im Leben Karl Brauns – Erster Tag: in der Schule	Lehrervortrag (Text: Zwei Tage im Leben Karl Brauns) Gespräch – Was fällt euch an Karls Verhalten auf?	Die Schüler überlegen sich die Gefühle und Beweggründe, die Karl veranlassen, sich zurückzuziehen.

© Ernst Klett Verlage GmbH u. Co. KG, Stuttgart 1986. Alle Rechte vorbehalten.

Unterrichtsphasen	Unterrichtsformen / Leitfragen	Erwartungen / Ergebnisse

Phase 3:
 	
Nach der Schule: Ein Unglück kommt selten allein – Betrachtung eines Comic (Charlie Brown: Das Gemälde)
	<u>Gespräch</u>
	(Overheadprojektion, Bildbetrachtung)
	1. Projektion (Bild 1 – 6):
	   Beschreiben der Einzelbilder
	2. Projektion (Bild 7 – 9):
	   – Wie beurteilt ihr das Verhalten des Mädchens?
	   – Wie würdet ihr an Karls Stelle reagieren?
		Es ist hier <u>zu vermuten</u>, daß die Bewunderung des Mädchens Karl für den Vormittag entschädigt.
		
		<u>Spontane Meinungsäußerungen</u> nach dem Eindruck, den der desillusionierende Schluß des Comic hervorruft.
		Die Schüler machen sich klar, daß es <u>mehrere Möglichkeiten</u> gibt, auf den Spott des Mädchens <u>zu reagieren</u>. Karls passive Reaktion ist als Anhäufung mißlicher Erlebnisse verständlich.

Phase 4: Fortsetzung der Geschichte: Karl liest das Märchen: Vom Dummling. Die Bienenkönigin. (Brüder Grimm) Inhalt – Wirkung	<u>Lehrervortrag</u> (Leseheft, 16) <u>Gespräch</u> – Warum hat hier ausgerechnet der „Dummling" (= der Dumme) Erfolg? – Wie wird Karl vermutlich das Märchen finden? Hilft es ihm weiter? <u>Tafelanschrieb</u>	Tafelanschrieb: „Was nützt ein Märchen im Alltag?" (Beispiel: Karl liest Grimms Märchen „Vom Dummling. Die Bienenkönigin.") Das Märchen – zeigt, daß auch der Kleine und scheinbar Dumme im Leben Erfolg hat – gibt aber keine direkte Lösung – regt dazu an, Zukunftspläne zu schmieden, von der Zukunft zu träumen – tröstet, erleichtert (z. B. wenn man ausgelacht wird) – unterhält
Hausaufgabe: Karl Braun träumt von seiner Zukunft. Wie könnte sein Traum aussehen? (Phantasieerzählung)		

8./9. Stunde:
Was nützen Fabeln und Märchen im Alltag?
– Problemlösungsangebote der Fabel im Unterschied zum Märchen II

Fabel Grundprogramm I

Texte:
- Krylow: Die Katze und die Nachtigall (Leseheft II 14)
- Brüder Grimm: Vom süßen Brei
- Abraham a Sancta Clara: Der Fuchs und die Maus (I 5)
- Zwei Tage im Leben Karl Brauns, Zweiter Tag (s. Textteil S. 80)

Unterrichtsphasen	Unterrichtsformen / Leitfragen	Erwartungen / Ergebnisse
Phase 1: Der Zukunftsaspekt des Märchens und seine Wirkungen — Hausaufgabe	Schüler tragen vor und vergleichen — Karl träumt von seiner Zukunft. – Wie könnte sein Traum aussehen?	Die Zukunftsträume stellen sich den Schülern als mögliche beflügelnde, erleichternde Wirkung des Märchens dar. Doch machen sie auch den Unterschied zwischen den Glücksmöglichkeiten eines Märchenhelden und denjenigen wirklicher Menschen deutlich: Die zauberischen Mittel und Kräfte fehlen.
Phase 2: Zwei Tage im Leben Karl Brauns – Zweiter Tag: Besuch von Onkel Wolfgang	Lehrervortrag (s. Textteil)	Der Lehrer bezieht ein Schülerergebnis der Phase 1 in den Vortrag ein: z. B. Traum vom Künstlertum. Es zeigt sich, daß dieser der Wirklichkeit nicht standhält.
Phase 3: (Der Onkel erzählt:) Krylows Fabel: Die Katze und die Nachtigall — Inhalt – Aussage – Analogie zu Karl (Sitz im Leben)	Lehrervortrag (Leseheft, II 14; ohne Lehre!) Gespräch — Welche Eigenschaft hat die Nachtigall? — Warum singt sie jetzt so kläglich? Ergänzen der Lehre fragend-entwickelnd — Welchen Zusammenhang hat die Fabel mit Karls Situation? Tafelanschrieb 1	Festzuhalten ist: – Der Typ des Künstlers, der an der Nachtigall immer gezeigt wird, versagt; – die Ursache: Todes-, Existenzangst (Angst vor der Katze) Es läßt sich folgende Analogie zwischen Fabel und Karls Situation herstellen: **Tafelanschrieb 1:**

	PROBLEM	GEFÜHL	ERGEBNIS
FABEL	Nachtigall in Krallen der Katze	Angst	Stimme versagt, Hohn der Katze, wird gefressen
GESCHICHTE	Karl hat Serie von Mißerfolgen hinter sich	dumm? Fabel: Angst!	„Mattscheibe" (in Klassenarbeiten) schlechte Noten

© Ernst Klett Verlage GmbH u. Co. KG, Stuttgart 1986. Alle Rechte vorbehalten.

Unterrichtsphasen	Unterrichtsformen / Leitfragen	Erwartungen / Ergebnisse
Phase 4: Beurteilung des Problemlösungswerts der Fabel	Diskussion – Wie wirkt die Fabel auf Karl? Tafelanschrieb 2	Die Schüler stellen die <u>Absichten des Onkels</u> fest, Karl die Fabel zu erzählen: z. B. Mut machen. Sie erörtern, ob und inwieweit ihm das gelingt. Tafelanschrieb 2: „Was nützt eine Fabel im Alltag?" (Beispiel: Karls Onkel erzählt Krylows Fabel „Die Katze und die Nachtigall") Die Fabel – deutet ein Problem – weckt Einsicht – gibt eine Lehre – ermöglicht anderes Verhalten – kann auch Mut machen und erleichtern
Phase 5: Der Problemlösungswert eines weiteren Märchens (Grimm: Vom süßen Brei) Inhalt – Wirkungen	Stillektüre Gespräch – Wie gefällt euch das Märchen? – Könnte das Märchen auf Menschen in ganz anderen Lebensverhältnissen auch eine andere Wirkung haben?	Die Schüler drücken aus, welche Gesichtspunkte ihnen am Märchen gefallen, z. B.: Wieder ist der Kleine (das Mädchen) Retter anderer, usw. . . . Gegenüber den bereits gemachten Aussagen zur <u>Wirkung des Märchens</u> (6./7. Stunde, Phase 4) ist hier zu <u>ergänzen</u>: z. B.: Das Märchen erleichtert, tröstet, wenn man arm ist.

© Ernst Klett Verlag GmbH u. Co. KG, Stuttgart 1986. Alle Rechte vorbehalten.

8./9. Stunde (Fortsetzung):		Fabel
Was nützen Fabeln und Märchen im Alltag?		Grundprogramm I
– Problemlösungsangebote der Fabel im Unterschied zum Märchen II		

Unterrichtsphasen	Unterrichtsformen / Leitfragen	Erwartungen / Ergebnisse

Phase 6:
 	
Der Problemlösungswert einer weiteren Fabel – Abraham a Sancta Clara: Der Fuchs und die Maus
 	
Bestimmung der Fuchsfigur – Wirkungen
	Worterläuterungen
	
	Lehrervortrag
	(Leseheft, 15, ohne Lehre!)
	
	fragend-entwickelnd
	– Wie hätte der Fuchs es besser machen können?
	– Wer ist mit dem Fuchs gemeint?
	– Auf welche Weise kann die Fabel nützen?
	– Gefällt sie euch so wie das Märchen?
	
	Schülervortrag
	(mit Lehre)
	
	Worterläuterungen
	
	Gespräch
	(mit kurzer Lehrerinformation)
	– Wer kann sich vorstellen, welche Menschen Abraham besonders ansprechen und mit seiner Fabel warnen wollte?
		Worterläuterungen:
		praktizieren – geschickt an eine Stelle bringen
		Kommissarius – (spöttisch:) der Fuchs als jemand, der ‚berufsmäßig' mit Tauben und Hühnern umgeht
		Kapaun – Masthahn
		Balg – abgezogenes Tierfell
		Wampe – (mundartl.) Tierbauch
		
		Zu bestimmen ist der Kern des <u>Fehlverhaltens</u>, das die Fabel am Fuchs zeigt: Gier, Unbesonnenheit
		
		Die Schüler vergleichen die Eindrücke, die die Fabel auf sie macht, mit denen des Märchens; wichtiger Unterschied:
		
		(<u>Ergänzung von Tafelanschrieb 2</u>:)
		
		<u>Die Fabel</u> 🗝 – <u>warnt</u> vor einem falschen Verhalten
		                           – zeigt Gefahren auf
		                           – daher <u>beunruhigt</u> sie (zunächst)
		
		Worterläuterungen (Lehre):
		Luderleben – leichtfertiges, gewissenloses Leben
		angeschoppter Wanst – Fettbauch (anschoppen von Schoppen = Schöpfkelle)
		
		An der <u>Lehre</u> läßt sich erkennen:
		– die religiöse Lehrabsicht der Fabel
		– ihr Predigtcharakter: Sie warnt davor, „dem Teufel zum Raub" zu werden
		– (Informationen zum geschichtlichen Hintergrund der Fabel: Dreißigjähriger Krieg, Pestepidemien in Wien, wo Abraham Hofprediger war) Leser- / Hörer Abrahams: Lebensgier, da Erfahrung der Vergänglichkeit des Lebens

Hausaufgabe:
Erfinde einen alltäglichen Vorfall, bei dem eine Fabel erzählt / gelesen wird und bei dem sie Wirkungen zeigt!

10. Stunde:
Was nützen Fabeln und Märchen im Alltag?
– Problemlösungsangebote der Fabel im Unterschied zum Märchen III

Fabel
Grundprogramm I

Texte: Äsop: – Die törichten Schafe (Textteil S. 90)
– Der Frosch und die Maus (Leseheft I 4)

Abbildungen: – Richter: Titelvignette Märchen (Textteil S. 89)
– Folkema: Titelvignette ‚Fabel' (Leseheft S. 37)

Unterrichtsphasen	Unterrichtsformen / Leitfragen	Erwartungen / Ergebnisse
Phase 1: Mögliche Wirkungen von Fabeln im Alltag (Hausaufgabe)	Schüler tragen vor – Schildere einen alltäglichen Vorfall, bei dem eine Fabel erzählt / gelesen wird und bei dem sie Wirkungen zeigt!	Gesichtspunkte bei der Besprechung: – Sauberkeit der Analogie zwischen Fabel und geschilderter Alltagssituation – Wahrscheinlichkeit / Künstlichkeit der geschilderten Wirkung der Fabel
Phase 2: Funktionen des Märchenerzählens programmatisch – Richter: Titelvignette ‚Märchen'	Stillarbeit (Bildbetrachtung: Overheadprojektion; Folienvorlage im Textteil) – Welche Gefühle, Empfindungen spiegeln sich in den Gesichtern der Kinder? – Was ist der Szene wohl vorausgegangen? Was werden Kinder und Großmutter danach tun? Gespräch Zusammentragen der Assoziationen und Ordnen mit Hilfe von Tafelbild 1	Tafelbild 1: Was nützen Märchen im Alltag? (Bild von Ludwig Richter) Bewegung → (z. B. ausgelassenes Spielen, Beerenpflücken, Streiten) GROSSMUTTER erzählt / Ruhe / Harmonie / KINDER hören zu Bewegung → (z. B. Fortsetzen des vorherigen Tuns, aber in träumerischer Stimmung) Kinder sind zufrieden, heiter, gespannt, neugierig, träumen

© Ernst Klett Verlag GmbH u. Co. KG, Stuttgart 1986. Alle Rechte vorbehalten.

Unterrichtsphasen	Unterrichtsformen / Leitfragen	Erwartungen / Ergebnisse
Phase 3: Funktionen des Fabel-erzählens / -lesens programmatisch (Folkema: Titelvignette ‚Fabel')	fragend-entwickelnd (Bildbetrachtung: Overheadprojektion Folienvorlage im Leseheft S. 37, dieses bleibt zugeschlagen!) 1. Projektion (obere Hälfte): – Was seht ihr? – Was könnte sich auf dem zugedeckten Teil des Bildes befinden? 2. Projektion (linke untere Hälfte): – Woraus läßt sich erkennen, daß es der Fabelautor ist? – Was vermutet ihr jetzt auf dem zugedeckten Teil des Bildes? 3. Projektion (rechte untere Hälfte): – Beschreibt die Figur! – Was macht die Muse mit dem Bühnengeschehen, mit dem Autor? – Was wollen Fabeltiere, Dichter und Muse gegenüber dem Menschen?	Die gezeigten <u>Bildkomponenten</u> werden <u>beschrieben</u> und die <u>Vermutungen mit dem tatsächlichen Bildelement verglichen.</u> <u>Information</u>: ‚Muse' – Schutzgöttin der Künste, v. a. des Dichters, dann des geistigen Lebens überhaupt <u>Ergebnis</u>: Tafelbild 2: Was nützen Fabeln im Alltag? (Bild von Jacob Folkema) Äsops Tiere (= Fabeltiere) spielen … Der Fabeldichter kleidet das Bühnengeschehen in Verse, <u>beschreibt</u> zeigen Die Muse enthüllt die Wahrheit / Lehre des Bühnengeschehens, <u>öffnet die Augen weckt Einsicht ‚lehrt'</u> → den → Menschen (Erwachsene, Kinder, erkennen im Bild der Tiere sich selbst)

10. Stunde (Fortsetzung):
Was nützen Fabeln und Märchen im Alltag?
– Problemlösungsangebote der Fabel im Unterschied zum Märchen III

Fabel
Grundprogramm I

Unterrichtsphasen	Unterrichtsformen / Leitfragen	Erwartungen / Ergebnisse

Phase 4:
Abrundung: Die Äsop-Legende
Beispiele:
1. „Die törichten Schafe"
2. „Die Maus und der Frosch"
	Informationen über Äsop
	1. Lehrervortrag
	   („Die törichten Schafe", s. Textteil)
	
	fragend-entwickelnd
	– Wer ist mit den Schafen, Hunden und Wölfen gemeint?
	
	Informationen über Äsop (Fortsetzung)
	2. Schülervortrag
	   (Leseheft, 14)
	fragend-entwickelnd
	– Wer ist mit Maus und Frosch gemeint?
	– Warum erfand und erzählte Äsop Fabeln?
		Wichtige Aspekte der Äsop-Legende bis zur Forderung von Krösus, Äsop auszuliefern:
		– phrygischer Sklave im Dienst eines Philosophen
		– Freilassung wegen aufsehenerregender Deutung
		– „Eulenspiegel der Antike"
		
		Zur Beziehung zwischen Fabel und geschilderter Notlage, in der sich Äsop befand (Auslieferungsforderung), ist herauszuarbeiten:
		Hund: Beschützer, Ratgeber = Äsop
		Schafe: Beschützte, Beratene = Samier
		Wölfe: Angreifer = Krösus und seine Leute
		Erzählabsicht Äsops: warnt die Samier vor einer Gefahr und wehrt sich seiner Haut.
		
		Weitere wichtige Aspekte:
		– Wanderungen Äsops (seine Fabeln konnten sich ausbreiten)
		– Sein Ende ist typisch für denjenigen, der die Wahrheit sagt.
		
		Zur Beziehung zwischen Fabel und Legende ist festzustellen:
		Maus: Typ des Freigebigen, Wohlwollenden = Äsop als Ratgeber
		Frosch: Typ des Undankbaren = Delpher, die Äsop töten
		Habicht: will eigentlich nur die Maus; Frosch muß sein Leben lassen, weil er an ihr hängt ⟶ Delpher werden Tod Äsops teuer zahlen müssen.
		
		Ergebnis (Hefteintrag): Äsop setzt auf die Macht der Fabel (= Überzeugung) statt auf Waffen, Geld usw. Er will mit der Fabel etwas bewirken: sich wehren, andere schützen, überzeugen, von schädlichem Tun abhalten.

Hausaufgabe:
– Lektüre zweier Märchen der Brüder Grimm: „Jorinde und Joringel" (in vielen Märchenbüchern) und „Die drei Raben" (Leseheft, 17).
– Stelle zur Vorbereitung eines Märchenspiels („Die drei Raben") ein charakterisierendes Kennzeichen her! (z. B. Pappschnabel für einen Raben usw.)!

10. Stunde (Fortsetzung):
Was nützen Fabeln und Märchen im Alltag?
Problemlösungsangebote der Fabel im Unterschied zum Märchen III

Unterrichtsphasen	Unterrichtsformen / Leitfragen	erwarteten / Ergebnisse
Phase 4:		
Hinführung: Die Äsop-Legende	Informationen über Äsop	Wichtige Aspekte der Äsop-Legende bis zur Ermordung von Kroisos, Äsop auszuleiten:
Dagegen: Die fröhlichen Schafe, Die Maus und der Frosch	Lehrervortrag (Die Wachteln-Strafe, s. Textteil)	- phrygischer Sklave im Dienst eines Philosophen, Freilassung wegen antisklaverenmordender Haltung, Ehrenspiegel der Antike
	Begriffs-entwicklung Was haben Spielen Fundsen und Wolken gemein?	Zur Bergigung zwischen Tabel und besipfügter Nothilage in der sich Äsop befand (Auslieferung/Verratung) ist heraus zuaheiten: – mod. Beschützer/Ratgeber = Äsop – Schafe, Beschützte, Beratene = Sammler – wiffige Angreifer = Kroisos und seine Lautie – Ergebnis: Äsops, wenn die Samler von einer Gefahr und wann sich seinen Haut.
	Informationen bei Äsop (Fortsetzung)	Weitere wichtige Aspekte:
2. Schülervortrag (Leseheft 14)		Vertonungen Äsops (seine Fabeln konnten sich auch retten). Sein Ende ist typisch für denjenigen, der die Wahrheit sagt
	Begriffs-entwicklung Wer ist mit Maus und Frosch gemeint? Warum erfand und erzählte Äsop Fabeln	Zur Beziehung zwischen Fabel und Legende ist herauszustellen: Maus, Typ des fröhlichen, Wohlwollenden = Äsop als Ratgeber Frosch, typ des Unterlegenen = Gegner die Äsop töten möchten Fabelbild will eigentlich nur die Maus, d.h. sich selbst lassen, weil er ein Fremd. = Derjenige werden zod Äsops teurer zahlen müssen. **Ergebnis:** (Hoffnung): Äsops setzt auf die Macht der Fabel = Überzeugung: sich auf warten, Geld neu. Er will mit der Fabel dows bewirken: Die werden anders schöpfen, überzeugen, von schlechten Tun abhalten

Hausaufgabe:
- Lekture: zwei Märchen bei Gebr. Grimm, Ludwig und Jünger auswählen, Märchenführung und "Die Weißeber" (Leseheft 11).
- Stellen zur Vorbereitung eines Märchenspiels (Die drei Faben-Vetlabschlen wie sie das kennengeben? Hat [...] § Knapschkäpf zu einem Faben usw.)

11./12. Stunde:
Magisch ist das Märchen, doch wie ist die Fabel?
– Die Rolle der Tiere und die Handlungsstruktur der Fabel im Unterschied zum Märchen

Fabel
Grundprogramm I

Texte: – Brüder Grimm: Jorinde und Joringel; Die drei Raben (Leseheft I 7)
– „Schwarzer Freitag", Vorlage 1, Textteil S. 92
– Aus dem Anzeigenteil der Zeitschrift „Esotera", Vorlage 2, Textteil S. 93
– Phädrus: Der Fuchs und der Rabe (verfremdete Variante) Vorlage 3 und 4, Textteil S. 95)

Unterrichtsphasen	Unterrichtsformen / Leitfragen	Erwartungen / Ergebnisse

Phase 1:
 	
Einstieg – Magie heute
a) Magische Elemente –
  Ein Zeitungsartikel über
  schwarze Magie
  („Schwarzer Freitag")
 	
b) Das Schema magischen
  Handelns – Inserate in der
  Zeitschrift „Esotera"
	<u>Lehrervortrag</u>
	(evtl. Einsatz des Projektors)
	(s. Vorlage 1)
	
	<u>Gespräch</u>
	– Gegen wen kämpft der „Anti-Aberglauben-
	  club" (anti-!)?
	– Warum wirkt der Zeitungsartikel komisch?
	– Welche Erfahrungen habt ihr mit dem
	  Aberglauben gemacht?
	
	<u>Tafelanschrieb 1</u> (s. S. 17)
	
	<u>Gruppenarbeit</u>
	(je Gruppe zwei Inserate [s. Vorlage 2])
	– Was beschäftigt die Inserenten?
	– Worauf setzen sie ihre Hoffnung?
	
	<u>Schüler tragen vor</u>
	
	<u>Tafelanschrieb 2</u>
		Festzuhalten sind die <u>abergläubischen (= magischen) Elemente</u>:
		(s. Tafelanschrieb 1, S. 17)
		
		<u>Komik des Artikels</u>: Die Fakten (Diebstahl von 13 Mänteln usw.) geben scheinbar dem Aberglauben recht und den Überzeugungen des Clubs unrecht.
		
		Die Schüler vergleichen ihre widersprüchlichen <u>Erfahrungen und Meinungen</u> über den Aberglauben untereinander (Ergänzung von Tafelanschrieb 1).

Phase 2:
 	
Erarbeitung des Stunden-
themas: „Magisch ist das
Märchen, doch wie ist die
Fabel?"
	<u>fragend-entwickelnd</u>
	– Hat Magie etwas mit dem Märchen oder
	  mit der Fabel zu tun?
	– Nennt Beispiele für magische Tiere,
	  Pflanzen, Zahlen usw. in Märchen!
	  (evtl. an Seitentafel festhalten!)
	
	<u>Tafelanschrieb</u>
	(Gesamtüberschrift)
		Die im Vergleich zur Fabel eindeutige Nähe des Märchens zur Magie wird festgestellt. <u>Unklar</u> bleibt die <u>Stellung der Fabel</u> zwischen dem Bereich des Übersinnlichen (unwirkliches Sprechen der Tiere) und der Wirklichkeit (mit den Tieren sind wirkliche Menschen gemeint).
		
		<u>Beispiele</u> für magische Elemente in bekannten Märchen (Stoffsammlung):
		
		Zwerg
		verzaubertes Schloß } Bsp.: Vom Dummling
		drei Aufgaben
		
		Spiegel
		Hexe } Bsp.: Schneewittchen
		Spruch

© Ernst Klett Verlag GmbH u. Co. KG, Stuttgart 1986. Alle Rechte vorbehalten.

Unterrichtsphasen	Unterrichtsformen / Leitfragen	Erwartungen / Ergebnisse
Phase 3: Untersuchung I – Magie im Märchen **a)** Magische Elemente in „Jorinde und Joringel" und „Die drei Raben" der Brüder Grimm **b)** Analyse der Handlungsstruktur in „Die drei Raben" der Brüder Grimm	Gruppenarbeit (arbeitsteilig) – Welche magischen Elemente enthält Grimms Märchen „Jorinde und Joringel" bzw. „Die drei Raben" (Leseheft I 7)? Tafelanschrieb 3 Märchenspiel (ca. zweimal) Schüler tragen zusammen und ordnen die Stationen des Märchens Tafelbild 4	 Die einzelnen Spielszenen sind (nach dem Spiel) chronologisch festzuhalten. Erkennbar wird nun, daß die Märchenhandlung grundsätzlich das gleiche Schema aufweist wie das magische Handeln (vgl. Tafelanschrieb 2)

Phase 4:
Untersuchung II – Handlungsaufbau und Rolle des Tiers in der Fabel
(Phädrus: „Der Fuchs und der Rabe" – verfremdete Variante)
	Rollenspiel
	– Junge liest seinem Großvater aus der Zeitung vor (Vorlage 3)
	– Polizeibeamte ‚rekonstruieren den Tatvorgang' (ganze Klasse)
	– und protokollieren (Lehrer)
	Tafelbild 5
	Gespräch
	– Wer sind die Täter?
	[evtl. Lehrervortrag
	Polizeibericht vom nächsten Tag] (Vorlage 4)
		Die zweifache Verfremdung der Fabel (1. als Zeitungsartikel; 2. am Frühstückstisch schwerhörigem, ärgerlichem Großvater vorgelesen) macht den <u>Handlungsablauf ‚fraglich'</u>; seine einzelnen Abschnitte müssen <u>nachgestellt</u> und in einer ‚<u>Skizze</u>' festgehalten werden.
		
		Zur <u>Identifizierung der Täter</u> sind Verdachtsmomente zu sammeln und miteinander zu kombinieren (evtl. Tafelanschrieb):
		
		a) Motiv für Diebstahl: Hunger, krankhafte Sucht nach Käse?
		   trägt Federn: Mann mit Feder im Hut, Verrückter? Vogel?
		   fällt auf Schmeicheleien herein: eitel, schwache Intelligenz?
		                                              a) = <u>Rabe</u>
		b) schleicht aus Gebüsch: lag er auf der Lauer?
		   fähig zu geschicktem Schmeicheln: listig, klug b) = <u>Fuchs</u>

11./12. Stunde (Fortsetzung):
Magisch ist das Märchen, doch wie ist die Fabel?
– Die Rolle der Tiere und die Handlungsstruktur der Fabel im Unterschied zum Märchen

Fabel
Grundprogramm I

Hausaufgabe:

1. Lies die Fabel „Der Fuchs und der Rabe" von Phädrus (Leseheft, VI 12) und übe, sie vorzutragen.
2. a) Worin unterscheidet sich das Tier in der Fabel vom Tier im Märchen?
   b) Wie unterscheidet sich der Handlungsaufbau der Fabel von dem des Märchens? (Stichworte!)
3. Wir basteln eine Collage-Illustration. Bringt Fotos (TV-Magazine, Comics, Werbebroschüren, Illustrierte) sowie Vorlagen für Tierzeichnungen (Bilderbücher usw.), außerdem Schere, Kleber, Buntstifte mit.

Tafelanschrieb 1:

Magische Elemente

Personen	Tiere	Pflanzen Dinge	Gesten	Zahlen Formeln Sprüche
Hellseher, Handleser	schwarze Katze, Raben	Klee, Amulett, Hufeisen, Sternzeichen	sich über Kreuz die Hände reichen	13 3

Tafelanschrieb 2:

Das Schema magischen Handelns

Problem	Hilfe von	Ziel, Wunsch
1. schwere Prüfung, Angst vor Durchfallen	Hellseher, Handleser	Abwehr von Pech Versagen
2. Verlust eines engen Familienangehörigen	Kontakt mit Jenseits	Wiederherstellen der Beziehung
3. ?	Talisman	Abwehr von Unglück
4. seelische Not (Ängste)	Fluch aufheben	Glück, Befreiung

Problem:	Hilfe	Ziel
Not, Lebenskrise	durch übernatürliche Kräfte	– Böses abwenden – Gutes bewirken (Böses herbeiwünschen)

Tafelanschrieb 3:

Magische Elemente im Märchen

Personen	Tiere	Pflanzen Dinge	Gesten	Zahlen Formeln Sprüche
Jorinde und Joringel				
Zauberin	Katze, Nachteule, Vögel	Bannkreis Blume	umfliegen	100 3 × „schuhu!", „Grüß dich Zachiel" 7000
Die drei Raben				
Zwerg	Raben	Ring, Sterne, Glasberg		Fluch 3

© Ernst Klett Verlag GmbH u. Co. KG, Stuttgart 1986. Alle Rechte vorbehalten.

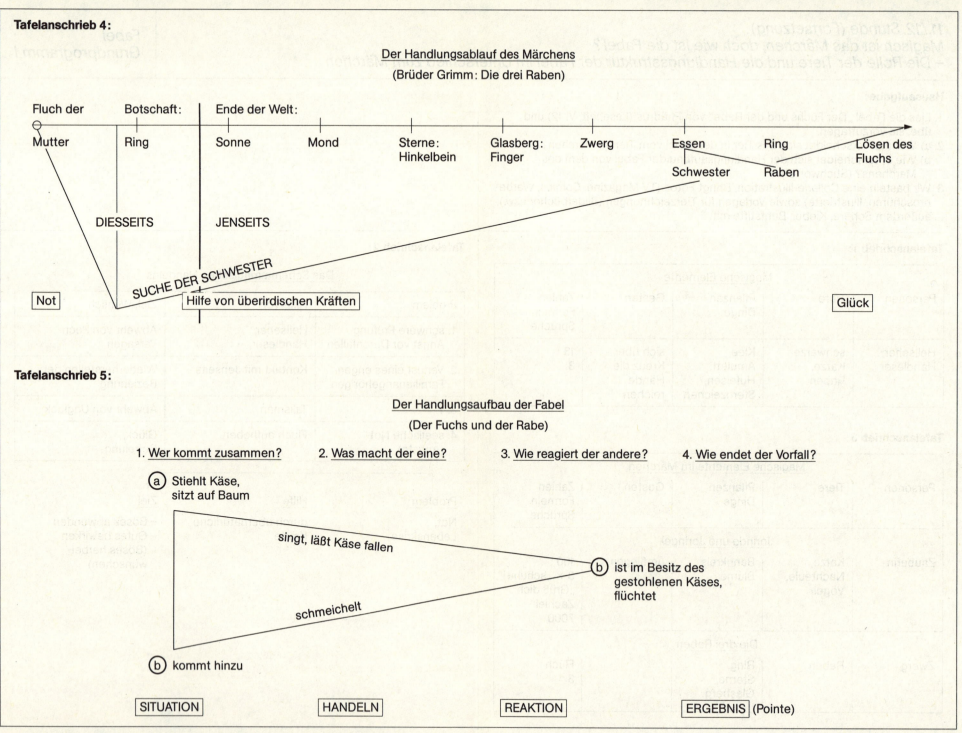

13./14. Stunde:
Wir ‚ver-' und ‚ent-zaubern' Fabeln
– Fabeln in Märchen umschreiben, verfremdete Collagen zu Fabeln erfinden

Fabel
Grundprogramm I

Text: – Brüder Grimm: Der Fuchs und das Pferd (Leseheft 18) **Illustration:** zu „Die Katze und die Nachtigall" von Krylow (Leseheft S. 25)

Unterrichtsphasen	Unterrichtsformen / Leitfragen	Erwartungen / Ergebnisse

Phase 1:
 	
Vergleich Fabel – Märchen: Handlungsaufbau, Rolle des Tiers (Hausaufgabe)
 	
1. Vergegenwärtigung einer Fabel (Phädrus: Der Fuchs und der Rabe)
2. Gattungsvergleich
	Schüler tragen vor
	1. Fabel von Phädrus (Leseheft VI 12)
	2. Gattungsvergleich in Stichworten
	  – Worin unterscheidet sich das Tier in der Fabel vom Tier im Märchen?
	  – Wie unterscheidet sich der Handlungsaufbau der Fabel von dem des Märchens?
	
	Gespräch
	Tafelanschrieb 1 (s. S. 20)
		Die Schüler vergleichen ihre Ergebnisse miteinander und bringen sie in eine <u>systematische Anordnung</u>

Phase 2: Wir ‚verzaubern' eine Fabel – eine Fabel in ein Zaubermärchen umschreiben (Brüder Grimm: „Der Fuchs und das Pferd") Planung – Durchführung	Lesen (Lehrer–Schüler, Leseheft 18) fragend-entwickelnd – Ist dies eine Fabel oder ein Märchen? – Was fehlt zu einem richtigen Märchen? Tafelanschrieb 2 Stillarbeit – Unterstreiche mit drei verschiedenen Farben Problem, Lösungsweg und glücklichen Ausgang! – Verwandle die Fabel in ein Zaubermärchen! Schüler tragen ihre Ergebnisse vor	Mit Hilfe der erarbeiteten Gattungsunterschiede (Tafelanschrieb 1) wird die <u>Textsorte bestimmt</u> und die <u>Stundenfrage</u> gestellt. Die Schüler halten durch farbiges Unterstreichen den Abschnitt fest, den sie verändern wollen. Die anderen Schüler beschreiben und <u>beurteilen die Mittel</u>, die der Vortragende zum Zweck der ‚Verzauberung' gefunden hat.
Phase 3: Wir ‚entzaubern' Fabeln – eine verfremdende Collage zu einer Fabel entwerfen Planung – Durchführung (Illustration zu Krylow „Die Katze und die Nachtigall")	Gespräch – Wie ‚entzaubert' man eine Fabel? Tafelbild 3 (Beginn) Bildbetrachtung Krylow (Leseheft, S. 25) – Welche Mittel hat der Illustrator gefunden, um die Fabel zu ‚entzaubern'? Tafelanschrieb 3 (Vervollständigung) Gruppen- oder Partnerarbeit Vorführung der Ergebnisse (Schüler versammeln sich vor den aufgehängten Collagen / oder betrachten sie mit Hilfe des Epidiaskops)	Die <u>Leitfrage</u> wird angeschrieben und die Schüler machen <u>Vorschläge</u>. Indem sie sich noch einmal das Getane vergegenwärtigen (im Tafelbild 3), präzisieren sie die Aufgabenstellung und ihre Lösungsmöglichkeiten. Anhand <u>einer Illustration</u> werden weitere Möglichkeiten bestimmt (Vervollständigung von Tafelbild 3) Verwendung der mitgebrachten Materialien Die Schüler machen sich klar, daß es viele Möglichkeiten gibt, eine Fabel auf Alltagssituationen zu beziehen.

© Ernst Klett Verlage GmbH u. Co. KG, Stuttgart 1986. Alle Rechte vorbehalten.

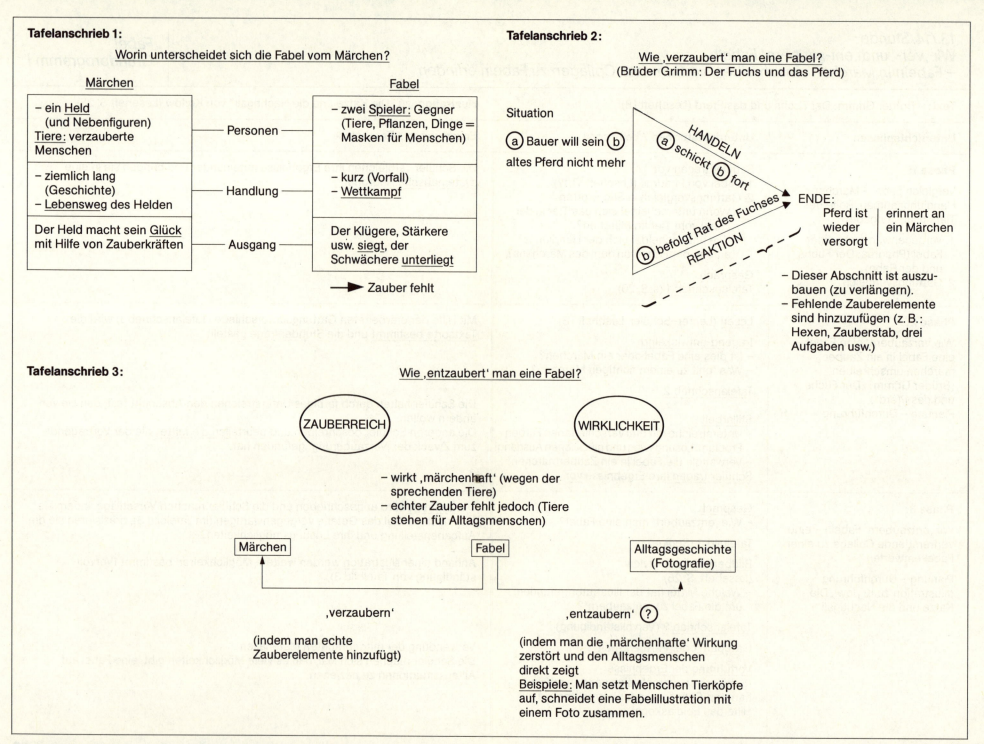

		Fabel Grundprogramm II
1./2. Stunde: **Wie kurz kann eine Fabel sein?** **– Reduzieren einer aufgeblähten Variante**		

Texte: – Lessing: Das Roß und der Stier (aufgeblähte Variante, Leseheft II 1 /
Original, Textteil S. 102)
– La Fontaine: Die Grille und die Ameise (Leseheft VI 8)

Unterrichtsphasen	Unterrichtsformen / Leitfragen	Erwartungen / Ergebnisse
Vorphase: Motivation – Projekt: Fabelbuch	Gespräch	Der Vorschlag, selber Fabeln zu erfinden und ein Fabelbuch herzustellen, wird erörtert: Einwände, Schwierigkeiten, notwendige Schritte. Hinweis auf frühere Dichterschulen: Schreiben und Dichten ist erlernbar! Erster Lernschritt: Das Kürzen von Fabeln

Phase 1:
 	
Vergegenwärtigung des Textes:
„Das Roß und der Stier"
(aufgeblähte Variante)
Interpretation: Typik, Lehre
	Lehrervortrag
	(Leseheft, S. 15)
	Gespräch
	– Wer von beiden hat recht, das Roß und der Stier?
	Stillektüre
	fragend-entwickelnd
	– Welchen Standpunkt findet der Fabelautor besser? Begründet!
	– Welche Einsicht will er vermitteln?
		Spontanäußerungen
		Die Schüler ergreifen Partei für eine der beiden Haltungen, die im Roß und im Stier verkörpert sind, nennen analoge Beispiele aus ihrem Erfahrungsbereich und formulieren die Eigenschaften der Tierfiguren:
		
		Stier: – blindwütig Roß: – stolz, klug
		       – muß überall seine Stärke – muß nicht überall seine Über-
		         beweisen legenheit ausspielen
		
		Herauszustellen wäre:
		Die Haltung, die an dem Roß gezeigt wird, trägt den Sieg davon; ihm gibt der Autor das letzte Wort, der Stier ist ‚geschlagen'. Seine Lehre (etwa): „Es ist keine Kunst, einen Schwächeren zu besiegen!"

Phase 2: Reduzieren der Fabel **a)** Planung	fragend-entwickelnd – Was gehört unbedingt in die Fabel hinein, damit sie diese Lehre auch ausdrückt? Tafelanschrieb 1 (Rückgriff auf Tafelanschrieb 5, 13./14. Stunde von Programm I)	Tafelanschrieb 1: Wie kurz kann eine Fabel sein? „Das Roß und der Stier": Handlungsgerüst SITUATION ⓐ spottet über das Pferd HANDELN Stier ⓐ auf Weide ERGEBNIS Pferd ⓑ mit Knaben kommt hinzu ⓑ antwortet Pferd hat seine Überlegenheit bewiesen REAKTION

Unterrichtsphasen	Unterrichtsformen / Leitfragen	Erwartungen / Ergebnisse

Phase 2 a (Fortsetzung):	kurze Stillarbeit
	– Stellt das Handlungsgerüst im Text fest.
	– Unterstreicht die notwendigen Aussagen.
	
	fragend-entwickelnd
	(Einsatz des Overheadprojektors: zwei übereinandergelegte Folien)
		Festzuhalten ist am Text:
		a) das Handlungsgerüst: 1./2. Abschnitt: = Situation
		         3. Abschnitt: = Handeln
		         4. Abschnitt: = Reaktion und Ergebnis
		Stark zu kürzen sind Abschnitt 1 und 2, in 3 und 4 wäre an der Rede der Tiere zu feilen.
		b) die notwendigen Aussagen: Man geht am besten von der Typik der Tiere aus, um die Notwendigkeit einer Aussage zu beurteilen:
		Roß: reitet, hat Hufe → „Hufgetrappel", „Galopp" sind überflüssig
		Stier: wild, wütend, angriffslustig → „stampfen", „erregt sein" sind überflüssige, bloß schildernde Elemente

b) Durchführung	Stillarbeit – Wem gelingt die kürzeste Fabel? Schüler tragen vor und vergleichen (zwei Schüler schreiben ihr Ergebnis an die Tafel)	Die Umsetzung der gemeinsamen Überlegungen wird beurteilt; Gesichtspunkte: – Wirkung von Relativsätzen – sprachökonomische Funktion von Pronomina und Präpositionalobjekten – Prägnanz („Schlagkraft") von Rede und Gegenrede – Lebendigkeit trotz Kürze („Bühnenwirksamkeit', Spannung: Bedeutung und Wirkung des Dialogs)
Phase 3: Vergleich mit dem Original – Lessing: Das Roß und der Stier	Vorlesen (Overheadprojektor, Folienvorlage im Textteil Gespräch – Wie gefällt euch diese Fassung? – Überprüft, ob etwas fehlt oder noch etwas zuviel gesagt wird!	Spontane Äußerungen zur Wirkung (z. B. Ähnlichkeit mit einem Witz, Schlagabtausch) Das Original wird kritisch beurteilt; z. B. – Warum kann Lessing auf die Nennung des Ortes (Wald, Wiese), der Zeit (Sommer) verzichten? – Warum erhalten die Tierfiguren die Attribute: „feurig", „wild"? Die Schüler machen Wegstreich- und Umstellproben und beurteilen die unterschiedlichen Wirkungen.

© Ernst Klett Verlage GmbH u. Co. KG, Stuttgart 1986. Alle Rechte vorbehalten.

| 1./2. Stunde (Fortsetzung): Wie kurz kann eine Fabel sein? – Reduzieren einer aufgeblähten Variante | | Fabel Grundprogramm II |

Unterrichtsphasen	Unterrichtsformen / Leitfragen	Erwartungen / Ergebnisse
Phase 4: La Fontaine: „Die Grille und die Ameise" Interpretation: Typik / Lehre	Lehrervortrag (Leseheft VI 8) Gespräch – Spontanäußerungen – Was meint die Ameise mit ihrem Vorschlag: „Dann tanze jetzt!"? Tafelanschrieb 2 (Struktur: Zwei Deutungsmöglichkeiten) Partnerarbeit – Würdet ihr der Grille leihen? Warum? – Was läßt darauf schließen, daß die Ameise ihren Vorschlag höhnisch meint? Gespräch Tafelanschrieb 2 (vervollständigen)	Tafelanschrieb 2: **Wie meint die Ameise ihren Vorschlag?** (Jean de La Fontaine: Die Grille und die Ameise) Schluß: „tanze!" 1. Deutung: tanzen (wörtl.) als Erwerbsquelle **?** 2. Deutung: tanzen = zittern vor Hunger und Kälte Grille: Eigenschaften – hätte ernstgemeinten Rat verdient – zwar zu sorglos (schadet sich damit) – doch nützt sie anderen (Gesang: Freude, Unterhaltung) – vor allem: sie ist in Not! Ameise: Eigenschaften – zwar umsichtig, fleißig – jedoch egoistisch (haßt das Verleihen) – abfällig (was hast du getrieben?) – verweigert Hilfe Lehre z. B.: Lebensfreude geht an der Engstirnigkeit der anderen zugrunde.

Hausaufgabe:

1. Auswendiglernen von Lessings Fabel „Das Roß und der Stier"
2. Gib je ein Beispiel (aus deinem Verwandten-, Nachbar- oder Freundeskreis, selbstverständlich anonym!) für die typische Haltung, die in der Fabel La Fontaines an der Grille bzw. an der Ameise gezeigt wird!

3./4. Stunde:
Wie muß ich eine Fabel ändern, damit sie mit dem Leben übereinstimmt?
– Variieren einer bekannten Fabel

Fabel
Grundprogramm II

Text: – Maugham: Die Ameise und die Grille (Leseheft VI 6)

Unterrichtsphasen	Unterrichtsformen / Leitfragen	Erwartungen / Ergebnisse
Phase 1: Hausaufgabe	<u>Schüler tragen vor</u> 1. auswendig Lessing „Das Roß und der Stier" 2. Vorlesen der Beispiele zu: – Gib je ein Beispiel (aus deinem Verwandten-, Nachbar- oder Freundeskreis, selbstverständlich anonym!) für die typische Haltung, die an der Grille bzw. an der Ameise gezeigt wird.	2. Die Schüler machen sich klar, daß viele unterschiedliche Menschen den Typ der Ameise und der Grille verkörpern können.
Phase 2: Maugham: „Die Ameise und die Grille" – Interpretation **a)** Die Parteilichkeit des Erzählers	<u>Worterläuterungen</u> <u>Lehrervortrag</u> (bis: „... Vernunft Ausdruck zu verleihen." Leseheft, VI 6) <u>Gespräch</u> – Wem gehört die Sympathie des Erzählers?	Lunch – Mittagessen Monte Carlo – Stadt in Monaco, bekannt als Vergnügungszentrum (Spielkasino) poussieren – flirten Kontribution – Beitrag (aus dem militärischen Bereich: wurde im besetzten Gebiet zur Erhaltung der Besatzungstruppen erhoben) <u>Festgehalten wird</u>, daß der Erzähler eindeutig Partei ergreift für die Grille und den Typ, den sie verkörpert: den der Sorglosigkeit und des Lebensgenusses.

© Ernst Klett Verlag GmbH u. Co. KG, Stuttgart 1986. Alle Rechte vorbehalten.

Unterrichtsphasen	Unterrichtsformen / Leitfragen	Erwartungen / Ergebnisse
Phase 2 b) Die Charaktere von Tom und George und die Analogie zur Fabel	Lehrervortrag (bis: „... George zahlte.") Gespräch – Wie wirkt Tom auf euch, wie George? kurze Stillarbeit – Unterstreicht wichtige Aussagen, die über die Charaktere von Tom und von George gemacht werden! Gespräch Tafelanschrieb (s. S. 27) (Beginn: Charaktere) fragend-entwickelnd – Wieso muß der Erzähler „unwillkürlich an diese Fabel denken", als er George im Restaurant sitzen sieht? – Hat der Erzähler recht: Stimmen die beiden Brüder mit dem Typ der Ameise und der Grille überein? Tafelanschrieb (Fortsetzung: farbiges Markieren der Abweichungen von der Fabel)	Spontaner Meinungsaustausch (Sympathien, Antipathien gegenüber den Brüdern) Die Taten der Brüder und ihre Eigenschaften werden zusammengetragen und nach guten und fragwürdigen geordnet. Zentrale Aussage für Tom, die seine Widersprüchlichkeit auf einen Nenner bringt: „Charmant und skrupellos" Festzustellen ist, inwieweit die Eigenschaften von Tom und George den Eigenschaften der Grille und der Ameise entsprechen. Abweichungen: Tom: skrupellos – Grille: naiv George: hilft seinem Bruder – Ameise: hilft nicht der Grille
c) Die Charaktere von Tom und George – Überprüfung und Ergänzung	Stillektüre mit Arbeitsauftrag (bis: „... zu arbeiten oder zu faulenzen.") – Erkläre am Beispiel der Cronshaw-Affäre, wie Tom vorgeht, um von seinem Bruder Geld zu erhalten! – Wie beurteilst du dieses Verhalten? – Warum „muß" der Erzähler Tom „gern haben"? – Wie erklärst du dir Georges Hoffnung darauf, daß sein Bruder alt wird? Gespräch Tafelanschrieb (Weiterentwicklung)	Folgende Charakterzüge werden besonders deutlich: Tom: sowohl seine Skrupellosigkeit (Affäre Cronshaw) als auch sein Charme (seine Gläubiger haben sogar das Gefühl, seine Schuldner zu sein) George: ähnelt jetzt mehr der Ameise; weniger „untadelig", als er zunächst erschien; hofft auf schlimmes Ende seines Bruders: Rachsucht; Hilfe nur aus Angst um seinen Ruf!
d) Spekulieren über den möglichen Ausgang der Geschichte – Vergleich der Erwartungen mit dem tatsächlichen Ende	Gespräch – Wie könnte die Geschichte ausgehen? Schülervortrag (bis Ende) Gespräch / Diskussion	Grundsätzliche Möglichkeiten: – Toms Leben nimmt ein schlimmes Ende (wie das der Grille); die Prophezeiung seines Bruders bestätigt sich. – Er hat doch wieder Glück (im Gegensatz zur Fabel). Die Schüler äußern ihre spontane Meinung, ihre Empörung, ihre Zustimmung. Sie erwägen, ob das Ende gerecht ist.

© Ernst Klett Verlag GmbH u. Co. KG, Stuttgart 1986. Alle Rechte vorbehalten.

3./4. Stunde (Fortsetzung):
Wie muß ich eine Fabel ändern, damit sie mit dem Leben übereinstimmt?
– Variieren einer bekannten Fabel

Fabel
Grundprogramm II

Unterrichtsphasen	Unterrichtsformen / Leitfragen	Erwartungen / Ergebnisse
Phase 3: Variieren einer tradierten Fabel **a)** Beurteilung der Verallgemeinerungsfähigkeit von Toms Schicksal **b)** Variieren der Fabel La Fontaines	Meinungsaustausch – Ist der glückliche Verlauf von Toms Leben Zufall oder typisch? – Welche ‚Lehre' würdet ihr aus der Erzählung ziehen? Gespräch – Wie würdet ihr die Fabel ändern, daß sie die Lehre der Erzählung ausdrückt? Stillarbeit Vorlesen und Vergleichen der Ergebnisse	Verschiedene Meinungen sind möglich. Festzuhalten ist jedoch, daß man nur dann aus der Erzählung eine ‚Lehre' ableiten kann, wenn man das Schicksal Toms für typisch hält. Lehren z. B.: – Lockerheit und Lebensfreude finden immer Freundschaft. – Wer nur für die Arbeit lebt, hat das Nachsehen. Die Geschichte (s. Tafelanschrieb) legt grundsätzlich zwei Variationsmöglichkeiten nahe: – Man gibt der Fabel einfach nur einen guten Ausgang (z. B. die Grille findet eine wohlhabende Gönnerin) – Man ändert auch die Eigenschaften der Grille ab (wird raffinierter, berechnender) (Schülerbeispiele S. 107) Die Art der Veränderung wird beschrieben und ihre Parallelität zur Geschichte sowie ihr Einfallsreichtum beurteilt.

Hausaufgabe:
Bringe die ganze Fabel (ihren Anfang von La Fontaine und das von dir erfundene Ende) auf eine straffe, pointierte Form.

© Ernst Klett Verlage GmbH u. Co. KG, Stuttgart 1986. Alle Rechte vorbehalten.

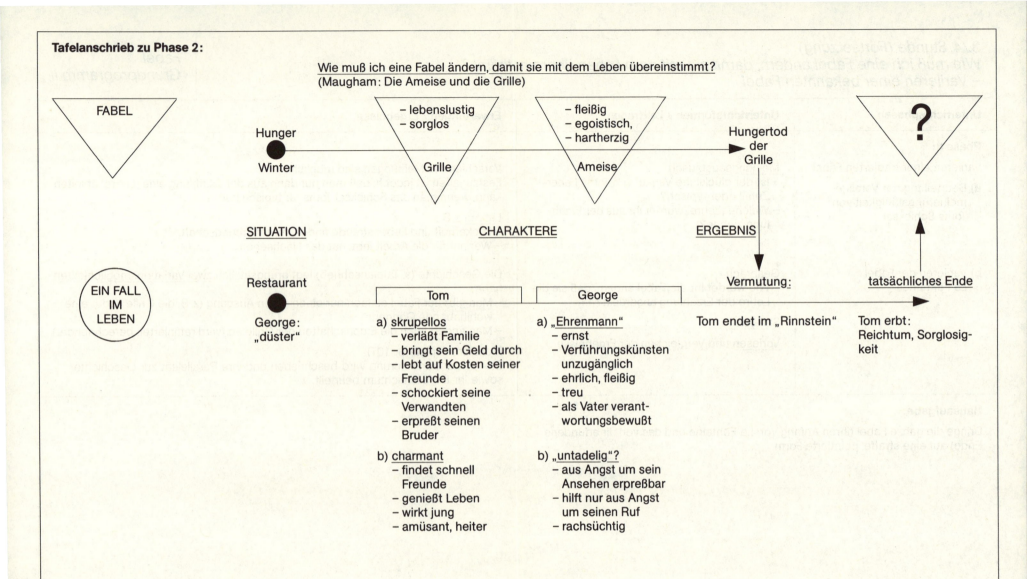

		Fabel Grundprogramm II
5./6. Stunde: *Wie macht man aus einer Alltagsgeschichte eine Fabel?* *– Erfinden einer Fabel*		

Texte: – Daniel und Tanja (Übungstext im Leseheft II 2)
– Äsop: Eines schickt sich nicht für alle (Leseheft II 3)

Unterrichtsphasen	Unterrichtsformen / Leitfragen	Erwartungen / Ergebnisse
Vorphase: Hausaufgabe (Pointierung der variierten Fabel „Die Grille und die Ameise")	Schüler tragen vor – Bringe die ganze Fabel (ihren Anfang von La Fontaine und das von dir abgewandelte Ende auf eine straffe, pointierte Form!	Beurteilungsgesichtspunkte: – Logik und dramatische Lebendigkeit der Darstellung (Dialog!) – sprachliche Sauberkeit – Pointierung
Phase 1: Eine alltägliche Geschichte: „Daniel und Tanja" – Verknüpfung von Geschichte und eigenen Erlebnissen	Lehrervortrag (Leseheft, II 2) Spontanäußerungen Gespräch (nach nochmaliger Lektüre:) – Wer mag Daniel, wer die Mutter verteidigen?	Spontane Reaktionen, z. B. Partei ergreifen für Daniel oder die Mutter. Die Schüler versetzen sich wechselseitig in die Lage Daniels und der Mutter und bringen ihre Erfahrungen (die sie z. B. in der Rolle des jüngeren oder des älteren Geschwisters machen) ein.
Phase 2: ‚Übersetzen' einer Alltagsgeschichte in die Fabelwelt **a)** Planung	fragend-entwickelnd – Wie macht man aus einer Alltagsgeschichte eine Fabel? – Wir machen einen Gang durch die Werkstatt des Dichters Tafelanschrieb (Seitentafel, zur Vorbereitung von Tafelanschrieb) Stillarbeit (Textuntersuchung) – Was kann man von der Geschichte übernehmen, was muß man verändern? (Unterstreichen, Randnotizen) Tafelanschrieb 1 (s. S. 30)	‚Beobachtungen' in der ‚Werkstatt' – Handwerkszeug: Papier, Stift – Rohmaterial: eine Geschichte (z. B. wie die vorliegende) – Arbeitsanweisung: (vorläufige Fassung, Seitentafel) Tafelanschrieb / Seitentafel Zu einer Fabel braucht man: – zwei gegnerische Spieler: Tiere, Pflanzen, Dinge – eine Lehre – die wichtigen und notwendigen Handlungen und Reden – einen überraschenden Schluß

© Ernst Klett Verlage GmbH u. Co. KG, Stuttgart 1986. Alle Rechte vorbehalten.

Unterrichtsphasen	Unterrichtsformen / Leitfragen	Erwartungen / Ergebnisse
b) Durchführung	<u>Stillarbeit</u> – Erfinde eine Fabel zu der Geschichte „Daniel und Tanja"! <u>Schüler tragen vor</u> und beurteilen	<u>Gesichtspunkte bei der Beurteilung:</u> – Logik der Darstellung – Angemessenheit der Tierwahl – sprachliche Sauberkeit – dramatische Inszenierung, Lebendigkeit (Dialog!) – Pointierung
Phase 3: Vergleich der ‚Lehrlinge' mit dem ‚Meister': Äsop: Eines schickt sich nicht für alle	<u>Schülervortrag</u> (Leseheft, II 3) <u>Gespräch</u> – Kann man von Äsop noch dazulernen?	<u>Spontane Urteile</u>, z. B. ob sich die Schüler dem Vergleich mit dem Erfinder der Fabel gewachsen fühlen. Anwenden derselben <u>Beurteilungsgesichtspunkte</u> (wie in Phase 2 b), z. B. Überlegung zur Wirkung der Tierwahl: Ein Esel in der Rolle Daniels? Für ihn bringt man weniger Mitleid auf als z. B. mit einem Hund!
Phase 4: Vorbereitung des Fabelbuches a) Erarbeitung eines verbindlichen „Rezeptes" b) Festlegung der Themen des Fabelbuches	<u>Gespräch</u> – Überprüft und korrigiert die Rezeptanweisungen! <u>Tafelanschrieb 2</u> <u>Gespräch</u> – Welche Themen soll euer Fabelbuch enthalten? <u>Tafelanschrieb 3</u>	Das Getane wird rekapituliert und die auf der Nebentafel gesammelten vorläufigen Rezeptpunkte in eine <u>endgültige Fassung</u> gebracht. (s. Tafelanschrieb 2) Man <u>sammelt mögliche Themen</u>, wobei man von den Lehren der behandelten Fabeln ausgehen kann, und einigt sich auf etwa sechs, z. B.: (Das Roß und der Stier:) Der wirklich Überlegene hat es nicht nötig, einem Schwächeren gegenüber Stärke zu zeigen. (Ameise und Grille:) Wer nur für die Arbeit lebt, hat das Nachsehen. (Eines schickt sich nicht für alle:) Was dem einen nützt, stürzt den anderen ins Verderben.

Hausaufgabe:

Erfinde eine Fabel, die eine der angegebenen Lehren enthält!
– Bringe Tonpapier und Vorlagen für das Zeichnen einer Illustration zu deiner Fabel mit!

© Ernst Klett Verlage GmbH u. Co. KG, Stuttgart 1986. Alle Rechte vorbehalten.

5./6. Stunde (Fortsetzung):
Wie macht man aus einer Alltagsgeschichte eine Fabel?
– Erfinden einer Fabel

Fabel
Grundprogramm II

Tafelbild 2:

REZEPT
für eine Fabel

1. Man nehme Tiere, Pflanzen oder Dinge als Spieler und lasse sie wie Menschen sprechen.
2. Eines der Tiere (usw.) muß der Gegenspieler des anderen sein.
3. Man erzähle nur das Allerwichtigste,
4. mache es jedoch lebendig und spannend (Rede – Gegenrede!) und
5. den Schluß überraschend (Pointe).
6. Dem Leser gibt man eine Lehre
7. und vergißt nicht, als Erzählzeit das Präteritum zu verwenden!

Tafelanschrieb 1:

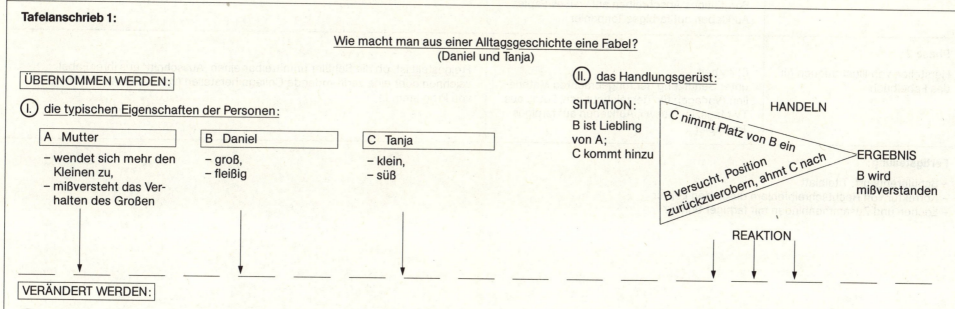

7. Stunde:
Wir machen ein Fabelbuch

Fabel
Grundprogramm II

Unterrichtsphasen	Unterrichtsformen / Leitfragen	Erwartungen / Ergebnisse
Phase 1: Überarbeitung der erfundenen Fabeln	(2 – 3) Schüler tragen vor (schriftliche Ergebnisse) Gespräch – Was gefällt euch an der Fabel? – Was müßte man noch ändern? Partner- / Gruppenarbeit Fortsetzung des Besprechens und Korrigierens, Lehrer berät Stillarbeit Sorgfältiges Abschreiben auf weißes Papier, Aufkleben auf farbiges Tonpapier	Gesichtspunkte bei der Besprechung: – Angemessenheit und Aussagekraft der Tierfiguren und des -geschehens im Hinblick auf die Aussageabsicht (Lehre) – Pointierung – Logik und dramatische Lebendigkeit der Darstellung (Dialog!) – sprachliche Sauberkeit Die Schüler machen Verbesserungsvorschläge
Phase 2: Herstellen von Illustrationen für das Fabelbuch	Stillarbeit unter Benutzung der mitgebrachten Materialien (Vorlagen für Tierzeichnungen, Fotos aus TV-Magazinen usw.), Aufkleben auf farbiges Tonpapier	Freigestellt ist, ob die Schüler unmittelbar einen ‚Ausschnitt' aus ihrer Fabel zeichnen oder eine verfremdende Collage herstellen (vgl. 5. bzw. 13./14. Stunde von Programm I.)
Fertigstellung: – Schülerentwurf: Titelblatt – Korrektur von Rechtschreibfehlern durch den Lehrer – Lochen und Zusammenbinden mit farbiger Schnur		

© Ernst Klett Verlage GmbH u. Co. KG, Stuttgart 1986. Alle Rechte vorbehalten.

		Fabel
1./2. Stunde: *Warum entscheidet sich der Esel für den Kuckuck?* *– Wie man mit Musik ein Rätsel lösen kann*		*Aufbauprogramm I*

Texte: – Herder, Fabellied (Leseheft II 12)
– Gleichnis vom Indianer in der Großstadt (Textteil S. 114)

Musik: Mahler, Lob des hohen Verstandes (Liedtext im Leseheft II 13)

Unterrichtsphasen	Unterrichtsformen / Leitfragen	Erwartungen / Ergebnisse
Phase 1: Problemorientierung – Gleichnis vom Indianer in der Großstadt	Erste Scherzfrage: – Wer hat ein feineres Gehör – ein Weißer oder ein Indianer? Lehrervortrag (Gleichnis) Gespräch – spontane Äußerungen – Wie kommt es, daß der Weiße anderes hört als der Indianer? Tafelanschrieb 1	Festzuhalten ist die Pointe: Auch der Weiße hat ein feines Gehör – nur hört er anderes! Folgende Gesichtspunkte könnten genannt werden (Tafelanschrieb 1): Weißer: – in seiner Welt kostet alles Geld – glaubt, selbst das Glück könne man kaufen Lebensweise: Zivilisation, Geldwirtschaft Wahrnehmung: findet Vorgänge, die mit dem Geld zusammenhängen, ‚interessant‘ Indianer: – seine Welt ist die Natur – alles kommt auf seine Fähigkeiten an, schnell, mutig, kraftvoll usw. zu sein Lebensweise: natürlich, Naturwesen Wahrnehmung: findet Erscheinungen der Natur ‚interessant‘
Phase 2: a) Herder: „Fabellied" – Vergegenwärtigung des Textes, Austausch von Beobachtungen	Worterklärungen (Seitentafel) Zweite Scherzfrage: – Wer ist der bessere Sänger – der Kuckuck oder die Nachtigall? Lehrervortrag (Leseheft, II 12) Gespräch – spontane Äußerungen – Warum entscheidet sich der Esel für den Kuckuck? – Gibt es noch andere Gründe? Tafelbild 2	baß (V. 11) – Adv. des Komp. ‚besser‘ schuf er (V. 16) – veranlaßte, befahl er Choral (V. 27) – Chorgesang Pointe: Über das Können von Kuckuck und Nachtigall urteilt ein Esel anders als wir! Die Schüler stellen Vermutungen über seine Motive an; z. B. – weil er eben ein ‚Esel‘ = dumm ist (oberflächliche Deutung) – weil er, wie im Kinderlied, dem Kuckuck ähnlich ist (!)

© Ernst Klett Verlag GmbH u. Co. KG, Stuttgart 1986. Alle Rechte vorbehalten.

Unterrichtsphasen	Unterrichtsformen / Leitfragen	Erwartungen / Ergebnisse
Phase 2 (Fortsetzung): **b)** Erarbeitung der typischen Eigenschaften der Tierfiguren	Schülervortrag der Fabel Stillarbeit – Unterstreicht mit drei Farben die Stellen, in denen die Tiere sprechen und handeln! Gespräch – Bestimmt die typischen Eigenschaften der Tiere! Tafelbild 2 (entsprechend weiterentwickeln)	Schlüsselstellen für die Antwort auf die Leitfrage: – „Und hält den Takt fein innen" (Vers 28), „Du machst mirs kraus!" (V. 18) Die Motive des Kuckucks, den Esel als Schiedsrichter vorzuschlagen, erscheinen zwielichtig: merkwürdiges Lachen (V. 22) – der Gewitzte, der ‚instinktiv' seinen Vorteil erfaßt (‚Kuckucksei'!). Nachtigall: „sang lieblich aus" (V. 16) – gesangliches Können verbindet sich mit feiner Zurückhaltung (keine sonstigen Textbelege!)
Phase 3: Lehre und Wirklichkeitsbezug der Fabel	Gespräch – Wer könnte mit dem Esel gemeint sein?	Es werden analoge Alltagsbeispiele gesucht. Ergebnis: Alle könnten mit dem Esel gemeint sein; Geschmack und Urteil hängen von den Gewohnheiten und Erfahrungen des Einzelnen ab, die immer begrenzt sind (Problematik des Vorurteils!).
Phase 4: Sinnbetontes Lesen	Schülervortrag Gespräch – Welche zusätzlichen Mittel könnten noch zur Ausdruckssteigerung eingesetzt werden? ggf. Pantomime – Wie würdet ihr den Esel, die Nachtigall, den Kuckuck spielen?	Steigern bis an die Grenze des Erreichbaren Außersprachliche Mittel der Ausdruckssteigerung: – (vortragsbegleitende) Pantomime – Vertonung: charakterisierende Instrumentierung, Melodik, Rhythmik Pantomimische Darstellung, z. B. – Esel: langsames, schwerfälliges Herbeikommen, aufgesetzte Würde bei Eröffnung des Wettstreits, Kopfschütteln, Stirnrunzeln bei Vortrag der Nachtigall – Kuckuck: geschäftig beim Organisieren des Wettstreits, läßt mit verschlagen-siegesgewisser Miene der Nachtigall den Vortritt beim Wettstreit usw. – Nachtigall: naive, freundliche Miene, passiv, geht lediglich auf alle Vorschläge ein, Verwunderung bei Eselsspruch usw.

1./2. Stunde (Fortsetzung):
Warum entscheidet sich der Esel für den Kuckuck?
– Wie man mit Musik ein Rätsel lösen kann

Fabel
Aufbauprogramm I

Unterrichtsphasen	Unterrichtsformen / Leitfragen	Erwartungen / Ergebnisse
Phase 5: Mahler, „Lob des hohen Verstandes" Anhören – Untersuchen	Schallplattenwiedergabe (Liedtext Leseheft, II 13) Spontane Äußerungen Stillarbeit (am Liedtext) – Unterstreicht die Veränderungen, die Mahler an seiner Vorlage vorgenommen hat! fragend-entwickelnd – Warum hat Mahler den Text auf diese Weise verändert? Tafelbild 2 (weiterentwickeln) Anhören (Bleistiftnotizen) – Mit welchen musikalischen Mitteln stellt Mahler die Tierfiguren dar? Achtet auf Instrumentierung, Melodik und Rhythmik! (arbeitsgleiches Gruppengespräch) Tafelbild 2 (fertigstellen) nochmaliges Anhören Tafelbild ggf. ergänzen, korrigieren	Die Schüler verfolgen den Text mit. z. B. Naturmalerei (Murmeln eines Bachs, Vogelgezwitscher), Nachahmung von Kuckuck und Esel Gesammelt und an der Tafel festgehalten wird: – zweimaliges Wiederholen von Satzendgliedern („Ohren groß" usw., V 10, V. 21, V. 24–26, V. 28) – Einfügen von „I–a" und „Kuckuck" (V. 18 und letzter Vers) – genauere Bestimmung der Intervalle des Kuckucks (V. 20) – überstürzte Eile, mit der der Esel zur Urteilsverkündung kommt (V. 21) Mahlers Absicht: die Verwandtschaft der Sprachrhythmik von Kuckuck und Esel herauszuarbeiten Die Schüler besprechen untereinander ihre Höreindrücke Zu überprüfen sind: Instrumentierung Melodik } von Esel, Nachtigall, Kuckuck (Reihenfolge!) Rhythmik Hinzuweisen wäre auf: – „I–a"-Motiv (Oktave) in der Begleitung zu „Wie dem die Sache ward erzählt" (Hörner, Posaune, Tuba) – „Kuckuck"-Motiv (Quarten, Quinten, Terzen) vermischt mit den Oktaven und Nonen des „I–a"-Motivs in der Begleitung zu „Der Kuckuck drauf fing an geschwind . . ." (Fagott, Violoncello) Ergebnis: Mahler stellt in seiner Vertonung die Sprachverwandtschaft von Esel und Kuckuck mit Hilfe von Klangmalerei (Instrumentierung), Melodik, Rhythmik und Vortragsweise dar.

Hausaufgabe:
Herders „Fabellied" vortragen üben!

© Ernst Klett Verlage GmbH u. Co. KG, Stuttgart 1986. Alle Rechte vorbehalten.

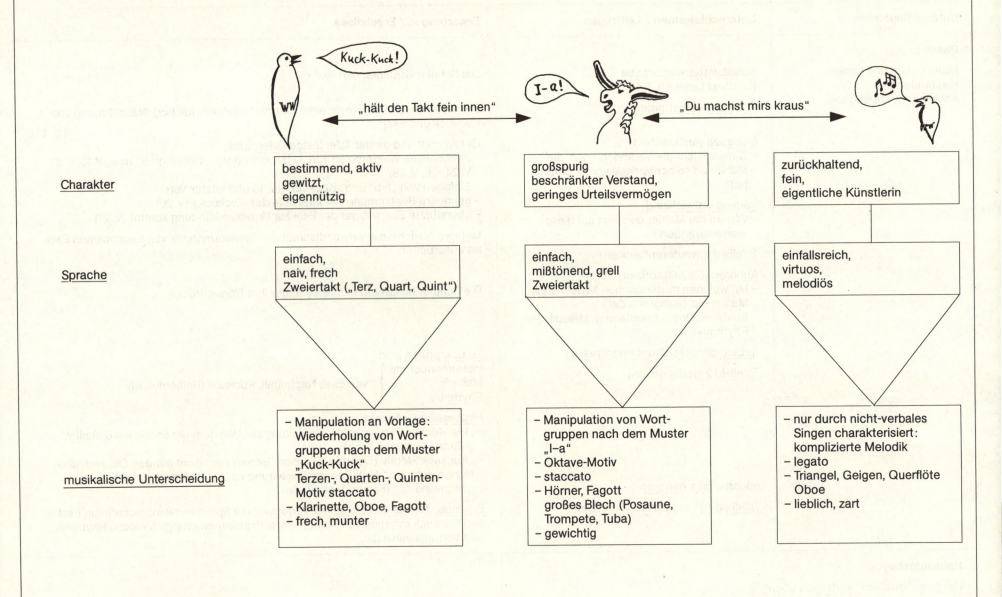

3./4. Stunde:
Aufforderung zu gegenseitiger Hilfe
– Der Klang der Freundschaft in Wort und Ton

Fabel
Aufbauprogramm I

Text: – Gellert, Der Blinde und der Lahme (Textteil S. 117) **Musik:** Ougenweide

Unterrichtsphasen	Unterrichtsformen / Leitfragen	Erwartungen / Ergebnisse
Vorphase: Hausaufgabe Herder: Fabellied	Schülervortrag (Leseheft, II 12)	ausdrucksvolles Lesen
Phase 1: Gellert, „Der Blinde und der Lahme" Vergegenwärtigung des Textes – Austausch von Eindrücken und Beobachtungen	Lehrervortrag (ohne die drei letzten Strophen!) Gespräch	Der Text wird ohne die letzten drei Strophen vorgelesen. Die Schüler äußern ihre spontanen Eindrücke, z.B.: Probleme zweier Behinderter eigentlich ein bedrückendes Thema; hier andere Wirkung, da beide eine erleichternde Lösung finden.
Phase 2: Interpretation – Der Begriff ‚Geselligkeit' bei Gellert	Schülervortrag (die letzten drei Strophen) (Diese drei Strophen wurden den Schülern in Kopie ausgehändigt. Es wurden jedoch die Begriffe „Geselligkeit" und „gesellig" ausgespart) Stillarbeit (nochmaliges Lesen) – Sucht passende Begriffe zu den Lücken! Zusammentragen der Ergebnisse Gespräch (Lehrer nennt Lücken) – Würdet ihr hier diese Begriffe auch verwenden? – Warum nicht? Begründet aus dem Textzusammenhang! Tafelbild 1 (1. Teil, s. S. 39)	Lücken: Geselligkeit (BV. 20); gesellig (V. 28) Folgende Vorschläge könnten die Schüler machen: – Freundschaft / befreundet – Gemeinsamkeit / zusammen – Hilfsbereitschaft / hilfsbereit usw. siehe Tafelbild 1! Offenkundig ist, daß man sich heute nicht mehr so ausdrücken würde. Begründung: – Es geht um das Problem menschlicher Unvollkommenheit; vorgeschlagene Lösung: sich gegenseitig zu helfen; Wirkung: kein „Klagen" (V. 25) mehr, geteiltes Leid ist halbes Leid (vgl. V. 23 f.), Erleichterung Freude. – heutige Bedeutung von ‚Geselligkeit': Vergnügen, Lustigkeit, Zerstreuung, Freizeit; nicht aber: Freude, die aus der gemeinsamen Lebensbewältigung entspringt!
Phase 3: Der Wirklichkeitsbezug der Fabel	Gespräch – Welche anderen Beispiele kennt ihr, die zu Gellerts Beispiel vom Blinden und Lahmen passen? – Spricht Gellert also nur zu Blinden und Lahmen? Was will er deutlich machen? Tafelanschrieb 1 (2. Teil)	Die Schüler nennen analoge Alltagsbeispiele Festzustellen ist: – Gellert spricht zu allen Menschen, die irgend einen Mangel spüren (Verallgemeinerung des Problems und damit des Adressatenkreises vgl. Strophe 5 – 7). – Er zeigt die Chancen auf, die die gegenseitige Hilfe dem Einzelnen eröffnet.

© Ernst Klett Verlage GmbH u. Co. KG, Stuttgart 1986. Alle Rechte vorbehalten.

Unterrichtsphasen	Unterrichtsformen / Leitfragen	Erwartungen / Ergebnisse
Exkurs: Gellerts Appell an die Menschheit und die Zeit der Aufklärung	Lehrerinformationen	In Stichworten: ‚Freundschaft', ‚brüderlicher' Zusammenschluß aller Menschen, ‚Gleichheit' gehören zum Ideengut der Aufklärung: „Beschwer' die Götter nicht mit Klagen..." (V. 25): erwachtes Selbstvertrauen der Menschen, sich selbst helfen zu können; Diesseitsbezogenheit, Vertrauen auf die Möglichkeit einer Zukunft, die der Menschheit allgemeine Glückseligkeit noch auf Erden bringen werde.
Phase 4: Erarbeitung der Sprachgestaltung	fragend-entwickelnd – Wie ist das Gedicht sinngemäß zu lesen? Tafelanschrieb 2 (Entwicklung) Schülervorträge (ausdrucksvolles Lesen)	Herauszuarbeiten wäre: – inhaltliche (z. B. Gliederung), sprachliche (Erzählform) und metrische Merkmale – notwendige Betonungen, Pausen, Verlauf der Spannungskurve
Phase 5: Möglichkeiten, Gellerts Fabel zu vertonen	Gespräch – Mit welchen musikalischen Mitteln könnte man die Fabel noch ausdrucksstärker vortragen?	Folgende Gedanken liegen nahe: Charakterisierende Darstellung der Verschiedenheit des Blinden und Lahmen, z. B. schwerer, mühevoller Gang (tiefe Bläser und Streicher), zögernd-tastendes Herumirren beim Blinden (Schlagzeug, mißtönende, abgebrochene, dissonante Melodik); am Schluß zielstrebiges, frisches Gehen
Phase 6: Eine Möglichkeit, Gellerts Fabel zu vertonen: die Musik der Gruppe Ougenweide	Tonbandwiedergabe Vergleich der Eindrücke Anhören – Notiert euch, welche Stellen stark bzw. schwach instrumentiert sind, welche Instrumente? – An welchen Stellen singt eine Solostimme bzw. singen mehrere Stimmen? Rekonstruieren der Vertonung mit Hilfe der Notizen und des Tafelbildes (fertigstellen)	Die Schüler lesen den Text mit. Spontaner Meinungsaustausch (Stichworte evtl. an Seitentafel), z. B. einfachere Musik als die Mahlers, andere Stilrichtung, viele Wiederholungen, Wechsel von starker und schwacher Instrumentierung Tafelbild 2 mit Ausnahme des genauen Variationsschemas. Dieses sollte im Grundsätzlichen erkannt werden: Die Melodie wiederholt sich von Strophe zu Strophe mit nur geringfügigen Veränderungen.

© Ernst Klett Verlage GmbH u. Co. KG, Stuttgart 1986. Alle Rechte vorbehalten.

3./4. Stunde (Fortsetzung):
Aufforderung zu gegenseitiger Hilfe.
– Der Klang der Freundschaft in Wort und Ton

Fabel
Aufbauprogramm I

Unterrichtsphasen	Unterrichtsformen / Leitfragen	Erwartungen / Ergebnisse
Phase 6 (Fortsetzung):	letztes Anhören Tafelbild ggf. ergänzen und korrigieren Diskussion	Genaues Variationsschema erfahren die Schüler als Antwort auf ihre Vermutungen Mögliche Beurteilungsgesichtspunkte: – Betonung der 2., 4. und 7. Strophe mittels starker Instrumentierung, einhämmernder Melodik und mehreren Stimmen – instrumentales Zwischenstück mit zunehmend dichter werdender Instrumentierung – allgemein: Ausmaß der Übereinstimmung von Text und Vertonung (zu gering? zu groß? größere Spannung wünschenswert?)

Tafelbild 1:

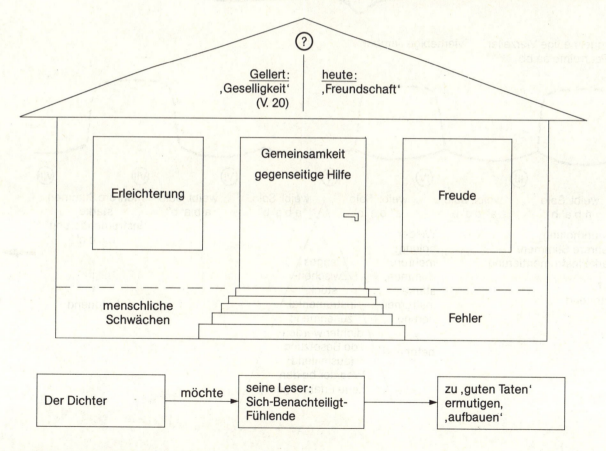

© Ernst Klett Verlage GmbH u. Co. KG, Stuttgart 1986. Alle Rechte vorbehalten.

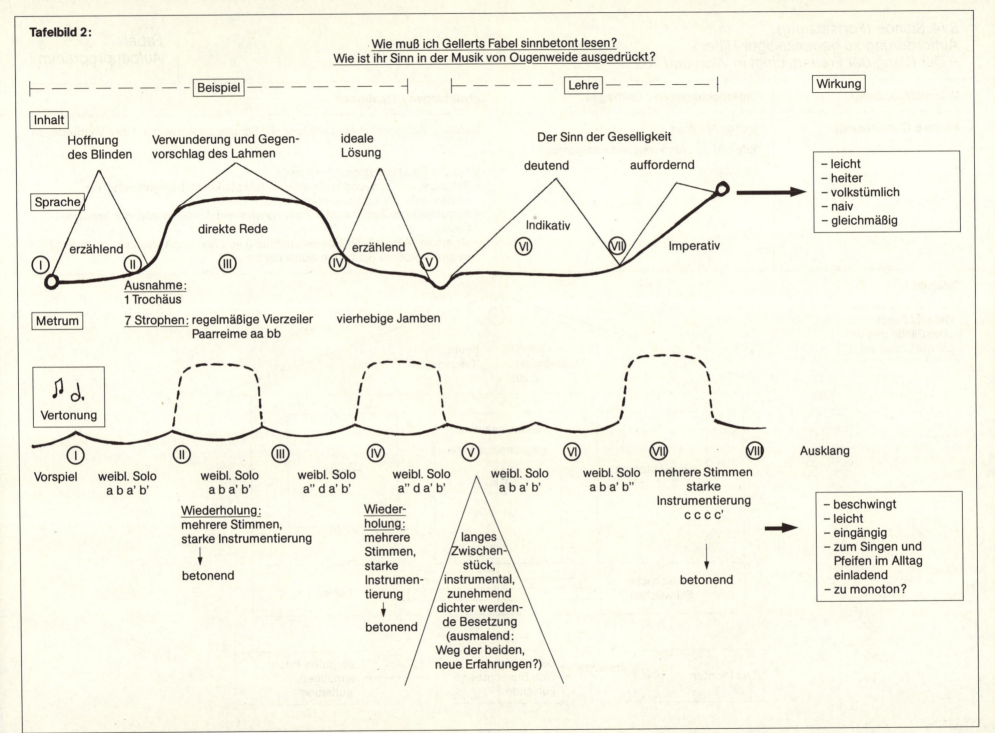

1./2. Stunde:
Was interessiert den Fabelautor an den Tieren?
– Vergleich einer dramatisierenden und einer episierenden Fabel

Fabel
Aufbauprogramm II

Texte: – Lessing: Der Rabe (Leseheft III 5)
– Busch: Fink und Frosch (III 6)
– Hebel: Fürchterlicher Kampf eines Menschen mit einem Wolf
 (Textteil S. 123f.)

Zeichnungen aus Busch: Max und Moritz, Fipps der Affe

Unterrichtsphasen	Unterrichtsformen / Leitfragen	Erwartungen / Ergebnisse
Phase 1: Überlegungen zum Interesse des modernen Menschen am Tier	<u>Gespräch</u> – Warum interessiert sich der moderne Mensch für das Tier? – Gingen die Menschen früher auch so mit dem Tier um?	<u>Mögliche Antworten</u>: Tier dient ihm – zur Freizeitgestaltung – als Lebensgefährte – als Ausbeutungsobjekt <u>Verhältnis</u> von Menschen früherer Epochen zum Tier: Es war ihnen – Arbeitskamerad – Bedrohung – auch Gottheit (Antike, Naturvölker!)
Erweiterung: Hebel: Fürchterlicher Kampf eines Menschen mit einem Wolf	<u>Lehrervortrag</u> (s. Textteil) <u>Gespräch</u> – Welchen Eindruck macht der Wolf auf euch?	z. B.: – gespensterhaft, unnatürlich („mit langen dunkelgrünen Haaren besetzt") – übernatürliche Katastrophe, die ins Leben der Menschen einbricht
Phase 2: Überlegungen zum Interesse des Fabelautors am Tier	<u>Gespräch</u> – Was interessiert den Fabelautor am Tier?	<u>Im wesentlichen</u>: – Tierfiguren = Typen menschlichen Verhaltens – Tiergeschehen dient als Beispiel, das eine Lehre enthält und – diese in unterhaltsamer Form vermittelt
Phase 3: Zwei Fabelbeispiele a) Lessing, „Der Rabe" – Rolle des Tiers	<u>Schülervortrag</u> (Leseheft, III 5) <u>Gespräch</u> – Wer könnte mit dem Raben und dem Adler gemeint sein?	<u>Beispiele aus dem Leben</u> werden gesammelt. Allgemein ausgedrückt steht der <u>Rabe</u> für: einen Menschen, der einen anderen äußerlich nachahmt und fälschlicherweise meint, ihm zu gleichen der <u>Adler</u> für: einen Menschen, der von einem anderen bewundert wird

© Ernst Klett Verlage GmbH u. Co. KG, Stuttgart 1986. Alle Rechte vorbehalten.

Unterrichtsphasen	Unterrichtsformen / Leitfragen	Erwartungen / Ergebnisse
Phase 3 (Fortsetzung): b) Busch, „Fink und Frosch" Meinungen zur Rolle des Tiers	Lehrervortrag (Leseheft, III 6) Gespräch – spontane Meinungen – Was unterscheidet Buschs Tiere von denjenigen Lessings?	Vor allem fallen <u>Unterschiede gegenüber Lessing</u> auf: – länger – komisch-humorvoller – Versform Folgende wichtige Unterschiede der Behandlung des Tiers können bereits <u>festgehalten</u> werden: <u>Lessing</u>: kühl, nüchtern <u>Busch</u>: ausmalend, liebevoll Tier steht nur für menschlichen Typus Tier wird auch als Tier gesehen und interessant gefunden
Phase 4: Überprüfung der Gattungszugehörigkeit von Buschs Fabel a) erster Schritt: Anfertigen einer kurzen Prosafassung	Schülervortrag Gespräch – Ist Buschs Gedicht überhaupt eine richtige Fabel? Gegen welche Regel der Gattung könnte es verstoßen? Stillarbeit – Wie könnte Buschs Fabel lauten, wenn man nur das ‚Allerwichtigste' erzählt?	<u>Festgestellt</u> wird: Verstoß gegen die Regel „Man erzähle nur das Allerwichtigste!" <u>Beispiel</u> für eine kurze Prosafassung (Textteil S. 125)
Hausaufgabe: 1. Unterstreiche alle schildernden Elemente in Buschs Fabel! 2. Welche Empfindungen und Eindrücke rufen die Schilderungen des Finken und des Froschs bei dir hervor?		
b) Untersuchung der Funktion der schildernden Elemente in Buschs Fabel	Zusammentragen und Vergleichen der <u>Ergebnisse der Hausaufgabe</u> – Welches sind die schildernden Elemente in Buschs Fabel? – Wie wirken sie auf euch? Tafelanschrieb 1 (s. S. 43)	Schildernde Elemente und mögliche Wirkungen s. Tafelanschrieb 1 Als <u>Zwischenergebnis</u> festzuhalten ist: – Um eine lebendige Vorstellung von den Tieren zu geben, sind die schildernden Elemente notwendig. – Unverzichtbar und daher nicht mehr nur ‚schildernd' wären sie erst, wenn sie auch für die Lehre der Fabel notwendig wären!

© Ernst Klett Verlage GmbH u. Co. KG, Stuttgart 1986. Alle Rechte vorbehalten.

1./2. Stunde (Fortsetzung):
Was interessiert den Fabelautor an den Tieren?
– Vergleich einer dramatisierenden und einer episierenden Fabel

Fabel
Aufbauprogramm II

Unterrichtsphasen	Unterrichtsformen / Leitfragen	Erwartungen / Ergebnisse
Phase 4 (Fortsetzung): **c)** Funktion der schildernden Elemente für die Lehre der Fabel	fragend-entwickelnd – Vergleicht Buschs Lehre mit derjenigen, die ihr eurer Prosafassung gegeben habt! – Wie ist diese Lehre wohl gemeint?	Folgende Gesichtspunkte lassen sich gegenüberstellen: Lehre (Busch) – wörtlich genommen ist sie unsinnig – nicht auf normale Menschen übertragbar Lehre (Lessing) – allgemeingültig – auf größere Gruppe von Menschen anwendbar (z. B. auf ‚die' Hochmütigen) Als Absicht Buschs gilt es herauszustellen: – Lehre nicht ernstgemeint, sondern Ulk, Spott (auf trockenes Belehren) – eigentliche Lehre: Seid nicht so ernst, freut euch lieber am Frühling, am Leben, an den Tieren! – für diese eigentliche Lehre sind die schildernden Elemente notwendig
Erweiterung: Busch und die Spießer seiner Zeit Zeichnungen aus „Max und Moritz" und „Fipps der Affe"	Zusammentragen der Kenntnisse über Busch und sein Werk Demonstration (Overheadprojektion, s. Textteil) – Was seht ihr auf den Bildern? – Wie beurteilt ihr die Freude der Umstehenden über Fipps' Tod? – Was will Busch mit diesen beiden Bildern ausdrücken?	z. B. „Max und Moritz" und „Fipps der Affe" Gesichtspunkte bei der Beschreibung: Bild 1: selbstgerechter Mensch, der andere belehrt Bild 2: Schluß der Geschichte von Fipps dem Affen – Fipps erschossen, merkwürdiges menschliches Gesicht – alle Umstehenden freuen sich – Ausnahme: trauriges Mädchen – selbstgerechter Mensch (Bild 1) auch hier: direkt hinter Fipps! Mögliche Meinung: Freude ist gemein, hämisch, da Fipps Streiche ja nicht aus Bosheit verübt hat, sondern weil er ein Tier ist. Herauszustreichen ist: – Busch stellt den Spießer bloß. – Seine Sympathie gehört dem Lebendigen, ‚Nicht-Braven' (Tieren, Kindern).

© Ernst Klett Verlag GmbH u. Co. KG, Stuttgart 1986. Alle Rechte vorbehalten.

Unterrichtsphasen	Unterrichtsformen / Leitfragen	Erwartungen / Ergebnisse
Phase 5: Ergebnissicherung – Zwei Fabeltypen und das je unterschiedliche Interesse ihrer Autoren am Tier	<u>Gespräch</u> – Was also interessiert den Fabelautor an den Tieren?	Systematische Gegenüberstellung der bisherigen Arbeitsergebnisse in Tafelanschrieb 2 <u>Fazit</u>: – Das Interesse am Tier ist bei den Fabelautoren unterschiedlich – Tier steht für typische menschliche Eigenschaft, ist nur Mittel: Lessing – Tier steht auch für sich, ist Mittel und Zweck: Busch

Hausaufgabe:
Was hat die Fabel mit dem wirklichen Tier zu tun? – Untersuche, wie Lessing und der Lexikonartikel (Leseheft, III 2) jeweils den Raben darstellen!

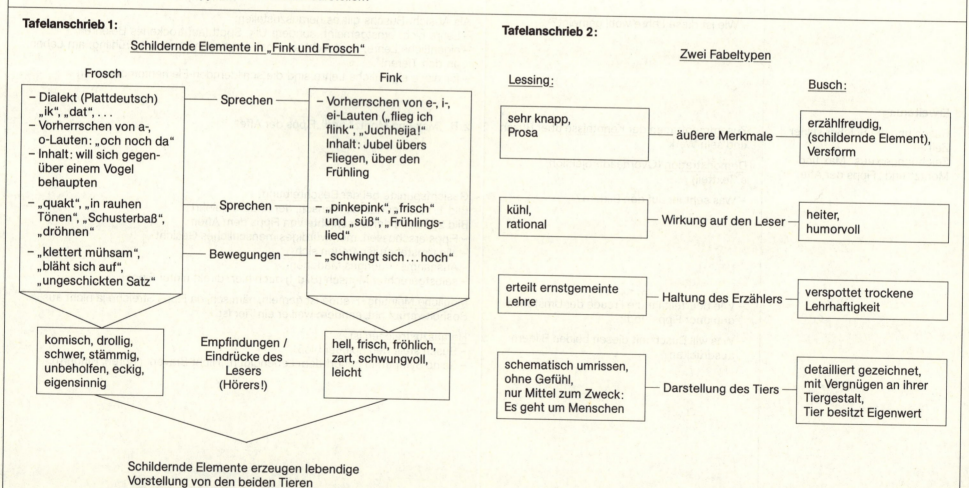

© Ernst Klett Verlage GmbH u. Co. KG, Stuttgart 1986. Alle Rechte vorbehalten.

		Fabel
3./4. Stunde: Was hat die Fabel mit dem wirklichen Tier zu tun? – Vergleich mit einem neuen und einem alten Lexikonartikel		Aufbauprogramm II

Texte: – Lessing: Der Rabe (Leseheft III 5)
– „Der Rabe" in „Kosmos Tierwelt" (III 1) Zeitungsartikel „Huhn hinter Gittern" (Textteil S. 131)
– Zedlers „Universal-Lexikon" von 1741 (III 2)

Unterrichtsphasen	Unterrichtsformen / Leitfragen	Erwartungen / Ergebnisse
Phase 1: Vergleich der Tierdarstellung in Fabel und modernem Lexikonartikel (Lessing, „Der Rabe" / „Der Rabe" in „Kosmos-Tierwelt")	Zusammentragen und Auswerten der Ergebnisse der Hausaufgabe – Was hat die Fabel mit dem wirklichen Tier zu tun? – Untersucht, wie Lessing und der Lexikonartikel jeweils den Raben darstellen! Tafelanschrieb 1 (Entwicklung, s. S. 46)	Aus dieser Gegenüberstellung läßt sich folgern: – Lessing vernachlässigt die naturkundlichen Fakten, weil es ihm um die Darstellung menschlicher Dinge geht Der Verfahrensfehler ist hier aufzudecken: – Vergleich mit heutigem Wissen unzulässig; – Fabelautor orientiert sich am Wissen seiner Zeit!
Phase 2: Das naturkundliche Wissen über den Raben in Lessings Zeit („Der Rabe" in Zedlers „Universal-Lexikon" von 1741)	Stillektüre (vereinfachte Fassung: Leseheft, III 2) Partnerarbeit – Welche Parallelen zur Fabel fallen euch auf? – Welche Aussagen erscheinen euch eigenartig, welche würdet ihr nicht in einem Lexikonartikel erwarten? Zusammenstellen der Textbeobachtungen in Tafelanschrieb 1 (fertigstellen)	

© Ernst Klett Verlage GmbH u. Co. KG, Stuttgart 1986. Alle Rechte vorbehalten.

Unterrichtsphasen	Unterrichtsformen / Leitfragen	Erwartungen / Ergebnisse
Phase 3: Integration bisheriger Arbeitsergebnisse – die Tierdarstellungen in den drei Textsorten Fabel, neuer und alter Lexikonartikel	Stillarbeit – Unterstreicht alle Merkmale des neuen Lexikonartikels und der Fabel je mit einer Farbe! – Markiert mit diesen Farben diejenigen Merkmale des alten Lexikonartikels, die mit dem neuen Lexikonartikel bzw. mit der Fabel übereinstimmen! – Welche Merkmale kommen nur in einem der drei Texte vor? Tafelanschrieb 1 (Unterstreichen mit drei verschiedenen Farben) Systematisches Anordnen der Merkmale im Venn-Diagramm: Tafelbild 2 (s. S. 47)	Herauszustellen wäre: – Tierdarstellung der Fabel entspricht dem Tierbild in der Zeit des Autors – Vermenschlichung des Fabeltiers (Sprechen, Denken) hängt mit vergangener Tiervorstellung zusammen!
Phase 4: Vertiefung: alte und neue Tierauffassung in einer merkwürdigen Zeitungsmeldung („Huhn hinter Gittern")	Vorlesen (Zeitungsartikel, s. Textteil) Gespräch – Warum würde man heute nicht mehr ein Tier bestrafen? – Hätten früher, etwa zur Zeit Lessings oder noch früher, Menschen auch gelacht? (kurze) Lehrerinformation fragend-entwickelnd – Die Auffassung, die der Mensch vom Tier hatte, änderte sich im Verlauf der Jahrhunderte stark. Ein solches anderes Tierbild läßt noch die Fabel Lessings erkennen. Was könnte man jetzt von den vielen Fabeln erwarten, die in den verschiedenen Zeiten geschrieben wurden? – Welcher Forscher veränderte besonders stark mit seinen Entdeckungen die Vorstellungen des Menschen vom Tier?	z. B. komische Wirkung des Vorfalls: Huhn als Straftäter behandelt! Deutlich wird: – heute: strenge Unterscheidung zwischen Mensch und Tier; vorsätzliches und damit strafbares Handeln nur dem Menschen möglich; – früher: da man Tier vermenschlichte, bestrafte man es möglicherweise auch! Tatsächlich: im Mittelalter Tierprozesse! naheliegende Vermutung: Wandel des Tierbildes spiegelte sich auch in der Fabel Charles Darwin
Hausaufgabe: Streit um Darwins Entdeckungen! – Wie könnte ein Streitgespräch zwischen den drei Schülern Robert (will Pfarrer werden), Johannes (Naturwissenschaftler) und Wilhelm (Schriftsteller) verlaufen?		

3./4. Stunde (Fortsetzung):
Was hat die Fabel mit dem wirklichen Tier zu tun?
– Vergleich mit einem neuen und einem alten Lexikonartikel

**Fabel
Aufbauprogramm II**

Tafelanschrieb 1:

Lexikonartikel (20. Jh.)	Fabel von Lessing („Der Rabe")	Lexikonartikel (18. Jh.)	(Belege)
beschreibt allgemeine Merkmale des Tiers: Vorkommen, Arten, Verbreitung, Nahrung, Nestbau, Brutpflege	berichtet ein Augenblicksgeschehen als Beispiel, das eine Lehre enthält	– beschreibt allgemeine Merkmale des Tiers, – berichtet außergewöhnliche einmalige Geschehnisse, diese enthalten Lehre	Aussehen, Arten, Ernährung, Brutpflege („wie ein Adler dreißig Tage"), grüßender Rabe, Lebensretter
sieht das Tier in seiner Eigenart, unabhängig vom Menschen	vermenschlicht das Tier („dachte"), bewertet das Tier („elend")	vermenschlicht das Tier, bewertet es	– menschliche Eigenschaften (ahmt Stimme nach; „hält Freundschaft" mit Fuchs) – („Untreu", „Unbarmherzig")
		weist magische und religiöse Vorstellungen vom Tier auf	wie man Raben weiß macht; Rabe als Wundermittel gegen Krankheiten; Bibelgeschehen

- vermittelt naturkundliches Wissen → **Folgerung** → – das Tier hat menschlichen Zwecken zu dienen: menschliche Sachverhalte lehren ← **Folgerung** ← – vermittelt naturkundliches (Irrtümer! 30 Tage Brutzeit)
- und magisch-religiöses Wissen
- Tier hat Mensch zu dienen: seiner Erhaltung, als Sinnbild

Tafelbild 2:

5./6. Stunde:
Wie ändert sich das Tierbild in der Fabel im Verlauf der Geschichte?
– Vergleich einer Fabel nach Darwin mit einer vor Darwin

Fabel
Aufbauprogramm II

Texte: – Busch: Sie stritten sich beim Wein herum ... (Textteil S. 135)
– Waldis: Von der Sau und einem Stauber (Leseheft III 7)

Unterrichtsphasen	Unterrichtsformen / Leitfragen	Erwartungen / Ergebnisse
Phase 1: Streit um Darwin – der polemische Hintergrund einer Fabel von Busch (Hausaufgabe)	<u>Gespräch / oder Rollenspiel</u> – Wie könnte ein Streitgespräch zwischen den beiden Schülern Robert (will Pfarrer werden) und Johannes (Naturwissenschaftler) verlaufen? Zusammenstellen der Meinungen in <u>Tafelanschrieb 1</u> (s. S. 51)	
Phase 2: Der Dritte im Streit und seine Stellungnahme: Wilhelm [Busch] (Sie stritten sich beim Wein ...)	<u>Stillektüre</u> (Vorlage im Textteil) – Zu welcher Auffassung ist Wilhelm gekommen? – Woraus schließt du das? Zusammenstellen und Vergleichen der Ergebnisse in <u>Tafelanschrieb 2</u> <u>Gespräch</u> – Was haltet ihr von dieser Begründung?	Die Identität Wilhelms mit Busch wird aufgedeckt. <u>Mögliche Meinungen:</u> – Überzeugend, da Menschen in manchen Situationen (Betrunkenheit) ihr wahres Gesicht zeigen – nicht überzeugend, da untypische Ausnahme gezeigt wird

Unterrichtsphasen	Unterrichtsformen / Leitfragen	Erwartungen / Ergebnisse
Phase 3: Bestimmung der Textsorte – die Fabel als Mittel, andere von der eigenen (Tier-)Auffassung zu überzeugen	Gespräch – Wir haben gesagt, Busch hätte eine Behauptung aufgestellt und begründet. So wie er es macht, sieht das doch normalerweise nicht aus! Tafelanschrieb 3 (entwickeln) Diskussion – Im Unterschied zu Johannes und Robert kleidet Busch seine Auffassung in eine Fabel und versucht so, andere zu überzeugen. Wie hätte Johannes oder Robert Wilhelms Meinung ausgedrückt? – Welche Fassung findet ihr besser? Begründet!	Die Ähnlichkeit des Textes mit einer Fabel wird festgestellt. Die Schüler übersetzen Buschs Fabel in eine übliche Begründung, z. B.: Menschen stehen nicht höher als Tiere; wenn man um Mitternacht zwei Betrunkene sieht, läßt sich dies gut erkennen! Deutlich werden soll: – Fabel gibt anschauliches Beispiel, das von der Richtigkeit der Meinung überzeugt. – Wenn Meinung in eine bildhafte und geschliffene Form gekleidet ist, wird man leicht für sie eingenommen.
Phase 4: Waldis, „Von der Sau und einem Stauber" Vergegenwärtigung des Textes – Austausch von Meinungen zur Lehre von „tugent" und Gehorsam	Worterläuterungen (Leseheft, III 7) Lehrervortrag Gespräch spontane Äußerungen Tafelanschrieb 4 („Behauptung", s. S. 51)	Vor allem fordert die Rechtfertigung der Prügelstrafe zum Widerspruch heraus, etwa: – Prügeln zerstört die Freude am Tun – man erledigt die Aufgaben nur aus Angst, nicht aus Einsicht – man läßt die Prügelstrafe an Kleineren, Schwächeren aus, usw.
Phase 5: Untersuchung der Beweisführung der Fabel **a)** Der Tugendbegriff der Fabel	Gespräch – Mit der Fabel will Waldis seine Auffassung ‚beweisen', daß man durch Fleiß, Gehorsam und Strafe zur „tugent" kommt. Welche Eigenschaften muß man haben, die von uns heute als Tugenden angesehen werden? – Wie will die Fabel uns zeigen, daß der Hund der Tugendhafte ist? Tafelanschrieb 4 (weiterentwickeln)	Definition von ‚Tugend': „sittlich einwandfreie, vorbildliche Haltung"; „Sittlichkeit": Inbegriff dessen, was in einer Gesellschaft für gut, edel, anständig, richtig gehalten wird; z. B. Fairneß, Hilfsbereitschaft, Leistungsfähigkeit usw. Es werden Mittel der Beweisführung festgestellt (s. „Begründung" 2a)–b)) und kritisch beurteilt (s. „heutige Auffassung")

		Fabel Aufbauprogramm II
5./6. Stunde (Fortsetzung): *Wie ändert sich das Tierbild in der Fabel im Verlauf der Geschichte?* *– Vergleich einer Fabel nach Darwin mit einer von Darwin*		
Unterrichtsphasen	**Unterrichtsformen / Leitfragen**	**Erwartungen / Ergebnisse**
Phase 5 (Fortsetzung): b) Der Leserbezug der Fabel	<u>Gespräch</u> – Für welche Leser schreibt Waldis wohl seine Fabel? <u>Partnerarbeit:</u> – Mit welchen Mitteln versucht Waldis, seine Leser zu überzeugen? <u>Vergleich der Ergebnisse</u> Tafelanschrieb 4 (fertigstellen, 2c – d) <u>Lehrerinformationen</u> zur Person des Autors	Fabel geschrieben für Kinder und Jugendliche (die noch ‚werden') <u>Deutlich wird</u>, daß die Fabel heutige Jugendliche nicht mehr überzeugen würde; es müssen Jugendliche einer vergangenen Zeit gemeint sein. <u>Stichworte zur Biographie:</u> Burkhard Waldis (1495 – 1557) – ehemaliger Mönch, Handwerker, Kaufmann – jahrelange Verfolgung und Haft, viele Reisen, v. a. auch nach Italien <u>Fabelwerk:</u> – ausführliche, lebendige Darstellung – Inhalt: Kritik an katholischer Kirche, an Fürsten; Fülle von Themen ⎫ – Ziel: Eintreten für christliche Ordnung gegen (weltliche und geistliche) Kräfte, die sie bedrohen ⎭ Bildungsbemühungen eines Anhängers der Reformation (protestantische Volksschulbewegung)
Phase 6: Integration der Stundenergebnisse: Die Auffassung von Tier und Mensch bei Waldis und Busch	(kurze) Partnerarbeit – Wie könnte man die Beziehung zwischen Mensch und Tier bei Waldis und Busch graphisch veranschaulichen? – Benutze folgende geometrische Figuren: Kreis, Dreieck, Gerade! Vergleich der Ergebnisse: und Sich-Einigen auf zutreffendste graphische Darstellung führt zu Tafelbild 5	

© Ernst Klett Verlage GmbH u. Co. KG, Stuttgart 1986. Alle Rechte vorbehalten.

Tafelanschrieb 1:

Mögliche Folgerungen aus Darwins Lehre

Contra (Robert):   Pro (Johannes):
In Frage gestellt wäre   keine Infragestellung, denn

- Stellung des Menschen als Krone der Schöpfung ↔ – der Mensch ist nun das intelligenteste Tier

- Gott als Schöpfer ↔ – Evolution ist eigentliche Schöpfung Gottes

- Wahrheit der Bibel ↔ – Schöpfungsbericht ist göttliches Gleichnis

Tafelanschrieb 2:

Wilhelms Folgerungen aus Darwins Lehre

Behauptung: Darwin hat recht; Mensch und Tier sind grundsätzlich gleich

Begründung:
1) Beispiel zweier betrunkener Streithähne; ihr Anspruch auf eine ‚besondere menschliche Ehre' deckt sich nicht mit ihrem wirklichen Verhalten
   - Diskussionsstil läßt ‚höheren Geist' vermissen (Str. 1)
   - Verhalten ist tierisch (Str. 2)
2) Darstellungsweise durch Rhythmus (monoton) und Reim (leiernd) vermittelt den Eindruck des Banalen: Der Mensch ist nicht so wichtig, wie er sich nimmt.

Tafelanschrieb 3:

Wilhelm = Wilhelm Busch!

Ist dies eine Fabel?

> Lehre (Hier: implizit)
>
> Bildteil (Tiergleichnis)
>
> Besonderheit: statt menschlich handelnder Tiere nun tierisch sich verhaltende Menschen

↓

Der Fabelautor will mit der Fabel den Leser von seiner Meinung überzeugen

Tafelanschrieb 4:

Burkhard Waldis   Heutige Auffassung

1) Behauptung (Lehre):
   Wer fleißig ist und sich strafen läßt, wird einmal ein rechtschaffener Mensch („tugent")
   → Gehorsam und Strafe sind ungeeignete Mittel, zu Lebenstüchtigkeit und Sittlichkeit zu erziehen

2) Begründung (Bildteil):
   a) Man sieht es ja, daß es dem Vertreter der „tugent" (Hund) besser geht als dem der ‚Untugend' (Sau) (besseres Verhältnis zum Herrn, besseres Fressen)
   → vorbildliche Haltung setzt uneigennützige Motive voraus (nicht das eigene Wohl!)
   b) Wahl der Tierkonstellation (Hund – Schwein): sichert der Tugend (Hund) den Sieg und wertet den Standpunkt des Ungehorsams (Schwein) ab
   → merkwürdige Tierwahl – Tugend verträgt sich schlecht mit hündischem Gehorsam
   c) fabelübliche Typisierung der Tiere wird noch gesteigert:
   Sau: „ganz unsauber"
   Hund: „Stouber" = eleganter Jagdhund
   → wirkt penetrant
   d) Sprechweise des Hundes: drastisch verächtlich („Schweig, du grobe Sau"); soll seine Überlegenheit zeigen
   → derb, volkstümlich

Adressaten: Jugendliche mit niedrigem Bildungsstand, 16. Jh.
→ überzeugt heutige Jugendliche nicht mehr

Tafelbild 5:

Wie ändert sich das Tierbild der Fabel im Verlauf der Geschichte?

Waldis (16. Jh.)   Busch (19. Jh.)

Gott
Schöpfungsordnung

Mensch – (alt)   Rangordnung   bricht
Mensch – (jung)   der Lebewesen   zusammen
Hund – (gehorsam)
Schwein – (ungehorsam)

Mensch … Schwein
Evolution

© Ernst Klett Verlage GmbH u. Co. KG, Stuttgart 1986. Alle Rechte vorbehalten.

1./2. Stunde:
Welches ist die beste Fabel?
– Lessings Bestimmung der Gattung

Fabel
Aufbauprogramm III

Texte: – Lessing: Der Besitzer des Bogens (Leseheft IV 6)
– Lessing: Die Sperlinge (Editionenheft II 7)
– Gleim: Spatzenklage (Textteil S. 140)

Unterrichtsphasen	Unterrichtsformen / Leitfragen	Erwartungen / Ergebnisse
Phase 1: Lessing, „Der Besitzer des Bogens" – Vergegenwärtigung des Textes / Vermutungen über Textsorte und Sinn	Lehrervortrag (Leseheft, IV 6) Gespräch – spontane Äußerungen zur Funktion des Textes Lektüre / kurze Stillarbeit – Unterstreicht alle Schlüsselwörter Zusammenstellen in Tafelanschrieb 1 (s. S. 54) fragend-entwickelnd – Wer oder was noch – außer dem Jäger – trifft? Tafelanschrieb 2	Leseheft bleibt noch zugeschlagen z. B. Geschichte soll vielleicht eine Lehre ausdrücken, vielleicht ein Gleichnis oder eine Fabel Schlüsselwörter: Bogen —— „Glätte" logisch zu ergänzen: „Zierrathen" Pfeil, Beute / Ziel Besitzer (= Jäger) Vorläufiges Ergebnis bzgl. Eingangsfrage: Aufgesetzter Schmuck schwächt die Funktion eines Gegenstandes. Einige Verwendungsweisen des Verbs ‚treffen' werden durchgespielt.
Phase 2: Lessing, „Die Sperlinge" / Gleim, „Spatzenklage" – der Gefühlsgehalt beider Fabeln	Stillarbeit (Editionenheft II 7 und Textteil S. 24, für Schüler Kopie mit Lücken: beide Überschriften fehlen) Je eine Hälfte der Klasse bearbeitet eine der beiden Fabeln – Suche eine passende Überschrift für deine Fabel! Sammeln der Überschriften in Tafelbild 3 Gespräch – Welche Überschriften würden zu beiden Fabeln passen? – Welche nicht? Unterstreichen mit zwei Farben in Tafelbild 3	 Ergebnis: Nicht austauschbar sind alle diejenigen Überschriften, die sich auf den Stimmungsgehalt der Fabeln beziehen (z. B. ‚Sperlingsleid')

© Ernst Klett Verlag GmbH u. Co. KG, Stuttgart 1986. Alle Rechte vorbehalten.

Unterrichtsphasen	Unterrichtsformen / Leitfragen	Erwartungen / Ergebnisse
Phase 3: Gemeinsamkeiten und Unterschiede der beiden Fabeln	Schüler lesen die Fabeln vor Partnerarbeit – Worin ähneln sich beide Fabeln? – Worin unterscheiden sie sich voneinander? Zusammentragen und Vergleichen der Ergebnisse Tafelbild 3 (entwickeln) Gespräch – Was könnte Lessing genau mit ‚Jäger‘ und ‚Bogen‘ gemeint haben? Tafelbild 3 (fertigstellen) Schüler formulieren die Lehre von „Der Besitzer des Bogens"	Beide Fabeln werden ausdrucksstark vorgetragen. Gemeinsamkeiten und Unterschiede werden im Tafelbild 3 festgehalten. Die Schüler übersetzen Tafelanschrieb 1 mit Hilfe von Tafelbild 3 und tragen die eigentlichen Bildelemente in Tafelbild 3 ein: Bogen, Pfeil Lehre z. B.: Eine Fabel soll kurz und schmucklos sein, damit sich ihre Lehre auch dem Leser scharf einprägt!
Phase 4: Ergebnissicherung – eine gute und eine schlechte Fabel nach Lessing	Stillarbeit – Wie würde Lessing einen Lexikonartikel ‚Fabel‘ schreiben? Vorlesen und Besprechen der Ergebnisse	Kriterien zum Verfassen des Artikels werden gesammelt: – Definition der Fabel – Richtungen der Fabel – wichtige Vertreter – die Eigenschaften der beiden Richtungen im einzelnen Gesichtspunkte bei der Besprechung: – neutrale oder wertende Beschreibung der beiden Richtungen der Gattung? – wie direkt bzw. wie versteckt sind die Wertungen?
Phase 5: Vorläufiger Versuch einer kritischen Beurteilung der Position Lessings	Gespräch – Welche Fabel gefällt euch besser, die von Lessing oder die von Gleim? Warum? – Hat Lessing recht, wenn er die erzählfreudigen Fabeln ablehnt?	Die überwiegende Meinung der Schüler wird – nach dem bisherigen Unterrichtsverlauf – sein: – Gleim: liest sich besser, kunstvoller, spricht mehr das Gefühl an – Lessing: ist effektvoller; daher hat er auch recht mit seiner Auffassung von einer guten Fabel
Hausaufgabe: Wie muß man die Fabel von den Sperlingen erzählen, daß sie kleineren Kindern gefällt und verständlich ist?		

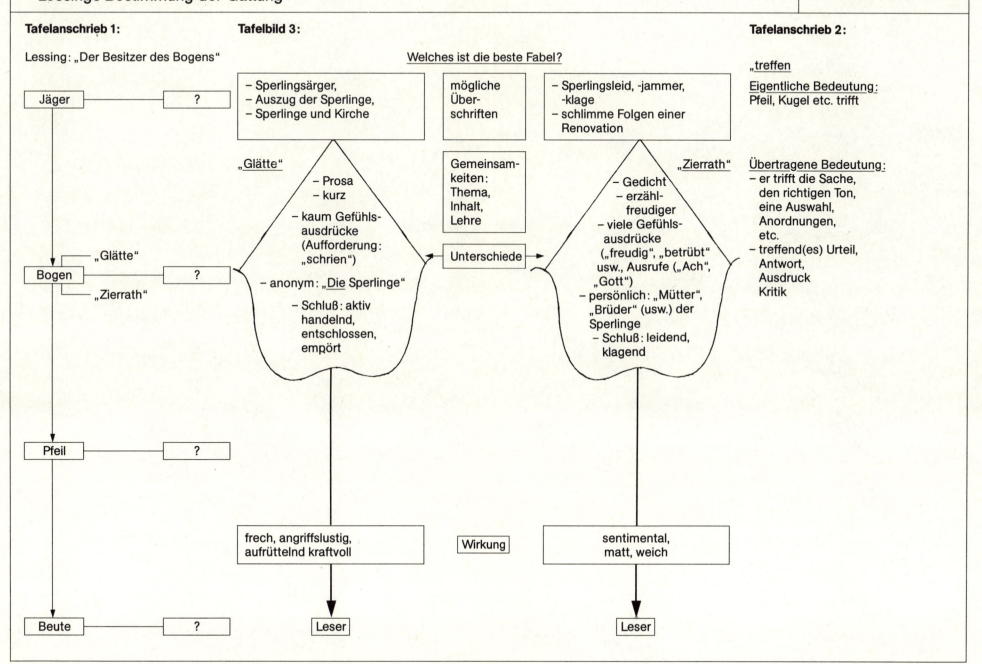

3./4. Stunde:		Fabel
Was hat die Fabel mit ihrer Leserschaft zu tun? –		Aufbauprogramm III
La Fontaines Publikum: Spekulation und Wirklichkeit		

Texte: – Taine zum Hof Ludwigs XIV. (Textteil S. 144 f.)
– La Fontaine: Der Hof des Löwen (Kopie mit Leerstellen, s. Textteil S. 146)
– Informationen zu La Fontaine (s. Textteil S. 148)

Unterrichtsphasen	Unterrichtsformen / Leitfragen	Erwartungen / Ergebnisse
Phase 1: Der Leserbezug von Fabeln – Vergleich zweier stoffgleicher, formal unterschiedlicher Fabeln	Vorlesen (Hausaufgabe) Gespräch – Wie muß man die Fabeln von den Sperlingen schreiben, daß sie kleineren Kindern gefällt und verständlich ist? Tafelbild 1 (s. S. 57)	Es stellt sich heraus: Alle ‚kindgerechten‘ Umformungen führen von der Fassung Lessings weg, nähern sich eher Gleims Fassung an!
Phase 2: Noch einmal: Beurteilung von Lessings Gattungsbestimmung	Diskussion – Welches ist nun die beste Fabel? Tafelbild 1 (fertigstellen)	Ergebnisskizze: – Frage nicht allgemein beantwortbar; jeweilige Leser der Fabel sind zu bedenken; Lessings Forderung der Kürze berücksichtigt eben nicht Verschiedenheit der Leser.
Phase 3: Spekulationen über ein Publikum und seinen Geschmack: Der Hof von Versailles (illustriertes Fabelschema – Taine, Das Morgenwecken des Königs / Ménuet de Strasbourg)	Demonstration: illustriertes Fabelschema (Overheadprojektion, s. Textteil) – Was bedeuten die einzelnen Bildelemente? Gespräch – Wie lebte man am Hof Ludwigs XIV.? – Woran fand man Gefallen? (Vorlesen des Textes von Taine im Textteil) fragend-entwickelnd Welche Merkmale müßte eine Fabel haben, um am Hof Ludwigs XIV. Erfolg zu haben? Tafelbild 2	Die Bildelemente Autor, Leser, Welt, Fabel werden bestimmt und beschrieben; Allonge-Perücke, Schloßanlage weisen auf den Hof Ludwigs XIV. hin. Die Schüler tragen ihr Wissen (Geschichtsunterricht, Fernsehen, private Lektüre) zusammen. Zusammenfassen der Erinnerungen und Beobachtungen (Text) und Skizzierung der Vermutungen zu den Eigenschaften der Fabel in Tafelbild 2

Hausaufgabe:

1. Lies La Fontaines Fabel (Kopie) und schlage die unbekannten Wörter nach.
2. Stelle eine möglichst kurze Prosafassung der Fabel her.
3. Ergänze in den letzten Versen sinngemäß die Lücken.

© Ernst Klett Verlage GmbH u. Co. KG, Stuttgart 1986. Alle Rechte vorbehalten.

Unterrichtsphasen	Unterrichtsformen / Leitfragen	Erwartungen / Ergebnisse
Phase 4: Eine Fabel La Fontaines und ihre Lesereindrücke Sicherung des Handlungs- und Motivgerüstes	Meinungsaustausch Klären der unbekannten Wörter Vorlesen und Besprechen der Hausaufgabe 2 fragend-entwickelnd – Wie sind die Lücken in den letzten Versen sinngemäß zu ergänzen? (Hausaufgabe 3)	Die Meinungen beziehen sich v. a. auf Bestätigung oder Enttäuschung der Erwartungen hinsichtlich einer Fabel aus dieser Epoche, etwa: – Hof von Versailles gemeint, da direkte Anspielungen (Fest, Gottesgnadentum) – Kritik am Hof direkter als vermutet Gesichtspunkte bei der Besprechung: – Alles Denken und Motive des Tuns sind in Handeln und Dialog umzusetzen. – Scharfe Pointierung Die Schüler beurteilen ihre Lösungen daraufhin, ob sie zutreffend das Verhalten von Affe, Bär und Fuchs charakterisieren Lösungen: „fade Schmeichler", „aufrichtig", „ausweichend", „zweideutig"
Phase 5: Untersuchung des Stils: Die Funktion der schildernden Elemente – ihre Wirkung auf den zeitgenössischen Leser	Schülervortrag (vollständiger Text) kurze Stillarbeit – Unterstreicht die schildernden Elemente. Gespräch – Welche Informationen werden in den schildernden Elementen mitgegeben? Tafelanschrieb 3 Eintrag der Ergebnisse in Tafelbild 4 oder ins illustrierte Schema der Fabel (vollständig: mit Löwen)	
Phase 6: Abrundung: Informationen zu La Fontaines Beziehung zum Hof Ludwigs XIV.	Lehrerinformationen (s. Textteil)	Wesentliche Gesichtspunkte: – Finanzielle Abhängigkeit von adligen Kunstmäzenen, die in engen Beziehungen zum Hof von Versailles standen (Herzogin von Orléans war Schwägerin Ludwigs XIV.!) – Freundschaftliche Kontakte zu anerkannten Schriftstellern und Gelehrten, die in den adligen Salons verkehrten. – Öffentliche Anerkennung seines dichterischen Rangs: Aufnahme in die Académie Française.

© Ernst Klett Verlage GmbH u. Co. KG, Stuttgart 1986. Alle Rechte vorbehalten.

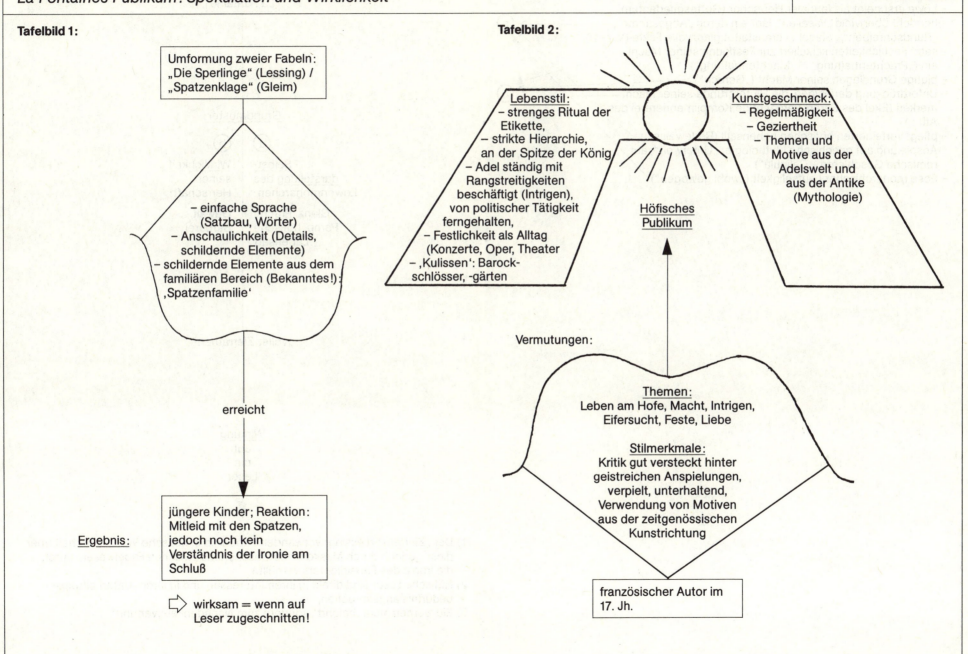

Tafelanschrieb 3:

Welche Informationen werden in den schildernden Elementen mitgegeben?

- Löwe erscheint als feudaler Herrscher (Gottesgnadentum, herrscht über viele „Vasallen", lädt ein durch „Abgesandte", „Rundschreiben", „Siegel", veranstaltet glanzvolle Feste (V. 7–11), — ⓐ
- setzt Festlichkeiten kalkuliert zur Festigung seiner Macht ein („Prachtentfaltung" = „Machtentfaltung")
- blutige Grundlagen seiner Macht („Geruch"),
- Unterdrückung derjenigen, die Hintergründe seiner Macht merken (Ekel des Bären, verdächtige Komplimentiererei des Affen) — ⓑ
- pflegt verfeinerten höfischen Lebensstil (Redeweise: Anspielung auf griechische Mythologie: „Unterwelt"; auf römische Geschichte: „Caligula")
- Pose monarchischer Leutseligkeit („wohl gewogen")

Tafelbild 4:

La Fontaine

Grundmuster:

ⓐ	ⓑ
Selbstdarstellung des Löwenmonarchen:	Wirklichkeit seiner Herrschaft:
Glanz, Pracht, Pomp, höfische Lebensart	Gewalt, Barbarei

„voller Zierrathen"

↓

Wirkung auf die Leser

1) Der „Zierrath" (Lessing) verwandelt Fabelwelt in höfische Welt. (Wahrheit über diese, jedoch durch Maske eines Geschehens zwischen Fabelwesen, durch die Ironie des Fabeldichters verhüllt.)
2) Höfische Leser sind direkt in ihren Interessen und in ihrem Unterhaltungsbedürfnis angesprochen,
3) Sie werden nicht ‚belehrt', sondern zum Nachdenken ‚verführt'.

1./2. Stunde:
Das Material, aus dem man Waffen schmieden kann –
I. Wolf und Lamm im Zweiten Weltkrieg und nach den Bauernkriegen

Fabel
Aufbauprogramm IV

Texte: – Luther: Vom Wolff und Lemlin (Leseheft VI 1)
– ders: Die Teilung der Beute (VI 2)

Karikatur aus Daily Herald (Textteil S. 152)

Unterrichtsphasen	Unterrichtsformen / Leitfragen	Erwartungen / Ergebnisse
Phase 1: Wolf und Lamm im Zweiten Weltkrieg: Karikatur aus Daily Herald, 30. 11. 1939 – Einordnung in ihren historischen Zusammenhang / Aktualisierung im Hinblick auf vergleichbare Vorkommnisse in heutiger Zeit	Demonstration / Gespräch (Karikatur im Textteil) 1. Folie (ohne Dialog) – spontane Beobachtungen – Was könnten Wolf und Lamm miteinander reden? 2. Folie (mit Dialog) – Übersetzung – Was ist merkwürdig am Verhalten dieses Wolfs? – Was soll mit diesen Bildern ausgedrückt werden? – Auf welche Vorgänge beziehen sie sich? – Eine deutsche oder russische Zeitung hätte diese Vorgänge kaum abgebildet. Warum macht es eine englische? Gespräch – Könnte auch heute ein Journalist diese Fabel verwenden? Für welche Geschehnisse? – Wie lauten heute die Vorwürfe der ‚Wolf'-Seite? Tafelbild (rechtes Drittel, s. S. 62)	Unmittelbar ersichtlich ist: Lamm (= Finnland): bedrohtes Land Wolf (menschliches Gesicht): mächtiger Angreifer (evtl. schon: Stalin) Mögliche Rede: Wolf: Drohen, Einschüchtern Lamm: Reden, um die Gefahr abzuwenden, beschwichtigen Festzustellen ist: Greift nicht direkt an wie ein gewöhnlicher Wolf, sondern benutzt Vorwände, rechtfertigt sein Verhalten. Mögliche Lehre: etwa: Wer den Vorsatz hat, Gewalt zu tun, läßt sich auch nicht vom überzeugendsten Nachweis der Unschuld davon abhalten. Kontext der Verwendung der Bilder: Angriff der Sowjetunion auf Finnland (30. 11. 1939), nachdem sowjetische Forderungen (Überlassung von Stützpunkten) zuvor von Finnland abgelehnt worden waren. Absicht der englischen Zeitung: polemisiert gegen Macht, die zwei Monate vorher „Grenz- und Freundschaftsvertrag" mit dem nationalsozialistischem Deutschland (= Kriegsgegner) geschlossen hatte. Die Schüler beziehen die Fabel vom Wolf und Lamm auf gegnerische Parteien in einem heutigen politischen Konflikt. Deutlich wird: Dieselbe Fabel ist auf verschiedene politische Situationen anwendbar.

© Ernst Klett Verlag GmbH u. Co. KG, Stuttgart 1986. Alle Rechte vorbehalten.

Unterrichtsphasen	Unterrichtsformen / Leitfragen	Erwartungen / Ergebnisse
Phase 2: Wolf und Lamm nach den Bauernkriegen: Luther, „Vom Wolff und Lemlin" – Luthers Situation / Austausch von Meinungen über den Text / Sicherung des Textverständnisses / Interpretation	Lehrerinformationen zur Situation Luthers Lehrervortrag (Leseheft VI 1; ohne „Lere"; Heft bleibt für Schüler geschlossen) Spontane Eindrücke Schülervortrag (mit „Lere") Übersetzen ins Neuhochdeutsche fragend-entwickelnd Wie die „Lere" sagt, geht es in der Fabel um „Sache" = Rechtsstreit. Welche anderen Merkmale der Fabel weisen auf einen Rechtsstreit hin?	Stichworte: – Augsburger Reichstag 1530: Luther ‚gefangen' in der Feste Coburg – merkwürdig: schreibt hier – in einer so angespannten Situation – Fabeln! – mißt der Gattung enorme Bedeutung zu: fast gleichrangig mit Bibel (vgl. Brief an Melanchthon) Worterläuterungen: on geferd – von ungefähr, zufällig sich vetern – den Vater nachmachen Als Besonderheit sticht die Länge des Dialogs zwischen Wolf und Lamm in die Augen; außerdem: Vervierfachung der Lehre! Folgende Textbeobachtungen lassen sich mit der Vorstellung eines Rechtsstreits verbinden: – langes Hin und Her von Angriff und Verteidigung – Hervorheben der ‚Unschuld' des „lemlins" am Schluß Vermutung: Die Fabel bildet eine ungerechte Rechtspraxis im Modell ab.
Phase 3: Der Geschichtsbezug der Fabel – Absicht des Autors a) Allgemein: Informationen zur rechtlichen und sozialen Lage der Bauern	Gespräch – Welche geschichtliche Wirklichkeit könnte hier gemeint sein?	Die Schüler tragen ihr Wissen über die Zeit der Reformation und der Bauernkriege zusammen; Lehrer ergänzt. Skizze der rechtlichen und sozialen Lage der Bauern: – analphabetische Bauern standen einer wachsenden, scheinlegal vorgehenden Verwaltung hilflos gegenüber – Folgen ihrer Rechtsunsicherheit: Verlust aller Schutzrechte, Zunahme ihrer Belastungen durch Abgaben und Frondienste (Schneckenhäuserforderung!) Vermutung: Luther ergreift hier Partei für die Bauern, gegen den Adel; Einwand: Dies widerspräche seinem maßlosen Toben über die aufständischen Bauern.

© Ernst Klett Verlage GmbH u. Co. KG, Stuttgart 1986. Alle Rechte vorbehalten.

1./2. Stunde (Fortsetzung):
Das Material, aus dem man Waffen schmieden kann –
I. Wolf und Lamm im Zweiten Weltkrieg und nach den Bauernkriegen

Fabel
Aufbauprogramm IV

Unterrichtsphasen	Unterrichtsformen / Leitfragen	Erwartungen / Ergebnisse
Phase 3 (Fortsetzung): **b)** Befragung einer zweiten Fabel: Luther (Die Teilung der Beute) Eindrücke – Interpretation	Lehrervortrag (Leseheft, VI 2) Spontane Äußerungen Schülervortrag fragend-entwickelnd – Was hat der Fuchs vom „Doctor da ym roten Parrett" gelernt? – Luther formulierte sehr bewußt. Was will er mit dem Bild vom „Doctor ..." ausdrücken?	Auffallend: – Bild vom „Doctor da ym roten Parrett" – Ähnlichkeit mit erster Fabel Luthers: Thema der ungerechten und brutalen Ausübung von Gewalt Zwei verschiedene Haltungen in einer Konfliktsituation: Esel: – denkt gerecht Fuchs: – denkt taktisch – berücksichtigt nicht die Machtverhältnisse – paßt sich Machtverhältnissen an lebensuntüchtige Haltung lebenskluge Haltung weltfremdes Gelehrtentum, Weltverbessertum ← „Doctor da ym roten Parrett" – Doppelsinn: → sein blutiges Schicksal ‚lehrt' andere (vgl. Lehre!) Ergebnis: Luther will Einsicht in die bestehenden Machtverhältnisse wecken; rät zur geschickten Anpassung an sie (= Haltung des Fuchses), warnt vor Aufruhr, Auflehnung (Haltung des Esels)
c) Einbeziehung weiterer Materialien: Immatrikulationsritual / Vorrede Luthers	Lehrerinformationen zu Einzelheiten von Luthers Bildung und gemeinsames Auswerten	1. Immatrikulationsritual: | Analogie zwischen | Ritual | und | Fabel | |---|---|---|---| | Zustand des tierischen Unwissens: | Nichtakademiker mit Eselsohrenkappe | | unversehrter Esel | | Zustand der Lebensweisheit: | Student, dem Kappe abgerissen wurde | | Esel als „Doctor" im „roten Parrett" | – persönlicher Bezug der Fabel zu Luthers Leben: Ritual des Eintritts in Universität wird für Luther zum Symbol für Eintritt ins Leben 2. Stichworte zur Schulbildung: – Schule in Mansfeld, Magdeburg, Eisenach: Luther Musterschüler; kein Unterricht in Geschichte, Geographie, Sozialkunde, Rechnen (‚Weltfremdheit'!) – vorzüglicher Student (artes, Jura; als Mönch: Theologie)
	Schüler liest vor Luthers Vorrede bis „leben müge", Leseheft V 1 (bis Zeile 19) Gespräch – Warum schreibt der Reformator Fabeln? Tafelbild (Linkes Drittel)	Herauszustellen ist: – Erfahrung, vom Leben hart belehrt zu werden, auch persönliches Schicksal des ehemaligen Musterschülers und vorzüglichen Studenten, dessen Schulbildung ihn im Umgang mit den Mächtigen im Stich ließ. Anliegen Luthers als Fabelautor: – Fabel soll helfen, sich in schlechter Welt zurechtzufinden; – rät zur Anpassung an ständische Ordnung, nicht zu ihrer Umgestaltung; – warnt das Volk, mahnt die Mächtigen.

Hausaufgabe:

Einem ist es dienlich, daß die Wölfe die Schafe fressen: dem Löwen. An sich hat er nichts gegen Schafe, doch mag er eine ganz bestimmte Gruppe unter ihnen nicht. Um welche könnte es sich handeln? – Erfinde ein Vor- und Nachspiel zu der Fabel vom Wolf und Lamm und lasse Löwe, Fuchs, evtl. auch andere Tiere auftreten!

Tafelbild: (Ergänzung in 3. Stunde)

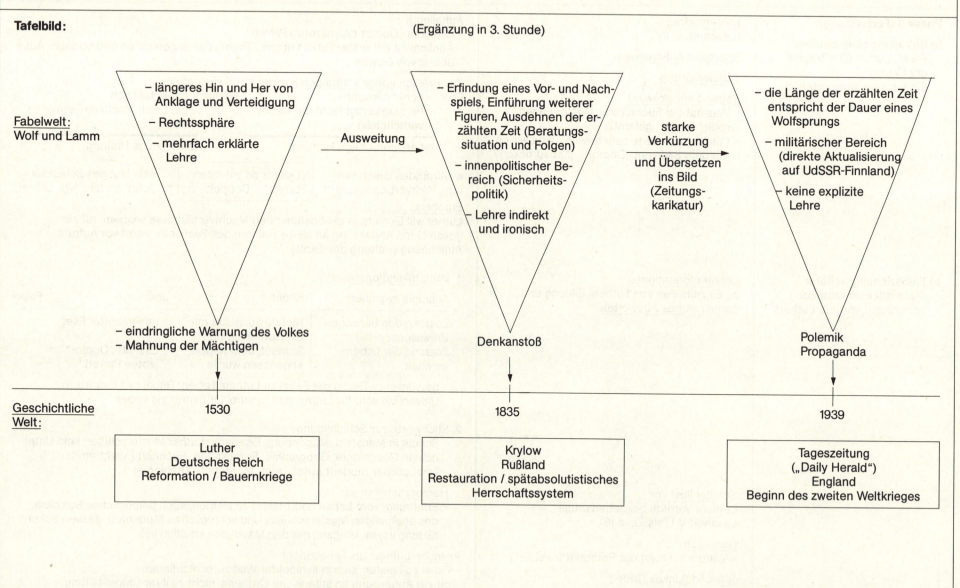

3. Stunde:
Das Material, aus dem man Waffen schmieden kann –
II. Löwe und Schafe nach dem Wiener Kongreß

Fabel
Aufbauprogramm IV

Text: Krylow, Die bunten Schafe (Leseheft VI 4)

Unterrichtsphasen	Unterrichtsformen / Leitfragen	Erwartungen / Ergebnisse
Phase 1: Spiel mit einem Fabeltier: Der Wolf nicht als Mächtiger, sondern als Schachfigur	<u>Vorlesen</u> der <u>Schülerentwürfe</u> (Hausaufgabe) – Erfinde ein Vor- und Nachspiel zu der Fabel vom Wolf und Lamm und lasse Löwe, Fuchs, evtl. auch andere Tiere auftreten.	Es wird insbesondere <u>überlegt</u>, wie sich die <u>Aussage der neuen Fabel</u> gegenüber der Fabel vom Wolf und Lamm durch die Variation geändert hat.
Phase 2: Wolf, Schaf und Löwe nach dem Wiener Kongreß: Krylow, „Die bunten Schafe" Vergegenwärtigung des Textes/ Vergleich der Beobachtungen/ Interpretation: Motive der Tierfiguren	<u>Lehrervortrag</u> (Leseheft, VI 4) <u>Spontane Äußerungen</u> <u>fragend-entwickelnd</u> – Warum läßt der Autor ‚Bunte Schafe' auftreten und nicht beispielsweise Lämmer? – Wie unterscheiden sich Krylows Löwe und Fuchs von Luthers Spielern in der Fabel von der Teilung der Beute?	<u>Auffallen könnte</u> z. B.: – merkwürdig gefühlsbetonte Pose des Löwen – Raffinesse seiner Machtausübung – Gewalt gegen die ‚bunten Schafe' von anderen Untertanen nicht durchschaut <u>Folgende Überlegungen könnten kommen</u>: „bunte Schafe" – bunt = fallen in Herde auf, lebendig, keck, übermütig ‚Lämmer' = unschuldig, brav, unbedarft ↓ aufbegehrende Untertanen |	Löwe	Fuchs
(Krylow:)	Motiv: Schafe wegen Unbotmäßigkeit umbringen und dennoch „guten Ruf" behalten	nicht persönlich in Gefahr; sein Rat führt zur Vernichtung anderer
(Luther:)	Motiv: Hunger, rücksichtsloser Selbsterhaltungstrieb	selbst bedroht; will lediglich eigene Haut retten	
Phase 3: Der Fabel Sitz im Leben **a)** Unmittelbares Aktualisieren	<u>Gespräch</u> – Auf welche Mißstände zielt die Fabel?	<u>Denkbar</u> sind <u>folgende Übertragungen</u>: – Konzentrationslager im Dritten Reich („Arbeit macht frei!") – Psychiatrie in der UdSSR – Homelands der Schwarzen in Südafrika – moderner Manipulationsstaat

Unterrichtsphasen	Unterrichtsformen / Leitfragen	Erwartungen / Ergebnisse
Phase 3 (Fortsetzung): b) In der Epoche des Autors liegende Übertragungsmöglichkeiten – Die Figur des Löwen: Epochentypische Herrscherpose	Lehrerinformationen (oder Kurzreferat eines Schülers) Schüler tragen Fabel vor kurze Stillarbeit – Die Empfindsamkeit des Löwen wirkt merkwürdig. Unterstreicht die Stellen im Text, die auf sie anspielen! Sammeln und Auswerten der Textbelege	Stichworte zur politischen Situation in Rußland Ende der Dreißiger Jahre des 19. Jahrhunderts: – nach Wiener Kongreß 1815: Restauration vorrevolutionärer Zustände in Europa – Rußland: 1825 Tod Alexanders I., Dekabristenaufstand – für Nachfolger Nikolaus I. Anlaß zur Beendigung der liberalen Ära und Beginn einer repressiven Gesetzgebung und Innenpolitik (Geheimpolizei, Zensur) – Beibehaltung aufklärerischer Selbstdarstellung Kernstellen für die Selbstdarstellung des Löwen (Seitentafel): – „Gerechtigkeit beleid'gen", ⟶ fühlt sich höherer Vernunft verpflichtet „Monarchenpflicht", „guter Fürst" – „Not" „auf dem Herzen" ⟶ macht sich die Entscheidung schwer, ‚gewissenhafter' Monarch Deutlich wird: Selbstdarstellung ist geschickte Inszenierung zur Täuschung der Untertanen
Phase 4: Ergebnissicherung: Eine Kernfabel und ihre zeittypischen und -wirksamen Umwandlungen	Tafelbild S. 62 (vervollständigen) Zusammenfassen der Ergebnisse der letzten drei Stunden	Die Beziehungen zwischen der geschichtlichen Situation, der Appellfunktion der Fabel und ihrer sprachlichen Detailgestaltung werden formuliert.

© Ernst Klett Verlage GmbH u. Co. KG, Stuttgart 1986. Alle Rechte vorbehalten.

4./5. Stunde:
Das Material, aus dem man Waffen schmieden kann –
III. Fuchs und Schafe im Deutschen Kaiserreich

Fabel
Aufbauprogramm IV

Texte: – Ewers: Die Hammelherde (Leseheft V 12)
– ders.: Der alte Fuchs (V 13)

Abbildungen: – Titelvignette von Ewers (Textteil S. 163)
– Schlußvignette der Fabel „Der alte Fuchs" (Textteil S. 163)

Unterrichtsphasen	Unterrichtsformen / Leitfragen	Erwartungen / Ergebnisse
Phase 1: Spiel mit zwei Fabeltieren: Der Fuchs als Kritiker und das Schaf als dumpfer Untertan?	Gespräch – Welche Rollen hatten der Fuchs und das Schaf in den bisher untersuchten Fabeln? – Das Schaf soll nun den Typ des dumpfen Untertans, der Fuchs den des respektlosen Kritikers verkörpern. Wie könnte ein Wortwechsel verlaufen zwischen diesem Fuchs und jenem Schaf?	Zusammenzustellen ist: | | Fuchs | Schaf | |---|---|---| | (Luther:) | – lebenskluger Mensch | – unschuldiger, ohnmächtiger Untertan | | (Krylow:) | – skrupelloser Erfolgsmensch, Karrierist | – oppositionelle Schicht im Volk | | (Daily Herald:) | – | – schwächerer Staat | Die Schüler phantasieren mögliche Ausgestaltungen dieser Konstellation
Phase 2: Fuchs und Schafe im Deutschen Kaiserreich: Ewers, „Die Hammelherde" **a)** Vergleich der Beobachtungen / Sichern des Inhalts / Interpretation: Argumentation von Hammel und Fuchs **b)** Einordnung in den sozialgeschichtlichen Kontext	Lehrervortrag (Leseheft, V 12) Spontane Äußerungen nochmaliges Lesen (Schüler) kurze Stillarbeit – Wie sieht der Hammel seine Lage? Wie beurteilt sie hingegen der Fuchs? – Unterstreiche die wichtigen Aussagen! Zusammenstellen der Textbelege Tafelbild 1 (s. S. 68) Gespräch – Welche Merkmale dieser Fabel ermöglichen ihre zeitliche Einordnung?	Bemerkt werden könnte z. B.: – komische Wirkung der Rede des Fuchses – respektloser, spottender Ton v. a. in der Lehre („Arbeitshammel" / „Dankgestammel") – nicht ‚Schaf', sondern ‚Hammel' verwendet; Assoziationen: dumm, gefügig, kräftig = für schwere Arbeit zu gebrauchen Schlüsselbegriffe: „Kapital": kritische Verwendung des Begriffs setzt Marx voraus „Alters- und Krankenversicherung": weist aufs Deutsche Kaiserreich; wegweisende Sozialgesetzgebung der achtziger Jahre; ihre innenpolitische Funktion: Mittel zur Bekämpfung der Sozialdemokratie (neben Sozialistengesetz)

© Ernst Klett Verlage GmbH u. Co. KG, Stuttgart 1986. Alle Rechte vorbehalten.

Unterrichtsphasen	Unterrichtsformen / Leitfragen	Erwartungen / Ergebnisse
Phase 3: Spiel mit der Fuchs-Figur: Ein Sozialist an seinem Lebensabend?	kurzer Lehrervortrag Gespräch – Welche Gedanken könnten dem alten Fuchs noch kommen? zur Anregung: Demonstration der Titelvignette von Ewers (Overheadprojektion, s. Textteil)	Skizze einer neuen fabelträchtigen Konstellation: – Der Fuchs in der vorigen Fabel = Vertreter der Sozialisten – Diese kritisierten nicht nur Wirtschafts- und Gesellschaftsordnung, sondern auch die Kirche (Religion = Opium fürs Volk). – Der Fuchs-Sozialist wird alt und muß ans Sterben denken. Die Schüler stellen sich die Situation dieses Fuchses vor und spekulieren über den möglichen Inhalt seiner Gedanken.
Phase 4: Kritik eines Fuchses an den himmlischen Machtverhältnissen: Ewers, „Der alte Fuchs" **a)** Vergleich der Beobachtungen – Gedankengang des Fuchses **b)** Untersuchung der Darstellungsweise: Satire auf falsche Frömmigkeit	Schülervortrag (nach Stillektüre, Leseheft, V 13) Spontaner Meinungsaustausch Gespräch – Zu Beginn hat der Fuchs „so eine kleine Gewissensplage", zum Schluß ist er diese los. Wie gelingt ihm das? Partnerarbeit – Wie wird die empörte Bilanz, die der Fuchs am Schluß der Fabel über die Himmelsgesellschaft aufstellt, in deren Beschreibung vorbereitet? Unterstreicht wichtige Textstellen! Zusammentragen und Auswerten der Textstellen	Folgende Gesichtspunkte könnten genannt werden: – wieder ein spöttischer, gleichzeitig genüßlicher Ton – der „schlimmste der Heiden" erscheint gegenüber den frommen Tieren als gerechtfertigt ⟶ befreiende komische Wirkung Als Gedankengang des Fuchses läßt sich festhalten: ‚Plage' (Beginn): Gedanken ans Jenseits, Erwartung von Strafe für diesseitige Sünden Methode der Bewältigung: Suche in den Heiligen Schriften nach dem Weg zur ewigen Glückseligkeit, nach Vorbildern Ergebnis: Empörung über die himmlische Gesellschaft der Tierheiligen; Verachtung des Jenseits, Sich-Ausstoßen im Diesseits Angesprochen werden sollte: – die hier ganz wörtlich zu verstehende Unterwürfigkeit der Tiere: ‚unter' dem Herrn dienen (als Reittier, Fußbank usw.) – Diminutivformen der Tiernamen: „Öchslein, Eselein", „Hündchen" – respektlose Reime: „gefressen-gesessen" – respektlose Anspielungen: „Jesusknäblein" – „Es_ulein" Gemeinsamer Nenner der auffälligen Darstellungsmomente: krasse Selbstaufgabe der Himmelstiere in ihrer lächerlich wirkenden Sucht nach der Nähe des Göttlichen

4./5. Stunde (Fortsetzung):
Das Material, aus dem man Waffen schmieden kann –
III. Fuchs und Schafe im Deutschen Kaiserreich

Fabel
Aufbauprogramm IV

Unterrichtsphasen	Unterrichtsformen / Leitfragen	Erwartungen / Ergebnisse
Phase 5: Gemeinsames Angriffsziel beider Fabeln: die wilhelminische Untertanenmentalität – Zwei Aufforderungen zur Selbstbefreiung / Schlußvignette der Fabel „Der alte Fuchs"	Tafelbild 2 (entwickeln) Gespräch – Was ist wohl gemeint mit „schlimmster der Heiden"? zur Klärung: Demonstration der Schlußvignette (Overheadprojektion der Abbildung im Textteil) Gespräch – Welchem Publikum konnte Ewers wohl diese respektlose Kost auftischen? Tafelbild 2 (vervollständigen)	Die Ergebnisse werden analog zu Tafelbild 1 in Tafelbild 2 festgehalten Der grundsätzliche Unterschied zwischen beiden Fabeln wird deutlich: Befreiung von äußerer Unterdrückung – Die Hammelherde Befreiung von innerer Unterdrückung – Der alte Fuchs Die Schlußvignette verrät: Befreiung von jedweder Gewissensplage heißt z. B. nicht, wieder Gänse und Hühner zu stehlen, sondern bezieht sich v. a. auf den Zwang zur (wilhelminischen) Prüderie. Die Fabel gibt sich auch hierhin als zeitbezogen zu erkennen:

© Ernst Klett Verlag GmbH u. Co. KG, Stuttgart 1986. Alle Rechte vorbehalten.

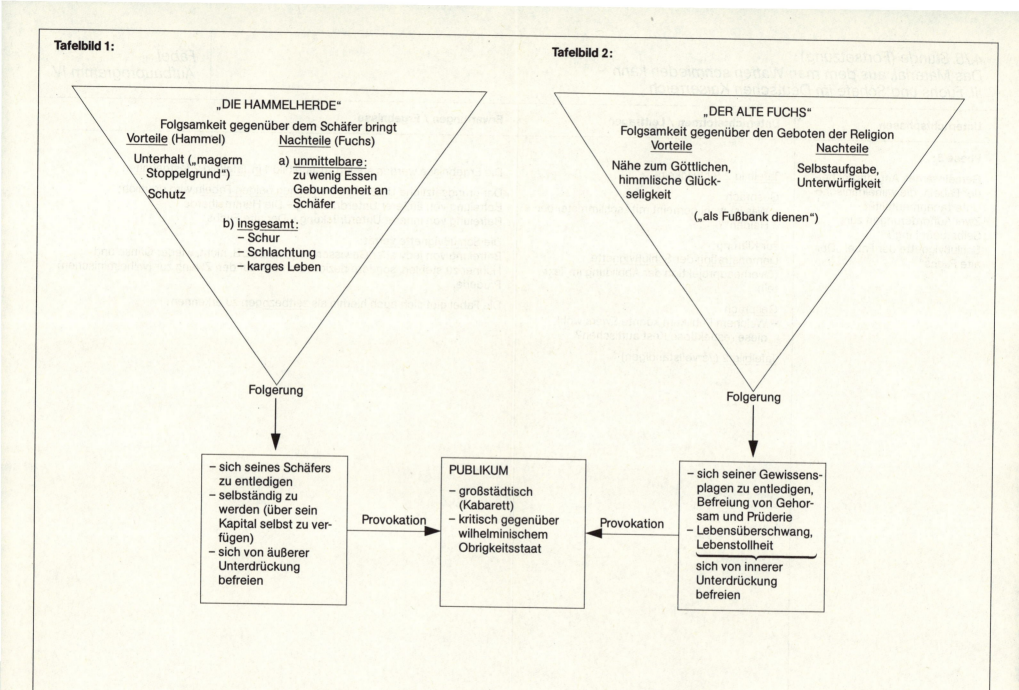

6./7. Stunde:
Vorschläge zum Spiel mit der Tradition – Lessings Variationstechniken

Fabel
Aufbauprogramm IV

Texte:
- Bericht einer Schulszene (Textteil S. 167)
- Lessing: Die Pfauen und die Krähe (Leseheft V 9)
- Phädrus: Die hochmütige Krähe und der Pfau (V 8)
- Verschiedene andere Fabeln (s. Phase 3)
- Lessing: Von einem besonderen Nutzen der Fabeln in den Schulen (Leseheft V 2)
- Lessing: Text über den Nutzen der Fabel (Vorlage im Textteil S. 168)

Unterrichtsphasen	Unterrichtsformen / Leitfragen	Erwartungen / Ergebnisse
Phase 1: Bericht einer Schulszene: Fall einer geschickten Anwendung einer Fabel Lessing, Die Pfauen und die Krähe	Lehrervortrag Bericht der Schulszene (s. Textteil) unterbrechen und Fabel erzählen (Leseheft, V 5) Gespräch – Wie wird der Lehrer den Aufsatz benotet haben? – Warum erzählt er diese Fabel? Lehrervortrag Schluß der Schulszene Gespräch – Warum spricht der Lehrer seine Warnung nicht direkt aus, sondern kleidet sie in eine Fabel? – Wie würde denn der Rat, den er durch die Fabel erteilt, in direkter Form lauten?	Festgestellt werden könnte: – Da der Lehrer die Fabel erzählt, weiß er um das Problem und kann wohl zwischen ‚eigenen und fremden Federn' unterscheiden ⟶ – sein Motiv, Fabel zu erzählen: Gefahr aufzeigen, in die sich der Schüler durch sein Verhalten begibt; warnen; indirekt: mahnen Deutlich werden folgende <u>Vorzüge der Sprachform Fabel</u>: – lenkt von Kränkendem, Persönlichem ab – Reiz des Fremden, Unerwarteten Die <u>Lehre der Fabel</u> wird formuliert, z.B.: Schmücke dich nicht mit fremdem geistigem Eigentum, sonst glaubt man dir nicht einmal mehr dein eigenes!
Phase 2: Vergleich der Fabel Lessings mit ihrer antiken Vorlage: Phädrus: Die hochmütige Krähe und der Pfau – Erarbeitung einer Variationstechnik	Schülervortrag (nach Stillektüre, Leseheft V 8) Gespräch – Spontane Äußerungen – Was hat Lessing also bewußt verändert? (evtl. den ‚Punkt', den Lessing ‚ausweitete', im Text oder auf Overheadprojektion markieren) – Die Abwandlung der Geschichte hat Folgen für ihre Aussage, die Lehre der Fabel. Inwiefern?	Folgende <u>Unterschiede gegenüber Lessings Fabel</u> fallen sofort auf: – Ausreißen der Federn nicht genau beschrieben – Rückkehr der Krähe zu Artgenossen wird miterzählt <u>Herauszuarbeiten ist:</u> – Lessing läßt den Schluß weg, – weitet eine Binnenstelle <u>Lehre bei Phädrus</u>, etwa: Wer über seinen Stand hinaus will, steht schließlich allein da. Dies betont Verlust der Zugehörigkeit zum „eigenen Stamm" <u>Lehre bei Lessing</u> (s. o.): betont Verlust der Anerkennung der persönlichen Leistung!

© Ernst Klett Verlage GmbH u. Co. KG, Stuttgart 1986. Alle Rechte vorbehalten.

Unterrichtsphasen	Unterrichtsformen / Leitfragen	Erwartungen / Ergebnisse
Phase 3: Vergleich weiterer Fabeln Lessings mit älteren Vorbildern: Erarbeitung der klassischen Variationstechniken / Bestimmung der Veränderungen in der Aussage Äsop, Der Löwe und der Esel S. 40 (Leseheft V 3) / Lessing, Der Esel mit dem Löwen (V 4) S.204 (Gruppe 1) Äsop, Der Löwe und der Esel / Lessing, Der Löwe mit dem Esel (V 5) (Gruppe 2) Luther, Vom Raben und Fuchse (VI 13) / Lessing, Der Rabe und der Fuchs (VI 16) (Gruppe 3) Phädrus, Der Wolf und der Kranich (V 10) / Lessing, Der Wolf auf dem Todbette (V 11) (Gruppe 4) Äsop, Die Esel vor Zeus (V 6) / Lessing, Die Esel (V 7) (Gruppe 5)	<u>arbeitsteilige Gruppenarbeit</u> (5 Gruppen) a) An welchem ‚Punkt' der älteren Fabel setzt Lessing an, um eine neue Fabel zu erfinden? Beschreibe kurz das Verfahren! b) Durch die Umgestaltung der alten Fabelhandlung ändert sich auch die Gesamtaussage. Inwiefern? <u>Zusammenstellen</u> und <u>Auswerten</u> der <u>Ergebnisse</u> (Gruppensprecherbericht / Gespräch) <u>Tafelbild 1</u> (s. S. 72)	Die <u>Variationstechniken Lessings</u> werden übersichtlich in Tafelbild 1 angeordnet (Arbeitsauftrag a)) <u>Veränderungen der Gesamtaussage</u> (Arbeitsauftrag b)) <u>Gruppe 1</u>: Lessing betont den bei Äsop fehlenden inhumanen Aspekt der Wichtigtuerei des Esels: Bei seinem lächerlich wirkenden Bestreben, sozial aufzusteigen, verrät er seine Standesgenossen. <u>Gruppe 2</u>: Durch die Veränderung gerät ein schamloser Herrschaftstrick der Mächtigen in den Blick: das Streben der Schwächeren nach sozialer Anerkennung auszunutzen. <u>Gruppe 3</u>: Luthers Lebensweisheit (Warnung vor den Schmeichlern) verwandelt Lessing in einen Rachegedanken. Wirkung: merkwürdig ungezügelt. Hintergrund: Das Aufstiegsstreben des Bürgertums war in Deutschland an die Gunst- und Privilegienwirtschaft der Duodezfürsten gebunden. Dies ergab einen fruchtbaren psychologischen Nährboden; Haltungen wie Schmeichler-, Kriecher-, Intriganten-, Radfahrertum etc. (vgl. Fabeln der Gruppe 1 und 2!), gegen die sich Lessings Zorn letztlich richtet, schossen wie Unkraut ins Feld. <u>Gruppe 4</u>: Die Mächtigen sind nicht nur undankbar (Äsop), ihre seltenen ‚guten Taten' entlarvt Lessing auch als Mangel an Gelegenheit zu schlechten Taten. <u>Gruppe 5</u>: Die antike fatalistische Vorstellung vom Sarkasmus der Götter wandelt Lessing in die optimistischere Lehre von Gottes Gerechtigkeit und Liebe um. Mögliche Schülerkritik an Lessings Fabel: An den unbarmherzigen Schlägen hat sich nichts geändert; Gottes „Liebe" beschränkt sich auf bloße Hilfe zur Abstumpfung. Es sind ja auch nur Esel, die Gottes Ratschluß „weise" finden.

Hausaufgabe:

1. Lektüre von Lessing, „Von einem besonderen Nutzen der Fabeln in den Schulen" (Leseheft, V 2)
2. Lektüre von Lessing, „Der Nutzen, den ich itzt mehr berühren ..." (Vorlage im Textteil)
3. Worin sieht Lessing den Wert der Gattung für Heranwachsende?

© Ernst Klett Verlag GmbH u. Co. KG, Stuttgart 1986. Alle Rechte vorbehalten.

		Fabel
6./7. Stunde (Fortsetzung): Vorschläge zum Spiel mit der Tradition – Lessings Variationstechniken		Aufbauprogramm IV

Unterrichtsphasen	Unterrichtsformen / Leitfragen	Erwartungen / Ergebnisse
Phase 4: Lessing, „Von einem besonderen Nutzen der Fabeln in den Schulen": Überprüfung der bisherigen Ergebnisse der Untersuchung der Variationstechniken / Auseinandersetzung mit Lessings Grundgedanken: Fabel als Denkschule	Vergleich der Textbeobachtungen Hausaufgabe 1 (Leseheft, V 2) Schüler liest vor Hausaufgabe 2 (Vorlage im Textteil) Gespräch – Worin sieht Lessing den Wert der Gattung für Heranwachsende? (Hausaufgabe 3) – Wie beurteilt ihr den Wert der Fabel für die Schulung der Denkfähigkeit?	Die weitgehende Übereinstimmung der Untersuchungsergebnisse mit der Aufklärung, die der Autor über seine Vorgehensweise gibt, wird festgestellt. Einzige Abweichung im Falle der Fabel „Die Esel" erklärt sich aus der kritischen Distanz zu der ‚Verbesserung', die Lessing an Äsops Fabel vornahm: Schülerbeschreibung ist neutral – Lessings Erklärung wertend („würdigere Haltung") Kerngedanken Lessings und mögliche Gesichtspunkte der Auseinandersetzung mit ihnen, s. Tafelbild 2.

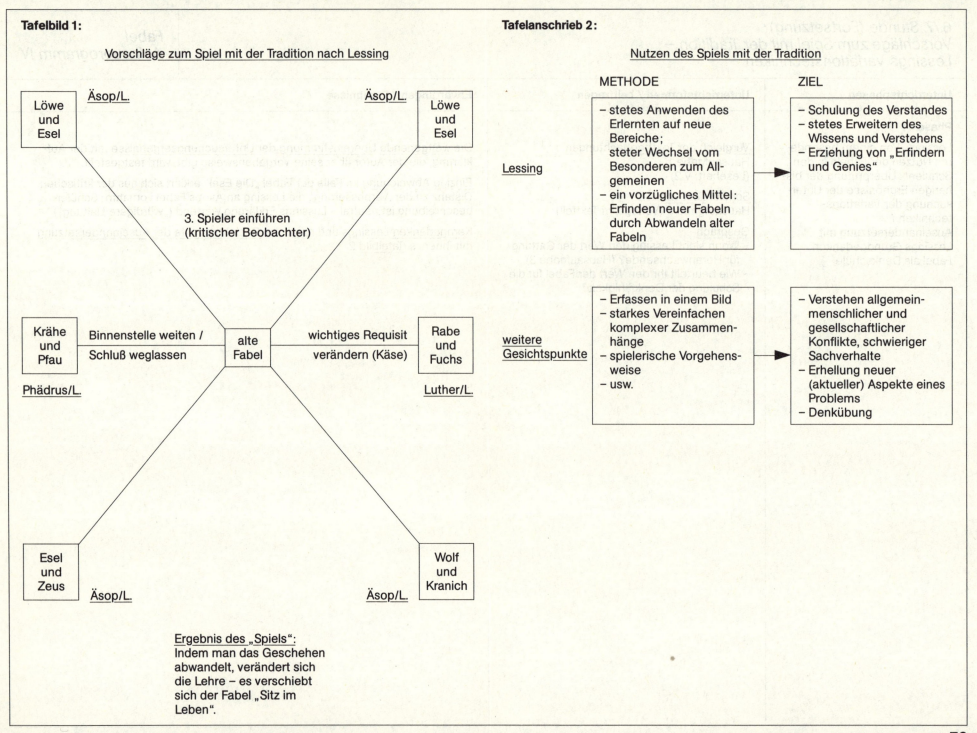